크리티크 총서 003
세계사상의 고전

장자 III

장자 지음 | 이강수 · 이권 옮김

도서출판 길

옮긴이 이강수(李康洙)는 고려대 철학과를 졸업했다. 국립 타이완 대학 철학연구소에서 장자 연구로 석사학위를 받았으며, 고려대 대학원 철학과에서 「장자의 자연과 인간의 문제」로 박사학위를 받았다. 연세대 철학과 교수로 재직했으며, 한국동양철학회 · 한국도교문화학회 · 한국도가철학회 회장을 역임하였다. 저서로 『도가사상의 연구』(고려대학교민족문화연구원, 1989), 『욕망론』(공저, 경서원, 1995), 『노자와 장자』(도서출판 길, 1997), 『중국 고대철학의 이해』(지식산업사, 1999), 『노장철학의 이해』(예문서원, 2005) 등이 있으며, 역서로는 『노자』(도서출판 길, 2007)가 있다. 연구논문으로는 「장자 제물론의 이해」, 「선진시대 유가와 도가의 학(學)의 개념」, 「서명응의 노자 이해」, 「道家思想的現代意義」(中文) 등이 있다.

옮긴이 이 권(李權)은 연세대 철학과를 졸업하고 같은 대학교 대학원에서 노장철학을 전공하여 석사와 박사학위를 받았다. 현재 한국항공대 강사로 재직하고 있으며, 한국도가철학회 회장을 역임하였다. 연구논문으로 「노장과 주역의 천인합일관 비교연구」(박사학위 논문), 「곽점본 노자의 유무관 연구」, 「노자의 무(無)」, 「공자의 정명(正名)에 대한 연구」, 「갑골문에 나타난 삼분적 사유」 등이 있다.

코기토 총서 003
세계사상의 고전

장자 III 雜篇

2019년 1월 15일 제1판 제1쇄 인쇄
2019년 1월 25일 제1판 제1쇄 발행

지은이 | 장자
옮긴이 | 이강수 · 이 권
펴낸이 | 박우정

기획 | 이승우
편집 | 김미경
편집 | 한향림

펴낸곳 | 도서출판 길
주소 | 06032 서울 강남구 도산대로 25길 16 우리빌딩 201호
전화 | 02) 595-3153   팩스 | 02) 595-3165
등록 | 1997년 6월 17일 제113호

ISBN: 978-89-6445-203-5 94150

• 제22편 • 지북유(知北遊 第二十二)

이 편의 작자에 따르면 사람의 생명은 햇살이 틈새로 지나가듯이 짧다. 그런데도 사람들은 누구는 옳고 누구는 그르다고 따지며, 오래 살지 못하고 죽으면 슬퍼한다. 인생에는 슬픔이 있는가 하면 즐거움도 있다. 그래서 사람은 슬픔과 즐거움이 드나드는 주막집과 같다고 하였다.

그러나 사람들의 호오好惡와 시비是非는 부질없는 짓인지도 모른다. 인간의 지식에는 한계가 있기 때문이다. 인간은 자기가 직접 보고 듣거나 겪은 일은 알 수 있지만, 그러지 않은 것은 어둠 속에 잠겨 있다. 어둠의 세계는 깊고 넓으며 끝이 없다.

그러면 우리는 어떻게 살아가야 할까? 유가儒家에서는 스승을 본보기로 삼아 배우면서 살아가야 한다고 말한다. 그래서 요堯·순舜·우禹·탕湯·문文·무武·주공周公과 공자를 성인이라 하여 존숭尊崇하고, 그들의 말을 기술한 사서오경을 금과옥조처럼 여긴다.

그런데 진리는 인간의 마음을 거치는 동안 굴절될 수 있다. 그래서 장자는 요·순·우·탕보다 먼저 살았던 고대의 제왕 황제黃帝를 등장시켜, 도는 인간의 사유로 알 수 없고, 언어로 전달할 수 없다고 말하였다. 그러므로 많이 배웠다고 해서 참된 것을 아는 것이 아니며, 논변을 잘한다고 해서 지혜로운 것은 아니니, 논변은 침묵보다 못하다는 것이다.

사람들이 보고 듣거나 말할 수 있는 것은 형체와 빛깔이 있고 소리를 낼 수 있는 것들이다. 이들을 물物이라고 한다. 사람은 '물'은 알 수 있지만 물물자物物者는 알 수 없다. '물물자'는 일체 사물·사건으로 하여금 존재하고 생성·변화케 하는 것이다. 그것이 바로 도이다.

　도는 일체 사물·사건을 생겨나게도 하고 사라지게도 하며, 쌓이게도 하고 흩어지게도 하지만, 그 자체는 생겨나거나 흩어지지 않는다. 도는 형체 있는 것을 형체 있게 하지만 자신은 형체를 이루지 않는다. 그래서 도는 형형자形形者라고도 하였다.

　도에서 정신이 생겨나고, 형체 있는 것이 생겨나고, 만물이 갖가지 형체로 서로 생겨나게 한다. 그리하여 사람도 생명을 부여받는다. 그러나 어떤 사람의 몸과 생명도 그 사람의 소유가 아니라 천지가 위탁하여 조화를 이룬 것이며, 그 사람의 자손 역시 그 사람의 소유가 아니라 천지가 위탁한 허물이다.

　천지에는 대미大美가 있으나 말하지 않으며, 사시에는 분명한 법칙이 있으나 의논하지 않으며, 만물은 생성의 이치를 품고 있으나 번다하게 말하지 않는다. 이러한 이치를 아는 성인은 천지를 본받고자 한다. 왜냐하면 지고至高의 존재인 도는 천지만물에 체현體現되어 있기 때문이다. 이 편의 작자는 도가 어디에나 있지 않은 곳이 없다고 하였다. 도는 어떤 사물이나 사람에게 경계선을 만들지 않는다. 경계선을 만드는 것은 사람이다. 도는 누구에게나 열려 있다. 도를 등지는 것은 사람이다.

　인류의 스승은 요·순·우·탕 같은 성인이거나 사서오경 같은 문헌이라기보다 천지만물이며, 그 천지만물 속에 번져 있는 이치이며, 그들 모두를 움직이는 도이다. 도는 어떤 것을 만들거나 무엇에 대하여 말하지 않는다. 이를 무위無爲·무위無謂라고 한다. 그 도는 어떤 것에 의해 존재하거나 움직이는 것이 아니라 스스로 존재하고 움직인다. 이를 자연自然이라고 한다. 이 편의 작자는 사람이 자신의 본성을 잃지 않고 참되게 살아가려면 도를 알고 그 도의 본성인 자연에 따라야 한다는 메시지를 던져준다.

도를 스승으로 삼기를 주장한 것은 「대종사」편의 주지主旨이다. 왕부지王夫之는 말하기를 "이 편은 자연自然의 취지를 풍부하게 하였으니 그 설은 「대종사」에서 왔다"고 하였다. 왕숙민王叔岷은 말하기를 "이 편은 「대종사」편을 발휘하였다. 편 자체의 중점은 무위無爲·무위無謂를 논하는 데 있다. 그래서 무위위無爲謂를 그러한 사람으로 가립假立하였다. 무위無爲·무위無謂는 반드시 무심無心이 선행되어야 한다. 심心은 분별을 일으킨다. 분별하는 것을 지知라고 한다. 그러므로 지知로써 이 편 머리글의 실마리를 삼았다"고 하였다.

1-1

知北遊於玄水之上,[1] 登隱弅之丘而適遭无爲謂焉. 知謂无爲謂曰:
「予欲有問乎若; 何思何慮則[2]知道? 何處何服則安道?[3] 何從何道則
得道?」[4] 三問而无爲謂不答也, 非不答, 不知答也. 知不得問, 反於白
水之南, 登狐闋之上,[5] 而睹狂屈焉.[6] 知以之言也問乎狂屈.[7] 狂屈曰:
「唉! 予知之, 將語若.」中欲言而忘其所欲言.[8]

지 북유어현수지상하야 등은분지구이적조무위위언하야 지 위무위위하야 왈 여
욕유문호약하노라 하사하려면 즉지도며 하처하복이면 즉안도며 하종하도면 즉득
도오 삼문이무위위 부답야하니 비부답이라 부지답야니라 지부득문하야 반어백수
지남하야 등호결지상 이도광굴언하야 지 이지언야로 문호광굴한대 광굴왈 희라
여 지지하노니 장어약호리라 중욕언이망기소욕언하니라

---

[1] 이이李頤에 따르면 현수玄水는 물 이름이다. 최선崔譔 본에서는 상上을 북北이라고 썼다. 성현
영에 따르면 이 장은 모두 성명을 가설하고, 우언寓言으로 이치를 밝혔다.

[2] 왕숙민王叔岷에 따르면 즉則은 내乃와 같다.

[3] 왕숙민에 따르면 복服은 가차하여 복伏이 되는데, 처處와 복은 뜻이 같다.

[4] 해동奚侗에 따르면 이 글 앞쪽의 도道 자도 마땅히 유由로 해석해야 한다.

[5] 조초기曹礎基에 따르면 백수白水는 신화에 나오는 물 이름인데 마시면 불사不死할 수 있다고
한다. 호결狐闋은 산 이름을 가설한 것이다.

[6] 왕숙민에 따르면 광굴狂屈은 무심無心한 사람을 의탁한 듯하다.

[7] 이이에 따르면 희唉는 응답하는 소리이다.

[8] 왕숙민에 따르면 중욕언中欲言은 심욕언心欲言이라고 말하는 것과 같다.

지知가 북쪽으로 현수玄水에 가서 돌아다니다가 은분隱芬의 언덕에 올랐다가 마침 거기에서 무위위無爲謂를 만났다. 지가 무위위에게 말했다. "나는 그대에게 묻고 싶은 게 있소이다. 무엇을 어떻게 생각하고 고려해야 도를 알 수 있습니까? 어떻게 거처하고 어떻게 행동해야 도에 편안할 수 있습니까? 어디부터 무엇을 거쳐야 도를 터득할 수 있습니까?" 세 번 물었으나 무위위는 대답하지 않았다. 대답하지 않은 게 아니라 대답할 줄 몰랐다. 지가 더는 묻지 못하고 백수白水의 남쪽으로 돌아와 호결狐闋이라는 언덕에 올랐다가 거기에서 광굴狂屈을 보았다. 지가 이 말로써 광굴에게 물으니 광굴이 말했다. "아! 내가 그것을 아는데 그대에게 말해보리라." 그러나 마음속으로 말하고자 했으나 그가 말하려는 것을 잊었다.

1-2

知不得問, 反於帝宮, 見黃帝而問焉. 黃帝曰:「无思无慮始知道, 无
處无服始安道, 无從无道始得道.」知問黃帝曰:「我與若知之, 彼與
彼不知也, 其孰是邪?」黃帝曰:「彼无爲謂眞是也, 狂屈似之; 我與汝
終不近也.

지 부득문하야 반어제궁하야 현황제이문언한대 황제왈 무사무려라아 시지도하고
무처무복이라아 시안도하고 무종무도라아 시득도하리라 지 문황제왈 아여약의 지
지와 피여피의 부지야 기숙시야오 황제왈 피무위위는 진시야요 광굴은 사지하고
아여여는 종불근야하니라

지가 더 이상 묻지 못하여 황제의 궁궐로 돌아와 황제를 뵙고 그에게 물었다. 황제가 말했다. "사려함이 없어야 비로소 도를 알게 되고, 거처할 것도 없고 익힐 것도 없어야 도에 편안할 수 있고, 따라갈 것도 없고 경유할 것도 없어야 비로소 도를 터득할 수 있을 것이다." 지가 황제에게 물었다. "나와 그대가 아는 것과 저들이 모르는 것 가운데 그 누가 옳을까요?" 황제가 말했다. "저 무위위가 참으로 옳고, 광굴은 비슷하고, 나와 그대는 끝내 가까워질 수 없을 것이다.

1-3

夫知者不言, 言者不知, 故聖人行不言之教.[1] 道不可致,[2] 德不可至.[3]
仁可爲也,[4] 義可虧也,[5] 禮相僞也.[6] 故曰:『失道而後德, 失德而後仁,
失仁而後義, 失義而後禮. 禮者, 道之華而亂之首也..』[7] 故曰:『爲道者
日損, 損之又損之以至於无爲, 无爲而无不爲也..』[8] 今已爲物也,[9] 欲
復歸根, 不亦難乎! 其易也,[10] 其唯大人乎!

부지자는 불언하고 언자는 부지니 고로 성인은 행불언지교하나니라 도불가치며 덕
불가지오 인가위야며 의가휴야며 예상위야니 고로 왈 실도이후에 덕이요 실덕이
후에 인이요 실인이후에 의요 실의이후에 예니 예자는 도지화이란지수야니라
고로왈 위도자는 일손이니 손지하고 우손지하야 이지어무위하나니 무위이무불위
야니라 금에 이위물야요 욕부귀근이 불역난호아 기이야는 기유대인호인저

1 성현영成玄英은 말하기를 "행불언지교行不言之敎는 『노자 도덕경』을 인용하여 증거로 삼은 것
  이다"라고 하였다.
2 곽상郭象은 말하기를 "도는 자연에 있으니 수여授與할 수 없다"고 하였다.
3 왕숙민은 말하기를 "덕은 스스로 터득하는 데 달려 있으니 밖으로부터 이르는 것이 아니다"
  라고 하였다.
4 성현영은 말하기를 "지인至仁은 어떤 특정한 사람을 가까이하지 않는다. 그런데도 이제 편파
  적으로 사랑하는 인仁을 행하는 것은 단지 위함이 있어야 가능할 따름이다"라고 하였다.
5 성현영은 말하기를 "옳다 그르다 하며 칼로 자르듯이 판단하는 것은 손상시키고 해쳐야만
  가능하니 대전大全이 아니다"라고 하였다. 조초기는 말하기를 "의義는 알맞음이고 이치에 부
  합한 것이다. 휴虧는 파기하는 것이다. 합리와 불합리 사이에 판단하여 결정하고 선택한 것이
  있게 되면 버리는 것이 있게 된다. 그러므로 의義에는 파기하는 것이 있다"고 하였다. 말하자
  면 옳다 그르다 판단하는 의義에는 선택되는 것이 있는가 하면 배제되는 것 또한 있음을 뜻
  한다.

대저 아는 사람은 말하지 않고 말하는 사람은 모르나니, 그러므로 성인은 말없이 교육하느니라. 도는 언어로 전수할 수 없으며 덕은 언어로 이를 수 없다. 인은 해낼 수 있으며 의는 온전치 못할 수 있으며 예는 서로 속일 수 있다. 그러므로 이르기를 '도를 잃은 뒤에 덕이요, 덕을 잃은 뒤에 인이요, 인을 잃은 뒤에 의요, 의를 잃은 뒤에 예이니, 예라는 것은 도의 꽃이지만 혼란의 시작이다'라고 한다. 그러므로 이르기를 '도를 추구하는 사람은 날로 덜어내니 덜어내고 또 덜어내어 무위에 이르니 무위하되 무불위하다'고 한다. 이제 벌써 외물을 추구해왔으면서도 다시 근원으로 돌아가려고 하니 어렵지 않겠는가! 그게 쉬운 것은 아마 대인이 아닐까!

---

6 조초기는 말하기를 "예는 일정한 형식을 가지고 표현하니, 그것은 모두 표면적인 공부功夫이지 결코 사람의 진심본성真心本性에서 나온 것이 아니므로, 허위로 서로를 속인다"고 하였다.

7 『노자』 38장에 비슷한 내용의 글이 있다.

8 『노자』 48장에 이 글이 보인다.

9 조초기는 말하기를 "위물爲物은 위도爲道와 상대되니 명리名利 따위를 추구하는 것처럼 외물外物을 추구하는 것을 의미한다"고 하였다.

10 왕숙민에 따르면 기其는 약若과 같다.

1-4

生也死之徒, 死也生之始, 孰知其紀![1] 人之生, 氣之聚也; 聚則爲生,
散則爲死. 若死生爲徒, 吾又何患! 故萬物一也, 是其所美者爲神奇,
其所惡者爲臭腐; 臭腐復化爲神奇, 神奇復化爲臭腐. 故曰:『通天下
一氣耳.』[2] 聖人故貴一.」

생야는 사지도요 사야는 생지시니 숙지기기오 인지생은 기지취야니 취즉위생
이요 산즉위사니 약사생위도면 오우하환이리오 고로 만물이 일야어늘 시기소미
자를 위신기요 기소오자를 위취부언마는 취부 부화위신기하며 신기 부화위취부
하나니 고로 왈 통천하히 일기이라 하니 성인이 고로 귀일하나니라

---

[1] 왕숙민은 말하기를 "도徒는 유類와 같고, 기紀는 단서이다. …… 이는 죽고 사는 것이 순환하
니 그 단서를 알 수 없다는 것을 일컫는다"고 하였다.
[2] 조초기는 말하기를 "기氣는 작용이다. 천하 만물의 사생·피차·취부臭腐와 신기한 변화를 관
통하는 것은 일종의 작용이다. 이러한 작용이 바로 아래 글에서 말한 '천지지강양기天地之强
陽氣'이고, 도의 작용이기도 하다"라고 하였다. 말하자면 도를 태양에 견주면, 기는 햇빛에
견줄 수 있다.

삶은 죽음의 동반자요 죽음은 삶을 시작케 하니 누가 그 단서를 알겠는가! 사람이 태어나는 것은 기가 모인 것이니, 모이면 살아나게 되고 흩어지면 죽는다. 만약 죽음과 삶이 동반하는 것이라면 나는 또 무엇을 염려하리오! 그러므로 만물이 하나이거늘, 그것이 아름다워 보이는 것은 신기하다고 생각하고 싫게 느껴지는 것은 썩은 내 난다고 하건만, 썩은 냄새 나는 것은 다시 신기한 것이 되며 신기한 것은 다시 썩은 냄새 나는 것이 된다. 따라서 '천하의 만물을 관통하는 것은 하나의 기'라고 하니 성인은 그러므로 그 하나를 귀하게 여긴다."

1-5

知謂黃帝曰:「吾問無爲謂, 無爲謂不應我, 非不我應, 不知應我也.[1]
吾問狂屈, 狂屈中欲告我而不我告, 非不我告, 中欲告而忘之也. 今
予問乎若, 若知之, 奚故不近?」黃帝曰:「彼其眞是也, 以其不知也;
此其似之也, 以其忘之也[2]; 予與若終不近也, 以其知之也.」狂屈聞
之, 以黃帝爲知言.

지 위황제왈 오문무위위하니 무위위 불응아하니 비불아응이라 부지응아야니라

오문광굴하니 광굴이 중욕고아이불아고하니 비불아고라 중욕고이망지야니라 금

여 문호약하니 약이 지지하니 해고로 불근고 황제왈 피기진시야는 이기부지야라

차기사지야는 이기망지야라 여여약이 종불근야는 이기지지야니라 광굴이 문지

하고 이황제로 위지언이라 하다

---

[1] 왕숙민은 말하기를 "만약 나에게 응답할 줄 안다면 무위위無爲謂는 유위有爲·유위有謂에 지나지 않게 된다"고 하였다.
[2] 왕숙민은 말하기를 "광굴이 그 말을 잊었다는 것은 도에 가깝기는 하지만 아직 그에 이르지 못한 것이다"라고 하였다.

지가 황제에게 말했다. "내가 무위위에게 물으니 무위위가 나에게 응하지 않으니, 나에게 응하지 않은 것이 아니라 나에게 응할 바를 모르는 것이다. 내가 광굴에게 물으니 광굴이 마음속으로 알려주고 싶으나 나에게 알려주지 못하니, 나에게 알려주지 않은 게 아니라 마음속으로 알려주고 싶으나 그것을 잊어버린 것이다. 이제 내가 그대에게 물으니 그대가 아는데도 무엇 때문에 가까워질 수 없다고 하는가?" 황제가 말했다. "그가 참으로 옳다는 것은 그가 모른다고 느끼기 때문이요, 이이가 비슷하다고 한 것은 그가 잊어버렸기 때문이요, 나와 그대가 끝내 가까워질 수 없다는 것은 그것을 안다고 여기기 때문이다." 광굴이 이 이야기를 전해듣고 황제가 언어를 안다고 하였다.

1-6

天地有大美而不言, 四時有明法而不議, 萬物有成理而不說. 聖人者,
原天地之美[1]而達萬物之理, 是故至人无爲, 大聖不作, 觀於天地之
謂也.[2]

천지 유대미이불언하며 사시 유명법이불의하며 만물이 유성리이불설이니 성인
자는 원천지지미이달만물지리라 시고로 지인은 무위하고 대성은 부작하니 관어
천지지위야니라

[1] 왕숙민에 따르면 원原은 원源과 통한다. '원'은 '헤아리다'이다.
[2] 조초기에 따르면 관觀은 '~을 본받다'이다.

천지에는 대미大美가 있으나 말하지 않으며, 사시에는 분명한 법칙이 있으나 의논하지 않으며, 만물은 생성의 이치를 지니고 있으나 번다하게 말하지 않는다. 성인은 천지의 아름다움을 헤아려서 만물의 이치에 통한다. 이 때문에 지인은 무위하고 위대한 성인은 짓지 않으니 천지를 본받는 것을 일컫는다.

今彼神明至精, 與彼百化,[3] 物已死生方圓, 莫知其根也, 扁然而萬物自古以固存.[4] 六合爲巨, 未離其內; 秋毫爲小,[5] 待之成體.[6] 天下莫不沈浮, 終身不故;[7] 陰陽四時運行, 各得其序.[8] 惽然若亡而存,[9] 油然不形而神,[10] 萬物畜而不知.[11] 此之謂本根, 可以觀於天矣.[12]

금피신명지정이 여피로 백화하야 물이사생방원이어늘 막지기근야하며 편연이만물이 자고이고존하야 육합위거나 미리기내하며 추호위소나 대지성체하며 천하막불침부하야 종신불고라 음양사시 운행호되 각득기서하며 혼연약망이존하며 유연불형이신하며 만물휵이부지하나니 차지위본근이니 가이관어천의니라

---

[3] 금수은 합슴으로 쓴 판본도 있다. 왕선겸王先謙에 따르면 앞의 피彼는 천지를 가리키고 뒤의 '피'는 물物을 가리킨다. 왕숙민은 말하기를 "이것은 천지의 지극히 정묘한 신명에 부합하고, 천지에 따라 갖가지로 변화하는 것을 일컫는다"고 하였다.

[4] 성성영은 말하기를 "편연扁然은 두루 자라는 모습이다. 만물이 서로 뒤집어지며 수시로 생육하니 예부터 줄곧 본래 스스로 있어왔거늘 어찌 마음을 쓴 뒤에야 그것이 있게 되었겠는가?"라고 하였다. 말하자면 이것은 만물이 상반상성相反相成하면서 인간이 원하든 원하지 않든 간에 아득한 옛날부터 스스로 존재해왔다는 것을 뜻한다.

[5] 왕숙민에 따르면 위爲 자는 수雖와 뜻이 같다.

[6] 성현영은 말하기를 "도에 힘입어 체질을 이룬다"고 하였다.

[7] 곽상은 말하기를 "날로 새로워진다"고 하였다.

[8] 조초기는 말하기를 "각기 일정한 규율·순서에 의거하여 운행하는 것"이라고 하였다.

[9] 조초기는 말하기를 "어둡고 분명하지 않은 모습이다. 천도는 볼 수 없는 것인지라, 그것이 존재한다고 말하면서도 또한 만질 수 없으니 그것이 없는 듯하다고 말하였다. 그것은 존재하지 않는 듯하나 또한 천지만물 가운데에서 작용을 일으키므로 존재한다"고 하였다.

[10] 조초기는 말하기를 "유연油然은 자취가 보이지 않는 모습이다. 이 구절은 천도는 형상이 없지만 또한 신묘하게 변화하는 작용이 있다는 것을 일컫는다"고 하였다.

[11] 조초기는 말하기를 "만물은 모두 천도가 양육하는 가운데 있으면서도 스스로 알지 못한다"고 하였다.

[12] 조초기는 말하기를 "앞에서 말한 본근本根을 알고 그에 정통하면 천지를 본받을 수 있다는 것을 뜻한다"고 하였다.

이제 천지의 지극히 정묘한 신명에 부합하고 천지에 따라 갖가지로 변화하니 만물이 벌써 죽었다가 생겨나고 네모졌다가 둥글어지거늘 그 근원을 알 수 없으며, 두루 떼지어 자라는 만물이 예부터 본래 있어왔다. 상하사방이 넓으나 그 안에서 벗어나지 못하며 가을 털끝이 작으나 그것에 의지해서 체질을 이룬다. 천하의 일체는 떴다가 가라앉으며 종신토록 그대로 있지 않는지라 음양과 사시가 운행하되 각기 그 순서를 얻는다. 흐리멍덩한 듯이 없는 듯하나 있으며 저절로 그러하여 형상이 없어도 신묘하며 만물이 길러져도 모른다. 이것을 일러 본근本根이라고 하니 그로써 자연을 본받을 수 있을 것이다.

【대의】

이 장에서는 사람으로 분장하고 나온 지知와 무위위無爲謂와 광굴狂屈 등의 대화형식을 빌려 도는 지식이나 사려로써 알 수 없으며, 언어로써 전달할 수도 없다는 것을 시사하였다. 그것은 마치 천지에는 대미大美가 있으나 말하지 않으며, 사시에는 법칙이 있으나 의론하지 않는 것과 같다. 이러한 이치에 정통한 지인至人은 천지를 본받아 무위無謂·무위無爲로 천지만물의 자연스러운 변화에 따를 수 있다는 것이다.

2

齧缺問道乎被衣,[1] 被衣曰:「若正汝形, 一汝視, 天和將至[2]; 攝汝知, 一汝度, 神將來舍.[3] 德將爲汝美, 道將爲汝居,[4] 汝瞳焉如新生之犢 而无求其故!」[5] 言未卒, 齧缺睡寐. 被衣大說, 行歌而去之, 曰:「形若 槁骸,[6] 心若死灰, 眞其實知, 不以故自持.[7] 媒媒晦晦,[8] 无心而不可與 謀. 彼何人哉!」[9]

설결이 문도호피의한대 피의왈 약이 정여형하며 일여시하면 천화 장지하리며 섭 여지하며 일여도하면 신장래사라 덕장위여미하며 도장위여거하야 여 동언여신생 지독이라 이무구기고하리라 언미졸하얏거늘 설결이 수매한대 피의대열하야 행가이 거지 왈 형약고해하고 심약사회하야 진기실지하고 불이고로 자지하며 매매회회 하야 무심이불가여모로소니 피하인재오

[1] 성현영은 말하기를 "설결은 왕예王倪의 제자이고, 피의被衣는 왕예의 스승이다"라고 하였다.
[2] 선영宣穎은 말하기를 "몸이 고요하고 정신이 응집되면 화기和氣가 저절로 회복된다"고 하였다.
[3] 유월俞樾은 말하기를 "일여도一汝度는 정여도正汝度로 써야 한다. 대개 이 네 구절은 변문變文 하여 문장을 만들었으나 사실 그 뜻이 같다. …… '정여도'는 곧 정여형正汝形을 뜻하니 '도' 는 '형'과 같다"고 하였다. 변문은 문장을 지을 때 같지 않은 글귀로써 서로 같은 뜻을 표현 하는 것이다.
[4] 왕선겸은 말하기를 "자연도덕自然道德이 몸에 있게 된다"고 하였다.
[5] 이이에 따르면 동언瞳焉은 아직 지식이 없는 모습이다. 왕숙민에 따르면 무구기고无求其故는 그 소이연所以然을 찾으려 하지 않는 것이다.
[6] 왕숙민은 말하기를 "고해槁骸는 고지槁枝와 같다고 해야 한다"고 하였다.
[7] 왕숙민은 말하기를 "실實은 소所와 같으니, …… 이는 그가 아는 것을 진실되게 하고, 교묘한 일로써 자기를 유지하지 않는다는 것이다"라고 하였다.
[8] 왕숙민에 따르면 매매회회媒媒晦晦는 모두 어두운 모습이다.
[9] 곽상은 말하기를 "독화獨化하는 사람이다"라고 하였다.

설결囓缺이 피의被衣에게 도를 물으니 피의가 말했다. "그대가 그대의 몸을 단정히 하며 그대의 시선을 집중하면 자연의 화기가 장차 이를 것이며, 그대의 지각작용을 수렴하며 그대의 태도를 전일하게 하면 그대의 정신이 스스로 와서 머물 것이다. 덕이 장차 그대를 아름답게 하며, 도가 장차 그대의 마음속에 깃들어 그대는 갓 태어난 송아지처럼 사려 분별하는 지각작용은 없으나 무심히 곧은 시선으로 바라보고 그 까닭을 찾으려 하지 않게 되리라." 말이 미처 끝나지 않았거늘 설결이 잠이 들었다. 피의가 크게 기뻐하여 걸어가면서 노래를 부르며 그를 떠나면서 말했다. "몸은 마른나무의 가지와 같고 마음은 불 꺼진 뒤의 식은 재와 같아서 참으로 알맹이를 알고 진부한 일로써 스스로를 지키지 않는다. 어두운 듯 컴컴한 듯하며 무심하여 함께 도모할 수 없으니 그는 어떤 사람일까!"

【대의】

여기에서는 몸을 단정히 하여 시선을 집중하고 지각작용을 수렴하여 무심해지면 도를 터득할 수 있다고 하였다.

3

舜問乎丞曰[1]:「道可得而有乎?」曰:「汝身非汝有也, 汝何得有夫道?」舜曰:「吾身非吾有也, 孰有之哉?」曰:「是天地之委形也[2]; 生非汝有, 是天地之委和也; 姓名非汝有, 是天地之委順也.[3] 孫子非汝有, 是天地之委蛻也.[4] 故行不知所往, 處不知所持, 食不知所味.[5] 天地之强陽氣也, 又胡可得而有邪!」[6]

순이 문호승왈 도는 가득이유호아 왈 여신이 비여유야늘 여하득유부도리오 순왈 오신이 비오유야라 숙유지재오 왈 시천지지위형야니라 생이 비여유라 시천지지위화야며 성명이 비여유라 시천지지위순야며 손자 비여유라 시천지지위세야니라 고로 행부지소왕하며 처부지소지하며 식부지소미라 천지지강양기야니 우호가득이유야리오

[1] 이이에 따르면 승丞은 순舜의 스승이다.
[2] 유월에 따르면 천지지위형天地之委形은 천지가 위탁한 몸을 일컫는다.
[3] 조초기에 따르면 화和와 순順은 모두 음양의 결합과 통일을 가리킨다.
[4] 선영은 말하기를 "형형상선形形相禪하므로 허물을 벗는다고 하였다"라고 했다. '형형상선'은 형체가 있는 것들이 서로 물려주면서 변화하는 것이다.
[5] 성현영은 말하기를 "대저 행주식미行住食味가 모두 자연에 따르니 그 내력을 찾아보아도 그것을 알 수 없다. 그러므로 가는 것은 누가 가며, 머무르는 것은 누가 머물며, 먹는 것은 누가 먹으며, 맛있는 것은 누가 맛보는가? 모두 말미암는 바를 모르지만 모두 저절로 이러할 뿐이다"라고 하였다.
[6] 곽상은 말하기를 "강양彊陽은 운동과 같다"고 하였다. 왕숙민에 따르면 '지'之는 '역'亦과 같다. 따라서 이 구절은 "천지는 운동하는 하나의 기운인데 또 어찌 이 몸이 있게끔 할 수 있으리오!"라는 말이다.

순舜이 승丞에게 물었다. "도는 가질 수 있습니까?" 승이 말했다. "네 몸이 네 소유가 아니거늘 네가 어떻게 도를 가질 수 있으리오?" 순이 말했다. "내 몸이 내 소유가 아니라면 그 누가 그것이 있게 하였습니까?" 승이 말했다. "이것은 천지가 위탁한 몸이다. 생명이 네 소유가 아니라 천지가 위탁하여 조화를 이룬 것이다. 성명이 네 소유가 아니라 천지가 위탁한 순리이며, 자손이 네 소유가 아니라 천지가 위탁한 허물이다. 그러므로 가도 가도 갈 곳을 모르고, 있어도 지킬 것을 모르며, 먹어도 맛을 모른다. 천지도 운동하는 하나의 기운인데 또 어찌 이 몸이 있게끔 할 수 있으리오!"

【대의】

여기에서는 사람의 몸과 생명은 그 사람의 소유가 아니라 천지가 위탁하여 조화를 이룬 것이며, 그 사람의 자손 또한 그의 소유가 아니라 천지가 위탁한 허물이라고 하였다. 허물은 매미나 뱀의 허물과 같은 것이다. 인류사회는 소유욕 때문에 갖가지 희비애환을 연출한다. 이러한 이치를 깨닫는다면 소유욕에서 벗어나 사태를 있는 그대로 관조하며 살아갈 수 있을 것이다.

4-1

孔子問於老聃曰:「今日晏閒, 敢問至道.」老聃曰:「汝齊戒, 疏瀹而心,[1] 澡雪而精神,[2] 掊擊而知![3] 夫道, 窅然難言哉![4] 將爲汝言其崖略. 夫昭昭生於冥冥, 有倫生於无形,[5] 精神生於道, 形本生於精,[6] 而萬物以形相生, 故九竅者胎生, 八竅者卵生.[7] 其來无迹, 其往无崖, 无門无旁,[8] 四達之皇皇也.[9] 邀於此者,[10] 四肢强, 思慮恂達,[11] 耳目聰明, 其用心不勞, 其應物无方. 天不得不高, 地不得不廣, 日月不得不行, 萬物不得不昌, 此其道與![12]」

공자 문어노담왈 금일에 안한하시란대 감문지도하노이다 노담왈 여재계하야 소약이심하며 조설이정신하며 부격이지하라 부도는 요연난언재니 장위여하야 언기애략호리라 부소소 생어명명하고 유륜이 생어무형하고 정신이 생어도하고 형본은 생어정이라 이만물이 이형으로 상생하나니 고구규자는 태생하고 팔규자는 난생하나니라 기래 무적하며 기왕이 무애하며 무문무방하야 사달지황황야니 요어차자는 사지강하며 사려순달하며 이목총명하며 기용심불로하며 기응물무방하니라 천이 부득이면 불고하며 지 부득이면 불광하고 일월이 부득이면 불행하며 만물이 부득이면 불창이니 차기도여인저

[1] 왕숙민에 따르면 "너의 마음을 소통시켜라"고 말하는 것과 같다.
[2] 왕숙민에 따르면 "너의 정신을 세척하라"고 말하는 것과 같다.
[3] 성현영에 따르면 부격掊擊은 타파打破이다.
[4] 조초기에 따르면 요연窅然은 심원한 모습이다.
[5] 조초기에 따르면 유륜有倫은 무늬와 구조가 있는 것이니 유형한 것이다.
[6] 왕숙민에 따르면 형본形本은 형체와 같다.
[7] 성현영에 따르면 구멍이 아홉 개 있는 것은 사람과 들짐승이고, 구멍이 여덟 개 있는 것은 날짐승과 물고기이다.

공자孔子가 노담老聃에게 물었다. "오늘 편안하고 한가로우시니 감히 지극히 현묘한 도에 대해서 묻습니다." 노담이 말했다. "너는 재계하라! 너의 마음을 소통시키며 너의 정신을 세척하며 너의 지혜를 때려부수라! 대저 도는 심원하여 말하기가 어렵다! 장차 너를 위하여 그 가장자리를 들어 대략 말해보리라. 저 뚜렷한 것은 어두컴컴한 데서 나오고 형체 있는 것은 형체 없는 것에서 나오고 정신이 도에서 생겨나고 형체 있는 것들은 정精에서 생겨나는지라 만물이 갖가지 형태로 서로 생겨나게 한다. 그러므로 아홉 구멍을 지닌 것은 태胎로 태어나고 여덟 구멍 가진 것은 알로 생겨난다. 그것은 흔적도 없이 오며 끝없이 나아가며 막힘없이 통하여 이른다. 그래서 널리 사방에 이르고, 크게 만물에 통할 수 있다. 이에 통하는 사람은 사지가 강건하며, 사려가 막힘없이 잘 통하며, 눈과 귀가 총명하며, 그 마음 씀씀이가 수고롭지 않으며, 일정한 격식 없이 사물에 대처한다. 하늘이 그에 힘입지 않으면 높아질 수 없으며, 땅도 그에 힘입지 않으면 넓어질 수 없으며, 해와 달이 그에 힘입지 않으면 운행할 수 없으며, 만물이 그에 힘입지 않으면 창성할 수 없으니, 이것이 도가 아닐까!"

---

8 왕숙민에 따르면 무문무방無門無旁은 막힘없이 통하여 이른다는 것을 뜻한다.

9 성현영은 말하기를 "황皇은 대大이다. …… 들고 남에 일정한 문이 없고, 오고 감에 국경이 없으므로 사방에 널리 이르고, 만물에 크게 통할 수 있다"고 하였다.

10 왕숙민은 말하기를 "요邀는 가차하여 규竅 자가 되니 규어차자竅於此者는 통어차자通於此者라고 말하는 것과 같다"고 하였다.

11 성현영은 말하기를 "순恂은 '통通하다'이다"라고 하였다.

12 왕숙민에 따르면 노담老聃의 말은 여기에서 끝나고 이하의 글은 저자가 신론申論한 것이다. '신론'은 해명하여 설명하는 것이다.

4-2

且夫博之不必知, 辯之不必慧, 聖人以斷之矣.[1] 若夫益之而不加益, 損之而不加損者, 聖人之所保也.[2] 淵淵乎其若海, 巍巍乎其,[3] 終則復始也, 運量萬物而不匱,[4] 則君子之道,[5] 彼其外與! 萬物皆往資焉而不匱, 此其道與![6]

차부박지불필지와 변지불필혜를 성인이 이단지의니라 약부익지이불가익하며 손지이불가손자는 성인지소보야니 연연호기약해하며 위위호기 종즉부시야니라 운량만물이불궤 즉군자지도 피기외여어니와 만물이 개왕자언이불궤 차기 도여인저

---

[1] 성현영은 말하기를 "대저 경전을 널리 읽었다고 하여 반드시 진眞을 아는 것은 아니다"라고 하였다.

[2] 왕숙민이 인용한 우창于鬯 설에 따르면 보保는 보寶로 읽는다.

[3] 왕숙민에 따르면 위위호기巍巍乎其 다음에 약산若山 두 글자가 탈락한 것 같다. 그렇다면 이 구절은 "산처럼 높고 크도다!"를 뜻한다.

[4] 왕숙민에 따르면 궤匱와 유遺는 본래 통용할 수 있다.

[5] 왕숙민에 따르면 즉則은 내乃와 같다.

[6] 왕숙민은 말하기를 "만물을 실어 나르는 것은 그래도 유위有爲이고, 만물이 가서 취한다는 것은 노자가 말한 무위이무불위無爲而無不爲와 같다"고 하였다.

또한 많이 배웠다고 해서 반드시 참된 것을 아는 것은 아니며, 논변을 잘한다고 해서 반드시 지혜로운 것은 아니다. 성인은 이미 그것을 끊어 버린다. 보태려 해도 더 보태지지 않으며, 덜어내려 해도 더 이상 덜어내지지 않는 것과 같은 것은 성인이 보배로 여기는 것이다. 깊어서 바다와 같으며 높고 커서 산과 같으니 그것은 마무리되면 다시 시작한다. 만물을 가득 싣고 돌아가도 빠뜨리지 않는 것은 군자의 도인데, 저들이 어찌 마음 밖에 있는 것이겠는가! 만물이 모두 그에게로 가서 취해도 빠뜨리지 않는 것, 이것이 아마 도가 아니겠는가!

4-3

中國有人焉,[1] 非陰非陽,[2] 處於天地之間, 直且爲人,[3] 將反於宗. 自本
觀之, 生者, 暗醴物也.[4] 雖有壽夭, 相去幾何? 須臾之說也, 奚足以
爲堯桀之是非![5] 果蓏有理, 人倫雖難, 所以相齒.[6] 聖人遭之而不違,
過之而不守.[7] 調而應之, 德也; 偶而應之,[8] 道也[9]; 帝之所興, 王之所
起也.

중국유인언하니 비음비양이라 처어천지지간하야 직차위인이언정 장반어종하나니라
자본관지컨댄 생자는 음의물야니 수유수요나 상거 기하오 수유지설야니 해족이
위요걸지시비리오 과라유리하니 인륜이 수난이나 소이상치니 성인은 조지이불위
하며 과지이불수하나니라 조이응지는 덕야요 우이응지는 도야니 제지소흥이며 왕
지소기야니라

---

[1] 조초기에 따르면 중국中國은 국중國中이다. '국중'은 나라 안 또는 도성 안을 뜻한다.

[2] 조초기에 따르면 이는 음양이 조화하여 치우침이 없는 것을 뜻한다.

[3] 조초기에 따르면 직차直且는 고차姑且이다. '고차'는 '잠시'를 뜻한다.

[4] 『석문』에 따르면 음의暗醴는 기가 모인 모양이다.

[5] 왕숙민에 따르면 위爲는 비比와 같다.

[6] 왕숙민은 말하기를 "륜倫은 리理이다. …… 사람들에게 외모와 음성과 안색, 그리고 지우현
불초智愚賢不肖의 차이가 있는 것이 모두 인리人理이다. 해동은 난難을 다多로 해석했으니 옳
다"고 하였다. 그리고 소所는 가可로, 치齒는 유類로 보았다.

[7] 왕숙민은 말하기를 "조지遭之는 득지得之와 같고, 과지過之는 실지失之와 같다"고 하였다.

[8] 왕숙민은 말하기를 "우偶는 우遇로 읽어야 할 것 같다. 우이응지偶而應之는 맞닥뜨린 상황에
따라 그에 대응하는 것을 일컫는다"고 하였다.

[9] 왕선겸은 이르기를 "우연히 무심無心으로 응대하는 것이 곧 성인의 도에 부합한다"고 하였다.

나라 안에 어떤 사람이 있는데 음과 양 어느 쪽에 치우치지 않고, 천지 사이에 처하여 잠시 사람이 되었지만 머지않아 근본의 세계로 돌아갈 것이다. 근본으로 보건대 살아 있는 것들은 기가 모인 것이다. 비록 오래 살고 짧게 사는 것이 있으나 그들의 차이가 얼마나 되겠는가? 눈 깜짝할 사이에 지나가버린다는 말인데 어찌 요堯는 옳고 걸桀은 그르다고 따질 수 있겠는가? 과일과 풀벌레에도 저절로 그러한 무늬가 있으니, 인류가 비록 대단히 많을지라도 과일과 풀벌레처럼 그의 자연에 따를 수 있다. 성인은 어떤 것을 얻을지라도 어기지 않으며, 그것을 잃어도 고수하려고 하지 않는다. 조화롭게 응하는 것이 높은 덕이요, 맞닥뜨린 상황에 따라 그에 대응하는 것이 성인의 일이다. 제왕의 도가 모두 여기에서 흥기하였다.

4-4

人生天地之間, 若白駒之過郤,[1] 忽然而已. 注然勃然, 莫不出焉; 油
然漻然,[2] 莫不入焉. 已化而生, 又化而死, 生物哀之, 人類悲之. 解其
天弢, 墮其天袠,[3] 紛乎宛乎,[4] 魂魄將往, 乃身從之, 乃大歸乎! 不形之
形, 形之不形,[5] 是人之所同知也, 非將至之所務也,[6] 此衆人之所同論
也.[7] 彼至則不論, 論則不至. 明見无值,[8] 辯不若默. 道不可聞, 聞不
若塞. 此之謂大得.

인생천지지간이 약백구지과극이라 홀연이이니 주연발연하야 막불출언하며 유연
류연하야 막불입언하나니라 이화이생하고 우화이사커든 생물이 애지하며 인류 비
지하나다 해기천도하며 타기천질이나라 분호완호하야 혼백장왕이어든 내신종지하
나니 내대귀호인저 불형지형과 형지불형은 시인지소동지야라 비장지지소무야니
차중인지소동론야니라 피 지즉불론하니 논즉부지니라 명견은 무치니 변불약묵
하니라 도불가문이니 문불약색하니 차지위대득이니라

1 『석문』에 따르면 극郤은 극隙으로 쓴 판본도 있다. 성현영은 말하기를 "백구는 준마이다. 태
   양이라고도 말한다"고 하였다.
2 성현영은 말하기를 "주발注勃은 생겨나오는 모습이다. 유류油漻는 들어가 죽는 모습이다"라
   고 하였다.
3 왕숙민에 따르면 천도天弢·천질天袠은 자연의 속박을 일컫는다.
4 조초기는 말하기를 "분호紛乎는 뒤섞여 어지러운 모습이다. 완호宛乎는 전진하는 모양이니
   모두 생사변화의 정황을 형용한 것이다"라고 하였다.

사람이 천지 사이에서 사는 것이 마치 햇빛이 틈새로 지나가듯하는 찰나에 지나지 않는다. 쏟아져 나오듯이, 왕성하게 일어나듯하여 나오지 않는 것이 없으며, 스며들듯이 고요적적하듯이 들어가지 않는 것이 없다. 벌써 변화하여 생겨나고 또 변화하여 죽어가거든 살아 있는 것들은 슬퍼하며 인류는 비통해한다. 자연의 활 전대에서 빠져나오고, 자연의 책갑을 부수게 될 것이다. 뒤섞여 어지러이 이리저리 돌아서 혼백이 가려거든 곧 몸도 그에 따르나니, 이것이 곧 영원히 돌아가는 것이다. 형체 없던 것이 형체를 띠게 되고, 형체 있는 것이 형체조차 없어지는 것은 사람들이 함께 아는 것이다. 그러나 이것은 도에 통하려는 사람이 추구하는 것은 아니지만 대중이 함께 의논하는 것이다. 저들 지극한 경지에 이른 사람은 논설하지 않나니 논설하면 이르지 못할 것이다. 분명히 보려고 하는 사람은 제대로 보지 못하나니 논변은 침묵보다 못하니라. 도는 들을 수 없으니 듣는 것은 귀를 막느니만 못하니, 이를 일러 크게 터득하는 것이라고 한다.

---

5 왕숙민은 말하기를 "성현영은 앞의 지之 자는 유有로, 뒤의 지之 자는 귀歸로 보았으니 옳다"고 하였다.

6 조초기는 말하기를 "장지將至는 곧 장지자將至者이니 도에 통하고자 하는 사람이다"라고 하였다.

7 조초기는 말하기를 "이는 보통 사람들이 다 같이 의논하는 것이다. 보통 사람들은 위에서 말한 이치를 알 뿐 아니라 언제나 담론하지만 그들은 실제로 그렇게 해내지는 못한다는 것을 뜻한다"고 하였다.

8 왕숙민은 말하기를 "명견무치明見無值는 명견무견明見無見이라고 말하는 것과 같다"고 하였다.

도는 심원하여 말하기 어렵지만 천지만물은 그에 힘입지 않고
서는 존재하거나 작용할 수 없다. 이 도에서 정신이 생겨나고, 정
精에서 형체 있는 것이 생겨나고, 만물이 갖가지 형태로 서로 생
겨나게 한다. 그리하여 사람도 생명을 부여받는다. 그러나 사람
의 생명이 지속하는 시간은 매우 짧다. 그래서 사람이 천지 사이
에서 사는 것은 마치 햇빛이 틈새로 지나가듯하는 찰나에 지나지
않는다고 하였다. 그런데도 사람들은 누구는 옳고 누구는 그르다
고 따지고, 오래 살지 못하거나 죽어가거든 슬퍼한다. 그러나 지
극한 경지에 이른 사람은 이러니저러니 논설하지 않는다. 도는
많이 배웠다고 해서 알 수 있는 것이 아니고, 논변을 잘한다고 해
서 이를 수 있는 것이 아니다. 논변은 침묵보다 못하다. 이러한 도
에 통하려면 마음을 소통시키며, 정신을 세척하며, 지혜마저도 버
려야 한다.

5-1

東郭子問於莊子曰[1]:「所謂道, 惡乎在?」莊子曰:「無所不在.」東郭子曰:「期而後可.」[2] 莊子曰:「在螻蟻.」曰:「何其下邪?」曰:「在稊稗.」曰:「何其愈下邪?」曰:「在瓦甓.」曰:「何其愈甚邪?」曰:「在屎溺.」東郭子不應. 莊子曰:「夫子之問也, 固不及質.[3] 正獲之問於監市履狶也,[4] 每下愈況.[5] 汝唯莫必, 无乎逃物.[6] 至道若是, 大言亦然. 周遍咸三者, 異名同實, 其指一也.

동곽자 문어장자왈 소위도는 오호에 재오 장자왈 무소부재하니라 동곽자왈 기이후에 가니라 장자왈 재루의하니라 왈 하기하야오 왈 재제패하니라 왈 하기유하야오 왈 재와벽하니라 왈 하기유심야오 왈 재시뇨하니라 동곽자 불응이어늘 장자왈 부자지문야 고불급질이로다 정획지문어감시에 리희야 매하유황하니라 여유막필이면 무호도물이니 지도 약시하며 대언이 역연하니라 주편함삼자는 이명동실하니 기지일야라

---

[1] 이이에 따르면 동곽자東郭子는 성문 동쪽 외곽에 살았다.

[2] 곽상은 말하기를 "장자로 하여금 도가 있는 곳을 지명하게 하려는 것이다"라고 하였다.

[3] 성현영은 말하기를 "질質은 실實이다"라고 하였다.

[4] 이이에 따르면 정正은 정졸亭卒이고, 획獲은 그 이름이며, 감시監市는 시장 관리 책임자이다. '정졸'은 지방관청의 하급관리를 말한다.

[5] 곽상은 이에 대하여 다음과 같이 말하였다. "희狶는 큰 돼지이다. 시장 관리 책임자가 돼지를 밟아서 그것이 살이 쪘는지 말랐는지를 알아내려면 살찌기 어려운 곳을 밟을수록 살찐 돼지의 관건을 더욱더 잘 알 수 있다. 이제 도가 있는 곳을 물었으나 그것을 비천한 것에 견줄수록 도가 물物에서 벗어나지 못한다는 것을 틀림없이 밝힐 수 있다."

[6] 왕숙민에 따르면 막莫은 무無와 같으니, 이는 "여유무필, 필즉무호도물"汝唯無必, 必則無乎逃物을 일컫는다.

동곽자東郭子가 장자에게 물었다. "이른바 도는 어디에 있습니까?" 장자가 말하였다. "있지 않은 곳이 없다." 동곽자가 말하였다. "있는 곳을 지적해준 후라야 되겠습니다." 장자가 말하였다. "도루래와 개미 속에 있다." 말하기를 "어찌 그처럼 낮습니까?" 하니, 말하기를 "가라지와 돌피 속에 있다"고 하였다. 말하기를 "어찌 그렇게 더욱 내려갑니까?" 하니, 말하기를 "기왓장 속에도 있다"고 하였다. 말하기를 "어찌 그처럼 더욱 심합니까?" 하니, 장자가 말하기를 "똥과 오줌 속에도 있다"고 하였다. 동곽자가 응하지 않거늘 장자가 말하였다. "그대가 물은 것은 본래의 실정에 미치지 않았다. 시장을 관리하는 하급관리 획이 시장 관리 책임자에게 돼지 밟는 방법을 물으니 아래쪽을 밟을수록 더욱 사실과 비슷해진다고 하였다. 그대는 기필코 도가 있는 곳을 지적하려고 하지 말라. 그러면 도가 사물 밖으로 벗어나지 않는다는 것을 알기 어렵다. 지극한 도가 이와 같으며, 위대한 말도 이와 같다. 두루 함과 보편적인 것과 모두, 이 세 가지 글자는 이름은 다르지만 실제는 같으니 그 뜻은 하나이다.

5-2

嘗相與游乎无何有之宮, 同合而論, 无所終窮乎![1] 嘗相與无爲乎! 澹
而靜乎![2] 漠而淸乎! 調而閒乎! 寥已吾志,[3] 无往焉而不知其所至,[4]
去而來而不知其所止, 吾已往來焉而不知其所終; 彷徨乎馮閎,[5] 大知
入焉而不知其所窮.

상상여유호무하유지궁하야 동합이론컨댄 무소종궁호인저 상상여무위호인저 담
이정호인저 막이청호인저 조이한호인저 요이면 오지니 무왕언이라 이부지기소지
하며 거이래에 이부지기소지하니 오이왕래언이부지기소종이라 방황호빙굉하야
대지에 입언이부지기소궁이니라

---

[1] 곽상은 이에 대하여 말하기를 "만약 유형有形의 세계에서 오간다면 주편함周遍咸할 수 없다.
그러므로 융합하여 그것을 논한 뒤에야 도가 있지 않은 곳이 없다는 것을 알게 된다. 그런 뒤
라야 가없이 넓게 가슴속을 비우고 무궁의 세계에서 노닐 수 있다"고 하였다.
[2] 왕숙민에 따르면 막漠과 청淸에는 모두 정靜의 뜻이 있다.
[3] 곽상은 말하기를 "고요적적하게 텅 비고 공허하다"고 하였다.
[4] 왕숙민에 따르면 무无는 기旣 자의 잘못이다.
[5] 곽상은 말하기를 "빙굉馮閎은 광활하다는 것을 일컫는다"고 하였다.

시험 삼아 서로 더불어 아무것도 없는 세계에서 노닐면서 한 몸이 되어
논할진댄 융회관통하여 끝나는 곳이 없을진저! 시험 삼아 서로 더불어
무위에 맡겨볼진저! 담박하면서 고요할진저! 고요하면서도 맑을진저!
조화로우면서도 한가로울진저! 내 뜻을 고요하게 비울 것이니, 가더라
도 그것이 이르는 곳을 모르며, 가고 와도 그 머무르는 곳을 모르니, 내
가 이미 왕래하여도 그 끝나는 곳을 모르는지라, 텅 비고 끝이 없는 세
계에서 방임하여 큰 지혜를 지닌 사람은 여기에 들어가되 그 끝나는 바
를 모르니라.

物物者與物无際,[6] 而物有際者, 所謂物際者也; 不際之際, 際之不際
者也.[7] 謂盈虛衰殺,[8] 彼爲盈虛非盈虛, 彼爲衰殺非衰殺,[9] 彼爲本末
非本末, 彼爲積散非積散也.」

물물자는 여물무제니 이물유제자는 소위물제자야니라 부제지제는 제지부제자
야라 위영허쇠쇄라 하나니 피위영허언정 비영허며 피위쇠쇄언정 비쇠쇄며 피위본
말이언정 비본말이며 피위적산이언정 비적산야니라

[6] 왕선겸은 말하기를 "물물자物物者는 도道이다. 물物이 있으면 도가 있으므로 물과 가장자리
가 없는 것이다"라고 하였다. 왕숙민은 말하기를 "유형有形한 것은 모두 가장자리가 있으나,
도는 무형無形하여 물과 가장자리가 없다"고 하였다. 말하자면 진리는 누구에게나 열려 있으
나 진리를 등지는 것은 사람인 것과 같다.

[7] 성현영은 말하기를 "경계선이 경계선이 되지 않게 하는 것은 성인의 달관이다. 경계선이 되
지 않는 것을 경계선이 있게 하는 것은 평범하고 식견이 좁은 사람의 체정滯情이다"라고 하
였다. '체정'은 트이지 못한 실정을 가리킨다.

[8] 왕숙민은 말하기를 "위謂는 비譬와 같다. …… 쇠衰는 본래 장長으로 써야 할 것 같다. ……장
쇄長殺는 소장消長과 같다"고 하였다.

[9] 왕숙민은 말하기를 "찼다가 비며, 사그러졌다가 자라는 것은 물物이다. 차기도 하고 비기도
하며, 자라게도 하고 사그러들게 하는 것은 도道이다"라고 하였다. 말하자면 찼다가 비며 자
랐다가 사그러들며, 뿌리도 되고 가지도 되며 쌓였다가 흩어지는 것이 물物이라면 그렇게 하
게 하는 물물자物物者가 곧 도道라는 것이다.

물物을 물 되게 하는 것은 물과 가장자리가 없으니 물과 경계선이 있는 것은 이른바 물이 경계선을 만드는 것이다. 성인은 달관하여 경계선이 경계선이 되지 않게 한다. 찼다가 비며 사르러들었다가 자란다고 하나니, 저 도는 찼다가 비었다가 하게끔 하지만 그 자신은 차거나 비지 않는다. 저 도는 사그러졌다가 자라게끔 할지언정 그 자신은 사그러들거나 자라지 않는다. 저 도는 뿌리와 잎이 있게 할지언정 그 자신은 뿌리와 가지가 되지 않는다. 저 도는 쌓이게도 하고 흩어뜨리기도 하지만 그 자신은 쌓이지도 흩어지지도 않는다.”

도는 물物을 떠나 있는 것이 아니라, 일체 사물을 포함하면서도 일체 사물 가운데에 체현體現되어 있다. 그래서 이 글의 작자는 동곽자와 장자의 문답을 통하여 도는 있지 않은 곳이 없다고 하였다. 도는 일체 사물·사건으로 하여금 찼다가 비며 사그러졌다가 자라게 하지만, 그 자신은 차거나 비지 않고 사그러들거나 자라지도 않는다. 도는 천지만물로 하여금 뿌리와 잎이 있게 하지만 그 자신은 뿌리와 잎이 되지 않는다. 도는 쌓이게 하고 흩뜨리기도 하지만 그 자신은 쌓이지도 흩어지지도 않는다.

　도는 어떤 사물이나 사람에게도 경계선을 두지 않는다. 도와 경계선을 만드는 것은 사람이다. 도는 누구에게나 열려 있다. 도를 등지는 것은 사람이다. 작자는 이러한 도를 물물자物物者라고 하였다. 물물자는 일체 사물로 하여금 사물 되게 하는 것이다. 말하자면 도는 일체 존재자로 하여금 존재자가 되게 하는 것이라고 할 수 있다.

6-1

妸荷甘與神農同學於老龍吉.[1] 神農隱几闔戶晝瞑, 妸荷甘日中㱠
戶而入曰[2]:「老龍死矣!」神農隱几擁杖而起,[3] 㗊然放杖而笑,[4] 曰:
「天知予僻陋慢訑,[5] 故棄予而死. 已矣! 夫子无所發予之狂言而死
矣夫!」[6] 弇堈弔弔聞之曰[7]:「夫體道者, 天下之君子所繫焉.[8] 今於
道, 秋毫之端萬分未得處一焉, 而猶知藏其狂言而死, 又況夫體道者
乎![9] 視之无形, 聽之无聲, 於人之論者,[10] 謂之冥冥, 所以論道, 而非
道也.」

아하감이 여신농으로 동학어노룡길하더니 신농이 은궤하야 합호주명이어늘 아하
감이 일중에 차호이입하야 왈 노룡이 사의라 하야늘 신농이 은궤라가 옹장이기하야
박연방장이소하야 왈 천이 지여의 벽루만탄하샤 고기여이사커다 이의라 부자는
무소발여지광언이사의부인저 엄강적이 조라가 문지하고 왈 부체도자는 천하지
군자의 소계언이니 금어도에 추호지단을 만분에 미득처일언이로되 이유지장기
광언이사하온 우황부체도자호따녀 시지무형하며 청지무성하니 어인지론자에 위
지명명이라하나니 소이론도 이비도야니라

---

[1] 성현영은 말하기를 "아妸는 성이고 하감荷甘은 자字이다. 신농은 삼황三皇의 신농이 아니라
그 뒤의 인물이다. 두 사람은 노룡길老龍吉에게 배웠다. 노룡길도 호號이다"라고 하였다.
[2] 사마표司馬彪에 따르면 차㱠는 '열다'이다.
[3] 유월에 따르면 은궤隱几는 잘못 끼어들어간 글자이다.
[4] 왕숙민에 따르면 박연㗊然은 큰 소리로 부르짖는 것이고, 소笑는 탄嘆이 잘못된 것 같다.
[5] 왕숙민은 말하기를 "탄訑은 탄誕의 자형字形이 잘못된 것이다. …… 만탄慢誕은 경솔하고 터
무니없는 것이다"라고 하였다.
[6] 성현영은 말하기를 "부자夫子는 노룡길이다. 그는 자연의 덕을 지녔으므로 그를 천天이라고
일컬은 것이다. 광언狂言은 지언至言과 같다"고 하였다. 그러나 왕숙민은 광언을 무심無心의
말이라고 보고 말하기를 "이는 '노룡길이 나를 무심한 말로써 계발시키지도 않은 채 돌아가
셨구나!'라는 것을 일컫는다"고 하였다.

아하감阿荷甘이 신농神農과 함께 노룡길老龍吉에게 배웠다. 신농이 탁자에 의지하여 문을 닫고 낮잠을 자고 있었다. 아하감이 한낮에 문을 열고 들어와서 이르기를 "노룡이 죽었구나!"라고 하였다. 신농이 지팡이에 의지하여 일어나 큰 소리로 부르짖으면서 지팡이를 놓고 탄식하여 말하였다. "하늘 같은 그대가 나의 편벽되고 촌스러우며 경솔하고 터무니없음을 알므로 나를 버리고 죽었군요. 끝났네요, 선생님이시여! 지극한 말씀으로 나를 일깨워주지도 않고서 돌아가셨구려!" 엄강적이 그에 대하여 듣고서 말하였다. "대저 도를 체득한 사람은 천하의 군자들이 의탁하는 바이다. 이제 노룡길은 도에 대하여 가을철 새털의 끄트머리를 일만 쪽으로 나누어 그 가운데 하나도 아직 터득하지 못했는데 오히려 그가 지극한 말을 속에 간직하고서 죽을 줄을 알거늘 또한 저 도를 체득한 사람이랴! 보아도 형체가 없으며 들어도 소리가 없으니, 그런데도 도를 논하는 사람들이 그것을 어두컴컴하다고 하니, 그러므로 도를 논하면 도가 아니다."

---

7 이이는 말하기를 "엄강弇堈은 도를 체득한 사람이고, 적弔은 그 이름이다"라고 하였다. 왕숙민에 따르면 '弔'은 음이 '적'이다.
8 『석문』에서 이르기를 "계언繫焉은 사람들이 찾아가 의탁하는 바이다"라고 하였다.
9 조초기에 따르면 이 두 구절은 노룡길이 대도大道에 대하여 아직 아는 바가 매우 적다는 것을 설명한다.
10 이와 같은 내용의 글이 「천운」天運편에 보인다.

6-2

於是泰淸問乎无窮曰[1]:「子知道乎?」无窮曰:「吾不知.」又問乎无爲.
无爲曰:「吾知道.」曰:「子之知道, 亦有數乎?」[2] 曰:「有.」曰:「其數
若何?」无爲曰:「吾知道之可以貴, 可以賤, 可以約, 可以散,[3] 此吾所
以知道之數也.」泰淸以之言也問乎无始曰[4]:「若是, 則无窮之弗知
與无爲之知, 孰是而孰非乎?」无始曰:「不知深矣, 知之淺矣; 弗知內
矣, 知之外矣.」於是泰淸中而歎曰[5]:「弗知乃知乎! 知乃不知乎! 孰
知不知之知?」[6]

어시에 태청이 문호무궁하야 왈 자는 지도호아 무궁왈 오는 부지로다 우문호무위
한대 무위왈 오는 지도하노라 왈 자지지도 역유수호아 왈 유하니라 왈 기수 약하오
무위왈 오는 지도지가이귀며 가이천이며 가이약이며 가이산하노니 차 오의 소이지
도지수야니라 태청이 이지언야로 문호무시하야 왈 약시 즉무궁지부지와 여무위
지지 숙시이숙비호 무시왈 부지는 심의오 지지는 천의니 부지는 내의오 지지는
외의니라 어시에 태청이 중이탄왈 부지내지호아 지내부지호아 숙지부지지지오

---

[1] 조초기에 따르면 태청泰淸과 무궁无窮은 모두 가설한 인물이다.
[2] 왕숙민에 따르면 수數는 설說과 같다.
[3] 왕숙민에 따르면 약約과 산散은 짝글이니 '약'은 취聚와 같다.
[4] 선영에 따르면 지之는 차此이다.
[5] 『석문』에 따르면 최선 본에서는 중中을 앙仰으로 썼다. 왕숙민에 따르면 앙仰은 앙仰의 옛글
자이다.
[6] 왕숙민에 따르면 이 글은 마땅히 "숙지부지지지, 지지부지호"孰知不知之知, 知之不知乎로 써야
한다. 그리고 두 지之 자는 위爲와 뜻이 같다.

이리하여 태청泰淸이 무궁無窮에게 묻기를 "그대는 도를 아는가?" 하니 무궁이 말하기를 "나는 모른다"고 하였다. 또 무위無爲에게 물으니 무위가 말하였다. "나는 도를 안다." 말하기를 "그대가 도를 아는 데에 어떤 분수가 있는가?"라고 하니 말하기를 "있다"고 하였다. 말하기를 "그 분수는 어떤 것인가?" 하니 무위가 말하였다. "나는 도가 귀해지게 할 수 있고 천해지게도 할 수 있으며, 모이게 할 수 있고 흩어지게도 할 수 있으니, 이것이 내가 그로써 도를 아는 바의 분수이다. 태청이 이 말을 가지고 무시無始에게 물어 말하기를 "이와 같다면 모른다고 한 무궁과 안다고 한 무위 가운데 누가 옳고 누가 그른가?"라고 하였다. 무시가 말하였다. "모른다고 하는 것이 깊고 안다고 하는 것이 얕으니, 모른다고 하는 것이 정통한 사람이고 안다는 것은 문외한이다." 이리하여 태청이 머리를 치켜들어 하늘을 향해 탄식하며 말하였다. "모른다고 하는 사람이 아는 것이구나! 안다고 하는 사람이 모르는 것이구나! 모른다는 사람이 아는 것이며, 안다는 사람이 모르고 하는 말이라는 것을 누가 알겠는가!"

无始曰:「道不可聞, 聞而非也[7]; 道不可見, 見而非也; 道不可言, 言而非也. 知形形之不形乎! 道不當名.」无始曰:「有問道而應之者, 不知道也. 雖問道者, 亦未聞道.[8] 道无問, 問无應.[9] 无問問之, 是問窮也[10]; 无應應之, 是无內也.[11] 以无內待問窮, 若是者, 外不觀乎宇宙, 內不知乎大初, 是以不過乎崑崙, 不遊乎太虛.」[12]

무시왈 도불가문이니 문이비야며 도불가견이니 견이비야며 도불가언이니 언이비야니라 지형형지불형호아 도부당명이니라 무시왈 유문도이응지자는 부지도야니 수문도자라도 역미문도하나니라 도무문이니 문은 무응하니 무문이어늘 문지하나니 시 문궁야라 무응이어늘 응지면 시 무내야라 이무내로 대문궁하나니 약시자는 외불관호우주하며 내부지호태초라 시이로 불과호곤륜이며 불유호태허니라

---

[7] 왕숙민에 따르면 이而는 즉則과 같다.

[8] 왕숙민에 따르면 수雖는 기특豈特과 같으며, 이는 "어찌 도를 물은 사람은 도를 알지 못하기만 하리오!"를 말한다.

[9] 곽상은 이에 대하여 말하기를 "배우고 가르치는 일을 끊어버리고 자연으로 돌아간다는 것을 뜻한다"고 하였다.

[10] 곽상은 말하기를 "이른바 책공責空이다"라고 하였다. '책공'은 '공연히 따지다'를 뜻한다.

[11] 왕숙민은 말하기를 "무내无內도 궁窮이다. 다했으므로 안이 없다. 대개 물어서는 안 되는 것을 물으니 이것은 공연히 묻는 것이며, 대답해서는 안 되는데도 그에 대답하였으니 대답한 것은 공연한 짓이다"라고 하였다.

[12] 성현영은 말하기를 "곤륜은 높고 먼 산이며, 태허는 깊고 현묘한 이치이다. 진실로 언어에 가로막혔으면서도 묻고 응답하는 사람은 지혜가 아직 고원한 곳을 거쳐 깊고 현묘한 세계에서 자유롭게 노닐지 못하는 사람이다"라고 하였다.

무시가 말하였다. "도는 들을 수 없으니 들었다면 도가 아니며, 도는 볼 수 없으니 보았다면 도가 아니다. 도는 말로 표현할 수 없으니 말로 표현했다면 도가 아니다. 누가 형체 있는 것을 형체 있게 하는 것은 형체를 이루지 않는다는 것을 아는가! 도는 마땅히 이름할 수 없는 것이니라." 무시가 말하였다. "도를 물었을 때 곧 그에 대답하는 사람은 도를 모른다. 어찌 도를 물은 사람은 도를 알지 못하기만 하리오! 도는 물을 수 있는 것이 아니며, 물어도 대답할 수 있는 것이 아니다. 물을 수 있는 것이 아닌데도 물으니 이것은 공연히 질문한 셈이다. 대답할 것이 아닌데도 대답한다면 그것은 공연한 짓이다. 내용이 없는 것을 가지고 공연히 묻기를 기다리니, 이와 같은 이는 밖으로 우주를 관찰하지 않으며, 안으로 태초太初를 모르게 되고, 이 때문에 곤륜산처럼 높은 곳을 넘지 못하며 태허太虛에서 놀 수 없다."

【대의】

이 글의 작자에 따르면 도道는 형형자形形者이다. 형형자는 형체 있는 것을 형체 있게 하지만 그 자신은 형체를 이루지 않는 것이다. 이러한 도는 볼 수도 들을 수도 없으며, 말로 표현하거나 논할 수 없다는 것이다.

7

光曜問乎无有曰[1]:「夫子有乎?[2] 其无有乎?」[3] 光曜不得問, 而孰視其
狀貌,[4] 窅然空然,[5] 終日視之而不見, 聽之而不聞, 搏之而不得也.[6] 光
曜曰:「至矣! 其孰能至此乎! 予能有无矣, 而未能无无也[7]; 及爲无有
矣,[8] 何從至此哉!」[9]

광요 문호무유왈 부자는 유호아 기무유호아 광요 부득문 이숙시기상모하니
요연공연하야 종일시지이불견하며 청지이불문하며 박지이부득야러라 광요왈
지의라 기숙능지차호리오 여능유무의오 이미능무무야하야 급위무유의호니 하종
지차재리오

[1] 성현영은 말하기를 "광요光曜는 볼 수 있는 지각작용이고, 무유无有는 보여지는 대상이다. 지
   각작용은 똑똑히 관찰할 수 있으므로 가설하여 광요라 하였고, 대상 자체는 공허하므로 가설
   하여 무유라 이름하였다"라고 했다.
[2] 조초기에 따르면 부자夫子는 무유无有에 대한 존칭이다.
[3] 왕숙민에 따르면 기其는 억抑과 같다.
[4] 조초기에 따르면 숙孰은 숙熟과 통하니 숙시熟視는 자세히 살펴보는 것이다.
[5] 조초기에 따르면 요窅는 본래 심원한 모습을 형용하지만, 여기에서는 의미를 확대하여 어두
   워서 선명하지 않은 모습을 뜻한다.
[6] 『노자』 14장에 이러한 내용의 글이 보인다.
[7] 조초기는 말하기를 "빛은 형체가 없으니 들을 수도 없고 만질 수도 없으므로 무无라고 일컬
   을 수 있다. 그러나 그래도 볼 수는 있으므로 무무无无의 경지에 이르지는 못한 것이다"라고
   하였다.
[8] 왕숙민은 말하기를 "무유无有는 마땅히 무무无无로 써야 한다. '무무'는 '무'를 쫓아버리는 것
   이다. '무'의 관념은 집착해서는 안 되고, 심지어 '무무'의 관념도 집착해서는 안 된다"고 하
   였다.
[9] 조초기에 따르면 이 구절은 자기가 무유无有에 견줄 수 없다는 것을 탄식하는 것이다.

광요光曜가 무유无有에게 물었다. "그대는 있는가? 아니면 없는가?" 무유가 대답하지 않으니 광요가 더는 묻지 못하고 그의 모습을 자세히 보았다. 그는 심원한 듯 공허한 듯하여 종일 보아도 보이지 않으며, 들어도 들리지 않으며, 만져도 만져지지 않았다. 광요가 말하였다. "지극하도다! 그 누가 이에 이를 수 있으리오! 나는 없다고 할 수 있으나 없다는 것조차 없게 할 수는 없었다. 그러나 그대는 무無조차 없게 하여 무무無無에 이르렀으니, 어떻게 이러한 경지에 이르렀는가?"

【대의】

이 글의 작자는 광요光曜와 무유无有의 대화방식을 빌려 무無를 초탈하여 무무無無의 경지에 이르러야 도를 깨달을 수 있다는 것을 시사하였다. 이러한 '무'나 '무무'는 지인至人의 정신세계에서 드러날 수 있는 것이다.

8

大馬之捶鉤者,[1] 年八十矣, 而不失豪芒. 大馬曰:「子巧與? 有道與?」
曰:「臣有守也.[2] 臣之年二十而好捶鉤, 於物无視也,[3] 非鉤无察也.
是用之者, 假不用者也,[4] 以長得其用,[5] 而況乎无不用者乎! 物孰不
資焉!」[6]

대마지추구자 년이 팔십의로되 이불실호망이어늘 대마왈 자교여아 유도여아 왈
신은 유수야호이다 신지년이 이십이호추구호되 어물에 무시야하야 비구어든 무찰
야호니 시 용지자 가불용자야로되 이장득기용이온 이황호무불용자호따녀 물숙
부자언이리오

---

[1] 성현영은 말하기를 "대마人馬는 관호官號이니 초楚의 대사마人司馬이다"라고 하였다. 조초기
에 따르면 구鉤는 병기인데 칼과 비슷하면서도 굽은 것이다.

[2] 왕념손王念孫에 따르면 수守는 곧 도道이다.

[3] 조초기에 따르면 이 두 구절은 정신집중을 설명한다.

[4] 조초기는 말하기를 "용지자用之者는 갈고리 모양의 병기를 두들길 때 쓴 일부분의 정력을 가
리킨다. 불용자不用者는 다른 사물을 보지 않음으로써 아낀 그 일부분의 정력을 가리킨다"고
하였다.

[5] 조초기는 말하기를 "정력을 갈고리 모양의 무기를 두드리는 일에 집중하고 그 밖의 방면에
서는 소모하지 않으므로 오래도록 운용할 수 있다는 것을 뜻한다"고 하였다.

[6] 조초기는 말하기를 "무불용자无不用者는 도를 가리킨다. …… 자언資焉은 그에 의하여 도움받
는 것이다. 갈고리 모양의 무기를 두들겨 만드는 사람이 힘입어 도움받는 것은 단지 쓰지 않
는 그 일부분의 정력일 뿐이다. 만약 대도라면 더욱더 만물이 그에 의지하여 도움받게 될 것
이다"라고 하였다.

대사마大司馬 휘하에서 갈고리 모양의 무기를 두들겨 만드는 사람이 나이 팔십이로되 털끝만큼의 오차도 없거늘 대사마가 말하기를 "그대는 솜씨가 좋은가? 도술이 있는가?"라고 하니 그가 말하였다. "저에게는 지키는 것이 있습니다. 제 나이 이십부터 갈고리 모양의 무기를 두들겨 만들기를 좋아하되 다른 사물에 대하여 보는 일이 없어, 그 무기가 아니거든 살펴보지 않았습니다. 이는 실제로 쓰는 것이 쓰지 않는 것을 빌렸을 뿐이로되 오래도록 그것을 쓸 수 있었거늘 하물며 쓰지 않는다는 생각조차 없는 것에서랴! 사물 가운데 어느 것인들 그에 힘입지 않으리오!"

【대의】

이 글의 작자는 갈고리 모양의 무기를 두드려 만드는 노인의 경험적인 사례를 예로 들어 정력精力의 집중을 설명하였다. 인간으로서는 극치에 이른 숙련공이라고 할 수 있는 그 노인은 다른 곳에 쓰지 않고 아껴놓은 정력을 빌려다가 오로지 갈고리 모양의 무기 만드는 데에만 집중함으로써 신기神技처럼 물건을 만들어낼 수 있었다는 것이다. 이는 쓰지 않고 아낀 정력에 힘입어 무불용無不用의 성과를 낼 수 있듯이 도道처럼 무위無爲해야 무소불위無所不爲의 효과를 낼 수 있다는 것을 시사한다.

9

冉求問於仲尼曰[1]:「未有天地可知邪?」仲尼曰:「可. 古猶今也.」冉求失問而退, 明日復見, 曰:「昔者吾問『未有天地可知乎?』夫子曰;『可. 古猶今也.』昔日吾昭然, 今日吾昧然, 敢問何謂也?」仲尼曰:「昔之昭然也, 神者先受之[2]; 今之昧然也, 且又爲不神者求邪![3] 无古无今, 无始无終. 未有子孫而有子孫, 可乎?」[4]

염구 문어중니하야 왈 미유천지를 가지야잇가 중니왈 가하니 고유금야하니라 염구 실문이퇴라가 명일에 부현하야 왈 석자에 오 문미유천지를 가지호잇가 호니 부자왈가하니라 고유금야라 하야시늘 석일에 오 소연이라니 금일에 오 매연호니 감문하위야잇고 중니왈 석지소연야는 신자 선수지오 금지매연야는 차우위불신자 구야인저 무고무금하며 무시무종하니 미유자손이라도 이유자손이 가호아

---

[1] 염구冉求는 공자의 제자이다.
[2] 곽상은 말하기를 "마음을 비우고서 가르침을 기다리면 신神이 받아들인다"고 하였다.
[3] 곽상은 말하기를 "생각하여 구하면 더욱더 실현하지 못한다"고 하였다.
[4] 조초기는 말하기를 "고대에 자손이 있어야 오늘날 자손이 있을 수 있다는 것을 뜻한다. 만약 고대에 자손이 없었다면 오늘날 자손이 어디에서 오겠는가? 이 점으로 예와 지금이 같다는 것을 알 수 있고, 오늘날로 옛날을 알 수 있다"고 하였다.

염구冉求가 공자에게 묻기를 "천지가 아직 있기 이전을 알 수 있습니까?" 하니 공자가 말하였다. "알 수 있으니 옛적은 지금과 같으니라"고 하였다. 염구가 잘못 물었구나 하고 물러났다가 이튿날 다시 뵙고 말하기를 "엊저녁에 제가 '천지가 있기 이전을 알 수 있습니까?' 하니 선생님이 말씀하시기를 '알 수 있느니라. 옛날과 지금은 같다'고 하시거늘, 어제는 제가 매우 분명히 안 것 같더니 오늘은 어리벙벙합니다. 감히 묻습니다. 무슨 뜻입니까?"라고 하였다. 공자가 말하였다. "어제 매우 분명히 안 것 같았던 것은 신神이 먼저 받아들인 것이다. 오늘 어리벙벙한 것은 신이 아닌 것에 얽매여 알고자 한 것이 아니겠느냐? 옛날은 없고 지금도 없으며 처음도 없고 끝도 없으니 자손이 아직 있지 않을지라도 자손이 있는 것이 가능하겠는가?"

冉求未對. 仲尼曰:「已矣, 未應矣!⁵ 不以生生死,⁶ 不以死死生. 死生有待邪? 皆有所一體.⁷ 有先天地生者物邪? 物物者非物.⁸ 物出不得先物也, 猶其有物也.⁹ 猶其有物也, 无已.¹⁰ 聖人之愛人也終无已者, 亦乃取於是者也.」¹¹

염구미대어늘 중니왈 이의어다 미응의니라 불이생으로 생사하며 불이사로 사생이니 사생유대야인저 개유소일체니 유선천지생자 물야아 물물자는 비물이니라 물이면 출부득선물야니 유기유물야라 유기유물야 무이니 성인지애인야 종무이자는 역내취어시자야니라

---

⁵ 성현영에 따르면 미未는 무无이다. 왕숙민은 말하기를 "응답하게 되면 다시 불신자不神者로 구하는 셈이다"라고 하였다. '불신자'는 신묘한 작용을 발휘하지 않는 것이니, 감각기관이나 사유기관을 뜻한다.

⁶ 조초기는 말하기를 "이以는 '말미암다'이다. 생生 때문에 죽은 것이 생겨나오는 것이 아니며, 사死 때문에 산 것은 죽는 것이 아니다. 살아 있는 것은 그대로 살게 되고 죽은 것은 그대로 죽게 마련이니, 모두 그의 자연에 따라 변화한다는 것을 뜻한다"고 하였다.

⁷ 왕숙민은 말하기를 "소所는 기其와 같다. 이는 삶도 하나의 형태이고 죽음도 하나의 형태인지라 각기 서로 의존되어 있지 않으니, 마치 몸과 그림자가 각기 서로 의존하지 않는 것과 같다는 것을 일컫는다"고 하였다. 선영은 말하기를 "모두 도의 자연이고, 일기一氣가 굴신屈伸할 따름이다"라고 하였다.

⁸ 선영은 말하기를 "물물자物物者는 도이다"라고 하였다.

⁹ 왕숙민은 말하기를 "물출物出은 물생物生과 같다. …… 물지생物之生은 물보다 앞설 수 없으니 물지선物之先에도 여전히 물이 있기 때문이다"라고 하였다. 이것은 구체적인 사물을 생기게 하는 어떤 것은 여전히 사물이 아닐 수 없다는 것을 뜻한다.

염구가 미처 대답하지 못하거늘 공자가 말하였다. "그만두어라! 내 말에 응하지 말라. 생生 때문에 사死가 생기는 것이 아니며, 사死 때문에 생生이 죽는 것도 아니니, 생과 사는 대립하는 것인가? 모두 그에 하나의 유기체가 있으니 천지보다 먼저 생긴 것이 물체이겠느냐? 물物을 물 되게 하는 것은 물이 아니다. 물이라면 물보다 앞설 수 없으니 그 물물자에 말미암아 물이 되는지라 그에 말미암아 물이 되어 끝이 없다. 성인의 사람 사랑하기가 끝내 그침이 없는 것 또한 여기에서 취한 것이다."

10 전목錢穆은 말하기를 "물지선物之先은 여전히 물物이다. 그들은 의존한 바 없이 생겨나니, 이와 같이 하여 끝없이 미루어 나아갈 수 있다는 것을 설명한다. 물지후物之後도 여전히 물이라 다시 끝없이 미루어 나아갈 수 있다. 그것들은 시작도 끝도 없이 이 물체가 항상 존재하는 것을 설명한다"고 하였다. 이는 어떤 사물의 과거를 끝없이 미루어 나갈 수 있듯이 그 미래도 끝없이 미루어 나갈 수 있다는 것을 뜻한다.

11 성현영은 말하기를 "득도한 성인이 자애롭게 길러서 은혜가 세세대대로 흘러넘쳐 다함이 없는 것은 진실로 덕이 천지에 합하고 자연을 오묘하게 체현하기 때문이다. 그러므로 저들에 대하여 자기를 비우고, 잊어버리고 화육하며, 만물을 편파적으로 사랑하지 않고, 백성을 풀강아지처럼 무심하게 대할 수 있는 것은 대개 이러한 뜻을 취하여 그러한 것이다"라고 하였다. 이러한 뜻이란 만물이 자연에 따라 끝없이 스스로 변화해간다는 것이다.

이 글의 작자에 따르면 물物에는 고금古今이 있고 생사生死가 있다. 그러나 도는 물물자物物者이지 물物이 아니다. 고금과 생사 등 일체 사물·사건은 비물非物인 도 가운데에서 통일된다. 따라서 사람은 마음을 비우고 허심虛心으로 도를 지향해야 시공과 생사를 초탈할 수 있는 것이다.

10

顔淵問乎仲尼曰:「回嘗聞諸夫子曰:『无有所將, 无有所迎.』回敢問其遊.」[1] 仲尼曰:「古之人, 外化內不化,[2] 今之人, 內化而外不化.[3] 與物化者, 一不化者也.[4] 安化安不化,[5] 安與之相靡,[6] 必與之莫多. 狶韋氏之囿,[7] 黃帝之圃,[8] 有虞氏之宮, 湯武之室.[9] 君子之人, 若儒墨者師, 故以是非相韲也,[10] 而況今之人乎! 聖人處物不傷物. 不傷物者, 物亦不能傷也. 唯无所傷者, 爲能與人相將迎.[11] 山林與! 皐壤與! 使我欣欣然而樂與![12] 樂未畢也, 哀又繼之.[13] 哀樂之來, 吾不能禦, 其去弗能止. 悲夫, 世人直爲物逆旅耳![14] 夫知遇而不知所不遇, 知能能而不能所不能.[15] 无知无能者, 固人之所不免也.[16] 夫務免乎人之所不免者, 豈不亦悲哉! 至言去言, 至爲去爲.[17] 齊知之所知, 則淺矣.」[18]

안연이 문호중니왈 회 상문저부자호니 왈 무유소장하며 무유소영이라 하시니 회는 감문기유하노이다 중니왈 고지인은 외화내불화러니 금지인은 내화이외불화하나니 여물화자는 일불화자야니 안화안불화리오 안여지상미오 필여지막다나니라 희위씨지유와 황제지포와 유우씨지궁과 탕무지실과 군자지인이언 약유묵자사오 고이시비로 상제야온 이황금지인호따녀 성인은 처물호되 불상물하나니 불상물자는 물역불능상야하나니라 유무소상자아 위능여인으로 상장영이니라 산림여아 고양여아 사아로 흔흔연이락여아 낙미필야하야서 애우계지하나다 애락지래를 오불능어며 기거를 불능지로소니 비부라 세인이여 직위물의 역려이로다 부지우요 이부지소불우하며 지능능이오 이불능소불능하나니 무지무능자는 고인지소불면야어늘 부무면호인지소불면자는 기불역비재리오 지언은 거언하고 지위는 거위니 제지지소지는 즉천의니라 안연顔淵이 공자에게 물었다. "저는 선생님께서 일찍이 보내는 것이 없으며 맞이하는 것도 없다고 하신 말씀을 들은 적이 있습니다. 저는 감히 그 이유를 묻습니다." 공자가 말하였다. "옛적 사람은 외형은 일에 따라 변해도 속마음은 변하지 않는다고 하였는데 지금 사람들은 속마음은 변해도 외형은 변하지 않는다고 한다. 사물과 함께 변할 수 있는 사람은 변치 않는 것과 하나가 되는 사람이니, 변하는 것에 맡기고 변하지 않는 것에도 맡긴다. 맡기고서 그들과 함께 서로 따르니, 사물과 더불어 따르되 지나치지 않다. 희위씨豨韋氏가 배회하던 정원과 황제黃帝가 유유히 노닐던 농장과 순임금이 덕을 함양하던 궁궐과 탕임금과 무왕이 정신을 온화한 마음으로 가꾸던 방이다. 유자儒者·묵자墨者의 스승과 같은 군자형 사람들도 본래 옳으니 그르니 하는 시비是非로써 서로 헐뜯거늘 하물며 오늘날 사람들이랴! 성인은 사람들과 함께 살아가도 사람들을 다치게 하지 않는다. 사람들을 다치게 하지 않는 사람은 다른 사람들이 그를 해치지 않는다. 오직 다치게 하는 일이 없는 사람이라야 능히 사람들과 함께 서로 보내고 맞이할 수 있다. 산림이여! 평원이여! 나로 하여금 흔연히 즐겁게 하는구나! 즐거움이 끝나기도 전에 슬픔이 또 이어지나니, 슬픔과 즐거움이 오는 것을 내가 막을 수 없으며 그것이 가는 것을 멈추게 할 수 없다. 슬프다! 세상 사람들은 단지 외물外物이 드나드는 주막집이다. 대저 만나는 것을 알고 만나지 않는 것은 모르며, 능력이 미치는 것은 할 수 있으나 능력이 미치지 않는 것은 해내지 못한다. 모르는 것과 해낼 수 없는 것은 본래 사람이 면치 못하는 것이거늘 대저 사람이 면할 수 없는 것을 면하고자 애쓰는 사람은 어찌 슬프지 않으리오! 지극한 말은 말을 버리고 지극한 행위는 행위를 버리나니, 무엇이나 알려고 하면 실제로 그에게 알려지는 것은 옅어진다."

1 성현영은 유遊를 유由의 뜻으로 해석하였다.

2 조초기는 말하기를 "옛날 사람은 행동을 만물의 운동에 따르되 심신心神은 편안하고 고요하였다. 외外는 언행활동을 가리키고, 내內는 심신을 가리킨다"고 하였다. 심신은 정신상태를 가리킨다.

3 조초기는 말하기를 "정신상태가 산란하고 유연하지 않다는 것을 일컫는다"고 하였다.

4 조초기에 따르면 변치 않는 것은 곧 도道이다.

5 성현영은 말하기를 "안安은 '맡기다'이다. 성인은 집착하는 마음이 없어서 사물에 따라 유전流轉하므로 변하거나 변치 않거나 그에 편히 맡긴다"고 하였다.

6 왕숙민은 말하기를 "지之는 물物을 일컫는다. 필必은 이而와 같다. …… 막다莫多는 불과不過라고 말하는 것과 같다. …… 이 구절은 사물과 서로 따르는 일에 편안하되 너무 지나치지 않게 사물에 따른다는 것을 일컫는다"고 하였다.

7 희위씨豨韋氏는 아득한 옛날 중국의 제왕 칭호이다.

8 황제黃帝는 헌원軒轅이니 오제五帝 가운데 하나이다.

9 유우씨有虞氏는 순舜임금이고, 탕湯은 탕왕이고, 무武는 주무왕周武王이다. 곽상은 말하기를 "집착 없는 마음으로 변화에 맡기는 것이 곧 뭇 성인들이 노는 곳임을 말한다"고 하였다.

10 왕숙민에 따르면 자者는 지之와 같고 제韲는 난亂을 뜻한다. 그러나 조초기는 '제'를 '헐뜯다'로 보았다.

11 왕숙민은 말하기를 "위爲는 내乃와 같다. 인人은 지之로 쓴 판본도 있다. …… '여지장상영'與之將相迎은 곧 '여물상장영'與物相將迎이다"라고 하였다.

12 왕선겸에 따르면 고양皐壤은 평원이다. 조초기는 말하기를 "이 세 구절은 세상 사람들이 산림과 평원은 놀기 좋은 쾌락을 마련해줄 수 있다고 찬탄하는 세태에 견주어 말한 것이다"라고 하였다.

13 성현영은 말하기를 "정情은 사태에 따라 변화하니 애락哀樂이 이에 따라 바뀐다. 이는 곧 까닭 없이 즐거워하거나 까닭 없이 슬퍼하는 것이니, 이로써 세상 사람들의 애락이 족히 문제시될 것이 못 된다는 것을 알겠다"고 하였다.

14 조초기는 말하기를 "득도한 사람은 내심內心이 변하지 않으므로 애락哀樂이 가슴속에 들어올 수 없다. 그러나 세상 사람들은 한때 즐거워하다가도 한때 슬퍼하기도 하면서 마음속이 외물外物의 영향을 받아 끊임없이 변화하므로, 그야말로 외물이 잠시 의탁하여 머무르는 곳이 되고 만다"고 하였다.

【대의】

이 글의 작자에 따르면 세상 사람들은 물物이 드나드는 주막집
이다. 슬픔과 즐거움이 오는 것을 막을 수 없고, 그것이 떠나가는
것을 멈추게 할 수 없다. 지극한 경지에 이른 성인은 알려는 생각
과 말과 행위를 버리고 마음을 비우고 사물의 자연스러운 흐름에
따른다. 그는 사람들과 함께 살아가더라도 사람들을 다치게 하지
않는다. 그러나 마음을 비우지 못하고 자기 나름의 의도와 목적
을 가지고 사람이나 사물을 대하다 보면 그들을 다치게 할 수 있
다. 그래서 인간은 죄악의 굴레를 벗지 못하는 것이다.

---

15 왕숙민에 따르면 능능能能 앞에 지知 자가 잘못 끼어들어갔다.

16 곽상은 말하기를 "생명을 받을 때 각기 몫이 있다"고 하였다.

17 왕숙민은 말하기를 "'지언거언, 지위거위'至言去言, 至爲去爲는 이른바 무위위無爲謂이니, 편
머리에서 그 사람을 '무위위'라고 가탁한 것과 상응한다"고 하였다. 마기창馬其昶은 초횡焦
竑 설을 인용하여 말하기를 "태상太上이 이르기를 '말없이 가르치는 것과 무위의 유익함을
천하 사람들 가운데 그에 미칠 수 있는 사람이 드물다'고 하였다. 그러므로 외편의 취지를
마무리한 것이다"라고 하였다.

18 왕숙민은 말하기를 "이는 마땅히 제지지소지齊知之所知를 하나의 문구로 삼아 읽어야 한다.
…… 제지齊知는 평범한 지식이다"라고 하였다. 조초기는 말하기를 "제齊는 개皆·전全이다.
무엇이거나 다 알려고 하면 실제로 알려지는 것은 얕고 천박해진다"고 하였다.

• 제23편 • **경상초**(庚桑楚 第二十三)

이 편은 도를 터득하는 것을 논하였다. 글 중에서 먼저 노자의 제자라는 경상초庚桑楚가 그의 제자 남영추南榮趎와 더불어 도를 배우고자 하는 사람과 도를 터득한 이의 형상을 전개한 다음, 지인의 덕과 성인의 도를 논술하였다. 그래서 왕숙민에 따르면 주희朱熹는 이 한 편이 모두 선禪이라고 하였다.

도의 핵심은 무유無有이다. 도를 배우려면 공명功名과 성공·실패에 무심無心하고, 지각작용이 없게 하여 무아無我에 이르러야 한다. 그래야 일체를 부득이不得已에 맡기게 된다.

이 단락의 글은 노자의 사상과 가깝다. 그래서 노자와의 관련성을 따질 때 이 글을 예로 든 경우가 많다. 그러나 이 글 중에는 「제물론」과 「대종사」의 내용과도 일치하는 곳이 적지 않다. 그래서 장형소우張恒壽는 이 편은 『장자』에서 비교적 일찍 이루어진 편목篇目이라고 하였다. 이 글을 읽으면 『장자』의 내편을 이해하는 데 많은 도움이 될 것이다.

1-1

老聃之役,[1] 有庚桑楚者,[2] 偏得老聃之道,[3] 以北居畏壘之山,[4] 其臣之
畫然知者去之, 其妾之挈然仁者遠之[5]; 擁腫之與居, 鞅掌之爲使.[6] 居
三年, 畏壘大壤.[7] 畏壘之民相與言曰:「庚桑子之始來, 吾洒然異之.[8]
今吾日計之而不足, 歲計之而有餘.[9] 庶幾其聖人乎! 子胡不相與尸
而祝之, 社而稷之乎?」[10]

노담지역에 유경상초자 편득노담지도하야 이북거외뢰지산하더니 기신지획연
지자를 거지하며 기첩지설연인자를 원지하고 옹종지여거하며 앙장지위사하야 거
삼년에 외뢰대양이어늘 외뢰지민이 상여언왈 경상자지시래에 오 선연이지라니
금오일계지이부족고 세계지이유여하니 서기기성인호인저 자는 호불상여시이
축지하며 사이직지호오

[1] 사마표에 따르면 역役은 학도學徒 제자이다. 노담은 노자의 자를 따서 존칭된 것이다.

[2] 역시 사마표에 따르면 초楚는 이름이고 경상庚桑은 성이다.

[3] 마기창에 따르면 편偏은 '조금'을 뜻한다.

[4] 왕숙민에 따르면 이以는 이而와 같다. 외뢰畏壘는 산 이름이다. 왕숙민이 인용한 글에 따르면 동래산東萊山이다.

[5] 왕숙민에 따르면 신臣·첩妾은 심부름하는 총각과 처녀이다. 곽상에 따르면 획연畫然은 식지飾知이고 설연挈然은 긍인矜仁이다. 식지는 아는 체하는 것이고, 긍인은 어진 체하는 것이다.

[6] 성현영에 따르면 옹종앙장擁腫鞅掌은 모두 순박하고 자득한 모습이다. 자득은 스스로 만족하는 것이다.

[7] 성현영에 따르면 대양大壤은 풍년이 드는 것이다.

[8] 최선과 이이에 따르면 선연은 놀라는 모습이다. 그러나 왕숙민은 흔很 자가 잘못된 것이라고 하였다. '흔'은 '매우'를 뜻한다.

[9] 『석문』에서 인용한 상수尚秀 설에 따르면, 이는 아침저녁의 조그마한 이익은 없으나 철에 따름으로써 풍년이 들게 한다는 뜻이다.

[10] 시尸는 죽은 이를 대신하여 제사를 받는 시동이다. 조초기에 따르면 사이직지는 그를 위하여 사직社稷을 세우는 것이다.

노담의 제자 가운데 경상초庚桑楚라는 사람이 있었는데 노담의 도를 조금 터득하여 북쪽으로 가서 외뢰畏壘의 산속에 은거하였다. 하인 가운데 똑똑하게 아는 체하는 자들을 떠나보내고, 심부름하는 처녀 가운데 어진 체하는 사람도 멀리하고, 순박한 사람들과 함께 살며, 성품이 솔직한 사람들이 심부름하게 하였다. 거주한 지 3년 뒤에 외뢰 지방의 작황이 매우 넉넉해졌다. 외뢰의 백성들이 서로 더불어 말하기를 "경상자가 처음 왔을 때 우리가 그를 매우 이상하게 여겼더니, 이제 우리가 날로 계산해보면 부족하고 해로 계산하면 남음이 있으니, 그는 거지반 성인이 아닐까? 그대는 어찌 서로 더불어 주인을 삼아 축하하고 사직단을 세워 모시지 않는가?"라고 하였다.

1-2

庚桑子聞之, 南面而不釋然.[1] 弟子異之. 庚桑子曰:「弟子何異於予?
夫春氣發而百草生, 正得秋而萬寶成.[2] 夫春與秋, 豈无得而然哉? 天
道已行矣! 吾聞至人, 尸居環堵之室,[3] 而百姓猖狂不知所如往.[4] 今
以畏壘之細民而竊竊焉欲俎豆予于賢人之間,[5] 我其杓之人邪![6] 吾是
以不釋於老聃之言.」

경상자 문지하고 남면이불석연이어늘 제자 이지러니 경상자왈 제자는 하이어여오
부춘기 발이백초생하며 정득추이만보성하나니 부춘여추는 기무득이연재리오
천도 이행의니라 오는 문하니 지인은 시거환도지실하야 이백성으로 창광하야 부지
소여왕이라 호라 금에 이외리지세민으로 이절절언욕조두여우현인지간하나니
아기표지인야인저 오 시이불석어노담지언하노라

<hr>

[1] 이 구절은 「제물론」에 보인다. 남면南面은 천자가 조정에 나아가 정사를 보는 것이고, 불석연
不釋然은 개운치 않아 하는 것이다.

[2] 왕숙민에 따르면 보寶는 실實 자의 모양이 잘못된 것 같다.

[3] 왕숙민에 따르면 시거尸居는 정처靜處와 같다. 정처는 조용히 사는 것이다. 사마표에 따르면
일 장一丈을 도堵라고 하니, 환도라는 것은 면面이 각기 일 장으로 작은 것을 말한다. 일 장은
3.33미터쯤 된다.

[4] 왕숙민에 따르면 창광猖狂은 무심한 모습이고, 여왕如往은 복합사로 여如도 왕往이다.

[5] 사마표에 따르면 절절竊竊은 세어細語이다. 세어는 속삭이는 소리이다.

[6] 왕숙민에 따르면 이는 자기가 남의 준적準的이 되는 것이다. 준적은 표준이다. 여기에서는 본
보기의 뜻으로 새긴다.

경상자가 이 말을 듣고 남쪽으로 향하여 앉아 있으면서 개운치 않아 하였다. 제자가 이상해하니 경상자가 말하였다. "제자는 나에 대하여 왜 이상하게 생각하는가? 대저 봄기운이 일어나서 온갖 풀이 자라며, 한가을에 온갖 과일이 익는다. 대저 봄과 가을이 어찌 자연의 이치를 얻지 않고서 그렇게 하겠는가? 천도가 이미 운행한 것이다. 내가 들으니 지인은 사방 일 장쯤 되는 담장을 두른 집에 조용히 살면서 백성들이 하고 싶은 대로 하게 하여 따를 사람을 모르게끔 한다고 한다. 이제 외뢰의 보잘것없는 백성들이 서로 모여서 소곤거리며 나를 현자들 사이에 놓고서 받들고자 하니 내가 어찌 북두자루와 같이 그들의 본보기가 되고 싶겠는가? 나는 이 때문에 노담의 말뜻이 떠올라 개운치가 않다."

弟子曰:「不然. 夫尋常之溝, 巨魚无所還其體, 而鯢鰌爲之制[1]; 步仞
之丘陵,[2] 巨獸无所隱其軀, 而蘖狐爲之祥.[3] 且夫尊賢授能, 先善與
利, 自古堯舜以然,[4] 而況畏壘之民乎! 夫子亦聽矣!」[5] 庚桑子曰:「小
子來! 夫函車之獸, 介而離山,[6] 則不免於罔罟之患; 吞舟之魚, 碭而
失水,[7] 則蟻能苦之. 故鳥獸不厭高, 魚鼈不厭深. 夫全其形生之人,
藏其身也, 不厭深眇而已矣.[8]

제자왈 불연하니이다 부심상지구에는 거어무소선기체커든 이예추위지제하고 보
인지구릉에는 거수무소은기구커든 이얼호위지상하나니라 차부존현수능하며 선
선여리는 자고요순으로 이연이온 이황외뢰지민호따녀 부자는 역청의니라 경상자
왈 소자아 래하라 부함거지수 개이리산하면 즉불면어망고지환하고 탄주지어 탕
이실수하면 즉의능고지하나니 고로 조수 불염고하며 어별이 불염심하나니 부전기
형생지인은 장기신야에 불염심묘이이의니라

---

[1] 성현영은 말하기를 "8척을 심_尋이라 하고 심의 배를 상_常이라 한다"고 하였다. 왕숙민은 제制
는 이利 자가 잘못된 것 같다고 하였다. 그러나 『석문』에서는 절折로 보아 작은 물고기가 곡
절曲折할 수 있는 것을 일컫는다고 하였다. 곡절은 '꼬불꼬불하다'이다.

[2] 『석문』에 따르면 6척이 보步이고 7척은 인仞이라고 한다. 왕숙민에 따르면 릉陵 자는 원래
없었던 것 같다.

[3] 최선에 따르면 상祥은 선善이다.

[4] 왕선겸에 따르면 이以는 이已와 같다.

[5] 왕숙민에 따르면 청聽도 '따르다'이다.

[6] 개介는 '혼자서'이다.

[7] 전목이 인용한 왕오王敔 설에 따르면 탕碭은 탕蕩과 통한다.

[8] 성현영에 따르면 묘眇는 원遠이다.

제자가 말하였다. "그렇지 않습니다. 8척이나 16척쯤 되는 조그마한 도랑에서는 큰 물고기가 그 몸을 돌릴 수 없으나 도롱뇽이나 미꾸라지는 꼬불꼬불 돌아다닐 수 있습니다. 6척 너비에 7~8척 높이의 구릉에서는 큰 짐승이 그 몸을 숨길 수 없으나 요사스러운 여우는 그것을 매우 좋다고 여깁니다. 뿐만 아니라 현자를 높이고 능력 있는 이에게 벼슬자리를 주며, 선한 이를 앞세우고 이록을 주는 것은 예부터 요·순 임금이 벌써 그렇게 하였거늘 하물며 외뢰의 백성들이겠습니까? 선생님께서는 따르십시오." 경상자가 말하였다. "젊은이들이여 이리 오너라! 수레를 입에 물 수 있는 짐승도 짝 없이 혼자서 산을 떠나면 그물의 환난을 면치 못하고, 배를 삼킬 수 있는 물고기도 출렁거리다가 물 밖으로 떨어지면 개미가 그를 괴롭힐 수 있다. 그러므로 새와 짐승은 높이 있어도 만족하지 못하고, 물고기와 자라는 깊은 곳에 있어도 만족하지 못한다. 대저 몸과 천성을 온전히 하는 사람은 자신을 숨기면서 심원한 곳도 만족하지 못한다.

1-4

且夫二子者,¹ 又何足以稱揚哉!² 是其於辯也, 將妄鑿垣牆而殖蓬蒿
也. 簡髮而櫛, 數米而炊, 竊竊乎又何足以濟世哉!³ 擧賢則民相軋,
任知則民相盜. 之數物者,⁴ 不足以厚民. 民之於利甚勤, 子有殺父,
臣有殺君, 正晝爲盜, 日中穴阫. 吾語女, 大亂之本, 必生於堯舜之
間, 其末存乎千世之後. 千世之後, 其必有人與人相食者也!」

차부이자자는 우하족이칭양재리오 시기어변야에 장망착원장이식봉호야니라
간발이즐하며 수미이취하나니 절절호라 우하족이제세재리오 거현즉민상알하고
임지즉민상도하나니 지수물자는 부족이후민이니라 민지어리에 심근하며 자유살
부하며 신유살군하며 정주위도하며 일중혈배하나니 오 어여호리라 대란지본이 필
생어요순지간하야 기말이 존호천세지후하니 천세지후에 기필유인여인이 상식
자야호리라

---

¹ 곽상에 따르면 이자二子는 요순을 일컫는다.
² 조초기에 따르면 변辯은 변辨과 통하니 선善과 이利를 분변分辨하는 것을 가리킨다.
³ 조초기는 이에 대하여 다음과 같이 말하였다. 요와 순이 선과 악을 분변하는 것은 제멋대로
  담장을 뚫어서 쑥과 다북쑥을 심고, 머리카락을 골라가면서 빗질하고, 쌀알을 세어서 밥을
  짓는 것과 같으니, 이들 번쇄한 일은 모두 헛수고하는 짓인지라 세상을 구원하는 것에 대하
  여 조금도 쓸모가 없다는 것을 일컫는다.
⁴ 왕숙민에 따르면 물物은 사事와 같다.

뿐만 아니라 저 요와 순 두 분을 또 어찌 족히 찬양할 만하리오. 그분들이 선과 이로움, 현명한 사람과 능력 있는 이를 분별하는 것은 마치 장차 제멋대로 담장을 뚫어서 쑥과 다북쑥을 심고, 머리카락을 골라가면서 빗질하고, 쌀알을 세어서 밥을 짓는 것과 같으니, 자질구레하도다! 또 어찌 세상 사람들을 구제할 수 있겠는가? 현자를 들어 쓰면 백성들이 서로 다투고 지혜 있는 이에게 맡기면 백성들이 서로 속이게 된다. 이들 몇 가지 일은 충분히 백성들을 두텁게 하지 못한 것이니라. 백성들이 이로운 것에 매우 부지런하며, 아들이 아비를 죽이고 신하가 임금을 죽이며, 대낮에 도적질하며, 한낮에 담을 뚫게 된 것이니, 내가 너에게 말하리라. 큰 혼란의 뿌리가 반드시 요·순 임금 사이에서 생겨 그 끝은 천세 뒤에 반드시 사람이 사람을 서로 먹는 일이 있게 되리라!"

외뢰畏壘의 백성들이 노자의 제자 경상초庚桑楚를 추대하려고
하였다. 경상초는 유가에서 떠받드는 요·순처럼 남의 본보기가
되고 싶지 않다고 하였다. 그러면 현자와 지혜 있는 이를 등용하
고, 선과 악을 나누게 되기 때문이다. 그리하여 백성들이 서로 알
력을 빚고 서로 속이게 되어 마침내 사람이 사람을 먹을 정도로
혼란스러워질 것이라고 하였다.

2-1

南榮趎蹴然正坐曰[1]:「若趎之年者已長矣, 將惡乎託業以及此言邪?」
庚桑子曰:「全汝形, 抱汝生,[2] 无使汝思慮營營.[3] 若此三年, 則可以及
此言矣.」

남영추 축연정좌하야 왈 약추지년자는 이장의로니 장오호에 탁업하야아 이급차
언야오 경상자왈 전여의 형하며 포여의 생하야 무사여의 사려로 영영이어다 약차
삼년이면 즉가이급차언의리라

---

[1] 성현영에 따르면 성이 남영이고 이름이 추이니 경상庚桑의 제자이다.
[2] 유월에 따르면 포抱는 보保이다. 조초기에 따르면 생生은 성性과 통한다.
[3] 조초기에 따르면 영영營營은 지치되 휴식할 줄 모르는 모습이다.

남영추南榮越가 깜짝 놀라서 자리를 바로 하고 말하였다. "저의 나이로 말할 것 같으면 이미 적지 않은데, 장차 어떤 학업에 의탁하여 이러한 말씀에 이를 수 있겠습니까?" 경상자가 말하였다. "너의 몸을 온전히 하며, 너의 천성을 보존하며, 너의 사려를 지치게 하지 마라. 이와 같이 하여 3년이면 이러한 말에 이를 수 있을 것이다."

南榮趎曰：「目之與形，吾不知其異也，而盲者不能自見；耳之與形，吾不知其異也，而聾者不能自聞；心之與形，吾不知其異也，而狂者不能自得。[4] 形之與形亦辟矣，[5] 而物或間之邪，[6] 欲相求而不能相得？今謂趎曰：『全汝形，抱汝生，勿使汝思慮營營。』趎勉聞道達耳矣！」[7] 庚桑子曰：「辭盡矣. 奔蜂不能化藿蠋，[8] 越雞不能伏鵠卵，魯雞固能矣。[9] 雞之與雞，其德非不同也，[10] 有能與不能者，其才固有巨小也. 今吾才小，不足以化子. 子胡不南見老子！」

남영추왈 목지여형을 오부지기이야로되 이맹자는 불능자견하며 이지여형을 오부지기이야로되 이농자는 불능자문하며 심지여형을 오부지기이야로되 이광자는 불능자득하나니 형지여형이 역비의 이물혹간지야아 욕상구이불능상득이로소이다 금위추왈 전여형하며 포여생하야 물사여사려로 영영이라 하시니 추 면문도면 달이의아 경상자왈 사진의로다 분봉이 불능화곽촉하며 월계 불능복곡란이어든 노계는 고능의나니라 계지여계 기덕이 비부동야로되 유능여불능자는 기재고유거소야니라 금오는 재소라 부족이화자로소니 자는 호불남현노자오

---

[4] 이에 대하여 곽상은 말하기를 "눈과 눈, 귀와 귀, 심心과 심心의 그 외형은 서로 비슷하지만 할 수 있는 것은 다르니, 만약 '같지 않음'이 있다면 억지로 서로 본받게 해서는 안 된다"고 하였다.
[5] 조초기에 따르면 비辟는 비譬와 통하니 '서로 비슷하다'이다.
[6] 왕숙민에 따르면 간間은 격隔과 같다.
[7] 『석문』에 따르면 이 구절은 "겨우 귀에 이를 뿐이니 미처 마음속까지 꿰뚫고 들어가지 않은 것이다"는 것을 일컫는다.
[8] 조초기는 말하기를 "분奔 자 앞에 원래 왈曰 자가 있었지만 『장자보정』莊子補正에 따라 삭제한다"고 하였다. 조초기에 따르면 분봉奔蜂은 나나니벌이고 곽촉藿蠋은 콩 속에서 자라는 모충毛蟲이다. 모충은 몸에 털이 난 벌레로 누에처럼 생겼다.

남영추가 말하였다. "눈과 형체를 저는 그 다름을 모르겠으되 눈먼 이는 스스로 보지 못하며, 귀와 형체를 저는 그 다름을 모르겠으되 귀먹은 이는 스스로 듣지 못하며, 마음과 형체를 저는 그 다름을 모르겠으되 미친 사람은 스스로 터득하지 못합니다. 외형적으로 보면 어떤 사람의 몸과 도를 터득한 사람의 몸은 비슷한데 어떤 것이 가로막았을까요! 이것이 선생님께 찾고자 한 것인데도 선생님에게서 얻을 수 없겠습니까? 이제 저에게 이르기를 너의 몸을 온전히 하며, 너의 천성을 보존하며, 너의 사려를 지치게 하지 말라고 하시니, 제가 힘써 도에 대하여 들으면 겨우 귀에나 이를 뿐이겠습니다!" 경상자가 말하였다. "더는 말할 것이 없다. 나나니벌은 콩알 벌레로 바뀔 수 없으나 명령螟蛉으로 바뀔 수 있으며, 월나라에서 나는 닭은 백로의 알을 부화할 수 없으나 노나라 닭은 본디 그렇게 할 수 있다. 벌레와 벌레, 닭과 닭은 그들의 본능이 같지 않은 것이 아니로되 할 수 있는 것과 할 수 없는 것은 그들의 재질이 본디 크고 작음의 차이가 있기 때문이다. 이제 나는 재질이 작아 그대를 변화시킬 수 없으니 그대는 어찌 남쪽으로 가서 노담을 뵙지 않는가?"

9 조초기는 말하기를 월계는 월越 지방에서 나는 닭이고 노계는 노魯나라 지역에서 나는 닭인데, 당시 노나라 지역에서 나는 닭의 품종이 우량하기에 월나라 지역의 닭보다 컸을지도 모른다고 하였다.

10 왕숙민에 따르면 '분봉불능화곽촉'奔蜂不能化雀蠋 다음에 '이능화명령'而能化螟蛉 다섯 글자가 빠진 것 같고, '계지여계'鷄之與鷄 앞에 '충지여충'蟲之與蟲 네 글자가 누락한 것 같다. '명령'은 빛깔이 푸른 나방이다. 뽕냉충나방이라고도 한다.

2-2

南榮趎贏糧, 七日七夜至老子之所. 老子曰:「子自楚之所來乎?」南
榮趎曰:『唯.』老子曰:「子何與人偕來之衆也?」[1] 南榮趎懼然顧其後.
老子曰:「子不知吾所謂乎?」[2] 南榮趎俯而慙, 仰而歎曰:「今者吾忘
吾答, 因失吾問.」老子曰:「何謂也?」南榮趎曰:「不知乎? 人謂我朱
愚.[3] 知乎? 反愁我軀. 不仁則害人, 仁則反愁我身; 不義則傷彼, 義則
反愁我己.[4] 我安逃此而可? 此三言者, 趎之所患也, 顧因楚而問之.」
老子曰:「向吾見若眉睫之間,[5] 吾因以得汝矣, 今汝又言而信之. 若規
規然若喪父母,[6] 揭竿而求諸海也.[7] 女亡人哉,[8] 惘惘乎! 汝欲反汝情
性而无由入, 可憐哉!」

남영추 영량하야 칠일칠야에 지노자지소하니 노자왈 자는 자초지소로 래호아
남영추왈 유라 노자왈 자는 하여인으로 해래지중야오 남영추 구연고기후어늘
노자왈 자는 부지오소위호아 남영추 부이참하고 앙이탄하야 왈 금자에 오 망오
답하야 인실오문이어이다 노자왈 하위야오 남영추 왈 부지호인댄 인이 위아를 주
우라 하고 지호인댄 반수아구하며 불인즉해인코 인즉반수아신하며 불의즉상
피요 의즉반수아기하리로소니 아안도차이가잇고 차삼언자 추지소환야니 고인초
이문지하노이다 노자왈 향오 견약의 미첩지간하고 오인이득여의로니 금여 우언
이신지호라 약이 규규연약상부모하고 계간이구저해야로소니 여는 망인재인저 망
망호라 여 욕반여의 정성이무유입이로소니 가련재라

---

[1] 곽상은 말하기를 "세 가지 말을 몸에 지니고 왔기 때문이다"라고 하였다. 세 가지 말은 이 글
다음에 나온다.

[2] 성현영에 따르면 위謂는 '뜻'을 말한다.

[3] 곽숭도郭崇燾에 따르면 주우朱愚는 지술智術이 단소短小한 것을 일컫는다. 지술은 재지才智와
계책이다.

[4] 조초기에 따르면 아구我軀·아신我身·아기我己는 모두 나 자신을 뜻한다. 작자는 지·인·의가
모두 도를 이탈하여 성性을 상하게 된다고 생각하였다.

남영추가 양식을 싸서 이레 밤낮으로 걸어가 노자가 있는 곳에 이르렀다. 노자가 말하였다. "그대는 경상초에게서 왔는가?" 남영추가 대답하였다. "그렇습니다." 노자가 다시 말하였다. "그대는 어찌 함께 온 것이 그렇게 많은가?" 남영추가 두려운 듯이 자기 뒤를 돌아다보거늘 노자가 말하였다. "그대는 내가 말한 뜻을 모르는가?" 남영추가 고개를 들지 못하고 부끄러워하다가 고개를 들어 탄식하여 말하였다. "이제 저는 제가 해야 할 대답도 잊고, 그에 말미암아 제가 물어야 할 것도 잊었습니다." 노자가 말하였다. "무슨 뜻인가?" 남영추가 말하였다. "지혜롭지 않게 해야 할까요? 그러면 사람들이 제가 아는 것이 짧다고 여길 것입니다. 지혜롭게 해야 할까요? 그러면 도리어 저 자신을 근심스럽게 할 것입니다. 인하지 않으면 남을 해치고, 인하면 도리어 저 자신을 근심스럽게 할 것입니다. 의롭지 않으면 저들을 다치게 하고, 의롭게 하면 도리어 제 몸을 수고롭게 할 것입니다. 저는 이러한 환난을 어떻게 도피해야 되겠습니까? 이 세 가지 말은 제가 근심하는 것이니, 원컨대 경상초의 소개에 말미암아 묻고 싶습니다." 노자가 말하였다. "아까 내가 그대의 눈썹과 눈 사이를 보았고, 나는 그에 말미암아 그대의 마음을 알았다. 이제 그대가 또 말해주어 알게 되었다. 그대가 부모 잃은 아이처럼 넋이 나가서 대나무를 들고서 바다를 측량하듯이 하니 그대는 그대의 성정을 잃었는가? 경황이 없구나! 그대는 그대의 성정을 돌이키고 싶어도 들어갈 길을 모르니 가련하도다!"

---

5 조초기에 따르면 향向은 '방금'을 뜻한다. 미첩지간眉睫之間, 즉 눈썹과 눈 사이는 표정을 뜻한다.

6 이이에 따르면 규규規規는 실신한 모습이다.

7 왕숙민에 따르면 이는 대나무를 가지고 바다를 궁구하는 것이니, 대나무로써 바다를 측량하는 것을 뜻한다.

8 최선이 말하기를 "성정性情을 잃은 사람이다"라고 하였다.

2-3

南榮趎請入就舍,¹ 召其所好, 去其所惡,² 十日自愁,³ 復見老子. 老子
曰:「汝自洒濯, 熟哉鬱鬱乎!⁴ 然而其中津津乎猶有惡也.⁵ 夫外韄者
不可繁而捉, 將內揵; 內韄者不可繆而捉, 將外揵.⁶ 外內韄者, 道德
不能持, 而況放道而行者乎!」⁷

남영추 청입취사하야 소기소호하고 거기소오하여서 십일을 자수라가 부현노자한대
노자왈 여자쇄탁이 숙재나 울울호라 연이기중진진호라 유유악야로다 부외획
자는 불가번이착이라 장내건하고 내획자는 불가무이착이라 장외건하나니 외내획
자는 도덕도 불능지온 이황방도이행자호따녀

¹ 조초기에 따르면 입취사入就舍는 제자가 기거하는 방으로 들어가는 것이다.
² 성현영에 따르면 소召는 징구徵求이다. '징구'는 널리 구하는 것이다. 조초기에 따르면 소호所好
  는 천도天道를 가리킨다. 선영에 따르면 '소호'는 청허淸虛이고 소오所惡는 물욕物欲이다.
³ 왕숙민에 따르면 자수自愁는 식수息愁로 써야 옳다. '식수'는 근심을 가라앉히는 것이다. 앞
  글에서 남영추가 세 가지 근심을 말하였는데, 열흘 뒤에 스스로 좋아진 것이 있고 나쁜 것이
  없어졌다고 생각하였기에 근심이 풀렸다는 것이다.
⁴ 왕숙민에 따르면 자自는 수雖와 같다. 선영은 말하기를 "숙熟은 숙熟과 같다. 그가 힘들여 스
  스로를 이겨내는 것이 보이니 마치 물건을 익히는 기운이 속에서 부글부글 끓어오르는 듯한
  것이다"라고 하였다.
⁵ 왕숙민에 따르면 진진津津은 축축한 모습이니 그의 악이 아직 다하지 않은 것을 형용한다.
⁶ 왕숙민은 말하기를 "이는 눈과 귀가 외물에 속박되더라도 그것을 번잡하고 어지럽게 하여
  사로잡혀서는 안 되니 마땅히 안으로 그 심지心志를 막아내야 하고, 심지가 욕심에 의해 속
  박되더라도 그것을 얽히게 하여 사로잡혀서는 안 되니 마땅히 밖에서 그의 눈과 귀를 막아야
  한다는 것을 일컫는 것 같다"고 하였다. 그는 두 장將 자는 모두 당當과 같다고 하였다.
⁷ 왕숙민은 말하기를 "이것은 '외물外物과 내욕內欲이 한데 묶이면 도덕조차도 다스리지 못할
  터인데 하물며 도를 본받아서 행하는 것에서랴!'라는 것을 일컫는다"고 하였다.

남영추가 제자가 기거하는 방으로 들어가게 해달라고 청함에 그가 좋아하는 것을 추구하고 그가 싫어하는 것을 버리고서 열흘 만에 근심을 가라앉힌 뒤 다시 노자를 뵈었다. 노자가 말하였다. "그대가 스스로 씻어내어 마치 뜨거운 기운이 속에서 끓어오르듯 할지라도 그 속이 축축하니 아직도 악이 다 없어지지 않았도다. 대저 밖에서 눈과 귀가 소리와 빛깔에 의하여 속박된 사람은 번잡하다고 급박해서는 안 되니 마땅히 안으로 그 심지心志를 막아야 하고, 심지가 욕망에 의하여 속박된 사람은 뒤숭숭하여 혼란스럽다고 조급해서는 안 되니 밖에서 그의 눈과 귀를 막아야 한다. 밖과 안이 모두 얽힌 사람은 도덕조차도 다스리지 못할 터인데 하물며 도를 본받아서 행하는 것에서랴!"

南榮趎曰:「里人有病, 里人問之, 病者能言其病, 然其病病者, 猶未病也.[8] 若趎之聞大道, 譬猶飲藥以加病也, 趎願聞衛生之經而已矣.」

老子曰:「衛生之經,[9] 能抱一乎?[10] 能勿失乎? 能无卜筮而知吉凶乎? 能止乎?[11] 能已乎?[12] 能舍諸人而求諸己乎?[13] 能脩然乎?[14] 能侗然乎?[15] 能兒子乎? 兒子終日嗥而嗌不嗄, 和之至也[16]; 終日握而手不掜, 共其德也[17]; 終日視而目不瞚, 偏不在外也.[18] 行不知所之, 居不知所爲,[19] 與物委蛇, 而同其波.[20] 是衛生之經已.」

남영추왈 이인이 유병에 이인이 문지어든 병자 능언기병이면 연기병병자 유미병야어니와 약추지문대도는 비유음약이가병야로소니 추 원문위생지경이이의로이다 노자왈 위생지경은 능포일호며 능물실호며 능무복서이지길흉호며 능지호며 능이호며 능사저인이구저기호며 능유연호며 능통연호며 능아자호며 아자 종일호이익불애는 화지야요 종일악이수불예는 공기덕야요 종일시이목불순은 편이 부재외야니라 행부지소지하며 거부지소위오 여물로 위이 이동기파 시위생지경이니라

---

8 곽경번郭慶藩에 따르면 고산사高山寺 본에는 연기병然其病 세 글자가 없다.

9 왕숙민에 따르면 경經은 도道와 같다.

10 성현영은 말하기를 "그의 성性을 이탈하지 않고 진眞을 지켜 둘로 분산시키지 않는 것이다"라고 하였다.

11 성현영은 말하기를 "분수 밖의 일을 추구하지 않는다"고 하였다.

12 성현영은 말하기를 "이에 지나간 것은 뒤쫓아가지 않는다"고 하였다.

13 왕숙민을 말하기를 "장자의 수양경계는 무기无己 · 망기忘己이니 자기가 없게 하는 것이다. 구저기求諸己한다면 아직도 지극하지 않은 것이다"고 하였다.

14 성현영에 따르면 유연脩然은 오고 감에 매이거나 그침이 없는 것이다.

15 조초기에 따르면 통연侗然은 품은 생각이 탁 트이고 밝은 모습이다.

남영추가 말하였다. "마을 사람이 병이 있어 마을 사람이 문병하거늘 병자가 그 병상에 대하여 말할 수 있다면 병이 아직 위급한 것이 아닐 것입니다. 이제 저와 같은 사람이 대도에 관하여 듣는 것을 비유하면 약을 먹고 병을 더 깊어지게 하는 셈이니, 저는 양생의 도를 듣고 싶습니다."

노자가 말하였다. "양생의 도는 하나를 껴안을 수 있는 도인가? 천성을 잃지 않는 것인가? 거북점·시초점을 치지 않고서도 길흉을 아는 것인가? 분수 밖의 일을 추구하지 않는 것인가? 지나간 것은 뒤쫓아가지 않는 것인가? 남을 모방하려는 마음을 버리고 자기 자신에게서 구하고 있는가? 매임 없이 오고 갈 수 있는가? 탁 트이고 밝을 수 있는가? 어린아이처럼 할 수 있는가? 갓난아이가 종일 울어도 목이 쉬지 않는 것은 소리 내는 데 감정을 개입시키지 않기 때문이다. 종일 주먹을 쥐고 있어도 손이 굽지 않는 것은 그의 자연스러운 본성에 합하기 때문이다. 종일 보아도 눈동자가 움직이지 않는 것은 그의 정신이 밖에 있는 사물에 대하여 치우치지 않기 때문이다. 나가더라도 갈 곳을 모르며, 집에 가만히 있어도 무엇을 해야 할지 모르고, 사물의 변화에 따라 변화하고 꼭 이렇게 해야겠다는 생각 없이 대세에 따르니 이것이 양생의 도이다."

---

16 『노자』 55장에서 말하기를 "종일 울어도 목이 쉬지 않는 것은 화기和氣가 넘쳐 흐르기 때문이다"라고 하였다.

17 최선에 따르면 공共은 일壹이다. 『노자』 55장에서 말하기를 "덕을 두텁게 포함한 것은 적자赤子에 견줄 수 있으니 …… 뼈와 근육이 유연하되 단단하게 쥔다"고 하였다. 왕숙민에 따르면 일기덕壹其德은 덕을 두텁게 포함한다는 것이다.

18 곽상은 말하기를 "눈이 저절로 보게 하되 색色에 매이지 않는다"고 하였다.

19 이 두 구절은 「마제」편에 보인다.

20 조초기에 따르면 위이委蛇는 사물·사건에 따라 변화하는 것이고, 동기파同其波는 일정한 입장과 주견 없이 대세에 따르는 것이다.

2-4

南榮趎曰:「然則是至人之德已乎?」[1] 曰:「非也. 是乃所謂氷解凍釋
者, 能乎? 夫至人者, 相與交食乎地而交樂乎天,[2] 不以人物利害相
攖, 不相與爲怪, 不相與爲謀, 不相與爲事, 儵然而往, 侗然而來. 是
謂衛生之經已.」曰:「然則是至乎?」曰:「未也. 吾固告汝曰:『能兒子
乎?』兒子動不知所爲, 行不知所之, 身若槁木之枝而心若死灰. 若是
者, 禍亦不至, 福亦不來. 禍福无有, 惡有人災也!」

남영추왈 연즉시는 지인지덕이호아 왈 비야라 시내소위빙해동석자니라 능호아
부지인자는 상여교식호지이교락호천이라 불이인물이해로 상영하며 불상여위
괴하며 불상여위모하며 불상여위사요 유연이왕하며 통연이래하나니 시위위생지
경이니라 왈 연즉시지호아 왈 미야라 오고고여하야 왈 능아자호인저 호니 아자는
동부지소위하며 행부지소지하야 신약고목지지이심약사회니 약시자는 화역부
지하며 복역불래하나니 화복도 무유콘 오유인재야리오

---

[1] 왕숙민에 따르면 이호已乎는 복합사이니 이已는 호乎와 같다.
[2] 최선에 따르면 교交는 '함께'이다.

남영추가 말하였다. "그렇다면 이것이 지인의 덕이 그치는 곳입니까?"
노자가 말하였다. "아니다. 이것이 곧 이른바 가슴속에 응어리진 것을
풀어내는 능력이라는 것인가? 대저 지인은 서로 더불어 땅의 자연과 함
께 먹고, 하늘의 자연과 함께 즐기며, 사람이나 사물의 이해 때문에 서
로 어지럽히지 않으며, 서로 탓하지 않으며, 서로 꾀를 부리지 않으며,
서로 일거리를 만들지 않고 매임 없이 가며 탁 트인 듯이 오게 되나니,
이를 일러 양생의 도라고 한다." 말하기를 "그렇다면 이것이 지극한 경
지에 이른 것입니까?" 말하기를 "아니다. 나는 이미 그대에게 '갓난아
이처럼 할 수 있는가'라고 하였으니, 갓난아이는 움직여도 하는 것을 의
식하지 못하며 가더라도 가고 있는 것을 의식하지 못하여 몸이 마치 마
른 나뭇가지와 같고 마음은 식은 재와 같으니, 이와 같은 사람은 화도
이르지 않으며 복도 오지 않는다. 화와 복이 없거늘 어찌 인재人災가 있
으리오?"

경상초의 제자 남영추南榮趎는 도를 배우고 자기 스승의 스승인 노자를 찾아가 직접 물음을 청하였다. 노자는 도를 배우려면 먼저 너의 몸을 온전히 하며, 너의 천성을 보존하며, 너의 사려를 지치게 하지 말라고 충고하였다.

성정을 보존하려면 외적인 일에 속박된 사람은 심지心志를 막고, 심지가 욕망 때문에 속박된 사람은 눈과 귀를 막아야 한다고 일러주었다.

다음으로 양생養生의 도를 물으니 하나를 껴안을 것과, 천성을 잃지 않을 것과, 분수 밖의 일을 추구하지 않을 것과, 자기에게서 떠나간 일에 집착하지 않을 것과, 남을 모방하지 않을 것과, 매임 없이 오고 갈 것과, 탁 트이고 밝게 하는 것과, 어린아이처럼 하는 것과, 사물의 변화에 따를 것 등을 들었다.

둘 사이의 대화는 한 걸음 더 나아간다. 남영추가 지인의 덕에 대하여 물으니 노자가 대답하기를, 지인은 갓난아이처럼 움직여도 하는 짓을 의식하지 못하며, 가더라도 가고 있는 것을 의식하지 못하며, 몸은 마른나무와 같고 마음은 식은 재와 같다고 하였다.

3-1

宇泰定者, 發乎天光.[1] 發乎天光者, 人見其人, 物見其物.[2] 人有修者, 乃今有恒; 有恒者, 人舍之天助之. 人之所舍, 謂之天民; 天之所助, 謂之天子.[3]

우태정자는 발호천광이니 발호천광자는 인견기인하며 물견기물하나니라 인유수자는 내금유항이니 유항자는 인이 사지하며 천이 조지하나니 인지소사를 위지천민이요 천지소조를 위지천자니라

---

[1] 왕숙민에 따르면 우宇는 마음을 비유하고 태정泰定은 대정大定과 같은 것 같다고 하였다.
[2] 왕숙민에 따르면 천연의 빛을 내는 사람은 마음이 밝은 거울과 같아서 사람과 사물의 형체를 비출 수 있으므로, 사람은 그 사람 그대로 드러나게 하며 물건은 물건 그대로 드러나게 한다.
[3] 곽상은 이에 대하여 말하기를 "나아가면 천자이고 머물러 있으면 천민이니, 이 두 가지의 사람은 모두 태연스럽게 하여 저절로 얻은 것이지 일부러 하여 그것을 얻은 것이 아니다"라고 하였다.

마음이 크게 안정되면 천연의 빛이 나오니, 천연의 빛을 내는 사람은 그 사람을 그대로 드러나게 하며, 물건은 물건 그대로 드러나게 한다. 그러한 수련이 있는 사람이라야 떳떳한 덕성이 있게 된다. 떳떳한 덕성이 있는 사람은 사람들이 돌아와 붙고 하늘이 돕는다. 사람이 와서 붙는 자를 천민天民이라 하고, 하늘이 돕는 이를 천자天子라고 한다.

3-2

學者, 學其所不能學也; 行者, 行其所不能行也; 辯者, 辯其所不能辯
也.[1] 知止乎其所不能知, 至矣; 若有不卽是者, 天鈞敗之.[2]

학자는 학기소불능학야라 행자는 행기소불능행야라 변자는 변기소불능변
야니라 지 지호기소불능지 지의니 약유부즉시자면 천균을 패지니라

---

[1] 선영에 따르면 이 세 부류의 사람들은 모두 지止할 줄 모르는 것이다. '지'는 재물이나 권세
나 명예나 정욕에 따라 그의 마음을 동요시키지 않고 고요하게 할 수 있는 것이다.
[2] 왕숙민에 따르면 지之는 의矣와 같으니 자연의 성분性分을 해친다는 것을 일컫는다. 자연의
성분은 사람들이 자연에서 부여받은 성품이다.

배우는 이들은 배울 수 없는 것을 배우고, 행하는 사람들은 행할 수 없는 것을 행하고, 논변하는 사람들은 논변할 수 없는 것을 논변한다. 알고자 하되 알 수 없는 곳에서 멈추면 지극하다. 이와 같이 하지 않는 이가 있다면 자연에서 품수받은 성품을 해칠 것이다.

3-3

備物以將形, 藏不虞以生心,¹ 敬中以達彼,² 若是而萬惡至者, 皆天
也,³ 而非人也, 不足以滑成,⁴ 不可內於靈臺.⁵ 靈臺者有持, 而不知其
所持,⁶ 而不可持者也. 不見其誠己而發, 每發而不當,⁷ 業入而不舍,
每更爲失. 爲不善乎顯明之中者, 人得而誅之⁸; 爲不善乎幽閒之中
者, 鬼得而誅之. 明乎人, 明乎鬼者, 然後能獨行.

비물하야 이장형하며 장불우하야 이생심하며 경중하야 이달피니 약시이만악이 지
자는 개천야 이비인야라 부족이골성이며 불가납어영대니라 영대자는 유지 이부
지기소지라 이불가지자야니라 불견기성기이발이면 매발이부당하나니 업입이불
사하야 매갱위실하나니 위불선호현명지중자는 인득이주지하고 위불선호유한지
중자는 귀득이주지하나니 명호인하며 명호귀자 연후에야 능독행이니라

¹ 왕숙민이 인용한 주준성朱駿聲 설에 따르면 장將은 '기르다'이다. 선영에 따르면 장불우이생
 심藏不虞以生心은 사려가 없는 경지로 물러나 저장하여 그의 마음을 활기차게 하는 것이다.
² 왕숙민에 따르면 경내敬內하여 밝게 통하는 것을 일컫는다. '경내'는 마음을 경건하게 하고
 집중하여 한결같이 하는 것이다.
³ 곽상은 말하기를 "천리天理에 스스로 궁통窮通이 있다"고 하였다. 궁통은 막힐 때와 통할 때
 이다.
⁴ 왕숙민에 따르면 성成은 화和와 같다.
⁵ 곽상에 따르면 영대靈臺는 심心이다. 성현영에 따르면 납內은 입入이다.
⁶ 조초기에 따르면 지持는 수守이다.
⁷ 석문에 따르면 매每는 수雖이니, 비록 발동함이 있을지라도 합당하지 않은 것을 일컫는다.
⁸ 왕숙민에 따르면 유한幽閒은 유정幽靜과 같다. '유정'은 그윽하고 고요한 것이다.

100

온갖 것을 갖추어 몸을 기르며, 사려가 없는 경지로 물러나 저장하여 그의 마음을 활기차게 하며, 마음을 집중하여 외물에 통하니, 이와 같이 하는데도 온갖 재난이 이르는 것은 모두 천天이지 사람 탓이 아닌지라 조화로운 심성을 어지럽힐 만한 것이 못 되니 마음속에 들여서는 안 된다. 마음은 지켜서 동요하지 않으나 지키는 바를 몰라야 하니 일부러 지켜서는 안 된다. 그의 마음속을 저절로 밝아지게 하지 않고서 밖으로 치달리면 마음이 표현될 때마다 합당하지 않으니 세속적인 생각이 마음속에 들어왔는데도 떨쳐버리지 못하면서 마음을 함부로 표현하면 할수록 도리어 참된 성품을 잃게 되는 것이다. 뚜렷하게 드러난 가운데에서 나쁜 짓을 하는 사람은 사람이 벌줄 수 있고, 어두운 곳에서 좋지 않은 짓을 하는 사람은 귀신이 그를 벌줄 수 있다. 사람들에게 광명정대하게 하며 귀신에게 광명정대하게 한 뒤에야 독자적인 인격체로서 행위할 수 있다.

3-4

夯內者,[1] 行乎无名; 夯外者, 志乎期費.[2] 行乎无名者, 唯庸有光[3]; 志
乎期費者, 唯賈人也,[4] 人見其跂, 猶之魁然.[5] 與物窮者, 物入焉[6]; 與
物且者, 其身之不能容, 焉能容人![7] 不能容人者无親, 无親者盡人.[8]
兵莫憯於志, 鏌鋣爲下[9]; 寇莫大於陰陽, 无所逃於天地之間. 非陰陽
賊之, 心則使之也.

권내자는 행호무명하고 권외자는 지호기비하나니 행호무명자는 유용유광어니와
지호기비자는 유고인야어늘 인이 견기기하고 유지괴연하나니 여물로 궁자는 물에
입언하고 여물차자는 기신지불능용이어니 언능용인이리오 불능용인자는 무친이니
무친자는 진인이니라 병은 막참어지하니 막야위하니라 구는 막대어음양하니 무소
도어천지지간이니라 비음양이 적지라 심즉사지야니라

[1] 조초기는 말하기를 "자기 심성에 부합하기만을 구하면 반드시 자기 스스로 만족하여 허명虛
名에 힘쓰지 않게 된다"고 하였다.
[2] 조초기는 말하기를 "외계와 부합하기를 추구하면 반드시 탐욕이 한정 없이 많아져서 마침내
남에게 중용되고 싶어 한다. 기期는 '반드시'이고, 비費는 용用이다"라고 하였다.
[3] 왕숙민에 따르면 이는 기용유광其用有光이라고 말하는 것과 같다.
[4] 조초기는 말하기를 "언제나 남에게 중용되고 싶어 하면 이익만을 꾀할 뿐 다른 것에는 관심
조차 없어져 장사꾼에 지나지 않게 된다"고 하였다.
[5] 성현영에 따르면 기跂는 '위태롭다'이고, 괴魁는 '편안하다'이다. 왕숙민에 따르면 지之는 시
是와 같다.
[6] 곽상에 따르면 궁窮은 종시終始이고, 성현영에 따르면 물입언物入焉은 외물이 귀의하는 것이다.
[7] 유월에 따르면 차且는 구차苟且의 '차'이다.
[8] 곽상은 말하기를 "자기 자신조차도 용납지 못한다면 비록 자기라 할지라도 자기가 아닐 터
이니 하물며 가까운 이가 있을 수 있겠는가? 그러므로 모두 다 타인이다"라고 하였다.
[9] 막야鏌鋣는 보검 이름이다.

자기 심성에 부합하기를 추구하면 명예에 힘쓰지 않을 수 있고, 다른 사람들에게 부합하기를 추구하면 남에게 중용되고 싶어 할 수 있다. 명예에 힘쓰지 않는 사람은 떳떳하여 빛이 있게 되거니와 남에게 중용되고 싶어 하면 장사꾼에 지나지 않게 된다. 사람들이 그를 위태위태하다고 보는데도 그는 오히려 안온하다고 여긴다. 남들과 처음과 끝을 같이하는 사람은 사람들이 그에게 귀의하고, 남들에게 구차하게 하는 사람은 그의 몸조차도 용납하지 못하거늘 어찌 남을 용납할 수 있겠는가? 남을 용납하지 못하는 사람은 가까운 사람이 없어질 것이니, 가까운 사람이 없는 사람은 모두 그에게는 타인이 되고 말 것이다. 병장기 가운데 뜻보다 더 아프게 상처 줄 수 있는 것이 없으니 막야鏌鋣도 그 밑이 된다. 도적 가운데 음양보다 더한 것이 없으니, 천지 사이에서 도피할 곳이 없다. 음양이 그를 해치는 것이 아니라 마음이 그렇게 한다.

【대의】

여기에서는 이 글의 작자가 직접 등장하여 말하였다. 마음이 크게 안정되면 천연의 빛이 나와서 사물을 있는 그대로 비추고, 그러면 떳떳한 덕성이 있게 되고, 그러한 덕이 있는 사람에게 사람들이 따르고, 그러한 사람은 하늘이 도와서 천자天子가 된다고 하였다.

　자신의 참된 성품을 잃지 않고 자연에서 부여받은 대로 보존하려면 어떻게 해야 할까? 남을 따르지 않고 자기 심성을 기준으로 삼아야 한다. 그러면 명예에 힘쓰지 않고 남에게 중용되기를 바라지 않는다.

4-1

道通, 其分也,¹ 其成也毀也. 所惡乎分者, 其分也以備²; 所以惡乎備者, 其有以備.³ 故出而不反, 見其鬼⁴; 出而得, 是謂得死.⁵ 滅而有實, 鬼之一也.⁶ 以有形者象无形者而定矣.⁷

도는 통 기분야니 기성야 훼야니라 소오호분자는 기분야에 이비오 소이오호비자는 기유이비니라 고로 출이불반이며 견기귀하나니 출이득 시를 위득사라 하나니라 멸이유실이면 귀지일야어니와 이유형자로 상무형자면 이정의리라

---

¹ 왕숙민에 따르면 기분야其分也 다음에 성야成也 두 글자가 없으면 글의 의미가 완전하지 않다.
² 왕숙민에 따르면 소所 다음에 이以 자가 누락하였다.
³ 왕숙민에 따르면 유有 다음에 야也 자가 빠진 것 같다.
⁴ 조초기는 말하기를 그러므로 정신이 외치外馳하여 돌아오지 않아 형체와 분리되면 이 사람은 곧 귀신으로 나타나게 된다고 하였다.
⁵ 조초기는 말하기를 "정신이 외치하여 명리名利와 같은 것을 추구하여 얻은 바가 있으나 사실상 얻은 것은 사망이다"라고 하였다.
⁶ 곽상이 말하기를 "그의 성性이 벌써 소멸하였으니, 비록 이 생명이 있을지라도 귀신과 어찌 다르리오!"라고 하였다.
⁷ 왕숙민이 이르기를 "유형有形은 생生이다. 무형无形은 사死이다. 생을 사와 같이 보아 사생死生을 하나가 되게 하므로 정정한다"고 하였다. 정정定定은 감정도 개입시키지 않고 고요한 마음으로 사태에 임함으로써 심성이 안정된 것을 뜻한다.

도는 어디에나 통하니 나누어진 것들은 이루어지고, 이루어진 것들은 부수어진다. 나누어 받은 것을 싫어하는 것은 자기 몫을 지키지 않고 갖추어지기를 추구하기 때문이다. 갖추려는 것을 싫어하는 까닭은 자기 분수 안에 갖추어져 있지 않다고 생각하고서 일부러 갖추기를 추구하기 때문이다. 그래서 정신이 나가서 돌아오지 않으면 귀신으로 나타나니 나가서 얻으려는 것, 이는 죽음을 얻는 것이라고 한다. 본성을 없애고서도 몸이 실제로 있다면 귀신과 다를 바 없거니와 생명이 있어도 생명이 없는 것처럼 하면 심성이 안정되리라.

出无本, 入无竅.[8] 有實而无乎處,[9] 有長而无乎本剽,[10] 有所出而無竅者有實.[11] 有實而无乎處者, 宇也.[12] 有長而无本剽者, 宙也.[13] 有乎生, 有乎死, 有乎出, 有乎入, 入出而无見其形, 是謂天門.[14] 天門者, 无有也, 萬物出乎无有.[15] 有不能以有爲有, 必出乎无有, 而无有一无有.[16] 聖人藏乎是.[17]

출이 무본하며 입이 무규하며 유실이무호처하니라 유장이무호본표하며 유소출이무규자 유실하니 유실이무호처자는 우야요 유장이무본표자는 주야니라 유호생하며 유호사하며 유호출하며 유호입하니 입출이무견기형을 시위천문이니라 천문자는 무유야니 만물이 출호무유하나니라 유는 불능이유로 위유라 필출호무유하나니 이무유 일무유니 성인은 장호시하나니라

---

8 성현영은 말하기를 "출出은 생生이요, 입入은 사死이다. 무無에서 유有를 내지만 유는 근원이 없고, 유에서 무로 돌아가지만 무는 구멍이 없다"고 하였다.

9 조초기는 말하기를 "실제 존재는 있으나 일정한 한계가 없다. 무한히 크지만 있지 않은 곳이 없다는 것을 뜻한다. 이는 공간의 측면에서 말한 것이다. 실實은 존재이고, 처處는 방역方域·계한界限이다"라고 하였다. '방역'은 일정한 범위이고, '계한'은 한계이다.

10 조초기는 말하기를 "도의 원류는 구장久長하여 머리와 꼬리가 분간되지 않으니, 무한히 장구하되 또한 있지 않은 때가 없다는 것을 뜻한다. 이것은 시간의 측면에서 말한 것이다. 장長은 구久이고, 표剽는 표標와 통하니 말단이다"라고 하였다. 구장久長은 장구한 것이고, 구久는 시간이 긴 것이다.

11 왕숙민에 따르면 이 아홉 자는 유실이무호처有實而無乎處 앞으로 옮겨야 한다.

12 곽상은 말하기를 "우宇는 사방상하四方上下는 있으나 끝나는 곳이 없다"고 하였다. 사방은 동서남북이고 상하는 위아래이다. 이는 공간을 뜻한다.

생명은 어디에서 나왔는지 그 근원을 알 수 없으며, 죽음은 어디로 돌아가는지 그 들어가는 구멍을 알 수 없다. 실제 존재는 있으나 일정한 한계가 없으며 장구함은 있으나 뿌리와 끝이 없다. 나온 것은 있으나 그것이 나온 구멍이 없는 것은 실제로 있다. 사방과 상하는 있으나 끝나는 곳이 없는 것이 우宇이고, 장구함은 있으나 뿌리와 끝이 없는 것이 주宙이다. 산 것이 있으며 죽어 가는 것이 있으며 나오는 것이 있으며 들어가는 것이 있으니, 들고 나서 그 형체를 볼 수 없는 것, 이를 일러 천문天門이라고 한다. 천문은 무유無有이니 만물은 무유에서 나온다. 유有는 유로써 유가 될 수 없는지라 반드시 무유에서 나오니, 무유는 언제나 무유이다. 성인은 여기에 정신과 지각 작용을 숨겨둔다.

---

13 곽상은 말하기를 "주宙는 고금古今의 길이는 있으나 그 고금의 길이에 끝이 없다"고 하였다. 이는 시간을 뜻한다.

14 성현영은 말하기를 "천天은 자연自然을 일컫는다. 자연은 경유하는 것이 없는 것으로써 뜻을 삼는다. 만유萬有는 모두 경유하는 바가 없는지라 까닭을 헤아릴 수 없으니, 자연自然이 만물을 만드는 문호門戶이다"라고 하였다. '만유'는 만물이다.

15 곽상은 말하기를 "무無로써 문을 삼으면 문이 없는 것이다"라고 하였다.

16 왕숙민은 말하기를 "일一은 상常과 같다"고 하였다.

17 성현영은 말하기를 "현덕玄德 성인은 진리에 남몰래 통하여 신神을 간직하고 지식을 숨기는 것이 아마 여기에 있지 아니할까?"라고 하였다. 현덕은 대덕大德을 가졌으나 작위가 없는 성인이다. 여기에서는 무유無有를 가리킨다.

4-2

古之人, 其知有所至矣. 惡乎至? 有以爲未始有物者, 至矣, 盡矣, 弗
可以加矣. 其次以爲有物矣,[1] 將以生爲喪也, 以死爲反也, 是以分
已.[2] 其次曰始无有, 旣而有生, 生俄而死; 以无有爲首, 以生爲體, 以
死爲尻, 孰知有无死生之一守者, 吾與之爲友.[3] 是三者雖異, 公族也.
昭景也, 著戴也,[4] 甲氏也, 著封也,[5] 非一也.[6]

고지인은 기지 유소지의라 오호지오 유이위미시유물자 지의 진의라 불가이가
의로다 기차는 이위유물의라 장이생으로 위상야하고 이사로 위반야니 시이로 분
이니라 기차는 왈시무유니 기이유생코 생아이사니 이무유로 위수하고 이생으로
위체하고 이사로 위고하야 숙지유무사생지일수자오 오여지위우호리라 시삼자 수
이나 공족야니 소경야는 저대야요 갑씨야는 저봉야라 비일야니라

---

[1] 이상의 글은 「제물론」에 보인다.
[2] 성현영은 말하기를 "비록 생과 사를 동등하게 볼 수 있다고 해도 아직 생과 사를 구별하고
있으므로 비유非有로부터 분별을 일으킨다"고 하였다. 비유非有는 불교의 사절구四節句 가운
데 하나로, 현상계의 사물·사건을 부정하는 것이다.
[3] 유월에 따르면 일수一守는 일도一道이다. 이상과 같은 내용의 글이 「대종사」에 보인다.
[4] 조초기는 말하기를 "소昭·경景은 모두 초나라의 왕족이다. 저著는 '이름나다'이다. 대戴는 '우
러러 모시다'이니, 곧 존경하여 받드는 선조를 가리킨다. 두 구절은 소와 경 두 성은 존경하
여 받드는 선조로 말미암아 이름이 났다는 것을 일컫는다"고 하였다.
[5] 조초기는 말하기를 "갑씨甲氏는 봉지로 받은 지명 때문에 이름이 났다. 마서륜馬叙倫은 갑甲은
가차하여 굴屈이 된다고 하였다"고 했다.
[6] 조초기는 말하기를 "똑같이 공족公族이지만 또한 구별되는 것이 있다는 것을 뜻한다. 무유無
有·생生·사死 세가지는 똑같이 미시유물未始有物에서 나왔으나 필경 서로 같지 않다는 것을
비유한다"고 하였다. '미시유물'은 천지만물이 있기 이전을 가리킨다.

옛적 사람은 그의 지혜가 지극한 바가 있었다. 어떻게 지극한가? 아직 물物이 있기 이전을 알았으니 지극하고 극진한지라 더 보탤 수 없다. 그 다음은 물이 있는 것을 알았으니, 생生을 잃는 것이라 여기고 죽음을 돌아가는 것이라 여기니 이로써 분별을 일으키기 시작하였다. 그 다음가는 이는 이르기를 처음에는 무유無有였던 것이 조금 지나서 생이 있게 되고 살았던 것이 갑자기 죽으니 무유無有로써 머리로 삼고 생生을 몸으로 삼고 사死를 꽁무니로 삼고서 "누가 유와 무, 사와 생이 하나의 도라는 것을 아는가? 나는 그와 벗하리라"고 하니, 무유와 생과 사 이 세 가지는 비록 다르지만 그의 조상은 같다(하나의 몸에서 구별한 것이다). 초나라의 소씨昭氏와 경씨景氏는 존경하여 받드는 선조 덕분에 유명하고 굴씨屈氏는 봉지로 받은 지명 덕분에 유명하지만, 똑같이 초나라 귀족인데도 성은 같지 않다.

4-3

有生, 黬也,[1] 披然曰移是.[2] 嘗言移是, 非所言也.[3] 雖然, 不可知者也.
臘者之有膍胲, 可散而不可散也[4]; 觀室者周於寢廟,[5] 又適其偃焉, 爲
是擧移是.[6]

유생이 암야어늘 피연왈에 이시하나니라 상언이시는 비소언야니라 수연이나 불가
지자야니라 납자지유비해는 가산이불가산야니라 관실자 주어침묘하고 우적기
언언하나니 위시 거이시니라

---

[1] 왕숙민은 말하기를 "무릇 생명이 있는 것은 모두 오점이 있다는 것을 일컬은 듯하다"고 하였다.
[2] 왕숙민은 말하기를 "뒤섞여 어지럽게 변경하여 시是로 하여금 일정함이 없게 하니 이것이 생
   명이 있는 것들의 오점이 있는 것이다"라고 하였다.
[3] 왕숙민은 말하기를 "소所는 가可와 같으니, 시가 이미 변하면 말로는 표현할 수 없다. 이시移
   是는 인시因是와 다르니, '이시'는 일정함이 없는 것이고 '인시'는 각기 그의 시是를 얻는 것
   이다"라고 하였다. 인시는 「제물론」에 등장하는 말인데 시是에 맡기는 것이다. 장자에 따르
   면 사람들은 자기를 시是라 하고 상대방을 비非라 함으로써 인류사회에 갖가지 시비가 빚어
   진다.
[4] 조초기는 이에 대하여 다음과 같이 말하였다. "랍臘은 납향제사臘享祭祀이니 섣달제사이다.
   비膍는 소의 처녑이고, 해胲는 소의 엄지발가락이다. 이 두 구절은 납향제사 때 제수품 가운
   데 소의 처녑과 소의 엄지발가락이 있으니, 소의 내장과 사지가 모두 구비되어야 한다는 것
   을 나타낸다. 그러나 이들은 반드시 같이 놓여야 하는 것은 아니므로 분산시킬 수 있다. 그러
   나 제례祭禮 측면에서 말하면 또한 반드시 필요한 것이므로 분산시켜서는 안 된다는 것을 뜻
   한다."

무릇 생명이 있는 것은 기가 모여 검은 반점이 이루어지는 것에 지나지 않거늘 뒤섞여 어지러이 변하여 시是로 하여금 일정함이 없게 하니 이것이 생명의 오점이다. 시험 삼아 시是가 옮아간다는 것을 말하고자 하나 이에 옮아가버린다면 말로 할 수 있는 것이 아니다. 비록 말할지라도 사람들이 알 수 없는 것이다. 납향제사臘享祭祀에서는 소의 처녑과 소의 엄지발가락이 있으니, 소의 내장과 사지가 모두 구비되어야 하니 분산시킬 수 있으나 분산시켜서는 안 된다. 방을 돌아볼 때에는 주로 침寢과 묘廟 등 숙박하는 곳을 둘러보지 변소를 둘러볼 것까지는 없으나 경우에 따라 변소에도 가지 않을 수 없다. 이것이 사례를 들어 시是와 비非가 옮아간다는 것을 말하는 것이다.

---

5 조초기는 이에 대하여 다음과 같이 말하였다. "관실觀室은 방을 돌아보는 것이다. 주周는 '두루 하다'이다. 침묘寢廟는 숙박소이니 동편 곁채와 서편 곁채가 있는 것을 묘廟라 하고, 동편 곁채와 서편 곁채는 없으나 방이 있는 것을 침寢이라고 한다. 적適은 '가다'이다. 언偃은 언匽과 통하니 변소이다. 이 두 구절은 방을 돌아볼 때에는 주로 침과 묘 등 숙박소를 돌아보지만 변소를 돌아볼 필요는 없더라도 변소 또한 가지 않을 수 없다는 것을 말한다. 위의 두 예는 모두 어떤 각도에서 말하면 어떤 것은 필요치 않다고 배제할 수 있지만 다른 각도에서 말하면 또한 필요치 않다고 할 수 없다는 것을 말한다. 이로써 알 수 있듯이 얼굴 위의 검은 반점은 제거할 경우 제거될 이치가 있고, 제거하지 않을 경우 제거하지 않을 이치가 있다."

6 곽상은 이에 대하여 다음과 같이 말하였다. "침묘는 그로써 주연을 베풀어 손님을 환대하고, 변소는 대소변을 보는 곳이다. 그가 대소변을 볼 때에는 침묘의 시是가 변소로 옮아간다. 그러므로 시是와 비非가 옮아가는 것은 저쪽이 됐다가 이쪽이 되기도 하니 누가 그것을 고정할 수 있으리오. 그러므로 지인至人은 그에 말미암아서 올라타니 고르게 될 따름이다."

請常言移是. 是以生爲本, 以知爲師,[7] 因以乘是非[8]; 果有名實,[9] 因以 己爲質,[10] 使人以爲己節,[11] 因以死償節.[12] 若然者, 以用爲知, 以不 用爲愚, 以徹爲名, 以窮爲辱.[13] 移是, 今之人也, 是蜩與學鳩同於 同也.[14]

청상언이시하노라 시는 이생으로 위본하고 이지로 위사하야 인이승시비하야 과유 명실하야 인이기로 위질하야 사인으로 이위기절이오 인이사로 상절하나니 약연 자는 이용으로 위지하고 이불용으로 위우하며 이철로 위명하고 이궁으로 위욕하나니 이시는 금지인야라 시조여학구 동어동야니라

---

[7] 왕숙민은 말하기를 "각기 그의 생生에 근거하고 각기 그의 지식을 표준으로 삼으니, 이것이 생에 막히고 지에 막히는 것이다"라고 하였다. 생生은 성性과 통용된다.

[8] 곽상은 말하기를 "시是와 비非를 올라타는 사람에게는 시비가 없어진다"고 하였다.

[9] 전목은 말하기를 "시비가 있기 때문에 마침내 명名과 실實이 있게 된다"고 하였다.

[10] 곽상은 말하기를 "질質은 주主이다. 사람들이 저마다 자기가 옳다고 하니, 이 때문에 시비의 주인이 된다"고 하였다.

[11] 왕숙민은 말하기를 "절節은 법도를 일컫는다. …… 시비는 자기로써 주主를 삼고, 더 나아가 사람들이 자기의 법도로 삼게끔 하려고 한다"고 하였다.

[12] 왕숙민은 말하기를 "상償은 상賞과 통한다. …… 인이사위절因以死爲節은 죽음으로써 시비의 법도를 선양하는 것을 일컫는다"고 하였다.

[13] 성현영은 이에 대하여 다음과 같이 풀이하였다. "뽐내는 것을 지智로 삼고, 이름을 숨기고 은거하는 것을 우愚로 삼고, 통달하는 것을 영예로 삼고, 막히는 것을 치욕으로 여기니, 이 와 같은 사람이 어찌 막히는 것과 통하는 것, 영예와 치욕을 하나로 볼 수 있겠는가?"

[14] 조초기는 이에 대하여 다음과 같이 말하였다. "말매미와 산까치는 모두 자기가 옳다고 하고 대붕이 높이 나는 것을 쓸데없다고 비웃는다. 현재 세상 사람들은 걸핏하면 자기 뜻에 맞지 않는 것을 제거하려고 하니, 말매미와 산까치가 스스로 옳다고 여기는 것과 같다. 동어동同 於同은 같은 것에 대하여 같이하는 것이다. 두 벌레는 똑같이 스스로 옳다고 하고 오늘날 사 람 또한 똑같이 자기가 옳다고 여긴다."

청컨대 시험 삼아 시是가 옮아간다는 것을 말해보고자 한다. 시是라는 것은 자기의 심성으로써 근본을 삼고 개인의 지식을 기준으로 삼는 것이다. 그러나 시와 비를 올라탄 사람에게 과연 명名과 실實이 있겠는가? 그로 말미암아 자기를 주체로 삼아 사람들이 법도로 삼게끔 하려 하니, 이에 말미암아 죽음으로써 법도를 선양하려고 한다. 이와 같은 사람은 쓰임을 지혜라고 여기고 쓰지 않음을 어리석다고 하며, 통달로써 명예로 삼고 막히는 것을 치욕으로 여긴다. 시와 비의 기준을 옮겨가는 것은 오늘날 사람이 그렇게 한다. 이것이 말매미와 산까치가 똑같이 스스로 옳다고 하듯이 오늘날 사람들 또한 똑같이 자기가 옳다고 여기는 것이다.

4-4

蹴市人之足, 則辭以放鶩,[1] 兄則以嫗,[2] 大親則已矣.[3] 故曰, 至禮有不人,[4] 至義不物,[5] 至知不謀, 至仁無親, 至信辟金.[6] 徹志之勃,[7] 解心之謬, 去德之累, 達道之塞. 貴富顯嚴名利六者,[8] 勃志也. 容動色理氣意六者,[9] 謬心也.[10] 惡欲喜怒哀樂六者, 累德也. 去就取如知能六者, 塞道也. 此四六者不盪胸中則正, 正則靜, 靜則明, 明則虛, 虛則无爲而无不爲也.[11]

전시인지족 즉사이방오하고 형즉이구하고 대친즉이의나니 고왈 지례는 유불인이요 지의는 불물이요 지지는 불모요 지인은 무친이요 지신은 벽금이라 하노라 철지지발하며 해심지류하며 거덕지루하며 달도지색이니 귀부현엄명리육자는 발지야요 용동색리기의육자는 유심야요 오욕희로애락육자는 누덕야요 거취취여지능육자는 색도야니 차사륙자 불탕하면 흉중즉정하고 정즉정하고 정즉명하고 명즉허하고 허즉무위이무불위야리라

---

[1] 성현영은 말하기를 "시장 바닥에서 서로 모르는 사람의 발등을 밟으면 자기가 오만방종해서 잘못하여 그렇게 되었으나 고의로 그런 것은 아니라고 사과하여 말한다"고 하였다.

[2] 조초기는 말하기를 "형이나 동생의 발등을 밟으면 사과까지 할 필요는 없으나 단지 '아이고!' 하는 소리 하나로 안타까움을 표시하면 된다"고 하였다.

[3] 조초기에 따르면 대친大親은 부모이다.

[4] 곽상은 말하기를 "불인不人이라는 것은 남을 자기처럼 보는 것이다"라고 하였다.

[5] 곽상은 말하기를 "각자 자기가 마땅히 해야 할 일을 하면 물物이 모두 나이다"라고 하였다.

[6] 조초기는 말하기를 "최대의 신용은 금이나 은을 저당잡지 않는 것이다"라고 하였다.

[7] 성현영에 따르면 발勃은 어지러운 것이다. 왕숙민에 따르면 철徹은 '통하다'이다.

시장 바닥 사람의 발을 밟으면 오만방자하여 잘못하여 그렇게 되었다
며 사죄하고, 형이라면 "아이고!" 하고, 부모라면 그만둔다. 그러므로 이
르기를 지극한 예절은 남을 자기처럼 보는 것이요, 지극한 의리는 남이
라고 여기지 않는 것이요, 지극한 지혜는 도모하지 않는 것이요, 지극한
인仁은 친함이 없는 것이요, 지극한 신의는 금과 옥을 저당잡지 않는다
고 한다. 의지의 혼란을 부수며 마음의 속박을 풀어내며 덕성의 부담을
제거하며 도를 가로막는 것을 뚫어야 할 것이다. 귀貴와 부富와 관직에
나아가 높은 지위에 오르는 것과 존엄함과 명성과 이익 여섯 가지는 사
람의 뜻을 혼란스럽게 하고, 용모와 거동과 안색과 정리情理와 말투와 의
지 여섯 가지는 사람의 마음을 끈끈하게 얽어매고, 미워하고 욕구하고
기뻐하고 성내고 슬퍼하고 즐거워하는 것 여섯 가지는 덕성을 번거롭게
하고, 버리는 것과 따라가는 것과 취하는 것과 주는 것과 지식과 재능
여섯 가지는 대도로 통하는 길을 가로막는다. 이 네 유형의 여섯 가지가
가슴속에서 동요하지 않으면 마음이 바르게 되고, 바르게 되면 고요해
지고, 고요하면 청명해지고, 청명해지면 허령해지고, 허령해지면 억지
로 하지 않아도 이루어지지 않는 바가 없게 되리라.

8 조초기에 따르면 현顯은 현달顯達이고 엄嚴은 위엄이다. 현달은 관직에 나아가 높은 지위에
  오르는 것이다.
9 조초기에 따르면 용容은 용모이고, 동動은 거동이고, 색色은 안색이고, 이理는 정리이고, 기
  氣는 말투이고, 의意는 의지이다.
10 성현영은 말하기를 "여섯 가지는 심령을 끈끈하게 속박하는 것이다"라고 하였다.
11 성현영은 말하기를 "위의 네 가지의 여섯 가지 병이 마음속에서 동탕動盪하지 않으면 마음
   이 평평하고 반듯해지고, 그렇게 되면 마음이 편하고 고요해지며, 고요하면 환히 비추게 되
   고, 밝으면 허령하게 통하고, 허령하면 염담무위恬淡無爲하여 사람이나 일에 응하여 다함이
   없을 것이다"라고 하였다. 동탕은 출렁이며 동요하는 것이고, 염담은 권세·재물·명예에 욕
   심이 없이 담담한 마음이다.

4-5

道者, 德之欽也[1]; 生者, 德之光也. 性者, 生之質也.[2] 性之動, 謂之
爲[3]; 爲之僞, 謂之失.[4] 知者, 接也; 知者, 謨也[5]; 知者之所不知, 猶睨
也.[6] 動以不得已之謂德, 動無非我之謂治,[7] 名相反而實相順也.[8]

도자는 덕지흠야요 생자는 덕지광야요 성자는 생지질야니 성지동을 위지위오 위
지위를 위지실이라 지자는 접야며 지자니 모야니 지자지소부지는 유예야니라 동
이부득이지위덕이오 동무비아지위치니 명상반이실상순야니라

[1] 왕숙민은 흠欽은 흥興을 뜻하는 것으로 보아 덕지흠德之欽은 덕이 일어난 바이니 '덕은 도에
의하여 일어난다'는 뜻으로 풀이하였다.
[2] 성현영은 말하기를 "질質은 본本이다"라고 하였다.
[3] 곽상은 말하기를 "성性이 저절로 움직이므로 위爲라고 일컬었을 뿐이다. 이것은 진위眞爲이
지 유위有爲가 아니다"라고 하였다.
[4] 성현영은 말하기를 "물物에 자극받아 움직이니 성性의 욕구이다. 성정을 일부러 꾸며 분수를
넘어서 인위적으로 행위하니, 그것을 도를 잃는다고 한다"고 하였다.
[5] 전목이 인용한 장병린章炳麟 설에 따르면 접接은 촉수觸受, 즉 감각이고, 모謨는 상상想과 사
思이다. 촉수는 접촉하여 받아들이는 것이다.
[6] 왕선겸은 말하기를 "눈은 한쪽을 사시斜視하므로 골고루 두루 볼 수 없다. 이 때문에 지각작
용을 사용하여 치우치게 알게 되므로 적조寂照하는 것만 못하다"고 하였다. 사시는 흘겨보는
것이고, 적조는 고요히 비추어보는 것이다.
[7] 왕숙민에 따르면 무비無非는 불실不失과 같다. 그러나 성현영은 말하기를 "자기 본성에 따라
움직이고, 자기를 버리고 남 따라 하지 않아 바른 이치에 합하므로 혼란스러워지지 않는다"
고 하였다.
[8] 곽상은 말하기를 "그와 나의 이름이 있으므로 반反하나 각기 그 실實을 얻으므로 순順하다"
고 하였다.

도는 덕이 일어난 바요, 생生은 덕의 빛이요, 성性은 생의 본질이니, 성이 절로 움직이는 것을 위爲라고 한다. 행위하여 성정性情을 일부러 꾸미는 것을 도를 잃는다고 한다. 지식은 접촉하는 것이며 지식은 꾀하는 것이니, 지각작용을 가지고서는 사태를 골고루 두루 볼 수 없다. 움직이되 부득이不得已로써 하는 것을 덕이라고 한다. 움직이되 나에 의하지 않은 것이 없는 것을 치治라고 하니 이름은 상반하지만 실질은 서로 따른다.

이 단락의 작자는 노자의 뜻을 이어서 지인至人의 덕德을 논술
하였다. 지인의 덕은 청정하고 지식을 버리고 자기를 진실하게
하고 명예심이 없고 마음을 비우고 무위로써 출발점과 귀의처를
삼아 일체를 하나 되게 통해야 한다.

이 글의 작자에 따르면 유有는 유로써 유가 될 수 없으니 반드
시 무유無有에서 나와야 한다. 이 무유는 영원한 무유이다. 현상계
의 일체 사물·사건은 유有이다. 성인은 무유에 정신과 지각작용
을 숨겨둔다. 옛적에 지극한 경지에 오른 지인至人은 아직 물物이
있기 이전을 알았다. 그러므로 도에 통할 수 있었다.

자기 심성 속에서 도를 터득하여 이것으로 기준을 삼아야 한다.
기준은 밖에 있지 않다. 도를 기준으로 삼으면 사태에 따라 관점
을 이동할 수 있다. 사물은 주인이 특정한 것이 아니라 경우에 따
라 주인이 다를 수 있다. 숙박소가 필요할 때도 있고 변소가 필요
할 때가 있으며, 소의 내장이 필요할 때가 있고 소의 엄지발가락
이 필요할 때도 있다. 우리는 이로써 자유자재로 생각하고 말하
고 행동할 수 있다.

5-1

羿工乎中微而拙乎使人無己譽.¹ 聖人工乎天而拙乎人.² 夫工乎天
而俍乎人者, 唯全人能之.³ 唯蟲能蟲, 唯蟲能天.⁴ 全人惡天? 惡人之
天?⁵ 而況吾天乎人乎!⁶ 一雀適羿, 羿必得之, 威也⁷; 以天下爲之籠,
則雀無所逃. 是故湯以胞人籠伊尹,⁸ 秦穆公以五羊之皮籠百里奚.⁹
是故非以其所好籠之而可得者, 無有也.¹⁰

예는 공호중미코 이졸호사인으로 무기예하니 성인은 공호천코 이졸호인하나니
부공호천이량호인자는 유전인이라야 능지하나니라 유충이야 능충하며 유충이야 능
천이어니와 전인은 오천하나니 오인지천이온 이황오 천호인호따녀 일작적예어든
예필득지라 위야어니와 이천하로 위지롱인댄 즉작이 무소도니라 시고로 탕이 이
포인으로 롱이윤하며 진목공이 이오양지피로 롱백리해하니 시고로 비이기소호로
롱지이가득자 무유야하니라

¹ 성현영에 따르면 예羿는 옛적에 활 잘 쏜 사람이다.
² 곽상은 말하기를 "그의 자연에 맡기는 것이 천天이다. 유심有心으로 그것을 하는 것이 인人이
   다"라고 하였다. 유심은 무심無心과 달리 어떤 의도와 목적이 있는 마음이다.
³ 성현영에 따르면 량俍은 선善이다.
⁴ 성현영은 이에 대하여 말하기를 "새가 날고 들짐승이 달리니 벌레다울 수 있으며, 거미가 거
   미줄을 치고 말똥구리가 둥근 물건을 굴릴 수 있으니 천연적인 능력이다. 모두 그러한 능력
   을 조물造物에게서 품수받으니 어찌 남을 본받아서 그렇게 하게 된 것이 있겠는가?"라고 하
   였다. 여기에서 성현영이 말한 '조물'은 만물을 만드는 것인데 자연自然을 뜻한다.
⁵ 곽숭도는 이에 대하여 다음과 같이 말하였다. "천天에 능한 사람은 '천'이라는 것을 모른다.
   만약 천이 있다는 것을 알면 천이 아니다. 전인全人이 어찌 천을 알겠는가? 어찌 인지천人之
   天을 알겠는가? 천은 나의 마음이 스스로 쾌적해하는 취향이니 전인은 애초에 분변하여 그것
   을 안 적이 없는데 어찌 나의 마음이 스스로 알 수 있겠는가?" 여기에서 말한 '인지천'은 나
   에게 구현된 자연인 듯하다. 이 글은 천天이 나의 대상이 될 수 없다는 것을 설명한 듯하다.

예羿는 미소한 목표를 맞추는 데는 솜씨가 있으나 사람들로 하여금 자기를 찬양함이 없게 하는 데 졸렬하다. 성인은 자연에 맡기는 데 빼어나지만 일부러 하는 데 졸렬하다. 자연에 맡기는 데 솜씨가 있으면서 사람에게 잘하는 것은 전인全人이라야 할 수 있다. 날짐승과 들짐승이라야 날고 달릴 수 있으며 거미와 말똥구리라야 거미줄을 치고 둥근 것을 굴릴 수 있거니와 덕이 온전한 사람이 자연을 싫어하겠는가? 덕이 온전한 사람이 자연에서 품수받은 것을 싫어하겠는가? 하물며 나는 자연인가 사람인가 하면서 구별하겠는가! 참새 한 마리가 예羿가 있는 곳을 지나가거든 예가 반드시 쏘아 잡을 것이니, 이것은 참새가 그의 사정권 안에 날아들었기 때문이거니와 천하로써 새장을 삼으면 참새가 도피할 곳이 없으리라. 이 때문에 탕湯이 요리사로써 이윤伊尹을 농락하며 진목공秦穆公이 오색 양가죽으로써 백리해百里奚를 농락하였다. 이 때문에 그가 좋아하는 것으로써 아니하고서 그를 농락하여 얻을 수 있는 것은 없다.

---

6 성현영은 말하기를 "천天인가? 인人인가? 인과 천의 차이가 보이지 않으므로 모두 그에 맡겨 둔다"고 하였다.

7 최선 본에는 위威를 혹或으로 썼다. 조초기에 따르면 '혹'은 역域 자이니 범위이다. 활 잘 쏘는 예羿가 참새를 잡을 수 있었다는 것은 참새가 그의 사정권 안에 날아들었기 때문이라는 것을 말한다.

8 조초기에 따르면 이윤伊尹은 요리를 잘하여 이로써 관직을 구하였는데, 상商나라 탕왕이 그를 청하여 요리사를 시켜 그를 농락하였다는 것이다.

9 조초기에 따르면 백리해百里奚는 다섯 가지 색채가 있는 양가죽으로 만든 옷을 좋아했는데, 진목공이 다섯 가지 색채가 있는 양가죽으로 그를 농락하여 재상으로 삼았다는 것이다.

10 성현영이 말하기를 "상대방이 좋아하는 것에 따르면 천하에 어려울 것이 없으나, 상대방의 본성을 어기고서 구슬릴 수 있는 것은 아직 없다"고 하였다.

5-2

介者侈畫, 外非譽也[1]; 胥靡登高而不懼,[2] 遺死生也. 夫復謵不餽而
忘人,[3] 忘人, 因以爲天人矣.[4] 故敬之而不喜, 侮之而不怒者, 唯同乎
天和者爲然.[5] 出怒不怒, 則怒出於不怒矣; 出爲无爲, 則爲出於无爲
矣.[6] 欲靜則平氣, 欲神則順心,[7] 有爲也欲當, 則緣於不得已,[8] 不得已
之類, 聖人之道.

개자치화는 외비예야요 서미 등고이불구는 유사생야니라 부복습불궤이망인
이니 망인이면 인이위천인의니라 고로 경지이불희하며 모지이불로자는 유동호천
화자야 위연하나니라 출로불로면 즉노출어불로의오 출위무위면 즉위출어무위의
리라 욕정즉평기하고 욕신즉순심하고 유위야 욕당인댄 즉연어부득이니 부득이지
류는 성인지도니라

---

[1] 성현영은 말하기를 "개介는 발뒤꿈치가 베이는 형벌을 받은 것이다. 치侈는 '버리다'이다. 화
畫는 '치장하다'이다. 복식을 장엄하게 치장하는 것도 본래 의용儀容을 위한 것이다. 발뒤꿈
치를 베어 불구가 된 사람은 용모가 파손되어 완전하지 못한지라 비난·찬양·영예·치욕에
대해서는 다시 마음에 둘 것이 없으므로 버려두고 돌보지 않는다"고 하였다.

[2] 사마표에 따르면 서미胥靡는 형벌 받은 사람이다.

[3] 이 구절을 놓고 해석이 분분하지만 왕숙민 설에 따르면 습謵은 '두려워하다'이고 궤餽는 괴
愧이며, 이而는 시是와 같다. 그는 말하기를 "남이 되풀이하여 나를 두렵게 하더라도 내가 부
끄러워하지 않는다면 남을 의식하지 않을 수 있다는 것을 일컫는다"고 하였다.

발뒤꿈치가 베이는 형벌을 받은 사람이 용모를 꾸미는 도구를 버리는 것은 비난과 찬양을 도외시하기 때문이요, 죄수가 높은 곳에 올라가서도 두려워하지 않는 것은 죽고 사는 것을 잃었기 때문이다. 대저 남이 되풀이하여 나를 두렵게 하더라도 내가 부끄러워하지 않는다면 남을 의식하지 않을 수 있으니, 남을 잊을 수 있다면 그에 말미암아 천인天人이 될 수 있다. 그러므로 그를 공경하여도 기뻐하지 않으며 그를 깔보아도 성내지 않는 것은 자연의 조화와 혼연히 동화되어야 그렇게 할 수 있을 것이다. 노여워하더라도 억지로 노여워하지 않으니 노여움은 노여워하지 않는 데서 나오기 때문이고, 위爲라도 무위無爲이니 '위'는 '무위'에서 나오기 때문이다. 고요하고자 하면 기氣를 평화롭게 하고 정신이 영험하게 하려면 마음이 순리順理하게 해야 한다. 능력을 발휘하되 천도에 합하고자 할진댄 부득이不得已에 따라야 하니, '부득이'와 같은 것이 성인의 길이다.

4 왕선겸은 말하기를 "남을 잊을 수 있다면 천인天人이 될 수 있으니, 그가 자연自然에 가까워지기 때문이다"라고 하였다.
5 왕숙민은 말하기를 "자연과 조화를 이룬 사람은 본래 세속의 공경과 모욕에 말미암아 기뻐하거나 성내지 않는다"고 하였다.
6 조초기는 말하기를 "노怒가 불로不怒에서 나오고 위爲가 무위無爲에서 나오니, 불로·무위라야 근본이고, 노와 유위有爲는 파생한 것임을 알 수 있다"고 하였다.
7 곽상은 말하기를 "기氣를 평화롭게 하면 고요한 이치가 충만하고, 마음이 순조로우면 신공神功이 이른다"고 하였다.
8 성현영에 따르면 연緣은 순順이다.

세상 사람들은 곧잘 자기는 옳다고 여기고 다른 사람이 자기에게 복종하기를 요구한다. 그러나 사물·사건에는 각각 장단점이 있다. 활 잘 쏘는 예羿는 미소한 목표에 명중시키는 것은 뛰어나지만 자기를 칭찬하지 않게 하는 데에서는 졸렬하다. 날짐승·들짐승은 날고 달리기를 잘하며, 거미는 거미줄을 잘 치고, 말똥구리는 둥근 것을 잘 굴린다. 성인은 천天을 잘 알며 인人을 아는 데 졸렬하다. 반면에 전인全人은 천과 인을 분별하지 않는다.

그러므로 세상 사람들처럼 스스로 옳다고 여기는 것은 사실 사태를 제대로 파악하지 못하고 심지心志를 어지럽힌다. 그러면 도덕 수양을 가로막는다. 뿐만 아니라 성인일지라도 국한성이 있다. 이 때문에 자기를 잊고 천연에 따라 자기를 내세우지 않아야 한다. 이렇게 해야 곧 자연의 이치를 터득하는 데 가까워질 수 있다는 것이다.

• 제24편 • **서무귀**(徐无鬼 第二十四)

이 편은 14장으로 되어 있다. 조각글로 되어 있어서 마치 일관된 사상이 없는 것 같다. 그래서 나근택羅根澤은 「열어구」列御寇처럼 중심사상이 없는 것 같다고 하였다.

그러나 이 편에서는 자기 본성을 잃으면 남을 부러워하고, 온갖 일에 파묻히고, 명예와 이익을 중시하고, 능력과 지식과 인의를 중시하게 된다는 점을 말하고 있다. 인간의 본성은 천지만물의 근원인 도와 통한다. 도를 깨달아서 도의 본성인 자연에 따라 사는 것이 가장 바람직하다.

그래서 장형소우는 말하기를 "이 장에는 진귀한 사고와 깊고 오묘한 이론이 있다. 내편 중의 「소요유」 「제물론」과 같다"고 하였다. 또한 왕부지는 말하기를 "이는 노씨의 상덕上德은 덕을 덕으로 여기지 않는다는 취지를 부연하였다"고 했으며, 왕숙민도 "이 편의 뜻의 종지는 「제물론」 「대종사」 「응제왕」과 모두 관련이 있다"고 말하였다.

1-1

徐无鬼因女商見魏武侯,[1] 武侯勞之曰:「先生病矣! 苦語山林之勞,
故乃肯見於寡人.」徐无鬼曰:「我則勞於君, 君有何勞於我! 君將盈
嗜欲, 長好惡, 則性命之情病矣; 君將黜嗜欲, 掔好惡,[2] 則耳目病矣.
我將勞君, 君有何勞於我!」武侯超然不對.[3]

서무귀 인녀상하야 현위무후한대 무후로지왈 선생이 병의로다 고어산림지로
고로 내긍현어과인이로다 서무귀왈 아즉노어군이언정 군유하로어아시리잇고 군
장영기욕하며 장호오 즉성명지정 병의오 군장출기욕하며 견호오 즉이목이 병의
나니라 아장로군이언정 군유하로어아시리잇고 무후초연불대러니

---

[1] 조초기에 따르면 서무귀는 성이 서徐이고 이름이 무귀无鬼로 은사隱士이며, 여상은 성이 여女
이고 이름이 상商인데 위무후魏武侯의 신하이다. 위무후는 이름이 격擊인데 위문후魏文侯
(재위 기원전 424~기원전 387)의 아들이라고 한다.
[2] 조초기에 따르면 견掔은 '배제하다'이다.
[3] 사마표에 따르면 초연超然은 창연悵然과 같다. '창연'은 실망한 모습이다.

서무귀徐无鬼가 여상女商의 소개로 위무후魏武侯를 뵈니 무후가 그를 위로하면서 말했다. "선생이 고생하다가 병이 들었구려! 산림에서 사느라 고생스럽기 때문에 과인을 만나고 싶었는가 보구나." 서무귀가 말하였다. "제가 도리어 임금님을 위로할지언정 임금께서 어찌 저를 위로하십니까? 임금께서 기욕을 채우려 하시니 좋아하고 싫어하는 감정을 높아지게 하면 성명의 정령精靈이 병들 것입니다. 그러나 임금께서 기욕을 물리치고 좋아하고 싫어하는 감정을 배제하시면 눈과 귀와 같은 감각기관의 욕구가 제대로 살려지지 못하고 병들게 될 것입니다. 제가 임금님을 위로할지언정 임금께서 저에 대하여 무엇을 위로하시겠습니까?" 무후가 실망한 듯이 대답이 없었다.

少焉, 徐无鬼曰:「嘗語君, 吾相狗也. 下之質執飽而止, 是狸德也[4]; 中之質若視日,[5] 上之質若亡其一.[6] 吾相狗, 又不若吾相馬也. 吾相馬, 直者中繩, 曲者中鉤, 方者中矩, 圓者中規,[7] 是國馬也, 而未若天下馬也. 天下馬有成材,[8] 若卹若失, 若喪其一,[9] 若是者, 超軼絶塵,[10] 不知其所.」[11] 武侯大悅而笑.

소언코 서무귀왈 상어군 오의 상구야호리라 하지질은 집포이지하나니 시는 리덕야니라 중지질은 약시일하고 상지질은 약망기일하니이다 오의 상구는 우불약오상마야하니라 오상마는 직자 중승하며 곡자 중구하며 방자 중구하며 원자 중규하면 시국마야니 이미약천하마야하니라 천하마는 유성재하야 약휼약일하며 약상기일하니 약시자는 초일절진하야 부지기소하나니라 무후 대열이소하니라

---

[4] 유월이 말하기를 "리狸는 고양이이다. 고양이가 배부르면 쥐를 잡는 것을 그만둔다. 그러므로 리덕狸德이라고 한다"고 하였다. 전목은 나면도羅勉道 설을 인용하여 말하기를 "개는 그로써 사냥하는 것이다. 하등의 품질은 사냥하여 잡는 것이 적으니 그의 배를 충분히 채우면 그만둔다"고 하였다.

[5] 사마표는 말하기를 "시일視日은 멀리 보는 것이다"라고 하였다. 전목도 나면도의 설을 인용하여 말하기를 "눈앞의 작은 짐승을 돌아보지 않는다"고 하였다.

[6] 『석문』에서 말하기를 "일一은 신身이니, 정신이 부동不動하여 그의 몸이 없는 것 같다"고 하였다.

[7] 사마표가 말하기를 "직直은 말의 이빨이고, 곡曲은 등허리 위이고, 방方은 머리이다. 원圓은 눈을 일컫는다"고 하였다.

[8] 『석문』에서 말하기를 "자연스레 타고난 능력이 벌써 충분한지라 교습할 필요가 없다"고 하였다.

[9] 왕숙민은 휼卹은 망亡을 뜻하는 것으로 보았다. 조초기는 약휼약일若卹若失은 성정이 정적전일靜寂專一한 상태를 설명한다고 하였다.

[10] 조초기는 말하기를 "초일超軼은 초월이다. 절진絶塵은 달려 지나간 곳에서 먼지가 미처 일어날 겨를도 없이 더 멀리 앞으로 나아가 먼지와 멀리 떨어져 단절되는 것이다. 모두 나는 듯이 빨리 달리는 것을 형용한 것이다"라고 하였다.

[11] 왕선겸에 따르면 소所는 멈추는 곳을 일컫는다.

조금 있다가 서무귀가 말하였다. "시험 삼아 제가 임금님께 개의 관상을 보는 방법을 아뢰겠습니다. 하등의 품질은 사냥하여 잡는 것이 변변 치 않은지라 제 배를 채우면 그만두나니 이것은 고양이와 같은 종류의 성질입니다. 중등의 품질은 태양을 올려다보듯 의기가 고원하고, 상등의 품질은 제 몸이 없는 듯 정신이 움직이지 않습니다. 제가 개를 보는 것은 또한 제가 말의 관상을 보는 것만 못합니다. 제가 말을 보는 것은 말의 이빨이 곧아서 먹줄자에 부합하며, 말의 등허리는 늘씬하게 휘어서 갈고리에 부합하며, 말의 머리는 네모져서 곱자에 부합하며, 말의 눈은 둥그스름하여 컴퍼스에 맞으니, 이것이 국마國馬는 되지만 천하마天下馬만은 못합니다. 천하마는 훈련이 필요없는 천연의 재능이 있어서 성정이 정적전일하여 마치 그의 몸을 잊은 듯하니 이와 같은 것은 나는 듯이 빠르게 달려 그의 발이 땅에 닿는지조차 알 수 없습니다." 무후가 크게 기쁜 듯이 웃어젖혔다.

1-2

徐无鬼出, 女商曰:「先生獨何以說吾君乎?[1] 吾所以說吾君者, 橫說
之則以詩書禮樂, 從說之則以金板六弢,[2] 奉事而大有功者不可爲數,
而吾君未嘗啓齒.[3] 今先生何以說吾君, 使吾君說若此乎?」徐无鬼
曰:「吾直告之吾相狗馬耳.」女商曰:「若是乎?」

서무귀 출이어늘 여상왈 선생은 독하이열오군호오 오소이열오군자는 횡설지
즉이시서예악이요 종설지즉이금판육도니 봉사이대유공자 불가위수로되 이오
군이 미상계치리시니 금선생이 하이열오군이완되 사오군으로 열이 약차호오 서무
귀왈 오 직고지오의 상구마이로라 여상왈 약시호아

---

[1] 왕숙민에 따르면 독獨은 내乃와 같다. '내'는 "곧 ……이다"의 용법으로 쓰인다.
[2] 금판金板·육도六弢는 모두 『주서』周書 편명이다.
[3] 계치啓齒는 웃는 것이다.

서무귀가 나오거늘 여상이 말했다. "선생은 어떻게 우리 임금을 즐겁게 하셨습니까? 우리가 임금을 기쁘게 하는 것은 멀리 말하면 시詩와 서書와 예禮와 악樂으로써 하고 가까이 말하면 금판과 육도와 같은 병법에 관한 책으로써 하니, 일을 해드리고 크게 공이 있는 것이 헤아릴 수 없어도 우리 임금께서는 이를 드러내어 웃은 적이 없었습니다. 이제 선생이 어떻게 우리 임금을 즐겁게 했기에 우리 임금이 이와 같이 기뻐하셨습니까?" 서무귀가 말했다. "나는 단지 내가 개와 말을 보는 방법을 아뢰었을 뿐이오." 여상이 말했다. "이와 같은가?"

曰:「子不聞夫越之流人乎?[4] 去國數日, 見其所知而喜; 去國旬月, 見所嘗見於國中者喜; 及期年也, 見似人者而喜矣[5]; 不亦去人滋久, 思人滋深乎? 夫逃虛空者,[6] 藜藋柱乎鼪鼬之逕, 踉位其空,[7] 聞人足音跫然而喜矣, 又況乎昆弟親戚之謦欬其側者乎! 久矣夫, 莫以眞人之言謦欬吾君之側乎!」[8]

왈 자는 불문부월지류인호아 거국수일에 견기소지이희하고 거국순월에 견소상견어국중자하야 희하고 급기년야하야는 견사인자이희의니라 불역거인이 자구하야는 사인이 자심호아 부도허공자 여조주호생유지경이어든 양위기공하야서 문인족음이 공연이희의온 우황호곤제친척지경해기측자호따녀 구의부라 막이진인지언으로 경해오군지측호아

---

[4] 성현영에 따르면 유인流人은 유배된 사람이다.

[5] 왕숙민에 따르면 이而는 역亦과 같다.

[6] 전목은 말하기를 "옛적 사람은 굴속에 살았기에 공空이라고 한다. 『회남자』淮南子「도응」道應 편의 '공혈지중'空穴之中에 대한 주注에서 공혈은 암혈巖穴이라고 하였다"고 했다. 암혈은 바위굴을 뜻한다.

[7] 곽숭도는 말하기를 『설문』說文에서 이르기를 창踉은 움직이는 모습이라고 하였다. 천천히 움직이는 것을 창량踉蹡이라 하고 급히 움직이는 것을 량蹡이라 한다"고 하였다.

[8] 조초기는 말하기를 "경해謦欬는 본래 기침하는 것을 가리키지만, 의미가 확대되어 '이야기하다'가 되었다"고 하였다. 그러나 여기에서는 이이 설에 따라 '웃으며 말하다'로 새긴다.

서무귀가 말하였다. "그대는 저 월나라의 유랑자에 대하여 듣지 못했는가? 여러 날 도성을 떠나 있을 적에 아는 이를 보면 기뻐하고, 도성을 떠난 지 열흘이나 한 달째에는 도성 안에서 본 적이 있는 이를 보기만 해도 기뻐하고, 일 년이 되어서는 고향 사람 비슷한 이를 보기만 해도 기뻐한다. 사람을 떠난 지 오래일수록 사람을 사모하는 것이 더욱 깊어지지 않는가? 저 바위 굴속으로 도망간 사람은 명아주가 족제비가 다니는 길을 막았거든 비틀거리며 그 굴속에서 산다. 그러다가 사람의 발소리가 뚜벅뚜벅 들리거든 기뻐하거늘, 하물며 형제 친척이 그 곁에서 말하며 웃음에서랴! 오래되었다, 진인의 말로써 우리 임금의 곁에서 웃으며 말하는 사람이 없었음이여!"

【대의】

은사隱士인 서무귀가 위무후에게 개와 말의 관상법을 말하였다. 그에 따르면 상등의 품질을 지닌 개는 제 몸이 없는 듯 정신이 움직이지 않고, 국마國馬보다 한 차원 높은 천하마天下馬는 성정이 정적전일靜寂專一하여 그의 몸을 잊은 듯하다. 이러해야 좋은 능력을 발휘할 수 있다. 이 비유는 사람도 자기를 잊어야 제대로 좋은 능력을 발휘할 수 있다는 것을 시사한다.

그다음에 이어지는 위무후의 신하 여상과 서무귀의 대화에서는 참된 사람의 말이야말로 임금의 본성에 맞아 그를 기쁘게 할 수 있다고 하였다.

2

徐无鬼見武侯, 武侯曰:「先生居山林, 食茅栗厭蔥韭, 以賓寡人,[1] 久
矣夫! 今老邪? 其欲干酒肉之味邪?[2] 其寡人亦有社稷之福邪?」[3] 徐
无鬼曰:「无鬼生於貧賤, 未嘗敢飲食君之酒肉, 將來勞君也.」[4] 君曰:
「何哉, 奚勞寡人?」曰:「勞君之神與形.」武侯曰:「何謂邪?」徐无鬼
曰:「天地之養也一, 登高不可以爲長, 居下不可以爲短. 君獨爲萬乘
之主, 以苦一國之民, 以養耳目鼻口, 夫神者不自許也.[5] 夫神者, 好
和而惡姦[6]; 夫姦, 病也, 故勞之. 唯君所病之,[7] 何也?」

서무귀 현무후한대 무후왈 선생이 거산림하야 식모율하며 염총구하야 이빈과인이
구의부러니 금에 노야아 기욕간주육지미야며 기과인이 역유사직지복야아 서무
귀왈 무귀는 생어빈천이라 미상감음식군지주육이어니와 장래노군야니이라 군왈
하재오 해로과인고 왈 노군지신여형하노이다 무후왈 하위야오 서무귀왈 천지지
양야 일이니 등고 불가이위장이며 거하 불가이위단이어늘 군이 독위만승지주하야
이고일국지민하야 이양이목비구하시니 부신자는 부자허야니라 부신자는 호화이
오간하나니 부간이면 병야니 고로 로지니 유군의 소병지 하야잇고

---

[1] 빈賓을 빈擯으로 쓴 판본도 있다. 사마표는 말하기를 "빈擯은 '버리다'이다"라고 하였다.

[2] 성현영은 말하기를 "간干은 구求이다"라고 하였다. 왕숙민에 따르면 기其는 태殆와 같다. '태'
는 '아마도'를 뜻한다.

[3] 왕숙민에 따르면 기其는 억抑과 같다. '억'은 "……그렇지 않으면"을 뜻한다.

[4] 왕숙민에 따르면 장將은 방方과 같다.

[5] 왕숙민에 따르면 부夫는 즉則과 같다.

[6] 곽상은 말하기를 "남과 더불어 같이하는 것은 화和이고, 제멋대로 허여許與하는 것은 간姦이
다"라고 하였다.

[7] 왕숙민에 따르면 지之는 자者와 같다.

140

서무귀가 무후를 뵈니 무후가 말했다. "선생이 산림에 살며 상수리와 밤을 먹으며 파와 부추로 배를 불리며 과인에게 버려진 지 오래되었더니 이제 늙었는가! 술과 고기의 맛을 찾고 싶은가? 아마 과인에게도 사직의 복이 있지 않겠는가?" 서무귀가 말했다. "무귀는 빈천하게 태어난지라 감히 군주의 술과 고기를 먹고 마신 적이 없거니와, 와서 군주를 위로하려고 합니다." 임금이 말했다. "무엇 때문인가? 어떻게 과인을 위로하겠다는 것인가?" 서무귀가 말했다. "군주의 정신과 몸을 위로하려고 합니다." 무후가 말했다. "무슨 뜻인가?" 서무귀가 말했다. "천지가 만물을 똑같이 기르는지라 높은 자리에 올라도 존귀하다고 생각해서는 안 되며 아랫자리에 있어도 비천하다고 여겨서는 안 되거늘, 임금만이 만승萬乘의 주인이 되어 한 나라의 백성들을 괴롭게 하여 한 사람의 귀와 눈과 코와 입을 가꾸시지만 저 정신은 스스로 허여許與하지 않을 것입니다. 대저 신神은 남과 함께하는 것을 좋아하고 이기적인 것을 좋아하지 않나니, 대저 이기적이면 병드나니 그러므로 위로드리려는 것입니다. 임금이 병드는 것은 어째서이겠습니까?"

武侯曰:「欲見先生久矣. 吾欲愛民而爲義偃兵, 其可乎?」徐无鬼曰:
「不可. 愛民, 害民之始也[8]; 爲義偃兵, 造兵之本也[9]; 君自此爲之, 則
殆不成.[10] 凡成美, 惡器也[11]; 君雖爲仁義, 幾且僞哉! 形固造形,[12] 成
固有伐,[13] 變固外戰.[14]

무후왈 욕견선생이 구의라니 오욕애민이위의언병하노니 기가호아 서무귀왈 불
가하니라 애민이 해민지시야요 위의언병이 조병지본야나라 군이 자차로 위지 즉
태불성하리라 범성미 악기야니 군수위인의하나 기차위재인저 형고조형하며 성고
유벌하며 변고외전이니

8 왕선겸은 말하기를 "말로는 백성을 사랑한다고 하나 실제로는 그들을 부려먹으니, 사랑이
   곧 해침의 시작이다"라고 하였다.
9 왕선겸은 말하기를 "군사행동을 그치겠다고 호칭하면 적국이 몰래 엿볼 터이니, 이것이 그
   친다는 것이 곧 군사행동의 근본이 된다는 것이다"라고 하였다.
10 왕숙민에 따르면 애민愛民·언병偃兵 모두 이루어지지 않는다는 것을 일컫는다.
11 곽상이 말하기를 "앞에서 아름다움이 이루어지면 뒤에서 거짓이 생겨나므로 아름다움을 이
   루는 것이 악의 수단이다"라고 하였다.
12 곽상은 말하기를 "인의仁義는 형形이 있으므로 위형僞形이 반드시 일어난다"고 하였다. 성
   현영은 곽상이 말한 '형'을 형적形迹으로 풀이하였다. 형적은 나타난 흔적이다. 아마 곽상은
   인의를 행하면 흔적이 있게 되고, 그러면 진실하지 않은 일들이 파생하게 된다고 본 것 같
   다. 아무리 좋은 일이라도 흔적을 남기지 않아야 참된 행위라고 할 수 있을 것이다.
13 왕숙민은 『설문』에 근거하여 벌伐은 패敗이며 패는 훼毀이니 성고유벌成固有伐은 성필유훼成
   必有毀를 말한 것과 같다고 하였다.
14 왕숙민은 말하기를 "속마음이 편치 않으면 밖으로 투쟁이 생겨나게 한다"고 하였다.

무후가 말했다. "선생을 보고 싶은 지 오래되었더니 내가 백성을 사랑하여 의義를 위해 군사행동을 그치고자 하는데 괜찮습니까?" 서무귀가 말했다. "안 됩니다. 백성을 사랑하는 것이 백성을 해치는 시초요, 의를 위하여 군사행동을 그치는 것이 군사행동을 만드는 근원입니다. 임금께서는 이로부터 하고자 하시면 아마 이루어지지 않을 것입니다. 무릇 아름다운 명성을 이루는 것은 악惡을 하는 도구이니 임금께서 비록 어질고 의롭게 하지만 허위에 가까워질 것입니다! 흔적 있는 것이 반드시 흔적을 만들며, 공명功名이 이루어지면 반드시 무너지는 것이 있게 되며, 마음이 편치 않으면 감정이 절도를 잃어 공개적인 전쟁으로 표현될 것입니다.

君亦必无盛鶴列於麗譙之間,[15] 无徒驥於錙壇之宮,[16] 无藏逆於得,[17] 无以巧勝人, 无以謀勝人, 无以戰勝人.[18] 夫殺人之士民, 兼人之士地, 以養吾私與吾神者, 其戰不知孰善? 勝之惡乎在?[19] 君若勿已矣,[20] 修胸中之誠, 以應天之情而勿攖. 夫民死已脫矣, 君將惡乎用夫偃兵哉!」[21]

군역필무성학렬어려초지간하며 무도기어치단지궁하며 무장역어득하며 무이교로 승인하며 무이모로 승인하며 무이전승인이니라 부살인지사민하고 겸인지사지하야 이양오사나 여오신자로 기전이 부지숙선고 승지는 오호재오 군약물이의신댄 수흉중지성하야 이응천지정이물영이면 부민이 사이탈의리니 군은 장오호에 용부언병재리오

---

15 곽상은 말하기를 "학렬鶴列은 병사를 늘어놓은 것이며 려초麗譙는 높은 누대이다"라고 하였다.
16 조초기에 따르면 도徒는 보병이고, 기驥는 기병騎兵이며, 치錙는 제단이다.
17 이이는 말하기를 "무릇 도리가 아니로되 탐내고 욕심을 부려 차지하니 이것이 덕德 안에 거역하는 마음을 품는 것이다. 누가 욕심을 부려 덕을 잃지 않을 수 있을까? 본래 마땅히 그러한 마음을 품지 않고 그것을 버려야 할 것이다"라고 하였다. 여기에서는 득得을 덕德으로 풀이하였다. 덕은 인간의 본성이다. 자기 본성 안에 욕심이 끼어들면 거기에서 온갖 좋지 않은 일들이 파생한다고 본 것 같다.
18 왕선겸은 말하기를 "이 세 가지는 모두 장역어득藏逆於得의 일이다"라고 하였다.
19 왕선겸은 말하기를 "이겼다고 일컬을 것이 없다"고 하였다.
20 해동은 말하기를 "약물若勿 두 글자는 잘못 도치된 것이니 마땅히 군물약이君勿若已라고 써야 한다. 물勿은 막莫이다. 군막약지지君莫若止之라고 일컬은 것은 정의를 위해 군사행동을 하려는 그의 마음을 그치는 것이다"라고 하였다.
21 조초기는 말하기를 "마음속이 순수하고 진실하여 자연에 순응하면 전쟁도 저절로 그칠 것이니, 일부러 군사행동을 그치려고 할 필요가 없다"고 하였다.

임금께서는 높은 성의 누대樓臺 사이에 학과 같은 방어진지를 만들어 병사를 빽빽이 벌여놓지 말 것이며, 제단이 있는 궁궐 안에 보병과 기병을 모아놓지 말 것이며, 거역하는 마음을 품고서 구차하게 얻으려고 하지 말 것이며, 교묘한 마음으로 남을 이기려 하지 말 것이며, 꾀로 남을 이기지 말 것이며, 싸움으로 남을 이기지 말 것입니다. 대저 남의 무사와 백성을 죽이고 남의 토지를 겸병하여 나의 사욕과 나의 정신을 가꾸려 하니 그 전쟁이 좋은 점이 어디에 있는지, 이기는 것이 어디에 있는지 모르겠습니다. 임금께서 만약 그만두지 못할진댄 가슴속에서 정성을 닦아 천지의 실정에 응하여 어지럽히지 않으면 저 백성들이 죽음에서 벌써 벗어날 것인데 임금께서는 어디에서 저 군사행동을 그만두는 것을 쓰시겠습니까?"

【대의】

이어지는 서무귀와 위무후의 대화를 통해 온 나라 백성들을 괴롭혀서 군주 한 사람의 몸을 가꾸는 것은 신神이 좋아하지 않는다고 설파하였다. 신은 이기적인 것을 좋아하지 않고 남과 함께 하는 것을 좋아한다는 것이다.

또한 여기에서 한 걸음 더 나아가 백성을 사랑한다고 생각하는 것이 백성을 해치는 시초요, 의義를 위하여 군사행동을 그치게 하겠다는 것이 군사행동을 하는 근원이라고 주장하였다. 차라리 가슴속에서 정성을 닦아 천지의 실정에 응해야 한다고 권고하였다. 이로써 유가의 인의仁義와 묵가의 방어를 위한 전쟁설을 반대하였다.

3

黃帝將見大隗乎具茨之山,[1] 方明爲御, 昌寓驂乘, 張若謵朋前馬, 昆
閽滑稽後車[2]; 至於襄城之野, 七聖皆迷, 无所問塗.[3] 適遇牧馬童子,
問塗焉, 曰:「若知具茨之山乎?」曰:「然.」「若知大隗之所存乎?」曰:
「然.」黃帝曰:「異哉小童! 非徒知具茨之山, 又知大隗之所存. 請問
爲天下.」小童曰:「夫爲天下者, 亦若此而已矣, 又奚事焉![4] 予少而
自遊於六合之內, 予適有瞀病,[5] 有長者敎予曰:『若乘日之車而遊於
襄城之野.』[6] 今予病少痊, 予又且復遊於六合之外. 夫爲天下亦若此
而已. 予又奚事焉!」[7]

황제 장현태외호구자지산하실새 방명이 위어하고 창우 참승하고 장약습붕이 전
마하고 곤혼골계 후거러니 지어양성지야하야 칠성개미하야 무소문도라가 적우목
마동자하야 문도언하야 왈 약아 지구자지산호아 왈 연하이다 약이 지태외지소존
호아 왈 연하이다 황제왈 이재라 소동이여 비도지구자지산이라 우지태외지소존
이로소니 청문위천하하니라 소동왈 부위천하자도 역약차이이의니 우해사언이리오
여소이자유어육합지내호니 여적유무병이어늘 유장자 교여왈 약이 승일지거하야
이유어양성지야하라 하더라 금에 여병이 소전할새 여 우차부유어육합지외호리라
부위천하도 역약차이이니 여는 우해사언이리오

---

[1] 성현영에 따르면 태외大隗는 옛적의 지인至人이다. 조초기에 따르면 구자具茨는 산 이름인데,
오늘날의 하남성 밀현密縣 동남에 있다. 지금은 태외산이라고 부른다고 한다.
[2] 조초기는 말하기를 "방명·창우·장약·습붕·곤혼·골계 등 여섯 사람은 모두 가설한 인명이
다. 어御는 수레를 모는 이이고, 참승驂乘은 수레를 같이 타고 시위 노릇하는 사람이고, 전마
前馬는 향도이고, 거후車后는 수레 뒤에서 따르는 사람이다"라고 하였다.
[3] 『석문』에 따르면 7성七聖은 황제와 방명과 창우와 장약과 습붕과 곤혼과 골계이다.
[4] 왕선겸은 말하기를 "또한 이와 같이 양성의 들녘에서 놀 따름이다"라고 하였다. 왕숙민에 따
르면 언焉은 호乎와 같다.

황제黃帝가 구자산具茨山에서 태외大隗의 신을 뵈려고 할 때 방명이 왼쪽에서 수레를 몰고 창우가 오른쪽에서 모시고 함께 타고 장약과 습붕이 말에 앞장서고 곤혼과 골계가 수레 뒤를 따르니 양성의 들녘에 이르러 일곱 성인이 모두 길을 잃고 길을 물을 곳이 없어졌다. 마침 말을 기르는 동자를 만나 길을 물었다. "네가 구자산을 아는가?" 동자가 말하기를 "그렇습니다.""네가 태외라는 신이 있는 곳을 아는가?" 말하기를 "그렇습니다." 황제가 말했다. "기이하도다, 어린 동자여! 구자산을 알 뿐만 아니라 태외라는 신이 있는 곳을 아니, 청컨대 천하 다스리는 법을 묻고자 하노라." 작은 동자가 말했다. "천하를 다스리는 것은 이와 같을 뿐인데 또 무엇을 하시려고 합니까! 나는 젊어서 세상 안에서 스스로 놀았는데 저에게 마침 어지러운 병이 있거늘 어르신네가 나를 가르치기를 '네가 태양의 수레를 타며 양성의 들녘에서 왔다 갔다 하라'고 하였습니다. 이제 내 병이 조금 나았기에 나는 또다시 세상 밖에서 왔다 갔다 하렵니다. 저 천하를 다스리는 것도 이와 같을 뿐이니 내가 또 무엇을 일삼으리오!"

---

5 조초기에 따르면 무병瞀病은 머리가 어지럽고 눈이 침침한 것이다.
6 곽상이 말하기를 "해가 뜨면 나와서 놀고 해가 지면 들어가서 쉰다"고 하였다.
7 곽상이 말하기를 "대저 천하를 다스리는 것은 스스로 방임하게 하는 것만 한 것이 없으니 스스로 방임하면 물物 또한 어찌 어지럽히리오? 그러므로 내가 무위하니 백성들이 저절로 잘된다"고 하였다. 그러나 이에 대하여 왕숙민은 말하기를 "생각건대 천하를 다스리는 것에 대하여 곽씨郭氏가 『노자』에 근거하여 '내가 무위하니 백성들이 절로 잘된다'고 한 것은 옳다. 그러나 스스로 방임하게 하는 것만 한 것이 없다고 한 것은 그르다. 방임은 결코 무위가 아니니, 무위는 그의 자연에 맡기는 것이지만 방임하면 자연을 잃는다"고 하였다.

黃帝曰:「夫爲天下者, 則誠非吾子之事. 雖然, 請問爲天下.」小童辭.
黃帝又問. 小童曰:「夫爲天下者, 亦奚以異乎牧馬者哉! 亦去其害馬
者而已矣!」[8] 黃帝再拜稽首, 稱天師而退.[9]

황제왈 부위천하자 즉성비오자지사어니 수연이나 청문위천하하노라 소동이 사
하야늘 황제우문한대 소동왈 부위천하자는 역해이이호목마자재리오 역거기해마
자이이의니라 황제재배계수하고 칭천사이퇴하시다

---

[8] 전목이 인용한 조수곤曹受坤 설에 따르면 말[馬]의 본성에 방해가 되는 것을 제거하는 것
이다.
[9] 곽상은 말하기를 "그의 천연天然을 스승 삼아서 그의 과분過分한 것을 제거하면 태외大隗가
이르리라"고 하였다.

황제가 말했다. "천하를 다스리는 것은 진실로 그대의 일이 아니겠거니와 비록 그렇지만 청컨대 천하 다스리는 법을 묻습니다." 작은 동자가 사양하거늘 황제가 또 물으니 작은 동자가 말했다. "대저 천하를 다스리는 것은 말을 기르는 것과 어떻게 구별하리오! 단지 말[馬]을 해치는 것을 제거할 뿐이니라!" 황제가 이마가 땅에 닿을 만큼 두 번 절하고 천사天師라고 부르면서 물러났다.

【대의】

황제가 천하를 다스리는 방법을 묻고자 태외의 신을 뵈러 가는 길에 만난 동자와의 대화를 통하여, 천하를 다스리는 것은 별게 아니라 무위無爲하여 오고 가다가 혹 행위한다면 말을 기르는 것처럼 말을 해치는 것을 제거할 뿐이라고 하였다.

4

知士无思慮之變則不樂, 辯士无談說之序則不樂,[1] 察士无凌誶之事
則不樂,[2] 皆囿於物者也. 招世之士興朝,[3] 中民之士榮官,[4] 筋力之士
矜難,[5] 勇敢之士奮患, 兵革之士樂戰, 枯槁之士宿名,[6] 法律之士廣
治,[7] 禮敎之士敬容,[8] 仁義之士貴際. 農夫无草萊之事則不比, 商賈无
市井之事則不比.[9] 庶人有旦暮之業則勸, 百工有器械之巧則壯.

지사는 무사려지변즉불락하고 변사는 무담설지서즉불락하고 찰사는 무릉신지
사즉불락하나니 개유어물자야ㄹ새니라 초세지사는 흥조하고 중민지사는 영관하고
근력지사는 긍난하고 용감지사는 분환하고 병혁지사는 락전하고 고고지사는 숙
명하고 법률지사는 광치하고 예교지사는 경용하고 인의지사는 귀제하나니라 농부
무초래지사즉불비하고 상고 무시정지사즉불비하고 서인이 유단모지업즉권하고
백공이 유기계지교즉장하나니라

---

[1] 조초기에 따르면 담설지서談說之序는 논리의 논리성을 가리킨다.
[2] 사事는 사辭로 쓴 곳도 있다. 조초기에 따르면 찰사察士는 분명하게 살피기에 뛰어난 사람이
며, 릉신凌誶은 능욕하여 책망하면서 욕하는 것이다.
[3] 왕숙민이 인용한 유사배劉師培 설에 따르면 초招는 거擧라고 해석해야 한다.
[4] 이이에 따르면 중민中民은 백성을 잘 다스리는 것이다.
[5] 왕선겸은 말하기를 "근력筋力은 강건한 것이니 국난을 만나면 뽐낸다"고 하였다.
[6] 왕숙민에 따르면 숙명宿名은 유명留名과 같다. '유명'은 후세에 이름을 남기는 것이다.
[7] 왕숙민에 따르면 치治는 국치鞠治의 치이다. '국치'는 심문하여 정죄定罪하는 것이다.
[8] 교敎를 악樂으로 쓴 판본도 있다.
[9] 성현영에 따르면 비比는 화락和樂이다. '화락'은 화목하고 즐거운 것이다.

지혜가 많은 사람은 사려할 변화가 없으면 즐겁지 않고, 논변을 잘하는 사람은 유창하고 유머가 있게 담설談說할 수 있는 단서가 없으면 즐겁지 않고, 똑똑히 관찰하는 사람은 예리한 칼끝처럼 의론하여 상대를 능멸할 수 있는 일이 없으면 즐겁지 않나니, 모두 물物에 국한된 사람들이기 때문이다. 세상 사람들을 불러모아 세상을 구제하려는 선비는 조정을 일으킬 수 있고, 백성을 잘 다스릴 수 있는 선비는 벼슬자리에 올라 귀해지고, 근력이 있는 선비는 난을 풀 수 있는 것을 자랑으로 여기고, 용감한 선비는 힘차게 떨쳐 일어나 환난을 제거하고, 무장한 선비는 싸우기를 즐기고, 비쩍 마른 선비는 후세에 명성을 남기고, 법률하는 선비는 심문하여 정죄하고, 예악에 밝은 선비는 의식儀式을 중시하고, 인의에 밝은 선비는 관계를 귀히 여긴다. 농부에게 제초하는 것과 같은 밭일이 없으면 즐겁지 않고, 상인에게 팔고 사는 일이 없으면 즐겁지 않다. 서민들에게 아침저녁의 일이 있게 되면 스스로 힘쓰고, 온갖 기술자에게 기계의 솜씨가 있으면 의기왕성해진다.

錢財不積則貪者憂, 權勢不尤則夸者悲, 勢物之徒樂變.[10] 遭時有所用, 不能无爲也. 此皆順比於歲, 不物於易者也.[11] 馳其形性, 潛之萬物, 終身不反, 悲夫!

전재 부적즉탐자 우하고 권세 불우즉과자 비하고 세물지도는 락변하나니라 조시 유소용이라 불능무위야니 차개순비어세라 불물어역자야니라 치기형성하야 잠지 만물하야 종신불반하나니 비부라

---

[10] 해동에 따르면 物물은 利리가 잘못된 것이다.
[11] 왕숙민은 말하기를 "불물어역은 뜻이 자못 통하기 어려우니, 본래 불역어물 不易於物로 썼을 지 모른다"고 하였다.

152

돈과 재물이 쌓이지 않으면 탐욕스러운 사람이 근심하고, 권세가 남보다 뛰어나지 않으면 자기 능력을 자랑하며 거만하게 구는 사람은 슬퍼하고, 권세와 이익을 좇는 사람은 변화를 즐긴다. 이들은 때를 만나면 쓰이는 곳이 있으나 무위할 수는 없다. 이들은 모두 일시에 투합한지라 변역變易 가운데에서 외물을 주재하지는 못한다. 몸과 마음을 치달려 만물에 빠져서 종신토록 돌이키지 않으니 슬프도다!

【대의】

사회의 각종 직업에 종사하는 사람은 모두 각자 본직에 가리워지고 명리名利를 추구하기에 미혹되어 시선을 돌릴 줄 모르니, 이들은 모두 무위할 수 없다. 이들이 모두 자기 몸과 심성을 사용하여 온갖 일에 파묻혀 일생토록 돌이킬 줄 모르니 슬프다는 것이다.

5

莊子曰:「射者非前期而中,¹ 謂之善射, 天下皆羿也, 可乎?」惠子曰:
「可.」莊子曰:「天下非有公是也,² 而各是其所是, 天下皆堯也, 可
乎?」惠子曰:「可.」莊子曰:「然則儒墨楊秉四, 與夫子爲五, 果孰是
邪?³ 或者若魯遽者邪?⁴ 其弟子曰:『我得夫子之道矣, 吾能冬爨鼎而
夏造冰矣.』魯遽曰:『是直以陽召陽, 以陰召陰, 非吾所謂道也. 吾示
子乎吾道.』於是爲之調瑟, 廢一於堂, 廢一於室,⁵ 故宮宮動, 故角角
動, 音律同矣.⁶ 夫或改調一弦, 於五音无當也, 鼓之, 二十五弦皆動,⁷
未始異於聲, 而音之君已.⁸ 且若是者邪?」⁹

장자왈 사자 비전기이중을 위지선사인댄 천하 개예야니 가호아 혜자왈 가하다
장자왈 천하 비유공시야 이각시기소시인댄 천하개요야니 가호아 혜자왈 가
하다 장자왈 연즉유묵양병사 여부자로 위오나 과숙시야오 혹자약로거자야인저
기제자왈 아 득부자지도의라 오능동찬정이하조빙의로라 노거왈 시는 직이양
소양하며 이음소음이라 비오소위도야니라 오시자호오도하니라고 어시에 위지조
슬호되 폐일어당하며 폐일어실하고 고궁궁동하며 고각각동하니 음률동의니라 부
혹개조일현호되 어오음에 무당야니 고지 이십오현이 개동이니 미시이어성 이
음지군이니라 차약시자야인저

---

¹ 조초기에 따르면 전기前期는 예정하는 것이다.
² 조초기에 따르면 공시公是는 모두가 다 옳다고 승인하는 것이니 공리公理와 같다.
³ 조초기에 따르면 병秉은 공손룡의 자字이다. 곽상은 말하기를 "만약 모두가 요임금처럼 옳다
   고 한다면 오자五子는 어찌 서로 그르다고 하는가?"라고 하였다.
⁴ 이이에 따르면 노거魯遽는 사람의 성명이다.『석문』에 따르면 주周나라 초기 사람이라는 말
   이 있다.
⁵ 『석문』에 따르면 폐廢는 '두다'이다.
⁶ 조초기는 이에 대하여 다음과 같이 말하였다. "일一은 거문고 하나를 가리킨다. 당堂은 대
   청이고, 실室은 대청 뒤쪽의 침실이다. 궁宮과 각角은 오음 가운데 두 음이다. 대청과 방 가운

장자가 말했다. "활 쏘는 이가 미리 기약하지 않고서도 맞히는 것을 잘 쏜다고 한다면 천하 사람들이 모두 예羿와 같은 사람이라고 할 수 있으니 이렇게 말해도 되는가?" 혜시惠施가 말했다. "그렇게 말할 수 있다." 장자가 말했다. "천하에 공시公是가 있지 않은데도 각기 그가 옳다고 하는 것을 옳다고 하면 천하 사람이 모두 요임금 같은 사람이라고 할 수 있으니 이렇게 말해도 되는가?" 혜시가 말했다. "그렇게 말할 수 있다." 장자가 말했다. "그렇다면 유儒와 묵墨과 양주楊朱와 공손룡公孫龍과 선생이 함께 다섯이니 과연 누가 옳은가? 또는 노거魯遽와 같은 사람인가? 그 제자가 말했다. '나는 선생님의 도를 터득하였습니다. 나는 겨울에 솥을 끓이고 여름에 얼음을 만들 수 있습니다.' 노거가 말했다. '이것은 단지 양으로 양을 부르며 음으로 음을 불러들이는 것이니 내가 이른바 도가 아니다. 나는 그대에게 나의 도를 보여주리라' 하고 이리하여 그를 위하여 거문고의 음을 고르되 마루에 하나를 놓으며 침실에 하나를 놓고 궁음宮音을 두드리면 궁음이 움직이며 각음角音을 두드리면 각음이 움직이니 음률이 같기 때문이다. 대저 혹 거문고 줄 하나를 바꾸어 고르되 오음五音에 합하는 것이 없으니, 그것을 두드리면 스물다섯 현이 모두 움직이니 음조가 달라진 것은 없으나 그 거문고 줄이 음을 주도했을 뿐이다. 그대들이 각기 옳다고 하는 것이 이와 같은 것인가?"

데에 놓은 두 가야금의 궁과 각의 두 현弦의 음률이 서로 같으므로 그 가운데 하나를 연주하면 다른 거문고의 같은 음의 현도 모두 공명을 일으킨다."

7 조초기는 말하기를 "거문고 줄을 바꾸어 조정한 현을 타면 25가닥의 거문고 줄 자체가 공명을 일으킨다"고 하였다.

8 조초기는 말하기를 "이 하나의 현의 음은 비록 오음과 서로 같지 않으나 역시 음악소리의 일종일 뿐만 아니라 그것이 25현의 공명을 일으킬 수 있으니 뭇 음의 군주라고 할 수 있다. 이로써 공시公是를 비유하고 있다"고 하였다.

9 조초기는 말하기를 "이 구절은 장자가 혜시에게 물은 것이니, 그의 학설이 노거의 '음지군'音之君처럼 각가各家의 호응을 얻을 수 있는지를 물은 것이다"라고 하였다.

惠子曰:「今夫儒墨楊秉, 且方與我以辯, 相拂以辭,[10] 相鎮以聲, 而未始吾非也,[11] 則奚若矣?」莊子曰:「齊人蹢子於宋者, 其命閽也不以完,[12] 其求鈃鍾也以束縛,[13] 其求唐子也而未始出域, 有遺類矣![14] 夫楚人寄而蹢閽者; 夜半於無人之時而與舟人鬪,[15] 未始離於岑而足以造於怨也.」[16]

혜자왈 금부유묵양병이 차방여아이변하야 상불이사하며 상진이성호되 이미시오비야하나니 즉해약의오 장자왈 제인이 척자어송자 기명혼야에는 불이완이오 기구견종야에는 이속박하며 기구당자야에는 이미시출역하나니 유유류의로다 부초인이 기이척혼자 야반에 어무인지시에 이여주인으로 투하니 미시리어잠하야서 이족이조어원야로다

10 왕숙민에 따르면 불拂은 '어기다'이다. 조초기는 이를 언어로 서로 반박한다고 새겼다.
11 곽상은 말하기를 "미시오비자未始吾非者는 각기 자기가 옳다고 하는 것이다. 혜자惠子는 이 것으로써 지극하다고 여기고자 한 것이다"라고 하였다. 왕숙민은 이에 덧붙여 말하기를 "이 것은 유儒·묵墨·양楊·병秉 네 학파가 나와 논변하였다. 결국 모두 나를 그르다고 한 적이 없으니 어떠한가를 일컫은 것 같다"고 하였다. 혜시는 자기가 논변에 가장 뛰어났다고 여긴 듯하다는 것을 의미한다.
12 이에 대하여 전목은 마기창 설을 인용하여 말하기를 "적蹢은 적讁과 통한다. 아들을 송나라 에 귀양살이 시킨 것은 반드시 그가 죄가 있다는 것을 일컫는다. 그러나 발뒤꿈치를 베인 사 람으로 하여금 문지기를 시켰다면 그 사람은 본래 죄인일 것이다. 어찌 그에 대해서는 가까 이하여 문지기 일을 맡기고 자식에 대해서는 멀리하면서 질책한단 말인가?"라고 하였다.
13 조초기는 말하기를 "견鈃은 악기인데 작은 종과 같지만 목이 길다. 이 구절의 뜻은 견종 등 악기를 구하여 얻은 뒤에 그것을 묶어둔다는 것을 일컫는다(묶어두면 쳐도 울리지 않는다)" 고 하였다.

혜시가 말했다. "유와 묵과 양주와 공손룡이 또한 바야흐로 나와 변론하여 언어로써 상대방을 반박하며 명성으로써 상대방을 압도하되 나를 그르다고 한 적이 없나니, 그렇다면 어떠한가?" 장자가 말했다. "제나라 사람이 아들을 송나라에 버리며 문지기가 되라고 할 적에는 그가 몸을 온전하지 않게 하고 그 목이 긴 병에 대해서는 파손될까 염려하여 묶어두며 아들을 찾을 때에는 문턱 밖을 나가지 않으니 그 유類를 잃어버린 것이다. 저 초나라 사람이 남의 집에 기숙하고서 문지기를 꾸짖으며 한밤중 사람 없을 때 뱃사람과 싸우니, 언덕에 아직 닿지도 않아서 족히 원한을 만들 수 있다."

---

14 전목은 말하기를 "역䲷 자는 마땅히 가차하여 역閾이 된다. 아들을 잃어버린 뒤에도 그를 찾고자 문지방 밖으로 나가지 않는다면 어찌 찾을 수 있겠는가? 무릇 이러한 예들은 모두 제齊나라 사람이 유類를 모른다는 것이다"라고 하였다. 유類는 범주를 뜻한다.

15 유월은 말하기를 "남의 집에 얹혀살면서 그 집 문지기를 성내어 꾸짖는다는 것을 일컫는다. 다음에 있는 글인 '야반어무인지시이여주인투'夜半於無人之時而與舟人鬪와 똑같이 이는 초楚나라 사람의 일이니 모두 그들이 자기가 옳다고 생각한다는 것을 비유한다"고 하였다.

16 곽상은 말하기를 "작은 언덕이다. 야반에 혼자서 남의 배에 타고서 아직 언덕을 떠나지도 않았는데 남과 같이 싸운 것이다. 제齊·초楚의 두 사람이 행하는 것이 이와 같은데도 스스로 자기가 그르다고 한 적이 없으니, 이제 다섯 학파의 사람들이 스스로 옳다고 여기는 것이 어찌 이와 다르리오?"라고 하였다. 그러나 왕선겸은 이를 조금 수정하여 다음과 같이 말하였다. "선영이 이르기를 리離는 려麗와 같다고 하였다. 생각건대 한밤중 사람이 없을 때 배가 아직 언덕에 닿지도 않았는데 뱃사공과 싸운다면 성명性命의 근심이 있을 것이다. 남의 집에 얹혀살면서 그 집 문지기를 꾸짖는 일과 이 일은 모두 충분히 원한을 만들 수 있다."

이 단락에서는 유가, 묵가, 양주, 그리고 공손룡과 혜시가 다 옳
다고 하지만 누구나 승인할 수 있는 공시公是가 없다고 하였다. 이
를 논증하기 위하여 노거와 그 제자, 제齊나라 사람과 매달아놓은
종, 잃어버린 아들을 찾는 예와 초나라 사람이 남의 집에 기숙한
예, 그리고 야반 삼경에 사람 없을 때 뱃사공과 싸운 예 등을 들
어 사람들이 각자 자기가 옳다고 하지만 실제로는 얼마나 무지한
지를 설명하였다.

6

莊子送葬, 過惠子之墓, 顧謂從者曰:「郢人堊漫其鼻端, 若蠅翼,¹ 使匠石斲之. 匠石運斤成風, 聽而斲之, 盡堊而鼻不傷, 郢人立不失容. 宋元君聞之, 召匠石曰:『嘗試爲寡人爲之.』匠石曰:『臣則嘗能斲之. 雖然, 臣之質死久矣.』² 自夫子之死也, 吾无以爲質矣, 吾无與言之矣.」

장자 송장할새 과혜자지묘하다가 고위종자왈 영인이 악이 만기비단을 약승익이어늘 사장석으로 착지한대 장석이 운근성풍하야 청이착지호되 진악이비불상하여 영인은 립불실용하야늘 송원군이 문지하고 소장석왈 상시위과인하야 위지라 장석왈 신즉상능착지호니 수연이나 신지질이 사구의라 하니 자부자지사야하나로 오무이위질의로소니 오는 무여언지의로다

¹ 성현영에 따르면 영인郢人은 진흙을 바르는 사람이며, 악堊은 흰색의 흙이다. 여기에서는 조초기 설에 따라 석회로 새긴다. 왕숙민에 따르면 만漫은 만墁과 같다. '만'은 '바르다'이다.
² 왕숙민에 따르면 질質은 상대이니, 미장이를 일컫는다.

장자가 영구를 묘지로 보낼 때 혜시의 묘를 지나다가 따르는 사람들을 돌아보며 말했다. "어떤 미장이가 그의 코끝에 석회가 파리 날개처럼 붙거늘 석石이라는 장인으로 하여금 그것을 깎아내라고 하니, 석이라는 장인이 바람 소리를 내며 도끼를 휘둘러 그에 맡기어 깎게 하되, 석회를 완전히 깎아내면서도 코가 다치지 않으며 미장이가 서서 얼굴색이 변치 않았다. 송원군宋元君이 그 이야기를 듣고 석이라는 장인을 불러 그에게 말했다. '시험 삼아 과인을 위하여 그렇게 해보아라.' 석이라는 장인이 말했다. '제가 일찍이 그렇게 깎을 수 있었습니다. 비록 그렇지만 저의 상대가 죽은 지 오래되었습니다.' 그분이 죽은 이래로 나는 상대로 삼을 사람이 없으니 나는 함께 말할 사람이 없어졌다."

【대의】

이 장은 장자가 혜시의 묘를 지나다가 말할 상대를 잃은 실망감을 잘 보여준다.

7

管仲有病, 桓公問之曰:「仲父之病病矣,[1] 可不謂云,[2] 至於大病, 則寡人惡乎屬國而可?」[3] 管仲曰:「公誰欲與?」公曰:「鮑叔牙.」曰:「不可. 其爲人潔廉善士也, 其於不己若者不比之,[4] 又一聞人之過, 終身不忘. 使之治國, 上且鉤乎君,[5] 下且逆乎民. 其得罪於君也, 將弗久矣!」

관중이 유병이어늘 환공이 문지하야 왈 중보지병이 병의로소니 가불위운 지어대병하야는 즉과인은 오호에 촉국이가오 관중왈 공은 수욕여잇고 공왈 포숙아니라 왈 불가하이다 기위인이 결렴선사야라 기어불기약자에 불비지하며 우일문인지과코 종신불망하나니 사지치국이면 상차구호군하며 하차역호민이라 기득죄어군야 장불구의리이다

---

[1] 왕숙민에 따르면 병병의病病矣는 병심의病甚矣라고 말한 것과 같다.
[2] 왕숙민이 인용한 왕인지王引之 설에 따르면 위謂는 휘諱의 오자이며, 운云은 여如와 같으니 다음 구절에 붙여 읽어야 한다.
[3] 조초기에 따르면 촉국屬國은 국정을 위임하는 것이다.
[4] 조초기에 따르면 비比는 '친근히 하다'이다.
[5] 조초기에 따르면 구鉤는 곡曲이니 '어기다'이다.

관중管仲에게 병이 있게 되거늘 환공桓公이 그에게 물어 말했다. "중보仲父의 병이 위급하니 말을 꺼려서 하지 않을 수 있겠습니까? 병이 커지면 과인은 국정을 어떻게 맡겨야 되겠습니까?" 관중이 말했다. "공께서는 누구에게 맡기시렵니까?" 환공이 말했다. "포숙아鮑叔牙입니다." 말하기를 "불가합니다. 그 사람됨이 청렴한 선인인지라 자기보다 못한 사람을 가까이하지 않으며 일단 다른 사람의 잘못을 들으면 죽도록 잊지 않나니, 그로 하여금 나라를 다스리게 하면 위로는 임금을 위배하고 아래로는 민의民意를 위반할 것입니다. 그가 군주에게 죄를 얻는 것이 장차 오래지 않을 것입니다!"

公曰:「然則孰可?」對曰:「勿已,[6] 則隰朋可.[7] 其爲人也, 上忘而下畔,[8] 愧不若黃帝而哀不己若者.[9] 以德分人謂之聖, 以財分人謂之賢. 以賢臨人,[10] 未有得人者也; 以賢下人, 未有不得人者也. 其於國有不聞也,[11] 其於家有不見也. 勿已, 則隰朋可.」

공왈 연즉숙가오 대왈 물이인댄 즉습붕가하니이다 기위인야 상망이하반하야 괴불약황제하며 이애불기약자하나니 이덕으로 분인을 위지성이요 이재로 분인을 위지현이라 하나니 이현으로 임인이면 미유득인자야요 이현으로 하인이면 미유부득인자야하니 기어국에 유불문야하며 기어가에 유불견야하나니 물이인댄 즉습붕가하니이라

[6] 왕숙민에 따르면 물이勿已는 부득이不得已를 말하는 것과 같다.
[7] 성현영에 따르면 습붕隰朋은 성이 습이고 이름이 붕인데 제齊나라의 현인이다.
[8] 조초기에 따르면 반畔은 반伴과 통하니, 하반下畔은 '아랫사람과 사이가 좋다, 화목하다'이다.
[9] 조초기에 따르면 애哀는 '어여삐 여기다'이다.
[10] 조초기에 따르면 이현임인以賢臨人은 자기가 현능賢能하다는 것을 표방하며 높은 곳에서 아래를 내려다보듯이 다른 사람을 대하는 것이다.
[11] 조초기는 말하기를 "무엇이든 자기가 장악하여 해결하려고 하지 않으며, 자기만을 믿고 남을 불신임하지 않는다는 것을 설명한다"고 하였다.

환공이 말했다. "그렇다면 누가 괜찮겠습니까?" 대답하여 말하기를 "부득이하다면 습붕隰朋이 괜찮겠습니다. 그 사람됨이 위에 있어도 스스로 높은 체하지 않고 아래에 등진 일이 없으며 황제만 못한 것을 부끄러워하되 자기보다 못한 이를 불쌍히 여깁니다. 덕을 사람들에게 나누어주는 것을 성聖이라 하고 재물을 사람들에게 나누어주는 것을 현賢이라고 합니다. 현명함으로써 사람들 앞에 나서고서 사람을 얻은 적이 없고 현명함으로써 사람들에게 낮추고서 사람을 얻지 못한 적이 없습니다. 그는 나라에 대하여 듣지 않는 것이 있으며 집안일에 대하여 보지 않는 것이 있습니다. 부득이하다면 습붕이 괜찮겠습니다."

【대의】

이 장은 포숙아鮑叔牙처럼 청렴한 사람보다 습붕隰朋처럼 덕 있는 이가 나라를 다스려야 한다는 것을 말하고 있다.

8

吳王浮於江, 登乎狙之山.[1] 衆狙見之, 恂然棄而走, 逃於深蓁.[2] 有一狙焉, 委蛇攫搔,[3] 見巧乎王.[4] 王射之, 敏給搏捷矢.[5] 王命相者趨射之,[6] 狙執死.[7]

오왕이 부어강하야 등호저지산한대 중저 견지하고 순연기이주하야 도어심진이어늘 유일저언이 위이확조하야 견교호왕이러니 왕이 사지호되 민급박첩시하더니 왕명상자하야 촉사지한대 저집사어늘

[1] 조초기에 따르면 산 위에 원숭이가 많아 저지산狙之山이라고 일컬었다.
[2] 성현영에 따르면 진蓁은 가시덤불이다.
[3] 조초기에 따르면 위이委蛇는 위이逶迤와 통하니 이리저리 왔다 갔다 하는 것이고, 확攫은 후려치는 것이고, 조搔는 긁는 것이다.
[4] 조초기에 따르면 현교見巧는 자기의 민첩한 솜씨를 표현하는 것이다.
[5] 유월에 따르면 민급敏給은 빠르다는 것을 뜻하는데 원숭이에 대하여 말한 것이며, 첩捷은 접接으로 읽는다. 왕숙민에 따르면 민급박첩시敏給搏捷矢는 원숭이가 민첩하고 빠르게 화살을 받아 쥐는 것을 일컫는다. 그는 박搏과 첩捷 두 글자는 뜻이 같다고 생각한 듯하다.
[6] 성현영은 말하기를 "상相은 '돕다'이니 왕의 좌우를 일컫는다"고 하였다. 촉趨은 '빠르다'이다.
[7] 왕숙민이 인용한 우창 설에 따르면 저집사狙執死는 원숭이가 떨어져서 죽었다는 것이다. 그에 따르면 집執에는 아래로 떨어진다는 뜻이 있다.

166

오왕吳王이 강에 떠서 원숭이산에 올랐는데 뭇 원숭이들이 그를 보고 무서워서 벌벌 떨며 버리고 도망하여 가시덤불 깊이 도망치거늘, 어떤 원숭이가 구불구불 왔다 갔다 하고 뛰어오르며 왕에게 솜씨를 보였다. 왕이 활을 쏘니 원숭이가 빠르게 손으로 쳐서 그 화살을 붙잡았다. 왕이 좌우에 명하여 쏘게 하니 원숭이가 떨어져서 죽었다.

王顧謂其友顔不疑曰[8]:「之狙也, 伐其巧, 恃其便以敖予, 以至此殛也! 戒之哉! 嗟乎, 无以汝色驕人哉!」顔不疑歸而師董梧以鋤其色,[9] 去樂辭顯,[10] 三年而國人稱之.

왕고위기우인 안불의하야 왈 지저야 벌기교하며 시기변하야 이오여하다가 이지차극야하니 계지재어다 차호라 무이여색으로 교인재어다 안불의 귀이사동오하야 이서기색하고 거악사현한대 삼년이국인이 칭지하니라

---

[8] 성현영에 따르면 안불의顔不疑는 성이 안顔이고 자가 불의不疑인데 왕의 벗이다. 선영에 따르면 변便은 변첩便捷이다. '변첩'은 '민첩하다'이다.

[9] 성현영에 따르면 동오董梧는 성이 동이고 이름이 오인데 오吳의 현인이며, 서鋤는 없애버리는 것이다. 왕숙민에 따르면 색色은 교만한 빛이다.

[10] 선영에 따르면 거악去樂은 생활이 어려워 고통스러운 상태를 달게 여기는 것이며, 사현辭顯은 재능을 감추고 드러내지 않는 것이다.

왕이 그의 벗 안불의顔不疑를 돌아보며 말했다. "이 원숭이는 자신의 솜씨를 뽐내며 자신의 민첩함을 믿고서 나에게 오만하게 굴다가 이처럼 죽음에 이르렀다. 조심할지어다! 아, 너의 안색으로 사람들에게 교만하지 말지어다!" 안불의가 돌아가서 동오董梧를 스승으로 삼아 그의 교만함을 없애버리고, 고통스러운 생활을 달게 여기고, 재능을 감추고 드러내지 않게 하였다. 3년 뒤에 온 나라 사람들이 그를 칭찬하였다.

【대의】

이 장에서는 원숭이가 자기 재주를 믿고 오왕吳王 앞에서 솜씨를 부리다가 죽은 것처럼, 재능을 가지고 통치자에게 솜씨를 부리다가 희생되지 말 것을 권고하였다.

9

南伯子綦隱几而坐,[1] 仰天而噓. 顏成子入見曰[2]:「夫子, 物之尤也.[3] 形固可使若槁骸, 心固可使若死灰乎?」

남백자기 은궤이좌하야 앙천이허어늘 안성자 입현왈 부자는 물지우야시사이다 형고가사약고해며 심고가사약사회호아

---

[1] 성현영에 따르면 남백자기南伯子綦는 「제물론」 가운데의 남곽자기南郭子綦이다.
[2] 성현영에 따르면 안성자顔成子는 자기子綦의 제자이다.
[3] 선영에 따르면 우尤는 '가장 뛰어나다'이다.

남백자기南伯子綦가 탁자에 의지하여 앉아서 하늘을 우러러 숨을 내쉬거늘 안성자顔成子가 들어와 뵙고 말하였다. "선생님은 뭇 사람들보다 뛰어나십니다. 몸은 본디 바싹 마른 해골처럼 하고 마음은 본디 불기 없는 재처럼 할 수 있습니까?"

曰:「吾嘗居山穴之中矣. 當是時也, 田禾一覩我,[4] 而齊國之眾三賀之.[5] 我必先之, 彼故知之; 我必賣之, 彼故鬻之.[6] 若我而不有之, 彼惡得而知之? 若我而不賣之, 彼惡得而鬻之? 嗟乎! 我悲人之自喪者,[7] 吾又悲夫悲人者,[8] 吾又悲夫悲人之悲者,[9] 其後而日遠矣.」[10]

왈 오상거산혈지중의라니 당시시야하야 전화 일도아어늘 이제국지중이 삼하지하니 아필선지라 피고지지하며 아필매지라 피고육지니 약아이불유지면 피오득이지지며 약아이불매지면 피오득이육지리오 차호라 아 비인지자상자하며 오 우비부비인자하여 오 우비부비인지비자하노니 기후이일원의니라

[4] 노문초盧文弨에 따르면 전화田禾는 제태공齊太公 화和이다. 그는 기원전 386년 제齊나라 군주로 등극하였다.

[5] 『석문』에 따르면 제나라 임금 전화가 덕 있는 이를 존중하므로 국인國人들이 그를 축하하였다. 국인은 성안에 사는 사람들이다.

[6] 조초기는 말하기를 "매지賣之는 '팔아먹다'이고 육鬻은 '판매하다'이다. 앞의 네 구절은 자기가 미처 정적무위靜寂無爲하지 못하였기에 다른 사람의 주의를 불러일으켰다는 것을 말한다"고 하였다.

[7] 조초기는 말하기를 "자상自喪은 명리名利를 쫓아다니다가 자신의 천성天性을 상실하는 것을 가리킨다. 그래서 슬퍼한다고 여긴 것이다"라고 하였다.

[8] 조초기는 말하기를 "나는 또 자기를 상실하는 사람을 가엾다고 여기는 사람들에 대해서도 가엾다고 생각한다"고 하였다.

[9] 조초기는 말하기를 "나는 또 다른 사람을 위하여 슬퍼하는 사람을 가엾다고 느끼는 사람에 대해서조차도 가엾다고 여긴다는 것이다"라고 하였다.

[10] 조초기는 말하기를 "이는 가엾어하는 일들에 대하여 날마다 인식하는 바가 있으므로 날마다 그것을 포기하고, 그것을 멀리 떠나 드디어 적막무위寂寞無爲의 상태에 이른다는 것이다"라고 하였다.

남백자기가 말했다. "나는 일찍이 산의 동굴 속에 산 적이 있다. 이때를 당하여 전화田禾가 나를 한 번 본 적이 있거늘 제나라 대중이 여러 번 그를 축하하였다. 내가 반드시 그에 앞서 나타낸 바가 있었기에 그가 그래서 알았을 것이며 내가 반드시 명성을 팔았기에 그가 그 때문에 사들였을 것이다. 만약 나에게 그러한 것이 있지 않았다면 그가 어떻게 알 수 있었겠는가? 만약 내가 그에게 팔지 않았다면 그가 어떻게 그것을 사들일 수 있었으리오? 아! 나는 사람들이 자기 자신을 상실하는 것을 슬퍼하며 나는 또 사람들이 자기 자신을 상실하는 것을 슬퍼하는 것을 슬퍼하며 나는 또 사람들이 자기 자신을 상실하는 것을 슬퍼하는 데 대하여 슬퍼하는 것을 슬퍼하나니, 그 뒤에 날마다 자기를 드러내어 참된 성품을 잃는 번거로움에서 멀어졌다."

【대의】

남백자기南伯子綦와 그의 제자 안성자顔成子의 대화를 통하여 자기 명성을 팔아먹은 것을 자책하는 것을 보여주었다. 여기에 드물게 전화田禾라는 역사적인 인물이 등장한다. 전화는 제齊의 왕권을 찬탈한 자로, 그런 사람에게 자기를 보인 것은 슬픈 일이라는 것이다.

그래서 자기를 상실하는 것을 슬퍼하고 또 그러한 자기를 슬퍼하여 결국 자기의 참된 성품을 잃지 않게 되는 방법을 제시하였다. 이는 의혹에서 벗어나는 방법이라고 할 수 있다.

10

仲尼之楚, 楚王觴之, 孫叔敖執爵而立,[1] 市南宜僚受酒而祭曰[2]:「古
之人乎! 於此言已.」[3] 曰:「丘也聞不言之言矣, 未之嘗言, 於此乎言
之.[4] 市南宜僚弄丸而兩家之難解,[5] 孫叔敖甘寢秉羽而郢人投兵.[6] 丘
願有喙三尺!」[7]

중니지초이어늘 초왕이 상지할새 손숙오는 집작이립이어늘 시남의료 수주이제
하야 왈 고지인호아 어차에 언이러니이다 왈 구야는 문불언지언의요 미지상언이라니
어차호에 언지호리라 시남의료는 농환이양가지난이 해하고 손숙오는 감침병우이
영인이 투병하니 구는 원유훼삼척하노라

---

[1] 손숙오孫叔敖는 초장왕楚莊王 때 영윤令尹 벼슬을 지낸 바 있다. 시남의료市南宜僚는 성명이
웅의료熊宜僚인데 초나라 사람이다. 공자와 손숙오와 시남의료는 같은 시대 사람이 아니다.
이 글은 우언寓言이다.
[2] 성현영에 따르면 옛적 사람은 술을 마시려면 반드시 그의 선인에게 제사를 지냈다.
[3] 조초기는 이에 대하여 다음과 같이 설명하였다. "옛날 연회에서 모임에 참가하도록 초청받은
사람은 의견을 발표하였으니, 이를 '걸언헌도'乞言獻道라고 한다. 그래서 시남이 공자에게 말
하기를 '옛적 사람은 이러한 경우에 의견을 발표해야 한다'고 하였다. 언외言外의 뜻은 공자
가 훌륭한 의견을 발표하기를 청한 것이다." '걸언'은 옛적에 제왕과 그의 적장자가 덕망이
높은 노인들을 봉양하면서 그들에게 가르침을 구하는 것이다. '헌도'는 좋은 도리를 올리는
것이다.
[4] 전목이 인용한 호원준胡遠濬 설에 따르면 불언지언不言之言은 다음의 농환해난弄丸解難·감침
투병甘寢投兵을 가리킨다. 공자는 애초에 이러한 뜻을 진술한 적이 없으나 이제 임금의 물음
을 받들어 드디어 말한 것이다.

174

공자가 초나라에 가거늘 초왕이 잔치를 베풀어 그를 접대할 때 손숙오 孫叔敖가 잔을 들고 서 있거늘 시남의료市南宜僚가 술을 받아서 제사 지내며 이르기를 "옛적 사람이여! 여기에서 말씀이 있으리라"고 하였다. 공자가 말했다. "저는 말하지 않는 말을 들었고 일찍이 말한 적이 없었는데 여기서 말하지 않는 말을 해보겠습니다. 시남의료는 공을 가지고 놀았는데 두 집안의 전쟁이 풀어지고 손숙오는 베개를 높이 하고 깃털부채를 들고 있으면서 초나라 사람이 병장기를 버리게 하였으니, 저는 주둥이가 석 자이기를 바랍니다."

5 조초기는 말하기를 "환丸은 공이니 농환弄丸은 공을 가지고 노는 것이다. 당시 초나라 백공 승白公勝이 난을 일으켜 영윤자서令尹子西를 죽이려고 하였다. 자기子綦가 백공에게 의료宜僚를 추천하였으나 끝내 의료는 백공이 그를 청하러 보낸 사람을 아랑곳하지 않고 계속 거기에서 오르내리며 공을 가지고 놀았다. 백공은 그에 대하여 어찌할 수 없었으니, 이로 말미암아 의료가 양쪽 재난에 말려드는 위험을 없앴다"고 하였다.

6 조초기는 말하기를 "손숙오는 초나라 영윤이었으니 그가 베개를 높이 하고 걱정 없이 잠자면서 소요한다면 초나라 사람들은 당연히 무력을 사용할 필요가 없을 것이다"라고 하였다. 생각건대 초나라 영윤은 신하로서 가장 높은 자리에 있기에 이렇게 말한 것 같다. 영郢은 초나라 수도이니 영인은 초나라 수도의 성안 사람들이다.

7 전목이 인용한 육장경陸長庚 설에 따르면 무릇 새의 부리가 긴 것은 황새와 두루미처럼 대부분 말을 못한다. 생각건대 공자가 긴말을 하고 싶지 않다는 것을 이렇게 표현한 듯하다.

彼之謂不道之道,[8] 此之謂不言之辯,[9] 故德總乎道之所一.[10] 而言休乎知之所不知, 至矣. 道之所一者, 德不能同也[11]; 知之所不能知者, 辯不能舉也; 名若儒墨而凶矣.[12] 故海不辭東流, 大之至也; 聖人幷包天地, 澤及天下, 而不知其誰氏. 是故生无爵, 死无諡,[13] 實不聚,[14] 名不立,[15] 此之謂大人. 狗不以善吠爲良, 人不以善言爲賢, 而況爲大乎![16] 夫爲大不足以爲大, 而況爲德乎![17] 夫大備矣, 莫若天地, 然奚求焉而大備矣.[18] 知大備者, 无求, 无失, 无棄, 不以物易己也. 反己而不窮, 循古而不摩,[19] 大人之誠.[20]

피지위부도지도요 차지위불언지변이나니 고로 덕은 총호도지소일이오 이언은 휴호지지소부지 지의니 도지소일자는 덕이 불능동야요 지지소불능지자는 변이 불능거야라 명약유묵이흉의니라 고로 해 불사동류는 대지지야니 성인은 병포천지하며 택급천하 이부지기수씨라 시고로 생무작하며 사무시하며 실불취하며 명불립하나니 차지위대인이니라 구를 불이선폐로 위량하고 인을 불이선언으로 위현이온 이황위대호따녀 부위대는 부족이위대온 이황위덕호따녀 부대비의는 막약천지하니 연이나 해구언이대비의리오 지대비자는 무구라 무실 무기하야 불이물로 역기야하며 반기이불궁하며 순고이불마하나니 대인지성이니라

---

8 곽상에 따르면 피彼는 이자二子를 일컫는다. 생각건대 이자는 의료宜僚와 숙오叔敖 두 사람을 가리킨 듯하다.
9 곽상에 따르면 차此는 공자를 일컫는다. 「제물론」에서 말하기를 "누가 말로 하지 않는 논변과 말로 표현할 수 없는 도를 알겠는가?"라고 하였다.
10 왕숙민은 말하기를 "생각건대 이것은 덕이 도에 의하여 통속된다는 것을 일컫는 듯하다"고 하였다.
11 전목은 말하기를 "육장경은 이르기를 '도를 잃은 뒤에 덕이다'라고 하였다. 조수곤이 이르기를 동同은 고일총서본古逸叢書本에서 주周라고 썼다. 덕德은 득得이다. 얻은 것이 있으면 하나이게끔 하는 도는 이에 부서져 온전치 않게 된다. '주'는 원만·보편을 뜻한다"고 하였다.

설명하는 대상은 도가 아니고 도가 아닌 것도 아니요, 설명하는 것은 말하는 것도 아니고 말하지 않는 것도 아니다. 그러므로 덕은 하나 되게 하는 도에 의해서 통속統屬된다. 그러나 언어는 인식능력으로 알려지지 않는 곳에서 그치나니 지극하다. 도에 의하여 하나가 되는 것은 덕이 원만할 수가 없고 인식능력이 알 수 없는 것은 사리를 분별해서 시비를 가려 설명하는 것으로 망라할 수 없는지라 명성이 유가·묵가와 같으면 흉하리라. 그러므로 바다가 동쪽으로 흘러들어오는 것을 사양하지 않는 것은 지극히 큰 것이니 성인은 천지를 모두 포괄하며 은택이 천하에 미치되 그가 누구인지를 모르게 한다. 이 때문에 살아서 벼슬자리가 없으며 죽어서 시호가 없으며 실리를 차지하지 않으며 명성이 서지 않나니 이를 일러 대인大人이라고 한다. 개가 잘 짖는다고 하여 우량하다고 하지 않으며 사람이 말 잘한다고 하여 현명하다고 하지 않거늘 하물며 넓고 큰 마음이랴! 대저 큰 것을 찾는 것은 족히 크다고 할 수 없거늘 하물며 덕을 추구함이랴! 크게 갖춘 것은 천지만 한 것이 없다. 그러나 그것을 어떻게 추구하여 크게 갖추리오. 크게 갖추어 있는 것을 아는 사람은 구하는 것이 없는지라 잃을 것도 없고 버릴 것도 없어서 외물을 추구하다가 자기 천성을 바꾸지 않는다. 자기를 돌이켜서 다하지 않으며 떳떳한 성품을 따르되 닦지 않나니, 이것이 대인의 진실한 성품이다.

¹² 왕숙민은 말하기를 "「인간세」편에서 명名이라는 것은 서로 다투게 한다고 하였다. 이름이 달라지고 논쟁이 일어나기 때문에 흉凶해진다"고 하였다.

¹³ 성현영은 말하기를 "성인은 살아서 벌써 공을 남에게 미루었기 때문에 죽어서는 시호를 부를 일이 없다"고 하였다.

¹⁴ 왕숙민은 말하기를 "그 실實이 있으나 차지하지 않는다"고 하였다. 생각건대 장량張良이 유방劉邦을 도와서 초한楚漢 전쟁에서 승리할 때 천하를 통일한 실제 내용이 있으나, 그것을 차지하지 않고 은둔한 것이 이에 해당될지 모르겠다.

¹⁵ 곽상은 말하기를 "공이 자기를 위하지 않으므로 명名을 남에게 돌린다"고 하였다.

¹⁶ 조초기는 말하기를 "현인조차도 말을 잘하려고 하지 않으니, 대인은 더욱 말을 하지 않는다"고 하였다.

¹⁷ 곽상은 말하기를 "오직 자연이라야 덕이 있게 된다"고 하였다.

¹⁸ 곽상은 말하기를 "천리가 크게 갖춘 것은 그것을 추구하여 그렇게 된 것이 아니다"라고 하였다. 왕숙민은 말하기를 "천리는 구함이 없으니 갖추지 않는 것이 없다"고 하였다.

¹⁹ 왕선겸은 말하기를 "옛적의 도를 따라 행하되 마식摩飾할 필요가 없다"고 하였다. '마식'은 갈고 닦아 수식하는 것을 의미한 듯하다.

²⁰ 왕숙민은 말하기를 "대인의 진실이 있는 곳이다"라고 하였다.

【대의】

개가 잘 짖는다고 우량한 것이 아니고 사람이 말을 잘한다고
현명한 것이 아니듯이, 성인은 말 없이도 전쟁문제를 해결할 수
있고 무위로써 전쟁을 없앨 수 있다. 유가·묵가처럼 명성이 떨치
면 흉하다. 대인은 유가·묵가와 달리 자기를 돌이켜 떳떳한 성품
을 따르되 닦지 않는다. 닦아야 할 경지보다 높은 것이다.

11

子綦有八子,[1] 陳諸前, 召九方歅曰[2]:「爲我相吾子, 孰爲祥?」九方歅曰:「梱也爲祥.」[3] 子綦瞿然喜曰[4]:「奚若?」曰:「梱也將與國君同食以終其身.」子綦索然出涕曰[5]:「吾子何爲以至於是極也!」九方歅曰:「夫與國君同食, 澤及三族,[6] 而況父母乎! 今夫子聞之而泣, 是禦福也. 子則祥矣, 父則不祥.」

자기 유팔자러니 진저전하고 소구방인왈 위아하야 상오자하라 숙위상고 구방인왈 곤야 위상이로다 자기구연희하야 왈 해약고 왈 곤야 장여국군으로 동식하야 이종기신하리로다 자기색연출체하야 왈 오자는 하위로 이지어시극야오 구방인왈 부여국군으로 동식하면 택급삼족이온 이황부모호따녀 금에 부자 문지이읍하니 시어복야로다 자즉상의어늘 부즉불상이로다

[1] 성현영에 따르면 자기子綦는 초사마楚司馬 자기이다.
[2] 『석문』에 따르면 구방인九方歅은 말의 상相을 잘 보는 사람이다.
[3] 『석문』에 따르면 곤梱은 자기의 아들 이름이다.
[4] 이이에 따르면 구연瞿然은 놀라서 바라보는 모습이다.
[5] 사마표에 따르면 색연索然은 눈물 흘리는 모습이다.
[6] 성현영에 따르면 삼족三族은 부모족과 처족을 일컫는다.

자기子綦에게 아들 여덟이 있었는데 앞에 그들을 줄지어 세우고 구방인九方歅을 불러서 말했다. "나를 위해 내 자식들의 상을 보아주게. 누가 상서로운가?" 구방인이 말했다. "곤梱이 상서롭습니다." 자기가 눈을 희번덕거리며 기뻐서 말했다. "어떠한가?" 구방인이 말했다. "곤이 국군國君과 함께 같이 먹으며 그 몸을 마칠 것입니다." 자기가 줄줄 눈물을 흘리며 말했다. "내 자식이 어째서 이 지경에 이른다는 말인가!" 구방인이 말했다. "대저 국군과 함께 같이 먹는다면 은택이 삼족에 이를 것이거늘 하물며 부모이랴! 이제 선생께서 그 말을 듣고 눈물을 흘리니 이것은 복을 막는 것입니다. 아들은 상서롭거늘 아버지는 상서롭지 않습니다."

子綦曰:「歆, 汝何足以識之, 而梱祥邪? 盡於酒肉入於鼻口矣, 而何足以知其所自來?[7] 吾未嘗爲牧而牂生於奧,[8] 未嘗好田而鶉生於宎, 若勿怪, 何邪? 吾所與吾子遊者, 遊於天地. 吾與之邀樂於天, 吾與之邀食於地[9]; 吾不與之爲事, 不與之爲謀, 不與之爲怪; 吾與之乘天地之誠而不以物與之相攖, 吾與之一委蛇而不與之爲事所宜. 今也然有世俗之償焉![10] 凡有怪徵者, 必有怪行, 殆乎, 非我與吾子之罪, 幾天與之也![11] 吾是以泣也.」 无幾何而使梱之於燕, 盜得之於道, 全而鬻之則難, 不若刖之則易,[12] 於是乎刖而鬻之於齊, 適當渠公之街, 然身食肉而終.[13]

자기왈 인아 여는 하족이식지 이곤상야리오 진어주육이 입어비구의로소니 이하족이지기소자래리오 오미상위목상장생어오하며 미상호전이순생어요어늘 약이물괴는 하야오 오소여오자로 유자는 유어천지라 오여지요락어천하며 오여지요식어지요 오 불여지위사하며 불여지위모하며 불여지위괴하야 오여지승천지지성이불이물로 여지상영하며 오여지일위이이불여지위사소의한대 금야에 연하니 유세속지상언이로다 범유괴징자는 필유괴행하나니 태호라 비아여오자지죄라 기천이 여지야로다 오시이읍야하노라 무기하요 이사곤으로 지어연이어늘 도 득지어도하야 전이육지즉난일새 불약월지즉이라하야 어시호에 월이육지어제호되 적당거공지가하니 연이나 신식육이종하니라 자기가 말했다. "인이여, 그대는 그것을 어찌 충분히 알겠는가. 설마 곤이 상서로워지겠는가? 술과 고기가 코와 입 있는 곳으로 들어가는 데에서 다할 뿐이니 그대가 어떻게 족히 그것이 온 곳을 알겠는가? 나는 목축을 한 적이 없는데도 암양이 서남쪽 모퉁이에서 나오며 사냥을 좋아한 적도 없는데 메추리가 방의 동남쪽 구석에서 나오거늘, 그대가 괴이쩍게 여기지 않는 것은 무엇 때문인가? 내가 자식들과 더불어 노는 곳은 천지 사이에서 소요하거늘 내가 아들들과 더불어 하늘에서 즐거움을 구하며 내가 아들들과 더불어 땅에서 음식을 구하고 내가 아들들과 더불어 일거리를 만들지 않으며 내가 그들과 더불어 계획을 만들지 않으며 그들과 더불어 괴이쩍은 짓을 하지 않으니 내가 그들과 더불어 천지의 진실한 도를 타고서 물物로써 그들을 어지럽히지 않으며 내가 그들과 더불어 모두 방임하고 그들과 더불어 일을 알맞게 하려고도 하지 않았는데 이제 세상의 보상이 있게 되었다니! 무릇 괴이한 징조가 있는 것은 반드시 괴이한 행실이 있으니 위태하도다, 내가 내 아들에게 준 죄가 아닌지라 아마 하늘이 준 것이리라! 나는 이 때문에 운 것이다." 얼마 지나지 않아 곤으로 하여금 연나라에 가게 하였는데, 도적이 길에서 그를 얻어서 온전히 하여 파는 것이 어렵기 때문에 그의 발뒤꿈치를 자르는 것만큼 쉽지 않다고 하여 이리하여 발뒤꿈치를 잘라 그를 제나라에 팔았다. 마침 백정 거공渠公의 기술을 함께 주관하였으니, 그러나 몸은 고기를 먹으며 마쳤다.

7 왕숙민이 인용한 장태염章太炎 설에 따르면 앞의 이而 자는 가차하여 약若이 되니 여如이고, 뒤의 '이' 자는 가차하여 '약'이 되니 '너'이다.

8 조초기는 말하기를 "두 구절은 얻은 재물의 출처가 불명不明하다는 것을 설명한다. 구방인이 말한 행복은 이유 없이 온 것이어서 기괴하다고 할 만한 것이지 정상이 아니라는 것을 설명한다"고 하였다.

9 조초기는 말하기를 "나와 아들의 쾌락과 생활은 모두 천지의 자연에 따른다는 것을 뜻한다"고 하였다. 같은 내용의 글이 「경상초」에 보인다.

10 마기창에 따르면 연然은 내乃와 같다. 왕숙민은 말하기를 "이는 내 아들이 공이 없는데도 나라의 임금과 같이 먹는 보상이 있게 되었다는 것을 일컫는다"고 하였다.

11 왕숙민에 따르면 기幾는 내乃와 같다.

12 곽상이 말하기를 "몸을 온전하게 놓아두면 그가 도망갈까 염려되므로 발을 자르는 만큼 팔아먹기가 쉽지 않다는 것이다"고 하였다.

13 이 고사와 관련해서 여러 가지 설이 있다. 성현영은 말하기를 "거공은 제나라의 부유한 사람인데 가정街正이었다. 곤이 다리를 잘려 제나라 돈 많은 상인의 집에 팔리어 주인을 대신하여 거리를 관장하면서 종신토록 고기를 먹었다. 가街는 또한 술術로 쓴 것이 있으니, 이르기를 거공은 백정인데 곤을 백정집에 팔아먹으니, 그가 주인과 같이 도살하는 기술을 행하여 종신토록 고기를 먹었다고 한다"고 하였다.

【대의】

아무리 잘 먹고 잘산다고 해도 까닭 없이 세상 사람들의 보상
을 받는 것을 원치 않는다. 자연의 이치에 따르는데도 재앙이 있
다면 그것은 곧 천명의 안배라는 것을 설명한다. 그러므로 천지
사이에서 소요하는 삶이 이상적이라는 것을 말한다.

12

齧缺遇許由,¹ 曰:「子將奚之?」曰:「將逃堯.」曰:「奚謂邪?」² 曰:「夫
堯畜畜然仁,³ 吾恐其爲天下笑. 後世其人與人相食與! 夫民, 不難聚
也; 愛之則親, 利之則至, 譽之則勸, 致其所惡則散. 愛利出乎仁義,
捐仁義者寡,⁴ 利仁義者衆. 夫仁義之行, 唯且无誠,⁵ 且假夫禽貪者
器.⁶ 是以一人之斷制利天下,⁷ 譬之猶一覕也.⁸ 夫堯知賢人之利天下
也, 而不知其賊天下也, 夫唯外乎賢者知之矣!」⁹

설결이 우허유 왈 자장해지오 왈 장도요하노라 왈 해위야오 왈 부요 축축연인
하니 오공기위천하소하노라 후세에 기인이 여인으로 상식여인저 부민은 불난취야라
애지즉친하고 이지즉지하고 예지즉권하고 치기소오즉산하나니라 애리는 출호인
의하나니 연인의자 과하고 이인의자 중하니라 부인의지행은 유차무성이며 차가부
금탐자기니 시는 이일인지단제로 리천하 비지유일별야니라 부요 지현인지리천
하야코 이부지기적천하야하니 부유외호현자야 지지의리라

---

¹ 「천지」에서 말하기를 허유의 스승을 설결齧缺이라고 한다고 하였다.
² 왕숙민에 따르면 위謂는 위爲와 같다.
³ 왕숙민에 따르면 축축畜畜은 온화한 모습이다.
⁴ 왕숙민에 따르면 연捐은 처하지 않는다는 것을 일컫는다. 그에 따르면 이 구절은 인의仁義가
   있으면서 그에 자처하지 않는 사람은 적다는 것을 일컫는다.
⁵ 성현영은 말하기를 "이 때문에 인의를 행하는 사람은 성정性情을 일부러 꾸미게 되어 성실함
   이 없어지는 것이다"라고 하였다.
⁶ 왕숙민에 따르면 금탐禽貪은 흉포하게 탐욕스러운 것이다.
⁷ 왕숙민에 따르면 리利 자는 잘못 끼어들어간 것이다. 조초기에 따르면 단제斷制는 독재이다.
⁸ 조초기는 말하기를 "별覕은 '자르다'이다. 일별一覕은 일도절一刀切이다. 천하 만물의 정황은
   여러 가지가 뒤엉켜 복잡한데도 개인의 시비 표준으로 결단제재하면 일도절의 방법으로 해
   결하는 것과 같다"고 하였다. '일도절'은 실제 상황이 어떻든지 상관없이 동일한 방법과 제도
   로 여러 가지 문제를 억지로 처리하는 것을 뜻한다.
⁹ 왕숙민은 말하기를 "외外는 견遣과 같으니 '버리다'이다"라고 하였다.

186

설결齧缺이 허유許由를 만나서 말했다. "그대는 어디로 가려고 하는가?" 말하기를 "요임금을 피하려고 하오." 말하기를 "어째서 그런가?" 말하기를 "저 요는 인의를 위하여 부지런히 활동하였으니 나는 그가 천하 사람들에게 웃음을 살까 두려워한다. 후세에 아마 사람이 사람들과 함께 서로 먹게 되는지도 모른다. 대저 백성은 모으기가 어렵지 않은지라 그들을 사랑하면 가까워지고, 그들을 이롭게 하면 이르고, 그들을 칭찬하면 노력하고, 그들이 싫어하는 것을 조성하면 흩어질 것이다. 사랑하고 이롭게 하는 것은 인의에서 나오니 인의를 버리는 사람은 적되 인의를 이용하는 사람은 많다. 대저 인의를 행하는 것은 성실함이 없어질 수 있으며 또한 탐욕스러운 사람이 명리를 붙잡는 도구로 이용될 것이다. 이것은 한 사람의 판단으로 천하 사람을 이롭게 하려는 것이니 비유하건대 단칼에 온갖 사물을 베는 것과 같다. 대저 요는 현인이 천하 사람들을 이롭게 한다는 것만 알고 현인이 천하 사람들을 해친다는 것을 모른다. 대저 현명함을 넘어선 사람만이 그것을 알 것이다."

【대의】

설결齧缺과 그의 제자 허유許由의 대화를 통하여 유가에서 이상 시하는 요임금을 비난하고 있다. 인의는 탐욕스러운 사람이나 제왕에게 이용된다. 아무리 훌륭한 사람이라도 한 사람의 판단으로 천하 사람들을 이롭게 할 수 있다는 것은 마치 단칼로 온갖 사물을 베는 것처럼 천하를 해친다. 획일주의의 위해성을 지적한 글이다.

13-1

有暖姝者, 有濡需者, 有卷婁者.[1] 所謂暖姝者, 學一先生之言, 則暖
暖姝姝而私自說也, 自以爲足矣, 而未知未始有物也,[2] 是以謂暖姝者
也.[3] 濡需者, 豕蝨是也, 擇疏鬣[長毛],[4] 自以爲廣宮大囿, 奎蹏曲隈,[5]
乳間股脚, 此以爲安室利處, 不知屠者之一旦鼓臂布草操煙火, 而己
與豕俱焦也. 此以域進, 此以域退,[6] 此其所謂濡需者也.

유훤주자하며 유유수자하며 유권루자하나 소위훤주자는 학일선생지언 즉훤훤
주주이사자열야하야 자이위족의오 이미지미시유물야하나니 시이로 위훤주자
야라 하나니라 유수자는 시슬이 시야니라 택소렵하야 자이위광궁대유하며 규제곡
외와 유간고각을 차이위안실리처라 하야 부지도자지일단에 고비포초하야 조연
화 이기여시로 구초야하나니 차는 이역으로 진하며 차는 이역으로 퇴니 차 기소위
유수자야니라

[1] 왕숙민에 따르면 훤주暖姝는 유순한 모습이고 유수濡需는 눈앞의 안일만을 꾀하는 것이다.
『석문』에서 말하기를 권루卷婁는 곱사등이와 같다고 하였다.

[2] 선영에 따르면 그가 고루하다는 것을 모르는 것이다.

[3] 왕숙민에 따르면 이以는 소所와 같다.

[4] 장모長毛 두 글자가 있는 판본이 있다.

[5] 조초기에 따르면 규奎는 두 넓적다리 사이이고, 제蹏는 말발굽이다. 곡외曲隈는 길고 구석진
곳이다. 여기에서는 사타구니 안을 가리키는 것으로 새겼다.

[6] 성현영은 말하기를 "역域은 상황이다. (돼지 몸에 기생하는) 이라는 놈은 돼지를 좇아서 망함
이 있고, 사람은 상황을 따라서 영예와 즐거움이 있으므로 그것을 역진퇴域進退라고 한다"고
하였다.

유순한 사람이 있고 눈앞의 안일만을 꾀하는 사람이 있으며 곱사등이가 있다. 이른바 유순한 사람은 어떤 선생의 말을 들으면 스스로 만족하고 스스로 즐거워하여 스스로 충분하다고 여겨 하나도 일컬을 만한 것이 없다는 것을 모른다. 이것이 이른바 유순한 사람이다. 눈앞의 안일만을 꾀하는 사람은 돼지 이[蝨]와 같은 사람이다. 듬성듬성 자란 갈기 털을 골라서 스스로 넓은 궁전 큰 정원이라고 여기며 두 넓적다리 사이와 굽과 사타구니 안과 유방과 다리 발목 아래 사이를 스스로 편안한 방, 편리한 곳이라고 여겨 어느 날 아침 백정이 팔뚝을 치켜들고 풀을 깔고 연기와 불을 들고 나서면 자기와 돼지가 함께 태워지리라는 것을 모른다. 이것은 상황에 따라서 나아가고 상황에 따라서 물러나는 것이니, 이것이 이른바 눈앞의 안일밖에 모르는 사람이다.

卷婁者, 舜也. 羊肉不慕蟻, 蟻慕羊肉, 羊肉羶也. 舜有羶行, 百姓悅之, 故三徙成都,[7] 至鄧之虛而十有萬家.[8] 堯聞舜之賢, 擧之童土之地,[9] 曰冀得其來之澤.[10] 舜擧乎童土之地, 年齒長矣, 聰明衰矣, 而不得休歸, 所謂卷婁者也.

권루자는 순야니 양육이 불모의라 의모양육하니 양육이 전야ㄹ새니라 순이 유전행일새 백성이 열지하니 고삼사성도하야 지등지허이십유만가러니 요 문순지현하고 거지동토지지하야 왈기득기래지택하노라 순 거호동토지지할새 연치장의며 총명쇠의로되 이부득휴귀하니 소위권루자야니라

---

7 왕숙민이 인용한 『관자』 「치국」治國편에 따르면 순舜은 한 번 이사하여 고을을 이루고, 두 번 이사하여 도시[都]를 이루고, 세 번 이사하여 나라를 이루었다고 한다. 『사기 오제본기』史記五帝本紀에서는 "순이 역산歷山에서 땅을 갈고 파종하니 역산 사람들이 모두 논두렁·밭두렁을 양보하고, 뇌택雷澤에서 고기잡이하니 뇌택 사람들이 자리를 양보하고, 황하 가장자리에서 도자기를 구우니 도자기에 거칠고 나쁜 것이 없었다. 1년 만에 순이 사는 곳이 촌락이 되고, 2년 만에 고을이 되고, 3년 만에 도시가 되었다"고 하였다.
8 성현영에 따르면 지등至鄧은 지명이다. 왕숙민에 따르면 허虛는 허墟의 속자俗字이다.
9 상수尙秀에 따르면 동토童土는 풀과 나무가 자라지 않는 땅이다.
10 왕선겸은 말하기를 "순이 와서 은택을 베풀 수 있기를 바라는 것을 일컫는다"고 하였다.

등과 몸이 굽어서 앞으로 오그라든 사람은 순舜이다. 양고기가 개미를 사모하는 것이 아니라 개미가 양고기를 사모하니 양고기는 노린내가 나기 때문이다. 순에게는 노린내 나는 행실이 있기 때문에 백성들이 좋아하니 그러므로 세 번 이사할 적마다 도읍을 이루어, 지등至鄧의 옛터로 이사했을 때에는 10여만 호에 이르렀다. 요임금은 순이 현명하다는 말을 듣고 그를 불모의 땅에서 들어올려 말하기를 그가 가져온 은택을 얻기를 바란다고 하였다. 순이 불모의 땅에서 들어 올려졌을 때 나이가 많고 총명이 쇠하였으되 돌아가서 쉬지 못하였으니 이른바 곱사등이이다.

13-2

是以神人惡衆至,¹ 衆至則不比, 不比則不利也.² 故无所甚親, 无所甚
疏, 拘德煬和以順天下,³ 此謂眞人.

시이로 신인은 오중지하나니 중지즉불비하고 불비즉불리야니라 고로 무소심친
하며 무소심소요 구덕양화하야 이순천하하나니 차위진인이니라

---

¹ 왕숙민은 말하기를 "여기에서 오惡는 환患과 같다. 신인오중지神人惡衆至는 신인神人은 대중
  이 자기를 따라오는 것을 염려한다는 것이다"라고 하였다.
² 왕숙민은 말하기를 "비比를 친親으로 해석한다면, 이利는 화和로 해석해야 한다"고 하였다.
  그에 따르면 이 구절은 "사람이 가까워지면 소疏로 바뀌므로 많은 사람들이 자기를 찾아오면
  불친不親하게 되고, 불친하면 불화不和하게 된다"는 것을 뜻한다.
³ 이이에 따르면 양煬은 자炙이니, 화기和氣에 따라 영향을 받게 하는 것이다. '자'는 '훈도를
  받다' 또는 '영향을 받다'를 뜻한다.

192

이 때문에 신인神人은 많은 사람이 찾아오는 것을 좋아하지 않으니 많은 사람들이 찾아오면 불화不和하게 되고 불화하면 이롭지 않게 된다. 그러므로 특별히 가까이할 것도 없으며 특별히 소원할 것도 없고 덕을 안고 화기和氣로써 훈도訓導를 받게 하여 천하 사람들을 따르게 하니 이를 일러 진인眞人이라고 한다.

於蟻棄知, 於魚得計,[4] 於羊棄意. 以目視目, 以耳聽耳, 以心復心.[5] 若然者, 其平也繩,[6] 其變也循.[7] 古之眞人, 以天待人, 不以人入天,[8] 古之眞人.[9]

어의에 기지하고 어어에 득계하고 어양에 기의하야 이목으로 시목하며 이이로 청이하며 이심으로 복심하니 약연자는 기평야 승이요 기변야 순이니라 고지진인은 이천으로 대인이라 불이인으로 입천하나니 고지진인인저

---

4 『석문』에서는 일설을 인용하여 다음과 같이 말하였다. "진인眞人은 냄새를 피우지 않으므로 개미와 같은 사람들을 불러들이지 않는다. 이것이 개미가 지식을 버린다는 것이다. 서로 잊어버리는 대도에서 함께 사는지라 물방울을 적셔주는 덕이 없으니, 이것은 물고기가 득계得計한 것이다. 양고기에 노린내 나는 행실이 없으면 개미를 끌어들이지 않을 것이니, 이것이 양이 뜻을 버린다는 것이다." 조초기에 따르면 득계得計는 뜻에 맞는 것이다.

5 왕숙민은 말하기를 "『노자』 54장에서 '자기 자신의 관점에서 자기 자신을 보고, 집안의 관점에서 집안을 보고, 마을의 관점에서 마을을 보고, 나라의 관점에서 나라를 보고, 천하의 관점에서 천하를 보니라'고 하였는데, 이 구절의 뜻과 비슷하니 모두 밖에서 찾지 않는다는 뜻이다"라고 하였다.

6 왕숙민에 따르면 야也는 여如와 같으니, 기평야승其平也繩은 기평여직其平如直이라고 말하는 것과 같다.

7 왕숙민에 따르면 기변야순其變也循은 기변여순其變如順이라고 말하는 것과 같다.

8 왕숙민은 말하기를 "사람의 일을 가리고 천도를 침입하지 않는 것을 일컫는다"고 하였다. 그러나 여기에서는 조초기 설에 따라 '침입'이라는 말 대신 '방해'라는 말을 썼다.

9 왕숙민에 따르면 고지진인古之眞人 네 글자는 앞의 '고지진인'에 관계되어 끼어들어간 듯하다.

개미에 대하여 말하자면 지식을 버리고, 물고기에 대하여 말하자면 기분이 맞게 하고, 양에 대해서는 뜻을 버려 눈으로 눈을 보고 귀로 귀를 들으며 마음으로 마음을 회복한다. 이와 같은 사람은 먹줄처럼 평등하고 백성들에 따라서 변화한다. 옛적의 진인은 천성으로 사람을 대하는지라 인위적인 것을 가지고 천성을 방해하지 않으니 옛적의 진인이여.

【대의】

세상에는 유순하게 선생의 말에 잘 따르는 사람도 있고, 눈앞의 안일만을 꾀하는 사람이 있으며, 순임금처럼 한평생을 일만 하다가 마친 사람도 있다. 이들은 모두 어리석은 사람들이다.

　눈앞의 안일만을 꾀하는 사람은 돼지의 이처럼 상황에 따라 망한다. 순임금에게 백성이 따르는 것은 개미가 양고기를 사모한 것과 같다. 대인·진인·신인은 남이 자기를 따르게 하지 않는다. 오직 안으로 자기의 마음과 정신을 지키고, 사물의 자연에 따르는 사람이라야 도를 터득한 진인이라는 것을 설명한다.

14

得之也生, 失之也死; 得之也死, 失之也生, 藥也. 其實董也,[1] 桔梗也,
鷄癰也,[2] 豕零也,[3] 是時爲帝者也, 何可勝言![4]

득지야 생이요 실지야 사며 득지야 사요 실지야 생이니 약야니라 기실은 근야와
길경야와 계옹야와 시령야 시는 시위제자야니 하가승언하리오

---

[1] 조초기는 말하기를 "실實은 물物이니 약물藥物을 가리키며, 근董은 약이름이니 자주괴불주머
니라고도 하는데, 2년생 초본식물로 독이 있다"고 하였다.
[2] 조초기에 따르면 계옹鷄癰은 가시연풀이다.
[3] 조초기에 따르면 시령豕零은 저령猪笭이다. 저령은 주령朱笭 또는 풍수령楓樹笭이라고도 한다.
[4] 조초기는 이에 대하여 다음과 같이 말하였다. "약방藥方에서는 군君·신臣·좌佐·사使로 나
눈다. 군약君藥은 처방 중에서 갖가지 약이 모두 군약이 될 수 있다. 이처럼 병에 따라 달라
지는 정황은 매우 많은지라, 그러므로 말로 다할 수 없다고 하였다. 이 비유는 일체가 자연에
합하게 해야 하지 한 사람이 천하를 결단하여 제재하거나 한 사람의 견해를 가지고 많은 사
람과 만물에 억지로 가할 수 없다는 것을 설명한다."

그것을 얻으면 살게 되고 그것을 잃으면 죽지만, 때로는 그것을 써도 죽고 쓰지 않아도 살게 되는 것이 약이다. 그 약물은 자주괴불주머니와 도라지와 가시연과 주령이되 이때 갖가지 약물이 돌아가며 임금이 되니 어찌 이루 다 말할 수 있으리오!

句踐[5]也以甲楯三千棲於會稽. 唯種也能知亡之所以存,[6] 唯種也不知其身之所以愁.[7] 故曰, 鴟目有所適, 鶴脛有所節, 解之也悲.[8] 故曰, 風之過河也有損焉,[9] 日之過河也有損焉. 請只風與日相與守河,[10] 而河以爲未始其攖也,[11] 恃源而往者也. 故水之守土也審,[12] 影之守人也審, 物之守物也審.

구천야 이갑순삼천으로 서어회계어늘 유종야 능지망지소이존호되 유종야 부지기신지소이수하나니라 고로 왈 치목이 유소적하며 학경이 유소절하니 해지야비라 하나니라 고로 왈 풍지과하야에 유손언하며 일지과하야에 유손언하니 청지풍여일로 상여수하니 이하는 이위미시기영야하나니 시원이왕자야니라 고로 수지수토야 심하며 영지수인야 심하며 물지수물야 심하니라

---

[5] 구천句踐은 춘추시대 월越나라의 임금이다.

[6] 『석문』에 따르면 종種은 월나라 대부 이름인데 성은 문文이고 자는 소금少禽이다. 소이존所以存은 가이존可以存으로 쓴 판본도 있다.

[7] 왕숙민에 따르면 기其 자로 쓴 판본이 있으며, 수愁는 우憂로도 쓴다.

[8] 왕숙민은 다음과 같이 말하였다. "적適과 절節은 호문互文이니 절은 적이다. …… 「추수」편에서 말하기를 '부엉이는 밤에 팔딱팔딱 뛰는 벼룩을 움킬 수 있고 털끝을 살필 수 있으나, 낮에 나와서는 눈을 크게 떠도 큰 산과 구릉조차 보지 못한다'고 한 것은 이른바 '부엉이 눈이 적합한 바가 있다는 것'이다. 「변무」편에서 말하기를 '학의 다리가 비록 길지만 그것을 잘라주면 슬퍼한다'고 한 것은 이른바 '학의 다리에 적절한 바가 있다'는 것이다." '호문'은 위아래의 글뜻을 서로 밝히고 서로 보완하는 것이다.

[9] 조초기는 말하기를 "바람이 불고 햇볕이 내리쬐면 황하의 물이 끊임없이 증발하므로 소모함이 있다"고 하였다.

[10] 전목이 인용한 마기창 설에 따르면 지只는 구중어조句中語助이다.

[11] 성현영에 따르면 영攖은 손損이다. 왕숙민에 따르면 기其는 유有와 같다.

[12] 성현영에 따르면 심審은 안정이다. 곽숭도에 따르면 심審은 무외치無外馳이다. 외치外馳는 마음이 밖으로 치달려나가는 것이다.

구천句踐이 갑옷 입고 방패를 든 사병 삼천을 데리고 회계산會稽山에 거주할 때 오직 월나라 대부 문종文種만이 멸망할 나라를 보존할 수 있는 방법을 알았으나 그는 그 자신이 슬프게 되리라는 것을 몰랐다. 그러므로 부엉이 눈이 적합한 바가 있으며 학의 다리에 적절한 마디가 있으니 그것을 잘라주면 슬퍼한다. 그러므로 바람이 황하를 지나면 소모하는 것이 있으며 태양이 황하를 지나갈 때에 소모하는 것이 있다. 만약 진실로 바람과 태양이 함께 황하를 불어서 말리는데도 황하 자신은 소모된 적이 없다고 여긴다면 이것은 원류에 의지하여 가기 때문이다. 그러므로 물은 땅에 의지해야 안정되며 그림자는 사람에 붙어 있어야 안정되며 사물은 다른 사물에 의지해야 안정된다.

故目之於明也殆, 耳之於聰也殆. 心之於殉也殆.[13] 凡能其於府也殆,[14] 殆之成也不給改. 禍之長也玆萃,[15] 其反也緣功,[16] 其果也待久.[17] 而人以爲己寶, 不亦悲乎![18] 故有亡國戮民无已, 不知問是也.[19]

고로 목지어명야에 태며 이지어총야에 태며 심지어순야에 태하며 범능이 기어부야에 태하나니 태지성야에는 불급개라 화지장야 자췌하나니라 기반야는 연공이오 기과야는 대구어늘 이인이 이위기보하나니 불역비호아 고로 유망국륙민이 무이는 부지문시야니라

---

[13] 성현영은 순殉은 축逐이니, 마음이 끝없는 지식을 추구하는 것이라고 하였다.

[14] 조초기는 말하기를 "무릇 재능은 모두 심신心神을 써야 하므로 심장에 대하여 말한다면 위험한 것이다. 부府는 곧 영부靈府이니 심장을 가리킨다"고 하였다.

[15] 곽상은 말하기를 "췌萃는 '모이다'이다. 진실로 지식을 잊지 못하면 화가 자라는 것이 다양해질 것이다"라고 하였다. 그런데 왕숙민은 망지忘知는 마땅히 망능忘能으로 써야 한다고 말하였다. '망능'은 위에서 말한 총명과 같은 능력을 잊는 것이다.

[16] 조초기는 연緣을 유由로 보았다. '유'는 '말미암다'이다. 그는 말하기를 "돌아오려면 각고의 노력을 해야 한다"고 하였다.

[17] 왕숙민은 말하기를 "과果는 성成과 같다. 이루어진 바가 있게 하려면 오랜 시일을 기다려야 한다는 것을 일컫는다"고 하였다.

[18] 곽상은 말하기를 "기보己寶는 그의 지능知能이 있는 것을 일컫는다"고 하였다.

[19] 조초기에 따르면 문問은 구求이고 시是는 차此이다.

그러므로 눈이 이주離朱처럼 밝아지기를 기도하면 위태로우며 귀가 사광師曠처럼 밝아지기를 기도하면 위태로우며 마음이 끝없는 지식을 추구하면 위태롭다. 무릇 그에 능하는 것은 영부靈府에 대해서 위태로우니 위태로움이 이루어지면 미처 고칠 겨를이 없어진다. 화가 커지면 더욱 걷잡을 수 없으니 그것을 돌이키려면 공력에 말미암아야 하고 효과가 있으려면 오래 기다려야 한다. 그런데도 사람들이 그것을 자기 보배로 여기니 슬프지 않은가! 그러므로 나라를 망치고 백성을 죽이는 일이 그치지 않는 것은 여기에서 원인을 찾을 줄 모르는 것이다.

【대의】

갖가지 약藥이 상황에 따라 주약이 될 수 있듯이 사람은 누구나 정황에 따라 주인이 될 수 있다. 한 사람이 천하의 일을 결단해서는 안 된다. 진인은 자신의 천성天性으로 사람을 대한다. 사물은 각각 자기에게 적합한 바가 있다. 부엉이는 밤에 사물을 잘 볼 수 있고, 학의 다리는 길다. 사람도 자기 나름의 장기가 있다. 이주는 눈이 밝고 사광은 귀가 밝다. 그러니 남을 부러워하지 말 일이다. 눈으로 눈을 보고, 귀로 귀의 소리를 들으며, 마음으로 마음을 이해할 수 있다. 끝없는 지식을 추구하면 마음을 위태롭게 할 수 있고, 능력을 숭상하면 영부靈府에 해롭다.

15

故足之於地也踐, 雖踐, 恃其所不蹍而後善博也[1]; 人之於知也少, 雖少, 恃其所不知而後知天之所謂也.[2] 知大一, 知大陰,[3] 知大目,[4] 知大均,[5] 知大方,[6] 知大信,[7] 知大定,[8] 至矣. 大一通之,[9] 大陰解之,[10] 大目視之,[11] 大均緣之,[12] 大方體之,[13] 大信稽之,[14] 大定持之.[15]

고로 족지어지야에 천하나니 수천이나 시기소부전이후에야 선박야하나니라 인지어지야 소하니 수소나 시기소부지이후에야 지천지소위야하나니라 지대일하며 지대음하며 지대목하며 지대균하며 지대방하며 지대신하며 지대정이 지의니 대일은 통지하고 대음은 해지하고 대목은 시지하고 대균은 연지하고 대방은 체지하고 대신은 계지하고 대정은 지지하나니라

[1] 왕숙민에 따르면 천踐과 천淺은 옛적에 통용되었다. 임운명林雲銘은 말하기를 "발이 밟는 곳은 얼마 되지 않지만 밟지 않은 곳이 있어야 비로소 그에 힘입어 멀리 갈 수 있다"고 하였다. 왕숙민은 임운명이 말한 '얼마 되지 않은 것'이 곧 천淺의 뜻이라고 하였다.

[2] 왕숙민은 말하기를 "천지소위天之所謂는 자연이 아닌 게 없으니 자연을 알면 이것이 곧 명明이다"라고 하였다.

[3] 전목이 인용한 육장경 설에 따르면 대일大一은 혼륜미판渾淪未判이고 대음大陰은 지정무감至靜無感이다. '혼륜'은 천지개벽 초에 우주만물이 아직 나뉘지 아니하여 혼돈한 모습이다. '지정무감'은 어떠한 것에 의해서도 동요되지 않고 지극히 고요한 모습이다.

[4] 곽상에 따르면 만물이 스스로 보게 하는 것이 또한 대목大目이다.

[5] 왕숙민에 따르면 대균大均은 일체가 균등한 것이다.

[6] 『노자』41장에서 대방무우大方無隅라고 하였다. '대방무우'는 가장 방정方正한 것은 모서리가 없다는 것을 듯한다.

[7] 조초기에 따르면 대신大信은 대도大道가 순수하고 진실하여 허위의 성질이 없는 것을 뜻한다.

[8] 조초기에 따르면 대정大定은 도체道體의 평안한 성질을 가리킨다.

그러므로 발은 땅에 대하여 밟아나가게 마련이니 비록 밟는 지면이 많지 않으나 그가 밟지 않은 곳에 의지한 뒤에야 멀리 갈 수 있다. 사람이 아는 것도 적다. 비록 적지만 그가 모르는 것에 의지한 뒤에야 천天이 말하고자 하는 바를 알게 된다. 대일大一을 알며 대음大陰을 알며 대목大目을 알며 대균大均을 알며 대방大方을 알며 대신大信을 알며 대정大定을 아니 지극하다. 대일은 통하게 하고 대음은 그들을 풀어주고 대목은 만물을 그 자체로 볼 수 있게 하고 대균은 그들의 본성에 따르고 대방은 만물을 체현體現하고 대신은 만물과 들어맞고 대정은 참된 성품이 동요하지 않게 한다.

9 곽상은 도道라고 하였다. 「천지」편에서 "천지에 통하는 것이 도이다"라고 하였다.

10 조초기는 말하기를 "대음大陰은 곧 절대의 정적靜寂이 일체 근심 걱정을 없앨 수 있다는 것이다. 이것은 심신心神의 측면에서 말한 것이다"라고 하였다.

11 조초기는 말하기를 "대목大目은 대도의 관점이다. 대도가 보지 않는 것으로써 보는 것을 삼는다면 천지만물이 스스로 보게 한다"고 하였다.

12 곽상은 말하기를 "그들의 본성에 말미암아 각기 스스로 만족하게 하면 크게 고르게 된다"고 하였다.

13 조초기는 말하기를 "대방大方은 대도의 도량이다. 대도는 받아들이지 않는 것이 없으므로 국한이 없고, 그래서 대방이라고 한다. 체지體之는 만물을 구체적으로 드러내는 것이다"라고 하였다.

14 조초기는 말하기를 "계지稽之는 만물과 서로 부합하는 것이고, 대도는 허위가 없으므로 만물과 맞을 수 있다"고 하였다.

15 조초기는 말하기를 "지持는 수守이다. 절대의 안정으로써 만물을 대하는 것이다. 이상 일곱 구절은 모두 여러 각도에서 대도의 성질과 그 작용을 논술한 것이다"라고 하였다.

盡有天,[16] 循有照,[17] 冥有樞,[18] 始有彼.[19] 則其解之也似不解之者,[20] 其知之也似不知之也,[21] 不知而後知之. 其問之也, 不可以有崖, 而不可以无崖.[22] 頡滑有實,[23] 古今不代,[24] 而不可以虧, 則可不謂有大揚推乎![25] 闔不亦問是已.[26] 奚惑然爲! 以不惑解惑, 復於不惑, 是尙大不惑.[27]

진유천하며 순유조하며 명유추하며 시유피하니 즉기해지야도 사불해지자하며 기지지야도 사부지지야니 부지이후에야 지지니라 기문지야에 불가이유애며 이불가이무애로다 힐활이 유실하며 고금에 불대라 이불가이휴니 즉가불위유대양각호아 합불역문시이오 해혹연위리오 이불혹으로 해혹하야 복어불혹이면 시상대불혹이니라

---

16 왕숙민에 따르면 유有는 기其와 같다. 그에 따르면 「응제왕」편에서 "그가 자연에서 받은 것을 다하는 것"이 진유천盡有天의 뜻이다.

17 성현영이 말하기를 "순循은 순順이다. 오직 그의 자연에 따르면 지혜가 스스로 뚜렷이 비춘다"고 하였다.

18 조초기에 따르면 혼돈무지混沌無知의 태도로 일체를 대처하면 대도의 중추에 정통할 수 있다는 것이다.

19 조초기에 따르면 시유피始有彼는 만물의 시원으로 거슬러 올라가면 저것이 있게 된다는 것이다. 그에 따르면 피彼는 대도大道를 가리킨다.

20 조초기에 따르면 설명해도 설명하지 않은 것처럼 한다는 것을 뜻한다.

21 조초기에 따르면 아는 것조차도 모르는 것처럼 한 것이니, 대지약우大智若愚를 뜻한다.

22 조초기에 따르면 도체道體는 무한하고 끝이 없으나 또한 있지 않은 곳이 없어서 만물 속에 구현되어 있으므로 끝이 있는가 없는가 물어서는 안 된다는 것이다.

그것을 다하면 천도가 있게 되며 그것을 따르면 비춤이 있게 되며 그에 심오해지면 중추가 있게 되며 그의 시원으로 돌아가면 대도大道가 있게 된다. 그렇게 되면 풀리는 것도 풀리지 않는 것과 같으며 아는 것도 모르는 것과 같으니 모른다고 한 뒤에야 참으로 알게 된다. 그에 대하여 묻는데 끝이 있다고 해도 안 되고 끝이 없다고 해도 안 된다. 만물이 어지러이 같지 않으나 실정이 있으며 예부터 지금까지 그 실정은 바뀌지 않는지라 이지러질 수 없으니, 그렇다면 대체大體 윤곽이 있다고 아니할 수 있겠는가! 어찌 이것을 묻지 않는가? 어찌 그와 같이 의혹하는가! 의혹하지 않는 이치로써 의혹을 해소하여 의혹하지 않는 본성을 회복한 연후에 크게 의혹하지 않는 데 이르러 도와 합하게 된다.

---

23 상수에 따르면 힐활頡滑은 어수선하게 복잡한 것이다. 조초기에 따르면 실實은 실제 내용을 가리키니 오늘날 핵심이라고 말하는 것과 같다. 대도의 이론은 듣기에 바닷물처럼 넓고 크며 여러 가지가 뒤엉켜 복잡하지만, 실제로는 그의 핵심이 있는 것이다.

24 왕숙민에 따르면 고금불대古今不代는 고금불역古今不易과 같으니 이른바 옛적은 지금과 같다는 것이다.

25 왕숙민에 따르면 대양각大揚推은 대략大略이라고 말한 것과 같다.

26 조초기에 따르면 합불闔不은 하불何不이다.

27 왕선겸은 말하기를 "이제 나의 불혹不惑으로 사람들의 의혹을 풀어서 불혹으로 돌아가는 것, 이것이 오히려 크게 불혹한 것이다"라고 하였다. 이에 대하여 왕숙민은 말하기를 "크게 의혹하지 않고자 하는 것은 본래 사람들이 숭상하는 바이지만, 불혹으로 의혹을 풀어서 불혹으로 돌아가기 바란다면 더욱더 의혹할까 두렵다"고 하였다.

【대의】

사람은 저마다 자기 본성을 회복해야 크게 의혹하지 않을 수
있다. 자기 본성은 도와 통한다. 이 장의 마지막에서는 도를 대목
大目이나 대신大信 · 대균大均 · 대방大方 · 대정大定 · 대일大一 · 대음大陰
등 갖가지로 여러 측면에서 기술하였다.

• 제25편 • **칙양**(則陽 第二十伍)

왕부지는 말하기를 "잡편 가운데 「경상초」「서무귀」「우언」「천하」등 네 편만이 조리가 있는 말이다. 「칙양」「외물」「열어구」세 편은 모두 잡다하게 인용하고 널리 비유하였으니 이치는 통합할 수 있으나 글의 뜻은 서로 이어지지 않는다"고 하였다.

왕숙민은 말하기를 "이 편은 대체로 「인간세」와 「대종사」를 발휘하였고, 약간 제물·양생의 뜻과 관련되어 있다. 왕씨는 「경상초」「서무귀」는 조리가 있는 말이고 이 두 편은 글의 뜻이 어려워 알기 힘들다고 하였는데 「칙양」편도 그러하다"고 하였다.

제4장의 달팽이 이야기, 그리고 제10장의 소지少知와 태공조大公調의 대화는 철학적으로 시사하는 바가 크다. 또한 인간의 본성을 논하는 제2장과 시중時中의 도리를 논하는 제3장은 참고할 만하다.

1-1

則陽游於楚,¹ 夷節言之於王,² 王未之見, 夷節歸. 彭陽見王果曰:「夫
子何不譚我於王?」³ 王果曰:「我不若公閱休.」⁴ 彭陽曰:「公閱休奚
爲者邪?」曰:「冬則擉鼈於江,⁵ 夏則休乎山樊. 有過而問者, 曰:『此
予宅也.』夫夷節已不能, 而況我乎! 吾又不若夷節. 夫夷節之爲人
也, 无德而有知, 不自許, 以之神其交,⁶ 固顚冥乎富貴之地,⁷ 非相助
以德, 相助消也.⁸ 夫凍者假衣於春, 暍者反冬乎冷風.⁹ 夫楚王之爲人
也, 形尊而嚴; 其於罪也, 無赦如虎; 非夫佞人正德, 其孰能橈焉!¹⁰

칙양이 유어초어늘 이절이 언지어왕한대 왕이 미지견하야늘 이절이 귀하니라 팽양이
견왕과하야 왈 부자 하불담아어왕고 왕과 왈 아는 불약공열휴호라 팽양이 왈 공
열휴는 해위자야오 왈 동즉착별어강하고 하즉휴호산번하나니 유과이문자어든
왈 차여택야라 하나니라 부이절도 이불능이온 이황아호따녀 오우불약이절호라
부이절지위인야는 무덕이유지하며 부자허 이지하야 신기교라 고전명호부귀지
지하나니 비상조이덕이나 상조소야니라 부동자는 가의어춘하고 갈자는 반동호냉
풍하나니라 부초왕지위인야는 형존이엄하야 기어죄야에 무사여호하니 비부녕인
정덕인댄 기숙능요언이리오

---

¹ 사마표에 따르면 이름이 칙양則陽이고 자는 팽양彭陽이다.『석문』에 따르면 주초周初 사람이
고, 성현영에 따르면 노魯나라 사람이다.

² 성현영에 따르면 이夷는 성이고, 이름이 절節인데, 초楚나라 신하이며 왕은 초문왕楚文王이다.

³ 『석문』에 따르면 왕과王果는 사마표가 이르기를 초楚의 현인이라고 하였다. 왕숙민에 따르면
담譚은 담談과 같다.

⁴ 『석문』에 따르면 공열휴公閱休는 은사隱士이다.

⁵ 사마표에 따르면 착擉은 '찌르다'이다. 여기에서는 '작살질하다'로 새긴다.

⁶ 왕숙민에 따르면 허許는 신信과 같고, 신神은 가차하여 신伸이 된다. 그에 따르면 이지신기교
以之神其交는 이에 말미암아 그의 교유를 늘리는 것을 일컫는다.

210

칙양則陽이 초나라로 여행하였다. 이절夷節이라는 사람이 그를 초나라 왕에게 소개하니 왕이 아직 그를 보지 않았는데 이절이 돌아갔다. 팽양彭陽이 왕과王果를 뵙고 말했다. "선생님은 어찌 초왕에게 저를 말해주시지 않습니까?" 왕과가 말했다. "나는 공열휴公閱休만 못하다." 팽양이 말했다. "공열휴는 무엇을 하는 자입니까?" 왕과가 말했다. "겨울에는 강에서 자라를 작살질하고 여름에는 산기슭에서 쉬니, 지나가는 이가 물으면 말하기를 '여기가 내 집이다'라고 하였다. 대저 이절도 당신을 초나라 왕에게 소개하지 못하거늘 하물며 나 같은 사람이랴! 나는 또 이절만도 못하다. 대저 이절의 사람 됨됨이는 참된 덕은 없으나 속된 지식을 가지고 있으며 자기 나름의 신념이 없고 그로써 그의 교제를 넓혀 부귀의 영역에서 미혹하니 덕으로써 서로 돕지 않고, 서로 도와서 그들의 덕을 사그러들게 한다. 대저 언 사람은 따뜻한 봄날을 빌려 겨울옷을 언듯이 하려 하고 더위 먹은 사람은 겨울날의 찬바람을 다시 얻고 싶어 한다. 저 초왕의 사람 됨됨이는 외모가 존엄하여 그는 잘못한 사람에 대하여 호랑이처럼 용서하지 않으니, 재주 있는 사람이거나 덕이 바른 사람이 아니라면 어느 누가 그를 바로잡을 수 있으리오!

---

7 왕숙민에 따르면 전명顚冥은 전혼顚昏이라고도 쓴다. 사마표에 따르면 전명은 미혹迷惑과 같으니, 그가 인주人主와 어울리고 정이 부귀로 치닫는 것을 말한다.
8 왕숙민은 말하기를 "덕德과 소消는 대문對文이니 '덕'이라는 것은 득得이다. 비상조이덕非相助以德은 곧 상조이손相助以損을 일컫는다"고 하였다. 왕오에 따르면 소消는 소기덕消其德을 일컫는다.
9 해동에 따르면 반동호냉풍反冬乎冷風은 마땅히 반냉풍어동反冷風於冬으로 써야 한다.
10 왕숙민은 말하기를 "덕이 바른 이는 지극한 이치로써 그를 굴복시키고, 아첨꾼은 재변才辯으로써 그의 뜻을 빼앗을 수 있으므로 그를 굴복시킬 수 있다"고 하였다.

1-2

故聖人, 其窮也使家人[1]忘其貧, 其達也使王公忘爵祿而化卑. 其於
物也, 與之爲娛矣; 其於人也, 樂物之通而保己焉; 故或不言而飮人
以和, 與人竝立而使人化. 父子之宜, 彼其乎歸居, 而一閒其所施.[2]
其於人心者, 若是其遠也.[3] 故曰待公閱休.」[4]

고로 성인은 기궁야에 사가인으로 망기빈하고 기달야에 사왕공으로 망작록이화비
하며 기어물야에 여지위오의하고 기어인야에 낙물지통이보기언이라 고로 혹불언
이음인이화하며 여인으로 병립이사인화하며 부자지의 피기호귀거이며 이일한기
소시하나니 기어인심자에 약시기원야하니 고로 왈대공열휴라 하노라

[1] 왕숙민에 따르면 가인家人은 서인庶人과 같다.

[2] 왕숙민은 말하기를 "지之는 유有와 같고, 피기彼其는 복어複語이니 기其도 피彼이며, 일한기
소시一閒其所施는 일식기소시一息其所施라고 말한 것과 같다. 이는 공열휴가 시위爲한 것이
없기에 아버지는 아버지답고 아들은 아들다워 각기 제자리를 얻는다는 것을 일컫는다"고 하
였다.

[3] 왕숙민은 말하기를 "기원其遠은 지원之遠과 같다. 이는 공열휴가 인심에 영향을 끼치는 것이
이처럼 심원하다는 것을 일컫는다"고 하였다.

[4] 곽상은 말하기를 "그가 초왕을 버리고 열휴를 따라 고요하고 편안한 바람으로 그의 동요하
는 마음을 진정시키고 싶어 한다"고 하였다.

212

그러므로 성인은 어려울 때 백성이 그의 가난을 잊게 하고 잘 풀려나갈 때에는 왕공이 작록을 잊고 낮추게 한다. 그는 사물에 대하여 그와 더불어 흐뭇하게 느끼고 사람에 대하여 사람들과 통하는 것을 즐거워하되 자기를 잃지 않는다. 그러므로 혹 말하지 않고서도 사람을 조화로써 배부르게 하며 사람들과 어울리되 사람들이 감화하여 아버지는 아버지대로 아들은 아들대로 알맞게 하게 한다. 그는 돌아가 숨어서 일체에 대하여 전혀 개의치 않으니, 그는 인심에 대하여 이와 같이 고결하다. 그러므로 공열휴를 기다리라고 한 것이다."

【대의】

여기에서는 공열휴公閱休처럼 자연에 따라 살면서 도덕이 순수한 사람이라야 남을 용서할 줄 모르는 군주를 감화시킬 수 있다는 것을 말하고 있다.

2

聖人達綢繆,¹ 周盡一體矣, 而不知其然, 性也.² 復命搖作而以天爲師, 人則從而命之也.³ 憂乎知, 而所行恒无幾時,⁴ 其有止也, 若之何!⁵

성인은 달주무하야 주진일체의나 이부지기연하나니 성야라 복명요작이이천으로 위사어늘 인즉종이명지야하나니라 우호지 이소행항무기시니 기유지야어늘 약지하오

---

¹ 왕숙민에 따르면 주무綢繆는 '심오하다'로 해석할 수 있다.

² 곽상은 말하기를 "그 까닭을 모르지만 저절로 그러한 것은 성性이 아니고 무엇이겠느냐"라고 하였다.

³ 왕숙민은 말하기를 "명命은 신信이니 이는 사람이 따르며 그를 믿는 것임을 일컫는다"고 하였다.

⁴ 왕숙민은 말하기를 "기시幾時는 복어複語이니 기幾는 가차하여 기期가 된다. …… 우호지, 이소행항무기시憂乎知, 而所行恒无幾時는 지식 때문에 근심하면서도 또 지식을 쓰기를 그치지 않는 것이다"라고 하였다.

⁵ 왕숙민에 따르면 그의 근심이 그침없다는 것을 일컫는다.

성인은 심오한 것에 통하여 두루 다 한 몸이 되게 하지만 그렇게 된 소이所以를 모르니 성性이다. 본래의 성명性命을 회복하여 비록 요동할지라도 자연을 스승 삼거늘 사람들이 뒤따르면서 그를 믿는다. 지식을 믿고 행하면 우환이 서로 이어지듯이 생겨나고 잠시도 그침이 없을 것이니 이와 같은 것을 어찌하리오!

生而美者, 人與之鑑, 不告則不知其美於人也. 若知之, 若不知之,[6] 若聞之, 若不聞之, 其可喜也終无已,[7] 人之好之亦无已, 性也.[8] 聖人 之愛人也, 人與之名, 不告則不知其愛人也. 若知之, 若不知之, 若聞 之, 若不聞之, 其愛人也終无已, 人之安之亦无已, 性也.[9]

생이미자를 인여지감하나니 불고즉부지기미어인야하리라 약지지요 약부지지 하며 약문지요 약불문지하면 기가희야도 종무이며 인지호지도 역무이하리니 성 야라 성인지애인야코 인이 여지명하나니 불고즉부지기애인야하리라 약지지요 약 부지지하며 약문지요 약불문지하면 기애인야도 종무이며 인지안지도 역무이하리니 성야라

---

6 왕숙민에 따르면 약若은 혹或과 같다.
7 전목이 인용한 왕념손 설에서 말하기를 "종終은 '마침내'이다. 마침내 끝날 때가 없다"고 하였다.
8 왕숙민은 말하기를 "아름다움을 사랑하는 것이 본성[性]이라는 것을 일컫는다"고 하였다.
9 왕숙민은 말하기를 "성인의 사람 사랑이 성性이 된 것에 편안해한다는 것을 일컫는다"고 하였다.

태어나면서부터 아름다운 이를 사람들이 그에게 평하여주니 알려주지 않으면 그가 남보다 아름답다는 것을 모르리라. 그것을 알고서도 모르듯이 하며 그것을 듣고서도 듣지 않은 듯이 하면 아름답게 할 수 있는 것도 끝내 그침이 없으며 사람들이 그것을 좋아하는 것도 그침이 없으니 모두 본성에서 나온다. 성인이 사람을 사랑하는 것도 사람들이 그에게 이름을 주었으니 알려주지 않으면 그가 사람을 사랑하는지 모르리라. 만약 그것을 알아도 모르듯이 하며 그에 대해 들어도 듣지 않은 듯이 하면 그가 사람을 사랑하는 것도 마침내 그침이 없으며 사람들이 그것을 편히 여기는 것도 그침이 없으리니 본성에서 나온 것이다.

舊國舊都, 望之暢然[10]; 雖使丘陵草木之緡,[11] 入之者十九, 猶之暢然.
況見見聞聞者也, 以十仞之臺縣衆閒者也![12]

구국구도를 망지창연_{하나니} 수사구릉초목지민_{하야} 입지자 십구_{라도} 유지창연
_{이온} 황견견문문자야_{따니} 이십인지대_로 현중한자야_{니라}

---

¹⁰ 『석문』에 따르면 창연暢然은 희열喜悅의 모습이다. 곽상은 말하기를 "오래된 이름을 얻으면
 사무치게 좋아하듯이 하니 하물며 성性을 얻음에서랴"라고 하였다.
¹¹ 사마표에 따르면 민緡은 '무성하다'이다.
¹² 조초기는 말하기를 "작자는 구국구도舊國舊都로써 모두 사람의 본성을 비유하였다. 세상 사
 람들은 본성을 잃은 뒤에 일단 자기 본성을 깨달으면 마치 세상 사람들이 멀리 타향을 떠나
 조국을 보는 것처럼 기뻐한다. 그러나 본성은 실제로 눈앞에 있으니 열 길 누대가 뭇 사람들
 의 가운데에 우뚝 나온 것처럼 드러나서 보기 쉽다"고 하였다.

자기 모국과 고향을 바라보면 사무치듯 기쁘나니 비록 구릉 위에 풀과 나무가 무성하여 그 가운데 들어가 가리워진 것이 10분의 9라 해도 오히려 사무치게 기뻐하거늘 하물며 곳곳에서 고향을 보고 들음에서랴! 열 길 누대가 뭇 사람들 사이에 높이 솟아올라 있는 것처럼 자기의 본성이 눈앞에 있음에랴!

【대의】

성인은 지식을 버리고 본성을 보존한다는 것을 말하고 있다. 성인은 자기가 성인이라는 것을 모르고, 사람을 사랑해도 그것을 모르고 있다는 것이다. 사람들이 그가 성인이며, 그가 남을 사랑하고 있다는 것을 일러주면 그제야 그러한 사실을 알게 된다. 사람의 본성대로 사는 것이 성인인데, 그 본성은 멀리 있는 것이 아니라 바로 자기 눈앞에 뚜렷이 드러나 있다는 것이다.

3

冉相氏得其環中以隨成,[1] 與物无終无始, 无幾无時.[2] 日與物化者, 一
不化者也,[3] 闔嘗舍之! 夫師天而不得師天,[4] 與物皆殉, 其以爲事也若
之何?[5] 夫聖人未始有天,[6] 未始有人, 未始有始, 未始有物, 與世偕行
而不替, 所行之備而不洫, 其合之也若之何?[7]

염상씨 득기환중하야 이수성하야 여물로 무종무시하며 무기무시하니 일여물화
자는 일불화자야니 합상사지리오 부사천이부득사천이라 여물개순이니 기이위
사야면 약지하리오 부성인은 미시유천하며 미시유인하며 미시유시하며 미시유물
하나 여세해행이불체하며 소행지비이불혁하나니 기합지야면 약지하리오

[1] 곽상에 따르면 염상씨冉相氏는 옛적의 성왕이다. 왕숙민에 따르면 환중環中은 시중時中과 같다.
[2] 왕숙민이 인용한 장태염 설에 따르면 기幾는 기期이다.
[3] 왕숙민에 따르면 밖은 변화하지만 안은 변치 않은 것을 뜻한다.
[4] 왕숙민은 말하기를 "이而는 즉則과 같다. 자연을 일부러 스승 삼고자 하면 자연을 스승 삼을
   수 없다"는 것을 일컫는다.
[5] 왕숙민은 말하기를 "기其는 차此와 같다. …… '기이위사야약지하'其以爲事也若之何는 '이처럼
   자연을 스승 삼은 것으로써 일삼아도 그에 대하여 어찌하리오!'라는 것을 일컫는다"고 하였다.
[6] 왕숙민은 말하기를 "성인은 자연과 인간을 현묘하게 같이 본다"고 하였다.
[7] 성현영이 말하기를 "체替는 폐廢이니 막히는 것이다. 사람의 일에 혼연히 같이하고, 세상과
   함께 병행하고, 사물·사건을 접하더라도 때에 따르지만 빠뜨린 적이 없다. 그러나 세상의 성
   쇠에 모두 걸쳐 있으나 막힌 적이 없고, 만나는 것에 곧 통하여 일부러 배우거나 스승 삼을
   마음이 없이 저절로 도에 합치하니, 어찌 본받으려고 하고 바야흐로 참된 것에 부합하리오!"
   라고 하였다.

염상씨冉相氏는 시중時中의 도리를 터득하여 자연에 따라 이루어지게 하여, 사물들과 함께 끝도 없고 처음도 없으며, 일정한 기약도 없고 일정한 때도 없다. 날로 물物과 함께 변화하는 것은 언제나 변치 않으니, 어찌 그에게서 떨어진 적이 있으리오? 대저 자연을 일부러 스승 삼으려 해도 자연을 스승 삼을 수 없는지라 사물들과 함께 쫓아 나아가는 것이니 이처럼 자연을 스승 삼는 것으로써 일삼아도 그에 대하여 어찌하리오? 대저 성인은 자연이 있은 적이 없고, 사람이 있은 적이 없으며, 시작이 있은 적이 없으며, 물物이 있은 적이 없이 세속적인 것들과 함께 행동해도 막히지 않으며, 하는 것이 완비에 이르러도 넘치지 않으니, 그가 그에 합하고자 하면 그에 대하여 어찌하리오?

湯得其司御門尹登恒爲之傅之,[8] 從師而不囿; 得其隨成,[9] 爲之司其
名[10]; 之名嬴法, 得其兩見.[11] 仲尼之盡慮, 爲之傅之.[12] 容成氏曰[13]:
「除日无歲, 无內无外.」[14]

탕이 득기사어문윤등항하야 위지부지하야 종사이불유하야 득기수성하고 위지사
기명하니라 지명은 영법이어늘 득기량현하나니 중니지진려하야 위지부지하니라 용
성씨왈 제일이면 무세하고 무내면 무외라하도다

---

8 상수는 말하기를 "문윤門尹은 벼슬 이름이고 등항登恒은 사람 이름이다"라고 하였다. 왕숙민
  은 말하기를 "득기사어得其司御는 일을 주재하는 관직을 얻은 것이니, 곧 문윤·등항으로써
  부傅를 삼았다는 것을 일컫는다." '부'는 군주의 사부이다.
9 왕선겸이 인용한 선영 설에서 이르기를 "스승에 따르되 스승에게 구애받지 아니하여 환중環
  中이 저절로 이루어지는 도를 터득한 것이다"라고 하였다.
10 성현영이 말하기를 "사어司御에게 공을 돌리고 명성이 자기에게 있지 않게 하였다"고 하였다.
11 성현영이 말하기를 "지之는 기其와 같다. …… 탕湯은 그 실제 내용을 얻고 부傅는 그 명예
  를 얻은 것이다"라고 하였다.
12 왕숙민은 말하기를 "공자는 무심無心을 스승 삼았다는 것을 일컫는다"고 하였다.
13 조초기에 따르면 용성씨容成氏는 노자의 스승이라는 말이 있다.
14 왕숙민은 말하기를 "즉 시간관념을 쫓아버리고, 공간관념을 쫓아버릴 뿐이다"라고 하였다.

222

탕임금이 그 사어司御라는 관리를 얻으니 문윤門尹 등항登恒을 그의 사부로 삼았을 때 스승에 따르되 스승에게 구애받지 않아 시중의 도리가 저절로 이루어지는 도를 터득하였다. 그래서 탕임금은 그 실제 내용을 얻고 사부는 그 명예를 얻어 사부에 맡겨서 저절로 공을 이루었기 때문에 그의 사부 이름을 찬양해도 전혀 개의치 않으니, 등항의 명예와 그의 스승 삼는 법의 두 방면이 모두 드러났다. 그는 공자가 말한 것처럼 사려를 끊고 무심無心한 태도로 탕임금의 사부 노릇을 하였다. 용성씨容成氏가 말하기를 하루가 없으면 일 년이 없으며 나를 잊으면 외물外物을 잊을 수 있다고 하였다.

【대의】

성인은 일체 사물·사건에 대하여 특정한 주관을 개입시키지 않고 무심無心한 태도로 행동한다. 그러면 시중時中의 도리가 저절로 이루어진다. 시중의 도리에 따르면 일부러 어떻게 하지 않아도 자연에 따라 일이 이루어져서 사물들과 함께 변화한다. 그러면 자연과 인위를 나누지 않고, 물物과 아我를 나누지 않으며, 세속적인 것들과 함께 행동해도 막히지 않는다. 이러한 시중의 이치는 「제물론」에서 제기하였으며, 물物과 함께 변화한다는 것은 「지북유」편에서 제기한 이론과 일치한다.

4-1

魏瑩與田侯牟約, 田侯牟背之.[1] 魏瑩怒, 將使人刺之. 犀首聞而恥之曰[2]:「君爲萬乘之君也, 而以匹夫從讐![3] 衍請受甲二十萬, 爲君攻之, 虜其人民, 係其牛馬, 使其君內熱發於背,[4] 然後拔其國. 忌也出走,[5] 然後抶其背, 折其脊.」季子聞而恥之曰[6]:「築十仞之城, 城者旣十仞矣, 則又壞之, 此胥靡之所苦也.[7] 今兵不起七年矣, 此王之基也. 衍亂人, 不可聽也.」華子聞而醜之曰[8]:「善言伐齊者, 亂人也; 善言勿伐者, 亦亂人也; 謂伐之與不伐亂人也者, 又亂人也.」[9]

위영이 여전후모로 약이러니 전후모배지한대 위영노하야 장사인으로 자지어늘 서수 문이치지하야 왈 군이 위만승지군야샤되 이이필부로 종수하시란대 연은 청수 갑이십만하야 위군공지하야 노기인민하며 계기우마하야 사기군으로 내열이 발어 배한 연후에야 발기국하고 기야 출주한 연후에야 질기배하며 절기척호리이다 계자 문이치지하야 왈 축십인지성하야 성자기십인의어든 즉우괴지면 차는 서미지소 고야니라 금에 병불기 칠년의니 차 왕지기야니 연은 란인이라 불가청야니이다 화자 문이추지하야 왈 선언벌제자도 란인야며 선언물벌자도 역란인야며 위벌 지여불벌을 란인야자도 우란인야니라

1 왕숙민에 따르면 『사기』史記 「위세가」魏世家에서는 양혜왕梁惠王의 이름이 영罃이다. 사마표에 따르면 전후田侯는 제위왕齊威王이다. 그러나 유월은 말하기를 "환공의 이름이 오午이니 모牟와 비슷하다. 모牟는 오午의 잘못일지도 모른다. 그러나 제환공 오는 양혜왕과 또한 시대가 서로 맞지 않는다"고 하였다.
2 『석문』에 따르면 서수犀首는 위魏의 관직명이다.
3 성현영에 따르면 종수從讐는 원수를 갚는다는 말과 같다.
4 성현영은 말하기를 "열기가 마음에 쌓이면 옹저癰疽가 등에 퍼져나온다"고 하였다. 옹저는 종기의 일종이다.

위영魏瑩이 전후모田侯牟와 더불어 서약하였는데 전후모가 맹약을 배반하자 위영이 분노하여 사람을 시켜 그를 찔러 죽이려 하였다.

위나라 관리 공손연公孫衍이 그 말을 듣고 부끄러하며 말하였다. "군왕은 만승의 군주이신데 필부의 방식으로 원수를 갚으려 하시다니요! 저는 청컨대 20만의 병력을 거느려 군왕을 위해 그를 쳐서 그의 인민을 노략질하며, 그들의 소와 말을 묶어서 끌어와 그들의 군왕으로 하여금 내열이 등으로 퍼져나오게 한 뒤에야 그 나라의 서울을 함락시키고 제나라 장수 전기田忌를 도망치게 한 뒤에야 제나라 왕의 등을 치며 그의 척추를 부러뜨리겠습니다"라고 하였다.

위나라의 다른 신하인 계자季子가 그 말을 듣고 부끄러워하며 말하였다. "열 길의 성을 쌓아서 성이 이미 일곱 길이 쌓아지거든 또 그것을 부수어버리면 이는 노역에 종사하는 사람들의 고생이 됩니다. 이제 전쟁이 일어나지 않은 지 7년 되었으니 이는 왕업을 세우는 기초입니다. 공손연은 변란을 일으키는 사람인지라 들어서는 안 됩니다"라고 하였다.

위나라의 또 다른 신하인 화자華子가 그 말을 듣고 부끄러이 여기며 말하였다. "제나라를 치자고 말을 잘한 사람도 변란을 일으키려는 사람이며, 치지 말자고 말을 잘한 사람도 변란을 일으키는 사람이며, 치자는 사람이나 치지 않아야 한다고 한 사람도 변란을 일으키는 사람이라고 하는 것 또한 변란을 일으키는 사람입니다."

---

5 성현영은 말하기를 "성이 전田이고 이름이 기忌이니 제齊나라 장수이다"라고 하였다.
6 조초기는 말하기를 "계자季子는 어떤 사람인지 모른다"고 하였다.
7 유월에 따르면 십十 자는 칠七 자의 잘못인 듯하다. 성현영에 따르면 서미胥靡는 노역에 종사하는 사람이다.
8 『석문』에 따르면 화자華子는 위魏나라 신하이다. 왕숙민에 따르면 추醜도 치恥이다.
9 성현영은 말하기를 "여전히 시비로써 마음을 삼으므로 또한 난인을 면치 못한다"고 하였다.

君曰:「然則若何?」曰:「君求其道而已矣!」[1] 惠子聞之而見戴晉人.[2]
戴晉人曰:「有所謂蝸者, 君知之乎?」曰:「然.」「有國於蝸之左角者
曰觸氏, 有國於蝸之右角者曰蠻氏, 時相與爭地而戰, 伏尸數萬, 逐
北旬有五日而後反.」[3] 君曰:「噫! 其虛言與?」曰:「臣請爲君實之. 君
以意在四方上下有窮乎?」[4] 君曰:「無窮.」曰:「知遊心於無窮, 而反
在通達之國, 若存若亡乎?」君曰:「然.」曰:「通達之中有魏, 於魏中
有梁, 於梁中有王. 王與蠻氏, 有辯乎?」[5] 君曰:「無辯.」客出而君惝
然若有亡也.[6]

군왈 연즉약하오 왈 군도 구기도이이의니라 혜자 문지하고 이현대진인한대 대진
인이 왈 유소위와자하니 군은 지지호아 왈 연다 유국어와지좌각자하니 왈촉씨오
유국어와지우각자하니 왈만씨라 시상여쟁지이전하야 복시수만이러니 축배하야
순유오일이후에 반하니라 군왈 희라 기허언여인저 왈 신이 청위군하야 실지호리라
군이의 재사방상하 유궁호아 군왈 무궁이니라 왈 지유심어무궁 이반재통달지
국이 약존약망호인저 군왈 연하다 왈 통달지중에 유위하고 어위중에 유량하고 어
량중에 유왕하니 왕이 여만씨로 유변호아 군왈 무변하니라 객이 출커든 이군이 창
연약유망야러니

---

[1] 성현영은 말하기를 "대저 도는 청허담막淸虛淡漠하니 반드시 도를 실천할 수 있으면 쟁탈이
저절로 소멸된다"고 하였다.

[2] 『석문』에 따르면 대진인戴晉人은 양국梁國 현인인데 혜시가 그를 위왕魏王에게 추천하였다.

[3] 『석문』에서 말하기를 "군대가 달려가는 것을 배北"라고 한다.

[4] 왕숙민에 따르면 재在는 '살피다'이다.

[5] 성현영에 따르면 변辯은 별別이다.

[6] 왕숙민에 따르면 창惝은 바로 창敞이라고 쓴다. '창'은 '생각 따위가 트이다'이다.

임금이 말하기를 "그렇다면 어떻게 해야 하는가?"라고 하니 화자가 말하기를 "군왕께서는 그 도를 찾는 데서 그쳐야 합니다"라고 하였다. 혜시가 그 말을 전해 듣고 대진인戴晉人을 안내하여 임금을 뵙게 하였다. 대진인이 말하기를 "이른바 달팽이라는 놈이 있는데 군왕께서는 그것을 아십니까?"라고 하였다. 위왕이 말하기를 "그렇다"고 하니 대진인이 말하였다. "달팽이의 왼쪽 뿔에 나라가 있으니 촉씨라고 하고, 달팽이의 오른쪽 뿔에 나라가 있으니 만씨라고 합니다. 이 두 나라가 때때로 서로 땅을 빼앗고자 싸워서 땅에 떨어진 시체가 수만이러니, 패주한 군대를 추격하여 보름이 지난 뒤에야 돌아옵니다." 군왕이 말하기를 "아아! 아마 빈말일 것이다"라고 하니 대진인이 말하였다. "제가 군왕을 위하여 실증해보겠습니다. 군왕께서는 사방 상하에 끝이 있을지를 한번 곰곰이 생각해보시겠습니까?" 군왕이 말하기를 "끝이 없느니라"고 하니 대진인이 말하였다. "끝없는 우주에서 상상의 날개를 펼 줄 알고서 사람과 말과 수레와 배가 도달할 수 있는 나라를 되돌아보면 있는 듯 없는 듯 하겠습니까?" 군왕이 말하기를 "그렇다"고 하니 대진인이 말하였다. "사람·말·수레·배가 도달할 수 있는 나라 안에 위나라가 있고, 위나라 안에 서울이 있고, 그 서울 안에 군왕이 있으니, 군왕이 만씨와 구별이 있습니까?" 군왕이 말하기를 "구별이 없다"고 하였다. 손님이 나가거늘 임금이 생각이 트여 싸우려는 마음이 없어진 듯하였다.

客出, 惠子見. 君曰:「客, 大人也, 聖人不足以當之.」惠子曰:「夫吹
筦也, 猶有嗃也[7]; 吹劍首者,[8] 吷而已矣.[9] 堯舜, 人之所譽也; 道堯舜
於戴晉人之前, 譬猶一吷也.」

객출이어늘 혜자현한대 군왈 객은 대인야니 성인도 부족이당지니라 혜자왈 부취
관야는 유유효야어니와 취검수자는 혈이이의니라 요순은 인지소예야나 도요순
어대진인지전이 비유일혈야니라

---

[7] 조초기에 따르면 효嗃는 죽관竹管을 불 때 나는 소리이니, 크고 긴 소리를 나타낸다.
[8] 조초기에 따르면 검수劍首는 칼머리의 조그마한 구멍을 가리킨다.
[9] 조초기에 따르면 혈吷은 입으로 불어서 내는 소리이니, 작고 짧은 소리를 나타낸다.

손님이 나가자 혜시가 임금을 뵈니 임금이 말하기를 "손님은 대인인지라 요·순 임금 같은 성인도 충분히 그를 견줄 수 없겠소"라고 하니 혜시가 말하였다. "퉁소를 불면 크고 낭낭한 소리가 나거니와 칼머리의 구멍을 불면 휙 하고 작은 소리가 날 뿐입니다. 요·순 임금은 사람들이 찬양하지만 대진인 앞에서 요·순 임금을 말하는 것은 비유컨대 휙 소리가 한 차례 나는 것과 같습니다."

【대의】

끝없는 우주의 관점에서 보면 위魏나라와 제齊나라의 전쟁은 달팽이의 두 뿔에서 다투는 것처럼 보잘것없으며, 그러한 관점에서 볼 때 위나라의 군왕도 하찮은 것이며, 요임금과 순임금의 말도 칼머리의 구멍을 훅 불 때 나는 소리 같은 것에 지나지 않는다.

여기에는 역사적 인물인 위영魏瑩이 등장한다. 장형소우는 이에 근거하여 이 글이 위혜왕魏惠王이 아직 죽기 전에 쓰인 것이라 하였다. 위혜왕이 즉위하기 전에 그를 위영이라고 일컬었기 때문이다. 위혜왕 때 대량大梁(지금의 개봉開封)으로 천도하였기에 위혜왕을 양혜왕梁惠王이라고도 한다. 위혜왕은 기원전 370년에 즉위하였다.

5

孔子之楚, 舍於蟻丘之漿.¹ 其隣有夫妻臣妾登極者,² 子路曰:「是稷
稷何爲者邪?」³ 仲尼曰:「是聖人僕也.⁴ 是自埋於民, 自藏於畔.⁵ 其聲
銷, 其志無窮, 其口雖言, 其心未嘗言, 方且與世違而心不屑與之俱.
是陸沈者也,⁶ 是其市南宜僚邪?」⁷ 子路請往召之. 孔子曰:「已矣! 彼
知丘之著於己也, 知丘之適楚也, 以丘爲必使楚王之召己也, 彼且以
丘爲佞人也. 夫若然者, 其於佞人也羞聞其言, 而況親見其身乎! 而
何以爲存?」子路往視之, 其室虛矣.

공자 지초할새 사어희구지장이러니 기린에 유부처신첩이 등극자어늘 자로왈 시
총총은 하위자야오 중니왈 시는 성인복야니 시 자매어민하며 자장어반하야 기
성이 소하나 기지무궁하며 기구 수언하나 기심이 미상언하며 방차여세로 위하나 이
심불설여지구하나니 시 륙침자야니 시기시남의료야인저 자로 청왕소지한대 공
자왈 이의라 피 지구지저어기야하며 지구지적초야하야 이구로 위필사초왕지소
기야라 하야 피차이구로 위녕인야라 하리니 부약연자는 기어녕인야에 수문기언
이온 이황친견기신호따녀 이하이위존이리오 자로 왕시지하니 기실이 허의러라

---

¹ 성현영에 따르면 희구蟻丘는 언덕 이름이다.
² 왕숙민에 따르면 신첩臣妾은 서로 모여든 남녀를 가리켜 말한 것이다.
³ 성현영에 따르면 총총稷稷은 많은 무리가 모인 것이다.
⁴ 선영이 말하기를 "복僕은 도徒와 같다"고 하였다. '도'는 제자를 뜻한다.
⁵ 왕숙민에 따르면 매埋와 장藏은 호문互文이다. 호문은 앞뒤의 문의文義가 서로 밝히고 서로
  보충하는 것이다.
⁶ 조초기에 따르면 육침陸沈은 육지에 있으나 물에 빠진 것 같으니, 세간을 떠나지 않고서 세
  간에 은거한다는 것을 비유한다.
⁷ 시남의료는 「산목」편과 「서무귀」편에 나왔다.

공자가 초나라에 갈 때 희구산蟻丘山 아래에 있는 죽 파는 집에 묵었다. 그 이웃에 지붕 위에 오른 남녀와 종들이 있었다. 자로子路가 말하기를 "이렇게 많이 모인 사람들은 무엇을 하는 사람들인가요?"라고 하니 공자가 말하였다. "이들은 성인의 제자들이다. 이 사람은 백성들 사이에서 스스로 은거하면서 밭두둑 사이에서 스스로를 숨기며 그의 명성이 없어지게 하니 그의 뜻이 무궁하며, 그의 입으로는 비록 말을 하지만 그 마음은 말한 적이 없으며, 게다가 세상과 맞지 않으니 마음은 세속과 같이 하고 싶어 하지 않는다. 이는 육지에 있으면서 물속에 가라앉아 있는 것과 같으니, 이이는 아마 시남의료가 아닐까?" 자로가 가서 불러오겠다고 청하니 공자가 말하였다. "그만두어라! 그는 내가 초나라에 가서 반드시 초왕이 자기를 부르게 하리라는 것을 알고서, 내가 아첨하는 사람이라고 여길 것이다. 그와 같은 사람은 아첨하는 사람에 대하여 그의 말을 듣기를 부끄러워할 것이거늘 하물며 그 자신을 몸소 보는 것에서랴! 너는 어찌 그가 집에 있다고 여기는가?" 자로가 가서 보니 그 집이 비어 있었다.

【대의】

이 장은 은자隱者들이 당시의 제왕은 물론이거니와, 공자 같은 사람도 상대하지 않으려 했다는 것을 보여준다.

6

長梧封人問子牢曰[1]:「君爲政焉勿鹵莽, 治民焉勿滅裂.[2] 昔予爲禾,
耕而鹵莽之, 則其實亦鹵莽而報予; 芸而滅裂之,[3] 其實亦滅裂而報
予. 予來年變齊,[4] 深其耕而熟耰之, 其禾蘩以滋, 予終年厭飱.」

장오봉인이 문자뢰하야 왈 군이 위정언호되 물로무하며 치민언을 물멸렬이어다 석
여 위화호되 경이로망지호니 즉기실이 역로망이보여하고 운이멸렬지호니 기실이
역멸렬이보여할새 여 내년에 변제하야 심기경이숙우지호니 기화번이자어늘 여
종년염손호라

---

[1] 『석문』에 따르면 장오長梧는 지명이고, 봉인封人은 국경을 지키는 사람이다. 조초기에 따르
면 자뢰子牢는 공자의 제자이다.

[2] 사마표는 말하기를 "로무鹵莽는 추조麤粗와 같으니 땅을 얕게 갈고 듬성듬성 씨를 뿌리는 것
이다. 멸렬滅裂은 그 풀을 베는 것이다"라고 하였다. 노문초는 말하기를 "추조에서 시작하여
정미精微에서 마친다"고 하였다.

[3] 왕숙민에 따르면 운芸은 가차하여 운秏이 된다. '운'은 '김을 매다'이다.

[4] 전목은 말하기를 "여기에서 변제變齊라고 말한 것은 방법을 바꾸라고 말한 것과 같다"고 하
였다.

장오長梧라는 곳의 국경 관리인이 자뢰子牢에게 물었다. "그대는 정무를 처리하되 거칠게 하지 말 것이며, 백성들을 다스리되 뿌리까지 잘라야지 대충대충 하지 말라! 내가 농작물을 심을 때 갈아서 대충대충 하니 그 열매도 대충대충 나에게 보답하고, 김을 매어서 풀을 대충대충 베니 그 열매도 대충대충 보답하였다. 나는 그 이듬해에 방법을 바꾸어 논밭을 깊게 갈고 김을 잘 매었더니 벼의 묘목이 번창하여 많아지거늘 나는 그해가 다 가도록 배불리 먹었다."

莊子聞之曰:「今人之治其形, 理其心, 多有似封人之所謂, 遁其天, 離其性, 滅其情, 亡其神, 以衆爲.[5] 故鹵莽其性者, 欲惡之孼,[6] 爲性 萑葦蒹葭, 始萌以扶吾形, 尋擢吾性[7]; 並潰漏發,[8] 不擇所出, 漂疽疥 癰,[9] 內熱溲膏是也.」[10]

장자 문지하고 왈 금인지치기형하며 이기심하되 다유사봉인지소위로다 둔기천하며 이기성하며 멸기정하며 망기신이 이중위니라 고로 로무기성자는 욕오지얼이 위성의 환위하야 겸가 시맹하야 이부오형이라 심탁오성하야 병궤루발하야 불택소출하나니 표저개옹과 내열수고 시야라

---

[5] 왕숙민은 말하기를 "이중위以衆爲는 이다위以多爲라고 말한 것과 같다"고 하였다.
[6] 왕선겸은 말하기를 "좋아하고 싫어하는 것이 총생叢生하여 정성正性을 상하게 하니 이것이 내 성품의 추위겸가萑葦蒹葭이다"라고 하였다. '총생'은 초목이 떼지어 자라는 것이다.
[7] 유월은 말하기를 "심尋과 시始는 상대하여 뜻이 되니 '심'이란 점점 어떤 상태에 도달하는 것을 말한다. …… 시맹이부오형始萌以扶吾形은 그 처음에 내 몸을 충분히 돕는 것처럼 하는 것을 말하고, 심탁오성尋擢吾性은 점점 오래되면 내 성품을 뽑아올리는 것을 말한다"고 하였다.
[8] 왕숙민에 따르면 병並은 병迸과 통한다. '병'은 '내뿜다'이다.
[9] 왕숙민에 따르면 표漂는 표瘭로 쓴다. '표'는 손가락 끝이 곪아서 붓는 병이다.
[10] 선영은 말하기를 "진성眞性이 어지러우면 화기和氣가 상하여 여러 가지 병이 생긴다"고 하였다.

234

장자가 그 말을 듣고 말하였다. "오늘날 사람들은 자기 몸을 다스리며 자기 마음을 다스리되, 그 국경 관리인이 말하고자 하는 것과 같은 점이 많다. 그의 자연의 이치를 잃으며, 그의 본성을 이탈하며, 그의 진실한 정감을 없애며, 그의 정신을 잃는데, 많은 사람들이 하는 식으로 대충대충 하기 때문이다. 그러므로 그의 본성을 대충대충 거칠게 하는 것은 좋아하고 싫어하는 감정이 요물처럼 자신의 참된 성품을 가리는 갈대풀이 되어 처음 싹이 텄을 때에는 내 몸을 도와주는 듯하다가 뒤이어 나의 진성眞性을 조장하여 내뿜고 어지럽고 새어나가 위든 아래든 가리지 않으니, 손가락 끝이 곪아 붓고 옴과 악성 종기, 그리고 내열병이 일으킨 유미뇨乳糜尿가 이것이다."

【대의】

이 장에서는 심성心性을 대충대충 수양하면 좋아하고 싫어하는 것과 같은 감정이 웃자라서 진성眞性을 조장助長해 갖가지 병이 생길 수 있다는 것을 말하고 있다.

7-1

柏矩學於老聃,[1] 曰:「請之天下遊.」老聃曰:「已矣! 天下猶是也.」又
請之, 老聃曰:「汝將何始?」曰:「始於齊.」至齊, 見辜人焉, 推而强
之,[2] 解朝服而幕之, 號天而哭之曰:「子乎子乎![3] 天下有大菑, 子獨
先離之,[4] 曰:『莫爲盜! 莫爲殺人!』[5] 榮辱立, 然後覩所病[6]; 貨財聚,
然後覩所爭. 今立人之所病, 聚人之所爭, 窮困人之身使无休時, 欲
无至此, 得乎![7]

백구 학어노담하더니 왈 청지천하하야 유하노이다 노담왈 이의라 천하도 유시야
하니라 우청지한대 노담이 왈 여장하시오 왈 시어제니라 지제하야 견고인언하고 퇴
이강지하야 해조복이막지하고 호천이곡지하야 왈 자호자호여 천하에 유대치커늘
자독선리지로다 하고 왈막위도며 막위살인가 영욕을 립 연후에야 도소병이요 화
재를 취 연후에야 도소쟁이니 금에 립인지소병하며 취인지소쟁하니 궁곤인지신
하야 사무휴시이니 욕무지차인들 득호아

[1] 성현영은 말하기를 "백柏은 성이고 구矩는 이름인데, 도를 사모하는 선비로 노자의 문인이
다"라고 하였다.
[2] 왕숙민은 말하기를 "강强은 강僵과 통하는데 '강'은 '하늘을 보고 넘어지다'이다"라고 하였다.
[3] 유월은 말하기를 "자호자호子乎子乎는 탄식하는 말이다. …… 자子는 자嗞로 읽어야 한다"고
하였다.
[4] 성현영에 따르면 리離는 이罹이다.
[5] 전목이 인용한 마기창 설에 따르면 이 두 구절은 집법자執法者를 탓하는 말이다.
[6] 왕숙민에 따르면 병病은 곤困과 같다.
[7] 곽상은 말하기를 "윗사람에게 좋아하는 감정이 있으면 아랫사람들은 그의 본분을 편안하게
할 수 없다"고 하였다.

백구柏矩가 노자에게 배우더니 천하 사방으로 가서 여행하기를 청하였다. 노자가 말하기를 "그만두어라, 천하도 이와 같다!"고 하니 또 청하자 노자가 "너는 어디부터 시작하려고 하느냐?"고 하였다. 말하기를 "제나라부터 시작하겠습니다"고 하였다. 제나라에 이르러 사지를 찢어 죽이는 형벌에 처한 사람을 보고 밀어서 자빠뜨리고 예복을 벗어서 덮어주고 하늘을 부르며 곡하며 말하였다. "불쌍하구나, 그대여! 불쌍하구나, 그대여! 천하에 큰 재난이 있게 될 것이거늘 그대만이 먼저 당했구나. 말하기를 '도적질하지 말 것이며 살인을 하지 말라' 하는데 영광과 치욕감이 사람들 마음속에 세워진 뒤에야 곤란을 당하게 되고 재물을 모은 뒤에야 다투는 일을 보게 된다. 이제 사람들이 곤란한 일을 세우며 사람들이 다툴 것을 모으며 사람들의 몸을 곤궁하게 하며 쉴 시간이 없게 하니, 이에 이르지 않고자 한들 되겠는가?

古之君人者, 以得爲在民, 以失爲在己[1]; 以正爲在民, 以枉爲在己; 故一形有失其形者, 退而自責.[2] 今則不然. 匿爲物而過不識, 大爲難而罪不敢, 重爲任而罰不勝, 遠其塗而誅不至.[3] 民知力竭, 則以僞繼之, 日出多僞, 士民安取不僞![4] 夫力不足則僞, 知不足則欺, 財不足則盜. 盜竊之行, 於誰責而可乎?[5]

고지군인자는 이득으로 위재민하고 이실로 위재기하며 이정으로 위재민하고 이왕으로 위재기론 고로 일형이 유실기형자어든 퇴이자책하더니 금즉불연이라 익위물이과불식하며 대위난이죄불감하며 중위임이벌불승하며 원기도이주부지하나다 민지력갈하야는 즉이위로 계지하나니 일출다위어늘 사민은 안취불위리오 부력부족즉위하고 지부족즉기하고 재부족즉도하나니 도절지행을 어수에 책이가호오

---

[1] 조초기는 말하기를 "성공하면 공을 백성들에게 돌리고, 실패하면 허물을 자기에게 돌린다" 고 하였다.

[2] 성현영은 말하기를 "일물一物이라도 제자리를 잃어서 그의 몸과 마음을 무너뜨린다면 과실을 이끌어 자기에게 돌리고 물러나서 자기 자신을 탓한다"고 하였다.

[3] 곽상은 말하기를 "그의 발힘에 맞으면 모두 이룰 수 있다"고 하였다.

[4] 왕숙민에 따르면 안취安取는 하위何爲와 같다.

[5] 왕숙민에 따르면 어於는 당當과 같다.

예부터 사람 위에 군림하는 사람은 성공하면 백성들에게 공을 돌리고, 실패하면 허물을 자기에게 돌린다고 하였다. 바른 것은 백성들에게 돌리고 과실을 자기에게 있다고 하므로, 한 사람이라도 제자리를 잃어서 그의 몸과 마음을 무너뜨리면 과실을 자기에게 돌리고 물러나서 자기 자신을 탓하였다. 이제는 그렇지 않다. 사물의 진상을 덮어 감추고 그가 모른다고 책망하며, 크게 어렵게 만들어놓고서 용감하게 하지 않는다고 벌주며, 짐을 무겁게 해놓고서 능히 감당하지 못하는 사람을 벌주며, 그들이 갈 길을 멀리 해놓고서 제날짜에 이르지 않는다고 벌준다. 백성들의 지식과 능력이 고갈되면 허위로써 그것을 이으니, 날마다 허위가 많아지거늘 사민士民들이 어떻게 진실을 취하리오! 대저 힘이 부치면 진실하지 않게 되고, 지식이 부족하면 속이게 되고, 재물이 부족하면 도적질하게 되거늘, 도적질하는 행동을 누구에게 책망해야 마땅하겠는가?"

【대의】

이 장에서는 통치자가 영욕榮辱 관념을 세우고 재물을 쌓아둠으로써 백성들이 명리를 추구하게 되었다는 것을 밝혔다. 그래서 사람들이 곤궁해졌다는 것과, 지금의 통치자들은 자기를 탓하는 것이 아니라 백성들을 벌준다는 것과, 백성들이 재물이 부족하여 도적질하기에 이르렀다는 것 등을 밝혔다.

8

蘧伯玉行年六十而六十化,[1] 未嘗不始於是之而卒詘之以非也,[2] 未知今之所謂是之非五十九非也.[3] 萬物有乎生而莫見其根, 有乎出而莫見其門.[4] 人皆尊其知之所知而莫知恃其知之所不知而後知,[5] 可不謂大疑乎! 已乎已乎! 且无所逃.[6] 此所謂然與, 然乎?[7]

거백옥이 행년육십이육십화호니 미상불시어시지이졸출지이비야러며 미지하도다 금지소위시지 비오십구에 비야따녀 만물이 유호생이막견기근하며 유호출이막견기문이니 인개존기지지소지코 이막지시기지지소부지이후지하나니 가불위대의호아 이호이호라 차무소도니 차소위는 연여아 연호아

[1] 성현영은 말하기를 "성은 거蘧이고 이름은 원瑗이며 자는 백옥伯玉인데, 위衛의 현대부이다. 성덕盛德이 고명하고 공空의 이치를 환히 알므로 태양과 함께 날로 새로워지니 나이 따라 변하였다"고 했다. 왕숙민에 따르면 행년行年은 경년經年과 같다. '경년'은 '일 년 또는 몇 년이 지나다'이다.

[2] 왕숙민에 따르면 이以는 위爲와 같다.

[3] 성현영은 말하기를 "그렇다면 작년의 비非가 금년에 시是가 되고, 금년의 시是가 내년에는 비非가 된다. 이로써 시비是非에 집착하고 새것에 막혀 이미 지나버린 것에 집착하는 사람은 도치倒置한 부류部類라는 것을 알겠다"고 하였다.

[4] 곽상은 말하기를 "무근무문無根無門하지만 갑자기 저절로 그러하므로 볼 수 있다"고 하였다.

[5] 성현영은 말하기를 "알려진 것은 속된 지식이고 알려지지 않은 것은 진지眞知라"고 하였다.

[6] 왕숙민은 말하기를 "무소도无所逃는 대혹大惑에서 벗어나지 못하는 것을 일컫는 듯하다"고 하였다.

[7] 조초기는 말하기를 "이것은 이른바 남편이 말한 것에도 이치가 있고, 아내가 말한 것에도 이치가 있다는 것을 일컫는다. 연然은 '이렇게 또는 저렇게'를 가리킨다. 연여연然與然은 네가 이렇게 말하면 그는 저렇게 말하리라'이다"라고 하였다.

거백옥蘧伯玉은 나이 육십을 거치는 사이에 60차례 바뀌었으되 처음에 옳다고 여겼던 것을 나중에 그것을 비판하여 그르다고 아니한 적이 없다. 모르겠다, 지금 이른바 옳다고 하는 것이 나이 쉰아홉에 그르다고 여겼던 것이 아닌지! 만물이 생겨남은 있으나 그 뿌리를 볼 수 없으며, 나옴은 있으나 그 문을 볼 수 없다. 사람들은 모두 그의 인식능력이 알게 된 것을 높이고 그의 인식능력이 알지 못하는 진지眞知에 의지해야 그런 뒤에 알게 된다는 것을 모르나니 크게 미혹되었다고 아니할 수 있겠는가? 그만두자꾸나! 그만두자꾸나! 그러지 않으면 재앙을 만나 장차 피할 곳이 없을 것이다. 이것이 이른바 각기 옳다고 말하면 그런대로 이치가 있다는 것이 아닐까?

【대의】

이 장에서는 나이 육십을 거치는 사이에 60차례나 생각이 바뀌었다는 거백옥蘧伯玉의 예를 들어, 옳고 그른 것이 일정하지 않다는 것과 진지眞知를 모르는 사람들이 크게 미혹되어 있다는 것을 말하고 있다.

9

仲尼問於大史大弢, 伯常騫, 狶韋曰[1]:「夫衛靈公飮酒湛樂,[2] 不聽國家之政; 全獵畢弋, 不應諸侯之際[3]; 其所以爲靈公者何邪?」[4] 大弢曰:「是因是也.」伯常騫曰:「夫靈公有妻三人, 同濫而浴.[5] 史鰌奉御而進所,[6] 搏幣而扶翼. 其慢若彼之甚也, 見賢人若此其肅也, 是其所以爲靈公也.」[7]

중니 문어태사태도와 백상건과 희위하야 왈 부위령공이 음주침락하야 불청국가지정하며 전렵필익으로 불응제후지제하니 기소이위령공자는 하야오 태도는 왈 시는 인시야니라 백상건은 왈 부령공이 유처삼인이러니 동람이욕할새 사추 봉어이진소어늘 박폐이부익하니 기만 약피지심야로되 견현인이 약차기숙야하니 시기소이위령공야니라

---

[1] 『석문』에 따르면 태도大弢와 백상건伯常騫은 인명이고, 이이에 따르면 희위狶韋는 태사관의 이름이다.

[2] 『석문』에 따르면 침湛은 오래도록 즐기는 것이다.

[3] 사마표에 따르면 제후지제諸侯之際는 회맹會盟의 일이다.

[4] 곽상에 따르면 영靈은 곧 무도無道하였다는 시호이다.

[5] 왕숙민은 말하기를 "람濫은 가차하여 함檻이고, 함檻은 가차하여 감鑑이다"라고 하였다. 그러나 조초기에 따르면 람濫은 욕조이다.

[6] 성현영은 말하기를 "성은 사史이고 자가 어魚이니 위衛의 현대부賢大夫라"라고 하였다.

[7] 곽상은 말하기를 "현자를 공경하는 것으로써 그의 개인적인 예의 없음을 보완하려고 하였다. 영靈에는 두 가지 뜻이 있는지라 선하다고 할 수 있다. 그러므로 공자가 그에 대하여 물은 것이다"라고 하였다.

공자가 태사大史인 태도大弢와 백상건伯常騫과 희위狶韋에게 물었다. "저 위령공衛靈公이 술 마시며 향락에 빠져서 나라의 정사를 보지 않으며 사냥하고 그물과 주살로 새나 토끼를 잡는 일로 제후의 회맹會盟의 일에 응하지 않았는데도 그가 영공靈公이라는 시호를 받게 된 까닭은 무엇입니까?" 태도가 말하였다. "이것은 그가 이렇게 했기 때문이다." 백상건이 말하였다. "저 영공은 아내가 셋이나 있더니 같은 욕조에서 목욕할때 사추史鰌가 임금이 쓰는 물건을 받들고서 영공이 있는 곳으로 들어오거늘 사람을 시켜 얼른 그가 들고 온 폐백을 받아들게 하고 부축하여 돕게 하니, 그가 그처럼 지나치게 예의 없는 짓을 하면서도 현인을 보고서 이와 같이 공경하니 이것이 그가 영공이라는 시호를 받게 된 까닭이다."

猰韋曰:「夫靈公也死,[8] 卜葬於故墓不吉, 卜葬於沙丘而吉. 掘之數仞,
得石槨焉, 洗而視之, 有銘焉, 曰:『不馮其子, 靈公奪而里之.』夫靈
公之爲靈也久矣,[9] 之二人何足以識之!」[10]

희위는 왈 부령공야 사커늘 복장어고묘한대 불길하고 복장어사구이길이어늘 굴
지수인하야 득석곽언하야 세이시지하니 유명언하더라 왈 불빙기자하야 령공이 탈
이리지라 하니 부령공지위령야 구의니 지이인은 하족이식지리오

---

[8] 왕숙민에 따르면 야也는 지之와 같다.
[9] 사마표는 말하기를 "자손은 족히 의지할 수 없으므로 공으로 하여금 이곳을 얻어 무덤을 삼
게 하였다"고 하였다.
[10] 곽상은 말하기를 "이미 그러한 현상적인 일만 알 뿐이고, 이미 그러한 것이 자연自然에서 나
온다는 것을 모르는 것이다"라고 하였다. 전목이 인용한 엄복嚴復 설에 따르면 두 사람은 태
도와 백상건을 가리킨다.

희위가 말하였다. "그 영공이 죽거늘 생전에 파놓은 묘에 장사 지내고자 점을 치니 길하지 않은지라, 사구沙丘에 장사 지내는 것이 어떨까 하고 점을 치니 길하거늘 그곳을 몇 길 파다가 석곽을 얻어 씻어보니, 거기에 새겨 있기를 '자손을 믿을 수 없다. 영공이 빼앗아서 묻히게 될 것이다' 라고 하였다. 저 영공이 영이라는 시호를 받게끔 된 운명이 오래되었을진저! 저 두 사람이 어찌 충분히 그것을 알리오!"

【대의】

위령공衛靈公은 무도하였기 때문에 그가 죽은 뒤 영공이라는 시호를 받게 되었다는 것이다. 그는 현자를 공경함으로써 개인적으로 예의 없게 행동한 것을 보완하려고 했지만, 무도한 사람이 받게 되는 시호를 얻은 것은 어쩔 수 없었다는 것을 말하고 있다.

10-1

少知問於大公調曰[1]:「何謂丘里之言?」[2] 大公調曰:「丘里者, 合十姓
百名而以爲風俗也, 合異以爲同, 散同以爲異.[3] 今指馬之百體而不得
馬, 而馬係於前者, 立其百體而謂之馬也. 是故丘山積卑而爲高, 江
河合小而爲大, 大人合幷而爲公.[4] 是以自外入者, 有主而不執; 由中
出者, 有正而不距.[5] 四時殊氣, 天不賜, 故歲成; 五官殊職,[6] 君不私,
故國治; 文武大人不賜,[7] 故德備; 萬物殊理, 道不私, 故无名. 无名故
无爲, 無爲而无不爲. 時有終始, 世有變化. 禍福淳淳,[8] 至有所拂者
而有所宜[9]; 自殉殊面,[10] 有所正者有所差.[11] 比於大宅, 百材皆度[12];
觀於大山, 木石同壇.[13] 此之謂丘里之言.」

소지문어태공조하야 왈 하위구리지언고 태공조왈 구리자는 합십성백명이이위
풍속야라 합이이위동하고 산동이위이하나니 금에 지마지백체하야 이부득마하리
어니와 이마계어전자를 입기백체라야 이위지마야니라 시고로 구산이 적비이위고
하며 강하합소이위대하며 대인이 합병이위공하나니라 시이로 자외입자 유주이부
집하며 유중출자 유정이불거하나니라 사시수기하나 천불사론 고로 세성하며 오관
수직하나 군불사라 고로 국치하며 문무를 대인이 불사 고로 덕비하며 만물수리하나
도불사 고로 무명하며 무명이론 고로 무위하니 무위이무불위니라 시유종시하며 세유
변화하며 화복이 순순이라 지유소불자야 이유소의하며 자순이면 수면이라 유소정
자는 유소차하니 비어대택에 백재개도하며 관어대산에 목석동단호니 차지위구
리지언이니라

246

소지少知가 태공조大公調에게 묻기를 "열 집 스무 집 되는 마을 사람들의 말을 무어라고 해야 할까요?"라고 하였다. 태공조가 말하였다. "이른바 구리丘里는 열 가지 성을 가진 100명을 합해서 풍속을 이루게 된다. 다른 것을 합하여 같은 것이 되고, 같은 것을 분해하여 다른 것이 되게 한다. 이제 말의 온갖 몸을 가리켜도 말을 얻지 못하니라. 그러나 앞에 매어놓은 말은 그의 온갖 몸을 세워놓아야 그것을 한 마리의 말이라고 한다. 이 때문에 구릉과 산은 낮은 것들을 하나씩 쌓아서 높아지며, 강과 바다도 많은 물을 합하여 커지며, 대인은 많은 사람을 관용하여 공변된다. 이 때문에 밖에서 들어온 것에 대하여 주견이 있으나 고집하지 않으며, 마음속에서 나가는 것은 바름이 있으나 어기지 않는다. 봄·여름·가을·겨울의 사시가 기후만은 각각 다르나 하늘이 이러라 저러라고 어떤 계절만 편들어주지 않으므로 사계절이 저절로 이루어지며, 다섯 관직이 각기 직분이 다르나 임금이 사사로이 하지 않으므로 나라가 다스려지며, 문인과 무인이 각기 재능이 다르나 대인이 봉해주는 것이 아니므로 덕이 갖추어지며, 만물이 이치를 달리하나 도가 사사로이 하지 않으므로 이름이 없으며, 이름이 없으므로 무위하니 무위하여도 하지 않음이 없다. 사시에는 마무리와 시작이 있으며, 세상에는 변화가 있으며, 화와 복이 서로 흘러가는지라 어기는 바가 있기에 이르나 다른 쪽에서는 알맞게 되는지 모른다. 자기 견해를 따르면 향하는 것이 달라진다. 바른 것이 있으면 차이 나는 것이 있으니, 큰 건물을 짓는 일에 견주면 온갖 재목이 각기 용도가 있어서 정도에 맞지 않는 것이 없으며, 큰 산에 대조하면 나무나 돌이 다르나 토대는 같다. 이를 일러 구리의 말이라고 한다."

少知曰:「然則謂之道, 足乎?」大公調曰:「不然. 今計物之數, 不止於萬, 而期曰萬物者,[14] 以數之多者號而讀之也.[15] 是故天地者, 形之大者也; 陰陽者, 氣之大者也; 道者爲之公.[16] 因其大而號以讀之, 則可也, 已有之矣, 乃將得比哉?[17] 則若以斯辯, 譬猶狗馬, 其不及遠矣!」

소지왈 연즉위지도 족호아 태공조왈 불연하니라 금계물지수컨댄 부지어만이어늘 이기왈만물자는 이수지다자로 호이독지야니라 시고로 천지자는 형지대자야요 음양자는 기지대자야라 도자 위지공은 인기대하야 이호이독지 즉가야니라 이유지의니 내장득비재아 즉약이사변이면 비유구마라 기불급이 원의니라

---

1 조초기에 따르면 소지少知와 태공조大公調는 모두 가설한 인명이다.

2 이이에 따르면 "정井 네 개가 읍邑이고, 읍 네 개가 구丘이고, 가家 다섯이 인鄰이고, 인 다섯이 리里이다. 옛적에 인과 리와 정과 읍은 당시의 풍속이 같지 않으니, 지금 마을이 각기 지방 풍속이 있어서 물物이 서로 같지 않은 것과 같다"고 하였다.

3 전목은 여혜경呂惠卿이 "성명을 합하여 구리丘里가 되고, 구리를 흩뜨려 성명이 된다"고 한 말을 인용하였다.

4 『석문』에 따르면 어떤 판본에는 합수合水가 합류合流로 되어 있다. 유월은 말하기를 "합병이 위공合幷而爲公은 뭇 작은 것들의 칭위를 합하여 지극히 공변된 하나가 된다"고 하였다. 왕숙민에 따르면 합병合幷은 합군合羣과 같다. 성현영은 말하기를 "흙과 돈을 쌓아서 구릉과 산을 이루고, 세류細流를 모아서 강과 바다를 이룬다고 한 것은 또한 성인이 무심無心하여 사람에 따라 베푸는 것과 같다. 그러므로 팔방을 병합하고 천하를 균일하게 하고, 중화민족과 오랑캐를 함께 밟으며, 멀고 가까움에 사사로움이 없다"고 하였다.

5 왕숙민이 말하기를 "정正은 필匹 자가 잘못된 것이다. …… '필'은 '합하다'이니 응應의 뜻에 가깝다. …… 이는 대인의 감화가 밖으로부터 들어오지만, 주견은 있어도 집착하지 않는다. 백성들과 사물의 성품은 속으로부터 나오지만, 마땅하게 응하면 어기지 않는 것을 일컫는다"고 하였다.

소지가 말하였다. "그렇다면 그러한 말을 도라고 해도 충분합니까?" 태공조가 말하였다. "그렇지 않다. 물건의 수를 계산하는데 만萬에서 그치지 않거늘, 만물이라고 정하는 것은 수의 많음으로써 그것을 호칭한 것이다. 이 때문에 천지는 형체 있는 것 가운데 가장 큰 것이요, 음양은 기운 가운데 가장 큰 것이나, 도는 천지와 음양이 함께 가진 것이다. 그 큰 것에 말미암아 그것을 칭하여 말하면 된다. 벌써 그러한 이름이 있는데도 이름 없는 이치에 견줄 수 있겠는가? 만약 이로써 분별한다면 비유하건대 개와 말을 견주는 것과 같은지라 서로 비교할 길이 없는 것이 매우 멀다."

---

6 성현영이 말하기를 "옛적에는 오행五行을 본받아 관직을 두었다. 춘관·추관은 각기 맡은 직분이 있으나, 군왕은 현묵玄默하고 위임한 채 사사로이 하는 일이 없다"고 하였다.

7 왕숙민에 따르면 문무文武 다음에 수능殊能 두 글자가 있어야 한다.

8 성현영에 따르면 순순淳淳은 유행流行하는 모습이다.

9 곽상은 말하기를 "여기에서는 어그러지지만 저기에서는 혹 알맞게 될는지 모른다"고 하였다.

10 왕숙민에 따르면 면面은 '향하다'를 뜻한다.

11 곽상은 말하기를 "여기에서는 바르지만 저기에서는 차이가 날 수 있다"고 하였다.

12 곽상은 말하기를 "재목은 버릴 게 없다"고 하였다. 택澤은 『석문』에 따라 택宅으로 고쳐 풀이한다.

13 왕숙민에 따르면 단墠은 산전山田으로 갈지 않은 땅이다.

14 조초기에 따르면 기期는 '정定하다'이다.

15 이이에 따르면 독讀은 어語와 같다.

16 곽상은 말하기를 "물物이 얻어서 통하니, 물에 통하지만 사사로움이 없으니 억지로 그의 자字를 도라고 하였다"고 하였다.

17 왕숙민은 말하기를 "내乃는 기豈와 같다. 내장乃將은 기상豈尙과 같다"고 하였다. '기상'은 '어찌 오히려'를 뜻한다.

10-2

少知曰:「四方之內, 六合之裏, 萬物之所生惡起?」大公調曰:「陰陽
相照, 相蓋相治[1]; 四時相代, 相生相殺. 欲惡去就, 於是橋起[2]; 雌雄
片合,[3] 於是庸有. 安危相易, 禍福相生, 緩急相摩,[4] 聚散以成. 此名實
之可紀, 精微之可志也. 隨序之相理,[5] 橋運之相使,[6] 窮則反, 終則始;
此物之所有. 言之所盡, 知之所至, 極物而已.[7] 覩道之人, 不隨其所
廢, 不原其所起,[8] 此議之所止..[9]

소지왈 사방지내와 육합지리에 만물지소생은 오기오 태공조 왈 음양이 상조하야
상개상치하며 사시 상대하야 상생상살이어든 욕오거취 어시에 교기하며 자웅편
합이 어시에 용유하며 안위 상역하며 화복이 상생하며 완급이 상마하며 취산이 이
성하나니 차 명실지가기며 정미지가지야니라 수서지상리와 교운지상사 궁즉반
하고 종즉시하나니 차 물지소유라 언지소진이며 지지소지 극물이이니라 도도지
인은 불수기소폐하며 불원기소기하나니 차의지소지니라

[1] 유월에 따르면 개蓋는 해害로 읽어야 한다.
[2] 성현영에 따르면 교橋는 일어나는 모습이다.
[3] 왕숙민에 따르면 암수가 각기 반쪽이지만 서로 합한다는 것을 일컫는다.
[4] 왕숙민에 따르면 상마相摩는 상박相迫과 같다.
[5] 왕숙민에 따르면 이 구절은 앞의 사시四時를 이어받아서 말한 것이다.
[6] 왕숙민에 따르면 이 구절은 앞의 음양陰陽을 이어받아서 말한 것이다. 조초기에 따르면 교운
橋運은 두레박처럼 운동하는 것이고, 상사相使는 상호작용을 하는 것이다.
[7] 왕숙민에 따르면 도道는 말과 지식을 초절超絶한다.
[8] 조초기에 따르면 원原은 근원을 찾아 거슬러 올라가는 것이다.
[9] 왕숙민에 따르면 도道는 의론할 수 없는 것이다.

소지가 말하기를 "사방의 안과 천지사방 속에서 만물이 생겨나는 것은 어떻게 기원합니까?"라고 하니 태공조가 말하였다. "음과 양이 서로 비추고 서로 해치고 서로 다스리며 봄·여름·가을·겨울의 사시가 서로 바뀌어 서로 살리고 서로 죽이거든 좋아하는 것과 싫어하는 것, 소원한 것과 친근한 것이 여기에서 두레박처럼 오르내리며 암컷과 수컷이 각기 반쪽이지만 서로 합하는 것이 여기에서 늘 있으며 편안한 것과 위태로운 것이 서로 바뀌며 화와 복이 서로를 생겨나게 하며 느린 것과 빠른 것이 서로 다가가며 모이고 흩어지면서 서로 이루어지게 하지만 이것에 대해서도 명名과 실實로 기록할 수 있으며, 정미한 것일지라도 기록할 수 있다. 순서에 따라 서로 다스리는 것은 마치 두레박이 오르내리듯 서로 작용하여 다하면 돌아오고 끝나면 시작하니 이는 만물이 저절로 지닌 것이다. 말이 다하는 것이며, 아는 것이 이르는 것은 물物의 범위 안에서 그치는 것이다. 도를 아는 사람은 그것이 그치는 바를 추적하지 않으며 그것이 일어나는 바를 찾지 않으니, 이것이 의론이 그쳐야 하는 바이다."

10-3

少知曰:「季眞之莫爲, 接子之或使,[1] 二家之議, 孰正於其情, 孰偏於其理?[2] 大公調曰:「鷄鳴狗吠, 是人之所知; 雖有大知, 不能以言讀其所自化, 又不能以意測其所將爲. 斯而析之,[3] 精至於无倫,[4] 大至於不可圍, 或之使, 莫之爲, 未免於物, 而終以爲過.[5] 或使則實, 莫爲則虛. 有名有實, 是物之居,[6] 无名无實, 在物之虛. 可言可意, 言而愈疏.[7] 未生不可忌, 已死不可阻.[8] 死生非遠也, 理不可覩.

소지왈 계진지막위와 접자지혹사라 하는 이가지의는 숙정어기정이며 숙편어기리오 태공조왈 계명구폐 시인지소지로되 수유대지라도 불능이언으로 독기소자화며 우불능이의측기소장위어니와 사이석지면 정지어무륜이며 대지어불가위하리니 혹지사와 막지위는 미면어물 이종이위과니라 혹사즉실하고 막위즉허라 유명유실이면 시물지거요 무명무실이면 재물지허니 가언가의라 언이유소니라 미생에 불가기며 이사에 불가조니 사생비원야나 이불가도로다

---

[1] 성현영에 따르면 계진季眞·접자接子는 모두 제齊의 현인이다. 왕념손에 따르면 접자接子는 곧 첩자捷子이다.

[2] 해동에 따르면 편徧은 편偏 자가 잘못된 것이다.

[3] 조초기에 따르면 사斯는 '구분하다'이다.

[4] 조초기에 따르면 륜倫은 비比이다.

[5] 왕숙민에 따르면 이而는 고故와 같다.

[6] 조초기에 따르면 거居는 소재所在이다.

[7] 왕숙민은 말하기를 "이른바 언言과 의意를 넘어선 것이다"라고 하였다.

[8] 성현영에 따르면 "기忌는 '금하다'이고 저阻는 '막다'이다."

소지가 말하였다. "계진季眞은 막위莫爲고 하고 접자接子는 혹사或使라 하는데, 두 학파의 의론 가운데 어느 것이 그 실정에 바릅니까?" 태공조가 말하였다. "닭이 울고 개가 짖는 것, 이는 사람들이 아는 것이로되 비록 대지大知를 가졌을지라도 언어로써 그들이 스스로 변화하는 것을 읽을 수 없으며 또 사유로써 그것이 장차 어떻게 될지를 헤아릴 수 없다. 갖가지 사물에 대하여 분석하면 정미한 것은 무한히 작은 것에 이를 것이며, 큰 것은 범위를 한정할 수 없는 것에 이를 것이니, 어떤 것이 주재한다는 것과 아무것도 주재하는 것이 없다는 것은 물物의 국한에서 벗어나지 아니하여 마침내 지나치게 된다. 혹사는 물의 실질 쪽에서 가리키고, 막위는 허령한 도에 대하여 가리킨 것이다. 명名과 실實이 있는 것은 물物이 있는 곳이요, 명과 실이 없으면 물物이 텅 빈 곳에 있게 될 것이니 언어로써 밝힐 수 있고 사유로써 살필 수 있는 것은 말할수록 더욱 도에서 멀어질 것이다. 아직 생기지 않은 것을 오지 못하게 할 수 없으며 이미 죽어가는 것을 막을 수 없으니, 죽고 사는 것이 멀지 않으나 그 이치는 볼 수 없다.

或之使, 莫之爲, 疑之所假.[9] 吾觀之本, 其往无窮; 吾求之末, 其來无止.[10] 无窮无止, 言之无也, 與物同理; 或使莫爲, 言之本也, 與物終始.[11] 道不可有, 有不可无. 道之爲名, 所假而行. 或使莫爲, 在物一曲, 夫胡爲於大方?[12] 言而足, 則終日言而盡道; 言而不足,[13] 則終日言而盡物. 道物之極, 言默不足以載[14]; 非言非默, 議有所極.」[15]

혹지사와 막지위여 의지소가로다 오관지본한대 기왕무궁하고 오구지말한댄 기래무지로다 무궁무지며 언지무야라야 여물동리하리라 혹사막위를 언지본야컨댄 여물로 종시로다 도불가유며 유불가무니 도지위명도 소가이행이니라 혹사막위는 재물일곡이어니 부호위어대방이리오 언이족 즉종일언이진도요 언이부족 즉종일언이진물이니 도물지극은 언묵이 부족이재니라 비언비묵이니 의유소극이로다

[9] 왕숙민에 따르면 가假는 지至이다.
[10] 왕숙민에 따르면 두 지之 자는 기其와 같다.
[11] 왕숙민은 말하기를 "이는 유위有爲·무위無爲가 각기 한쪽에 집착하여 그 본원을 말하니 이는 물체의 형상에 끝과 처음이 있는 것과 같다는 바를 일컬은 듯하다"고 하였다.
[12] 왕숙민에 따르면 부夫는 차此와 같고 위爲는 조助와 같다.
[13] 왕숙민에 따르면 두 이而 자는 여如와 같다.
[14] 왕숙민에 따르면 재載는 '기재하다'를 일컫는다.
[15] 세덕당본世德堂本에는 유소有所를 기유其有로 썼다. 왕숙민에 따르면 기其는 즉則과 같고, 극極은 궁窮과 같다. 그에 따르면 이를 말하지 않거나 침묵하지 않으면 의론할 수 없고, 의론하면 다하는 바가 없다는 것을 뜻한다.

어떤 것이 주재한다는 것과 아무것도 주재하는 것이 없다는 것은 의혹하는 사람들이 이른 것이다. 내가 그 근본을 보건대 그들이 지나가는 것도 끝이 없고, 내가 그 끝을 찾아보건대 그들이 오는 것도 그침이 없다. 끝이 없고 그침이 없으니 그것을 무无라고 말해야 만물과 이치를 함께 하리라. 혹사와 막위는 만물의 근원에 대하여 말한 것이니 사물들과 더불어 끝나거나 시작하되 도는 있다고 할 수도 없고 없다고 할 수도 없다. 도라는 이름은 빌려서 운용한 것이다. 혹사와 막위는 물物의 한쪽에 대하여 말한 것이니 이것이 대도大道에 대하여 어찌하리오? 말하여 충분하다면 종일 말하여 도를 다할 것이요, 말하여 충분치 않다면 종일토록 말하여도 물物을 다한 셈일 것이니, 도와 물物의 끝은 말과 침묵으로써 충분히 전할 수 없다. 말하는 것도 아니고 침묵하는 것도 아니니 의론이 그치는 바이다."

【대의】

이 장에서는 소지少知와 태공조大公調의 대화를 통하여 같음과 다름을 논하였다. 주재하는 것이 있다는 설과 만물을 주재하는 것이 없다는 설 등을 논하여 인간의 의혹을 풀어내고 있다.

마을 사람들이 말한 것은 만물의 동일성이다. 그러나 동일성만으로는 도를 충분히 설명하지 못한다. 도는 동일성일 뿐 아니라 동시에 만물의 현상 중에 반영되어 있다. 그러므로 허虛하기도 하고 무위하기도 하며, 언言과 묵默에도 반영되어 있다. 도가 만물에 반영되어 있을 때에는 구체적·실질적이며, 할 수도 있고 말할 수도 있으나 그의 본체는 허하고 무위하여 말로 표현할 수 없다.

• 제26편 • **외물**(外物 第二十六)

외적인 일들은 용봉龍逢과 비간比干과 기자箕子 같은 충신의 뜻대로 되는 것이 아니며, 오래惡來 같은 간신과 걸桀·주紂 같은 폭군이 원하는 대로 되는 것도 아니다. 장자와 같은 현자도 가난하였으며 신령스러운 거북도 제 명에 죽지 못할 수 있으며, 벼슬자리를 구하다가 죽는 사람이 있는가 하면 그것을 피하여 죽는 사람도 있다.

신인神人은 세상일에 그다지 관심이 없이 어디에나 통할 수 있는 도의 본성인 자연에 따라 살면서 스스로의 뜻에 충실하되 흔적을 남기지 않는다. 이러한 취지는 「인간세」편에서 말한 뜻을 발휘하고 있다. 왕숙민에 따르면 이 편의 마지막 장에서 말하고 있는 언言과 의意의 문제는 위魏·진晉의 학술사상에 지대한 영향을 끼쳤다.

장형소우에 따르면 「외물」편은 『한비자』韓非子·『여씨춘추』呂氏春秋 시대에 지어졌다. 『석문』釋文에 따르면 이 편은 뜻으로 편명을 삼았다.

1

外物不可必, 故龍逢誅, 比干戮, 箕子狂, 惡來死, 桀紂亡.¹ 人主莫不
欲其臣之忠, 而忠未必信, 故伍員流于江, 萇弘死于蜀, 藏其血三年
而化爲碧.² 人親莫不欲其子之孝, 而孝未必愛, 故孝己憂而曾參悲.³
木與木相摩則然,⁴ 金與火相守則流.⁵ 陰陽錯行, 則天地大絯,⁶ 於是
乎有雷有霆, 水中有火,⁷ 乃焚大槐.

외물은 불가필이니 고로 용봉이 주하며 비간이 륙하며 기자 광하며 오래 사하며 걸
주 망하니라 인주 막불욕기신지충이언마는 이충미필신이론 고로 오원이 류우강
하며 장홍이 사우촉커늘 장기혈한대 삼년이화위벽하니라 인친이 막불욕기자지효
언마는 이효미필애론 고로 효기우하며 이증삼이 비하니라 목여목이 상마즉연하며
금여화 상수즉류하며 음양이 착행 즉천지 대해하야 어시호에 유뢰유정하며 수중에
유화하야 내분대괴하나니라

---

¹ 용봉龍逢과 비간比干은 「인간세」편에 보인다. 기자箕子는 「대종사」편에 보인다. 오래惡來는
　주紂의 아첨 잘하는 신하이다.
² 오원伍員과 장홍萇弘은 「거협」편에 보인다.
³ 이이는 말하기를 "효기孝己는 은고종殷高宗의 태자이다. 증삼曾參은 지극히 효성스러웠으나
　부모가 그를 증오하였다. 그는 곧잘 부모에게 맞아 사지死地에 가까웠으므로 슬피 울었다"고
　하였다.
⁴ 조초기에 따르면 연然은 연燃의 본래 글자이다.
⁵ 조초기는 말하기를 "상수相守는 상처相處이니 함께 놓은 것이다. …… 유流는 녹아서 흐르는
　것이다"라고 하였다.
⁶ 해동에 따르면 해絯는 가차하여 해駭가 된다.
⁷ 왕숙민에 따르면 수水는 비[雨]를 일컫는다.

260

외적인 일은 기약할 수 없으므로 용봉龍逢이 죽임을 당했으며 비간比干이 살육되었으며 기자箕子가 미쳤으며 오래惡來가 죽었으며 걸桀과 주紂가 망하였다. 임금 가운데 그의 신하가 충성하기를 바라지 않는 이 없지만 충성심이 반드시 신임받는 것은 아니기 때문에 오원伍員의 시신이 강물 위로 떠서 흘러갔으며 장홍萇弘이 촉 땅에서 죽었는데 어떤 이가 그의 피를 저장하니 삼 년 뒤에 벽옥碧玉이 되었다고 한다. 어버이 가운데 그의 자식이 효도하기를 바라지 않는 이 없지만 효자가 반드시 사랑받는 것은 아니므로 효기孝己가 근심하였으며 증삼曾參이 슬퍼하였다. 나무와 나무를 서로 문지르면 불이 나며, 쇠와 불이 오래 같이 있으면 녹아 흐르며, 음과 양이 서로 엇갈려 운행하면 천지가 크게 진동하니, 그리하여 우레가 있고 천둥이 있게 되며 빗속에 불이 있게 되어, 큰 홰나무를 불사르게 된다.

有甚憂兩陷而无所逃,^{8} 墜蟬不得成,^{9} 心若懸於天地之間, 慰暋沈
屯,^{10} 利害相摩, 生火甚多,^{11} 衆人焚和, 月固不勝火,^{12} 於是乎有僓然
而道盡.^{13}

유심우하니 량함이무소도라 진돈부득성하야는 심약현어천지지간하야 위민침둔
하야 이해 상마하야 생화 심다하나니 중인은 분화라 월이 고불승화하야 어시호에
유퇴연이도 진이니라

---

8 왕숙민이 말하기를 "근심걱정하는 마음이 타는 듯하다. 이해·영욕·시비·득실 등에 의해 곤
   란을 당하는 것이 이른바 양함兩陷이다"라고 하였다.
9 왕숙민은 말하기를 "두려워하여 평화롭지 못하다는 것을 일컫는다"고 하였다.
10 성현영은 말하기를 "마음먹은 대로 되면 즐겁고 마음이 놓이고, 뜻에 어그러지면 어질어질
   하고 답답해지며, 상황을 만나면 빠지고, 일에 부닥치면 머뭇거리고 태평하지 않거늘, 어찌
   평화롭고 시원시원할 수 있으리오"라고 하였다.
11 곽상은 말하기를 "안에서 열이 나기 때문이다"라고 하였다.
12 왕숙민은 말하기를 "달은 심성心性을 비유하고 화火는 욕심을 비유한다"고 하였다.
13 왕숙민은 말하기를 "퇴僓는 퇴隤와 같다"고 하였다.

매우 심각한 근심걱정이 있으니 양쪽에 빠져서 도피할 곳이 없는지라 두려운 듯이 불안하여 평정하지 못하게 되어서는 마음이 천지 사이에 걸려 있는 듯하며, 마음이 놓이기도 하고 캄캄하여 답답하기도 하고 곤경에 빠진 듯하기도 하고 좌절당하기도 하여 이로운 것과 해로운 것이 서로 충돌하여 마음속에 불을 매우 많이 생기게 하나니 보통사람들은 화기和氣를 태우게 된다. 달과 같은 심성心性이 본래 불과 같은 욕심을 이기지 못하니, 그리하여 무너지듯이 도道가 다하게 된다.

【대의】

외적인 일들은 기약할 수 없다는 것을 여러 가지 역사적인 사례를 들어 밝히고, 외적인 일들에 매이다 보면 달과 같은 심성이 불과 같은 욕심을 이기지 못하여 도가 여기에서 다하게 된다고 말하였다. 외적인 일들은 기약할 수 없다는 것이 이 단락뿐 아니라 「외물」편 전체의 강령이다.

외적인 일들과 인간의 욕심의 관계를 설명하기 위해서 "나무와 나무를 서로 문지르면 불이 나며, 쇠와 불이 오래 같이 있으면 녹아 흐르며, 음과 양이 서로 엇갈려 운행하면 천지가 크게 진동하며, 그리하여 우레가 있고 천둥이 있게 되며, 빗속에 불이 있게 되며, 큰 홰나무를 불사르게 된다"는 경험적인 사례를 들었다.

장형소우에 따르면 이는 장자가 직접 체험하여 기술한 것으로 『장자』중 가장 진귀한 자료이며, 당시 사물의 이치에 대하여 직접 관찰하여 현묘한 이치를 천명한 것이다. 그에 따르면 이러한 사상들이 장자 철학사상의 근본적인 모습이다.

2

莊周家貧, 故往貸粟於監河侯.[1] 監河侯曰:「諾. 我將得邑金, 將貸子三百金, 可乎?」[2] 莊周忿然作色曰:「周昨來, 有中道而呼者. 周顧視車轍中, 有鮒魚焉. 周問之曰:『鮒魚來! 子何爲者邪?』對曰:「我, 東海之波臣也. 君豈有斗升之水而活我哉?』周曰:『諾. 我且南遊吳越之王, 激西江之水而迎子, 可乎?』鮒魚忿然作色曰:『吾失我常與, 我无所處. 吾得斗升之水然活耳, 君乃言此, 曾不如早索我於枯魚之肆!』」

장주 가빈 고로 왕대속어감하후한대 감하후왈 락다 아 장득읍금하야 장대자삼백금호리니 가호아 장주 분연작색하야 왈 주 작래할새 유중도이호자어늘 주 고시하니 거철중에 유부어언이러라 주 문지왈 부어는 래하라 자는 하위자야오 호니 대왈호되 아는 동해지파신야로니 군은 기유두승지수이활아재리오 주왈 락다 아 차남유오월지왕하야 격서강지수이영자호리니 가호아 부어 분연작색하야 왈 오 실아의 상여하야 아무소처호니 오 득두승지수면 연활이어늘 군내언차하니 증불여조색아어고어지사로다

[1] 성현영에 따르면 감하후監河侯는 위문후魏文侯이다.
[2] 성현영은 말하기를 "내가 연말에 봉지 안의 고을 백성들에게 조세를 부과하여 물건을 얻어서 그대에게 빌려주기를 기다리라"고 하였다.

장주莊周가 집안이 가난하므로 감하후監河侯에게 가서 양식을 빌려달라고 하였다. 감하후가 말했다. "좋소. 내가 장차 고을 안의 백성들에게서 세금을 거두어 그대에게 삼백 금을 빌려주겠네. 괜찮겠는가?" 장주가 분연히 얼굴빛을 바꾸어 말했다. "내가 어제 올 때 길 가운데서 부르는 자가 있거늘, 내가 돌아보니 수레 바큇자국 속에 붕어가 있었네. 내가 그에게 물어 말하기를 '붕어야, 이리 오너라! 그대는 무슨 짓을 하고 있는가?'라고 물으니 대답하기를 '나는 동해의 파도신인데 그대는 어찌 약간의 물을 가지고 나를 살려주지 않는가?'라고 하였다. 내가 말했다. '좋다. 나는 장차 남쪽으로 가서 오나라와 월나라 왕에게 유세하여 서강西江의 물을 끌어다가 그대를 맞이하려는데 괜찮겠는가?' 붕어가 분연히 얼굴빛을 바꾸어 말했다. '나는 내 떳떳한 짝을 잃고서 내가 있을 곳이 없어졌다. 나는 약간의 물을 얻으면 살게 될 것이거늘 그대가 뜻밖에 이와 같이 말하니, 차라리 일찌감치 나를 건어물시장에서 찾느니만 못할 것이다!'"

【대의】

집안이 가난했던 장자의 경우를 들어 남에게 도움을 구하면 곤란하다는 것을 설명하였다. 또한 당시 통치자들의 교활한 면모를 보여주기도 한다. 장형소우에 따르면 이 구절은 장자가 자술했거나 그와 가까운 사람이 기술한 냄새가 물씬 풍기며, 전국 중기의 분위기가 난다.

3

任公子爲大鉤巨緇,[1] 五十犗以爲餌, 蹲乎會稽, 投竿東海, 旦旦而釣,
期年不得魚. 已而大魚食之, 牽巨鉤, 錎沒而下,[2] 騖揚而奮鬐,[3] 白波
若山, 海水震蕩, 聲侔鬼神, 憚赫千里.[4] 任公子得若魚,[5] 離而腊之, 自
制河以東,[6] 蒼梧已北,[7] 莫不厭若魚者. 已而後世輇才諷說之徒, 皆驚
而相告也. 夫揭竿累,[8] 趨灌瀆, 守鯢鮒, 其於得大魚難矣. 飾小說以
干縣令, 其於大達亦遠矣. 是以未嘗聞任氏之風俗,[9] 其不可與經於世
亦遠矣.[10]

임공자 위대구거치하고 오십개로 이위이하야 준호회계하야 투간동해하야 단단이
조호되 기년을 부득어러니 이이오 대어 식지하야 견거구하야 함몰이하하야 무양이
분기하니 백파 약산이요 해수 진탕하야 성모귀신하야 탄혁천리러라 임공자 득약
어하야 이이석지하니 자제하이동과 창오이북이 막불염약어자러라 이이오 후세에
전재풍설지도 개경이상고야하나다 부게간루하야 추관독하야 수예부하리는 기어
득대어에 난의며 식소설하야 이간현령하리는 기어대달에 역원의라 시이로 미상문
임씨지풍속은 기불가여경어세 역원의나라

1 『석문』에 따르면 임任은 국명이다. 사마표에 따르면 거치巨緇는 커다란 검은 낚싯줄이다.
2 성현영은 말하기를 "이리하여 낚싯바늘을 물고 함몰陷沒했다"고 하였다. 이로써 보건대 함錎
   은 함陷의 잘못인 듯하다. '함몰'은 '침몰하다'의 뜻이다.
3 왕숙민에 따르면 무양騖揚은 '질주하다'를 일컫는다.
4 왕숙민에 따르면 탄혁憚赫은 물고기를 두고 말한 것이지 사람을 두고 말한 것이 아니다.
5 왕숙민에 따르면 약어若魚는 '이 물고기'와 같다.
6 조초기에 따르면 제하制河는 절강浙江이다.
7 조초기에 따르면 창오蒼梧는 중국의 구의산九嶷山이다.
8 『석문』에 따르면 루累는 본래 루纍라고 썼다.
9 왕숙민에 따르면 풍속風俗은 '풍습'과 같다.
10 왕숙민에 따르면 불가여경어세不可與經於世는 세상에서 행해서는 안 된다고 말한 것과 같다.

임나라의 공자가 큰 낚시와 굵고 긴 낚싯줄을 만들고 불친 소 50마리를 미끼로 하여 회계산 위에 걸터앉아서 동해에 낚싯대를 던져 날마다 낚시질하되 일 년이 되어도 고기를 잡지 못했다. 오래 지나지 않아 큰 고기가 그것을 물고서 거대한 낚시를 끌고 물속으로 침몰하여 밑으로 질주하다가 그의 머리와 꼬리를 치켜들고 지느러미를 높이 곤두세우니 흰 파도가 산과 같고 바닷물이 진동하여 귀신과 같은 소리가 천 리를 두렵게 하더라. 임나라 공자가 이 물고기를 얻어서 각을 떠 포를 만드니 절강浙江 이동以東부터 창오산蒼梧山 이북까지 이 고기를 배불리 먹지 않은 이가 없었다. 그런 뒤 후세에 경박한 재지才智를 가지고 문장이나 흥얼거리는 무리가 모두 놀라서 서로 알려주더라. 대저 낚싯줄을 들고서 관개용 개천에 가서 미꾸라지나 붕어를 지키고 있으면 큰 고기를 잡기를 기약해도 어려울 것이며, 소설을 수식하여 높고 아름다운 명성을 추구하면 크게 통달하기를 기약해도 요원한 일일 것이다. 이 때문에 임나라 공자의 풍습을 들은 적 없이 세상에서 행해서는 안 되니 또한 우원迂遠한 일이다.

【대의】

이 구절은 임공자任公子가 물고기를 잡은 사례를 들어, 뜻이 작으면 작은 것을 얻고 뜻이 크면 큰 것을 얻는다는 것을 말하고 있다.

4

儒以詩禮發冢,[1] 大儒臚傳曰[2]:「東方作矣![3] 事之何若?」[4] 小儒曰[5]:
「未解裙襦, 口中有珠. 詩固有之曰:『靑靑之麥, 生於陵陂, 生不布施,
死何含珠爲?』[6] 接其鬢, 壓其顪, 儒以金椎控其頤, 徐別其頰, 无傷口
中珠!」[7]

유 이시례로 발총하더니 대유 려전왈 동방이 작의어니 사지하약고 소유왈 미해
군유요 구중에 유주로다 시고유지하니 왈 청청지맥이여 생어릉파로다 생불보시
이니 사하함주위리오 하니 접기빈하며 엽기훼하고 유이금추로 공기이하야 서별기
협하야 무상구중주하라

---

[1] 왕숙민은 말하기를 "이는 유儒가 시詩와 예禮를 사용하여 도굴한다는 것을 일컫는다"고 하
였다.

[2] 상수에 따르면 위에서 아랫사람에게 말하는 것을 려전臚傳이라고 한다.

[3] 사마표에 따르면 동방작東方作矣는 해가 떴다는 것을 말한다.

[4] 왕숙민에 따르면 지之는 이已와 같다.

[5] 성현영에 따르면 소유小儒는 제자이다.

[6] 사마표에 따르면 이는 일시逸詩인데 죽은 사람을 풍자한 것이다. '일시'는 '없어진 시'이다.

[7] 성현영은 말하기를 "이 때문에 전항田恒은 인의를 빙자하여 제齊나라를 도적질하고, 유생은
시詩ㆍ예禮를 외우며 무덤을 발굴하니, 이로써 보건대 성인의 발자취는 족히 의지할 것이 못
된다"고 하였다. 왕념손에 따르면 유儒는 이而로 쓰는 것이 옳다.

유생이 시詩와 예禮를 사용하여 무덤을 파고 있었다. 큰 유생이 작은 유생에게 말을 전하여 이르기를 "동쪽이 밝았는데 일이 어떻게 되었는가?" 작은 유생이 말하였다. "아직 치마저고리를 벗기지 않았고 입안에는 구슬이 있습니다. 시에 본래 다음과 같은 구절이 있으니 이르기를 '푸릇푸릇한 보리가 산언덕에서 자라도다. 생전에 보시하지 않고서 죽어서 구슬을 머금은들 무엇하리오!'라고 하니, 귀밑 털 구레나룻을 잡으며 그의 뺨을 누르고 쇠망치로 그의 턱을 치며 그 뺨을 천천히 열어서 입안의 구슬을 다치게 하지 마라!"

【대의】
유생들은 명리名利를 추구할 뿐 아니라 시詩·예禮를 들먹이면서 추악한 짓을 한다고 말했다.

5

老萊子之弟子出薪,[1] 遇仲尼, 反以告,[2] 曰:「有人於彼, 修上而趨下, 末僂而後耳,[3] 視若營四海, 不知其誰氏之子?」老萊子曰:「是丘也. 召而來.」仲尼至. 曰:「丘! 去汝躬矜與汝容知, 斯為君子矣.」

노래자지제자 출신이라가 우중니하고 반하야 이고 왈 유인어피하니 수상이촉하며 말루이후이하고 시약영사해하니 부지기수씨지자오 노래자왈 시구야로다 소이래하라 중니지커늘 왈 구아 거여의 궁궁과 여여의 용지하면 사위군자의리라

---

[1] 성현영에 따르면 노래자老萊子는 초楚의 현인으로 은자이다.『석문』에 따르면 출신出薪은 출채신出採薪이다.

[2] 왕숙민에 따르면 반이고反以告는 곧 돌아가서 그의 스승에게 아뢰는 것이다.

[3] 왕숙민에 따르면 말루末僂라는 것은 그 등허리가 곱사등이라는 것을 일컫는다.

노래자老萊子의 제자가 나가서 나무하다가 공자를 만나고 돌아와서 아뢰어 말했다. "저기에 사람이 있으니, 상체는 길고 하체는 짧으며 등골뼈는 굽었고 귀는 뒤로 처졌고 시선은 사해四海를 경영하는 듯하니 그가 누구의 아들인지 모르겠습니다." 노래자가 말했다. "이는 공자로다. 불러오라." 공자가 이르거늘 말했다. "공자여! 너의 잘난 체하는 태도와 너의 지혜로운 모습을 버리면 곧 군자가 되리라."

仲尼揖而退, 蹴然改容而問曰[4]:「業可得進乎?」老萊子曰:「夫不忍
一世之傷而驁萬世之患,[5] 抑固窶邪, 亡其略弗及邪?[6] 惠以歡為驁,
終身之醜,[7] 中民之行進焉耳,[8] 相引以名, 相結以隱.[9] 與其譽堯而非
桀, 不如兩忘而閉其所非譽. 反无非傷也, 動无非邪也.[10] 聖人躊躇以
興事, 以每成功. 奈何哉其載焉終矜爾![11]

중니 읍이퇴하야 축연개용이문왈 업은 가득진호아 노래자왈 부불인일세지상
하야 이오만세지환하나니 억고구야인저 망기략의 불급야인저 혜이환위오 종신지
추어늘 중민지행이 진언이라 상인이명하며 상결이은하다 여기예요이비걸론 불
여량망이폐기소비예니 반이면 무비상야며 동이면 무비사야라 성인은 주저이흥
사하야 이매성공하나니 내하재로 기재언종긍이오

---

4 왕숙민에 따르면 축蹴은 축蹙과 통하는데, 마음이 불안한 모습이다.
5 왕숙민에 따르면 오만세지환驁萬世之患은 만세의 환난을 경시하는 것이다.
6 왕숙민은 말하기를 "망기亡其는 전어사轉語詞이고 구窶는 빈궁을 일컬으니 곧 '부족하다'를 뜻
   한다. 이는 아마 공자가 본디 부족한가 아니면 지략이 미급한가를 일컬은 것 같다"고 하였다.
7 왕숙민이 말하기를 "혜惠는 발성사이다. …… 이以는 내乃와 같다. 추醜는 치恥와 같다. 이는
   공자가 만세의 환난을 기꺼이 가벼이 본 것은 일생의 부끄러운 일이라는 것을 일컫는다"고
   하였다.
8 궐오闕誤에 따르면 행行 다음에 이易 자가 있어야 한다.
9 조초기에 따르면 은隱은 사私이다.
10 왕숙민은 말하기를 "너무 지나치면 반대로 이행해가고, 안정하지 않으면 동요한다. 이는 아
   마 훼예毀譽가 지나치면 상해하지 아니함이 없으며, 훼예에 안정하지 않으면 실수하지 아니
   함이 없다는 것을 일컫는 듯하다"고 하였다.
11 왕숙민은 말하기를 "어찌하리오. 그가 행하는 것이 끝내 스스로 잘난 체하는 것을!'이라고
   말하는 것과 같다"고 하였다.

공자가 읍하고 물러나 불안한 듯이 용모를 바꾸고서 물었다. "덕행을 닦는 일은 나아질 수 있겠습니까?" 노래자가 말했다. "대저 일시의 아픔을 참지 못하여 만세의 환난을 경시하나니 본래 혹 아는 것이 부족한가? 아니면 지략이 그에 미치지 못하는가? 그대가 기꺼이 만세의 환난을 가벼이 본 것은 일생의 부끄러운 일이거늘 범용한 사람들의 행실이 그 길로 나아가기 쉽다. 명성으로써 서로를 이끌어주며 사사로운 것으로 서로를 맺어놓는다. 요堯를 찬양하고 걸桀을 비난하는 것은 양쪽을 잊고서 찬양하는 바를 막는 것만 못하다. 물성物性을 어기면 상처받지 않음이 없으며 마음을 동요시키면 그르치지 않음이 없다. 성인은 주저하면서 일을 하여 번번이 공을 이룬다. 어찌하리오? 그가 행하는 것이 끝내 스스로 잘난 체하는 것을!"

【대의】

자기가 잘났다는 생각을 버려야 도를 배울 수 있다는 것과 물성物性을 어기면 상처를 받을 수 있다는 것과 마음을 동요시키면 정도를 그르칠 수 있다는 것을 말하고 있다.

6

宋元君夜半而夢人被髮窺阿門,[1] 曰:「予自宰路之淵, 予爲淸江使河伯之所,[2] 漁者余且得予.」[3] 元君覺, 使人占之,[4] 曰:「此神龜也.」君曰:「漁者有余且乎?」左右曰:「有.」君曰:「令余且會朝.」明日, 余且朝. 君曰:「漁何得?」對曰:「且之網得白龜焉, 其圓五尺.」君曰:「獻若之龜.」龜至, 君再欲殺之, 再欲活之, 心疑, 卜之, 曰:「殺龜以卜, 吉.」乃刳龜,[5] 七十二鑽而无遺筴.

송원군이 야반이몽하니 인이 피발하고 규아문하야 왈 여 자재로지연호니 여 위청강하야 사하백지소하다니 어자여저 득여하예라 원군이 교하야 사인점지하니 왈 차 신구야로다 군왈 어자 유여저호아 좌우왈 유하니이다 군왈 영여저로 회조하라 명일에 여저 조커늘 군왈 어하득고 대왈 저지망에 득백구언하니 기원이 오척이러이다 군왈 헌약지구하라 구 지커늘 군이 재욕살지하며 재욕활지하다가 심의 복지한대 왈 살구이복이면 길이러라 하야늘 내고구하니 칠십이찬이무유책이러라

<hr>

[1] 성현영은 말하기를 "송나라의 군주인데 시호를 원元이라 하였으니 곧 송원군이다. 아阿는 '굽다'이다"라고 하였다. 조초기는 말하기를 "피발被髮은 산발散髮이다.… 아문阿門은 굽은 곳의 작은 문이다"라고 하였다.

[2] 이이에 따르면 재로宰路는 연못 이름이다. 조초기에 따르면 청강淸江은 강 이름이고 하백河伯은 황하의 신이다.

[3] 『석문』에 따르면 여저余且의 성은 여余이고 이름은 저且이다.

[4] 왕숙민에 따르면 점占 다음에 몽夢 자가 빠진 것 같다.

[5] 왕숙민에 따르면 구龜 다음에 이복以卜 두 글자가 있어야 할 것 같다.

274

송원군宋元君이 야밤에 꿈을 꾸니 어떤 사람이 머리를 풀어헤치고 곁문 구석 방문을 들여다보며 말했다. "나는 재로宰路라는 깊은 못에서 나왔으니, 나는 청강신淸江神을 위하여 하백河伯이 있는 곳에 사신으로 가다가 어부 여저余且가 나를 잡았느니라." 원군이 깨어나서 사람을 시켜 점을 치니 이르기를 "이것은 신령한 거북입니다"라고 하였다. 임금이 말했다. "어부 가운데 여저가 있는가?" 좌우에서 이르기를 "있습니다"라고 하였다. 임금이 말했다. "여저를 불러 만나보게 하라." 이튿날 여저가 알현하거늘 임금이 말했다. "고기잡이하여 무엇을 잡았는가?" 대답하여 이르기를 "제 그물에 흰 거북이 잡혔는데 그 너비가 다섯 척입니다"라고 하자 임금이 말했다. "그대의 거북을 바치라." 거북이 이르거늘 임금이 재삼 살려줄까 재삼 죽일까 하다가 마음이 의혹하여 점을 쳤는데 "거북을 죽여 점을 치면 길하리라"고 하거늘 비로소 거북을 쪼개어 점을 치니 일흔두 번 뚫었는데 실책이 없었다.

仲尼曰:「神龜能見夢於元君,[6] 而不能避余且之網; 知能七十二鑽而
无遺筴, 不能避剖腸之患. 如是, 則知有所困, 神有所不及也. 雖有
至知, 萬人謀之. 魚不畏網而畏鵜鶘.[7] 去小知而大知明, 去善而自善
矣.[8] 嬰兒生无石師而能言,[9] 與能言者處也.」

중니왈 신구 능현몽어원군이로되 이불능피여저지망하고 지 능칠십이찬이무유
책이로되 불능피고장지환하니 여시 즉지유소곤이며 신유소불급야로다 수유지
지나 만인이 모지하며 어 불외망이요 이외제호하나니 거소지이대지명하며 거선이
자선의리라 영아 생무석사로되 이능언은 여능언자로 처야라

6 해동에 따르면 신神 다음의 구龜 자는 잘못 끼어들어간 것 같다.
7 곽상은 말하기를 "그물은 감정이 없으므로 물고기를 얻을 수 있다"고 하였다.
8 곽상은 말하기를 "선을 버리면 선을 사모할 것이 없어지고, 선을 사모할 것이 없으면 선한
   사람이 교정하지 않아도 저절로 선해진다"고 하였다.
9 마기창은 왕오를 인용하여 말하기를 석石은 석碩과 통한다고 하였다.

공자가 말했다. "신령스러운 거북이 원군에게 현몽할 수는 있었으나 여저의 그물은 피하지 못했고, 그 지혜가 일흔두 번 뚫어서 실책한 적이 없을 수 있었으나 내장이 꺼내지는 환난을 피하지 못했다. 이처럼 지혜에 곤궁한 바가 있고 신령함에도 미치지 못하는 것이 있다. 비록 지극한 지혜가 있으나 만인이 도모하며 고기는 그물을 두려워하지 않고 사다리 새를 두려워하니, 작은 지식을 버리면 대지大知가 밝아지며 선하다는 생각을 버리면 스스로 선해지리라. 갓난아이가 태어나서 큰 스승이 없어도 말을 할 수 있는 것은 말할 수 있는 사람과 함께 있기 때문이다."

【대의】

신령스러운 거북의 예를 통하여 비록 지식이 아주 많을지라도 자신의 죽음이라는 화를 벗어나기 어려우므로, 총명과 지혜를 버리고 자연에 따라야 한다는 것을 설명하였다.

7

惠子謂莊子曰:「子言无用.」莊子曰:「知无用而始可與言用矣.[1] 天地
非不廣且大也, 人之所用容足耳. 然則厠足而墊之致黃泉, 人尙有用
乎?」惠子曰:「无用.」[2] 莊子曰:「然則无用之爲用也亦明矣.」

혜자 위장자왈 자언이 무용이로다 장자왈 지무용이라야 이시가여언용의리라 천
지 비불광차대야언마는 인지소용은 용족이니라 연즉측족이접지하면 치황천하리
어니 인이 상유용호아 혜자왈 무용이니라 장자왈호되 연즉무용지위용야 역명의
로다

---

[1] 왕숙민에 따르면 이而는 내乃와 같다.

[2] 성현영이 말하기를 "점墊은 '파다'이다. 대저 동서남북과 위아래 안에 넓고 큰 것은 땅보다
더한 것이 없으나, 사람이 쓰는 것은 발 디뎌놓은 곳에 지나지 않는다. 만약 발 바깥을 파고
들어가 황천에 이르면 사람은 벌벌 떨며 행동할 수 없다. 이로써 쓸모있는 물건이 쓸모없는
것을 빌려야 공을 이룬다는 것을 알겠다"고 하였다.

혜시가 장자에게 말했다. "그대의 말은 쓸모가 없다." 장자가 말했다. "쓸모없음을 알아야 비로소 그와 더불어 쓸모있음을 말할 수 있다. 천지가 넓고 크지 않은 것은 아니지만 사람에게 쓸모있는 것은 발을 디딜 땅이다. 그렇다면 발을 디뎌놓고서 발로 밟고 있는 이외의 땅을 파들어가 황천에 이르게 하면, 사람에게 그래도 밟고 있는 땅이 쓸모가 있겠는가?" 혜시가 말했다. "쓸모가 없을 것이다." 장자가 말했다. "그렇다면 쓸모없는 것이 쓸모있음이 분명하다."

【대의】

무용無用의 용用을 설파하고 있다. 장형소우에 따르면 발을 디뎌놓고서 그 곁의 땅을 파고들어간다는 비유로써 '무용'을 알아야 비로소 '유용'을 말할 수 있다고 한 것은 「제물론」 「서무귀」에서 장자와 혜시가 문답한 것과 비슷하다.

8

莊子曰:「人有能遊, 且得不遊乎? 人而不能遊, 且得遊乎? 夫流遁之志, 決絶之行,[1] 噫, 其非至知厚德之任與![2] 覆墜而不反,[3] 火馳而不顧,[4] 雖相與爲君臣, 時也,[5] 易世而无以相賤. 故曰至人不留行焉.[6] 夫尊古而卑今, 學者之流也.[7] 且以狶韋氏之流觀今之世,[8] 夫孰能不波?[9] 唯至人乃能遊於世而不僻, 順人而不失己.[10] 彼敎不學, 承意不彼.」[11]

장자왈 인유능유인댄 차득불유호아 인이불능유인댄 차득유호아 부류둔지지와 결절지행이 희라 기비지지후덕지임여인저 복추이불반하며 화치이불고하나니 수상여위군신이나 시야라 역세면 이무이상천이니라 고로 왈지인은 불류행언이라 하나라 부존고이비금은 학자지류야니라 차이희위씨지류로 관금지세하면 부숙능불파리오 유지인이라야 내능유어세이불벽하며 순인이불실기하나니 피교를 불학이나 승의불피니라

---

[1] 왕숙민에 따르면 결절決絶은 단절과 같다.

[2] 왕넘손은 말하기를 "희噫는 억抑이라고 읽으니 어조사이다"라고 하였다. 왕숙민은 말하기를 "기其는 내乃와 같으며, 임任은 용用과 같으니 '희, 기비지지 후덕지용'噫, 其非至知厚德之用은 '도리어 지극히 지혜롭고 덕이 후한 이의 할 짓이 아니다'라고 말한 것과 같다"고 하였다.

[3] 선영에 따르면 결절자決絶者에 대하여 말한 것이다.

[4] 선영에 따르면 유둔자流遁者에 대하여 말한 것이다. 왕숙민에 따르면 화火는 마땅히 배北라고 써야 하니 글자가 잘못된 것이다. 그에 따르면 배치北馳는 배치背馳와 같다.

[5] 왕숙민에 따르면, 때로는 군주와 신하처럼 하나가 중시되면 하나는 덜 중시된다는 것을 뜻한다.

280

장자가 말했다. "사람이 스스로 노닐 수 있게 되어 있을진댄 또한 노닐지 않을 수 있겠는가? 사람이 만약 노닐 수 없게 되어 있을진댄 또한 노닐 수 있겠는가? 대저 방랑하려는 뜻과 관계를 끊으려는 행실은, 아아, 지극히 지혜롭고 덕이 두터운 사람이 할 것이 아닐진저! 지반이 엎어지고 몸이 추락해도 돌이킬 줄 모르며 등지고 달려가면서 돌아보지 못하나니 비록 서로 임금과 신하가 될지라도 때가 그런 것인지라 세상이 바뀌면 상대방을 천시할 수 없다. 그러므로 이르기를 지인至人은 막힘없이 행한다고 한다. 대저 옛것을 높이고 지금을 낮추어 보는 것은 학자의 폐단이다. 또한 희위씨狶韋氏의 유풍을 가지고 지금의 사회를 보면 어찌 치우치지 않을 수 있으리오? 오직 지인이라야 세상에서 노닐면서 편벽되지 않을 수 있으며 남을 따르되 자기를 잃지 않으니, 그러한 가르침을 나는 배우지 않을 것이지만 그의 뜻에 따르되 그와 같이 하지 않는다."

6 성현영은 말하기를 "세상에 성쇠가 있으니 그에 따라 행한다. 이 때문에 달인은 일찍이 머물러 막힘이 없다"고 하였다.
7 왕숙민에 따르면 유流는 과過와 같으니 '잃다'이다.
8 성현영에 따르면 희위씨狶韋氏는 삼황三皇 이전의 제호帝號이다.
9 왕숙민에 따르면 불파不波는 "어찌 치우치지 아니할 수 있으리오"라고 말한 것과 같다.
10 왕숙민은 말하기를 "저들을 따라서 가르치지 억지로 배우는 것이 아니다. 이른바 순인順人이다"라고 하였다. '순인'은 남을 따르는 것이다.
11 왕숙민은 말하기를 "승承은 그의 뜻에 따르되 그와 같이 하지 않는 것이다. 이른바 불실기不失己이다"라고 하였다. '불실기'는 자기를 잃지 않는 것이다.

【대의】

지인至人은 세상에 살면서 편벽되지 않고, 남을 따르되 자기를 잃지 않으며, 자취를 남기지 않을 수 있다는 것을 천명하면서 방랑하는 것과 인간관계를 끊으려는 행실을 반대하였다.

9

目徹爲明,[1] 耳徹爲聰, 鼻徹爲顫,[2] 口徹爲甘, 心徹爲知, 知徹爲德.[3]
凡道不欲壅,[4] 壅則哽, 哽而不止則跈,[5] 跈則衆害生. 物之有知者恃
息, 其不殷,[6] 非天之罪. 天之穿之, 日夜无降,[7] 人則顧塞其竇.[8] 胞有
重閬,[9] 心有天遊.[10] 室无空虛, 則婦姑勃豀, 心无天遊, 則六鑿相攘.[11]
大林丘山之善於人也, 亦神者不勝.

목철이 위명이요 이철이 위총이요 비철이 위선이요 구철이 위감이요 심철이 위지요
지철이 위덕이라 범도는 불욕옹이니 옹즉경이요 경이부지즉전이니 전즉중해 생하
나니라 물지유지자는 시식이니 기불은은 비천지죄니라 천지천지 일야무강이어늘
인즉고색기두하나다 포유중랑하고 심유천유하니 실무공허하면 즉부고 발계하고
심무천유하면 즉육착이 상양하나니 대림구산지선어인야는 역신자 불승일새니라

[1] 성현영에 따르면 철徹은 '통하다'이다.

[2] 조초기에 따르면 선顫은 냄새를 잘 판별하는 것이다.

[3] 왕숙민에 따르면 지혜가 통하면 자득自得할 수 있다. '자득'은 스스로 마음이 든든한 것이다.

[4] 왕숙민에 따르면 범凡은 부夫와 같다.

[5] 왕념손에 따르면 전跈은 진抮이라고 읽으니, '진'은 '어그러지다'이다.

[6] 조초기에 따르면 은殷은 '성盛하다'이니 발달하는 것이다. 왕숙민에 따르면 이는 아마 지혜
가 성대하지 않게 된 것은 천天에서 품수받은 잘못이 아니라는 것을 일컬은 듯하다.

[7] 곽상도에 따르면 천穿은 '통하다'이다. 왕숙민은 말하기를 "이는 하늘이 기운으로 서로 통하
여 밤낮으로 감소함이 없다는 것을 일컫는다"고 하였다.

눈이 통하는 것이 눈밝음이요 귀가 통하는 것이 귀밝음이요 코가 통하는 것이 향기로움이요 입이 통하는 것이 단것이요 마음이 통하는 것이 지혜요 지혜가 통하는 것이 덕이다. 대저 도는 막히려고 하지 않으니 막히면 목이 메듯 하고 목이 메어도 그치지 않으면 어긋나게 되고 어긋나게 되면 온갖 해가 생길 것이다. 사물 가운데 지각이 있는 것은 호흡을 의지하나니 그 호흡이 적합하지 않은 것은 하늘의 죄가 아니다. 하늘이 통하게 하여 밤낮으로 감소함이 없거늘 사람이 도리어 그 구멍을 막는다. 부엌 사이에 비교적 넓은 곳이 있고 마음에는 자연의 도가 노닐 수 있는 빈 곳이 있으니, 방에 빈 곳이 없으면 며느리와 시어미가 서로 반목하고 마음에 자연의 도가 노닐 수 있는 빈 곳이 없으면 여섯 가지 감정이 서로 탈취할 것이다. 산과 언덕의 큰 숲이 사람에게 좋다는 것은 또한 평소에 가슴속이 답답하여 정신이 이기지 못하였기 때문이다.

8 왕숙민은 말하기를 "고顧는 반反과 같다. 이는 사람은 도리어 그의 지식의 구멍을 막을 따름이라는 것을 일컫는다"고 하였다.

9 우창에 따르면 포胞는 마땅히 포庖로 읽어야 한다. 왕숙민에 따르면 포유중랑胞有重閬은 부엌 사이에 비교적 넓은 곳이 있다는 것을 일컫는다.

10 왕숙민에 따르면 마음을 자연에서 놀게 하는 것을 일컫는다.

11 곽상은 말하기를 "자리다툼하는 것이다"라고 하였다. 조초기는 말하기를 "육착六鑿은 여섯 구멍이니 눈·귀·코·입 등을 가리킨다. 양攘은 배척하는 것이다"라고 하였다. 그러나 사마표에 따르면 '6정六情이 탈취하다'를 일컫는다. 왕숙민에 따르면 6정은 '희·노·애·락·애·오'를 뜻한다.

德溢乎名, 名溢乎暴, 謀稽乎誸, 知出乎爭,[12] 柴生乎守,[13] 官事果乎
衆宜.[14] 春雨日時,[15] 草木怒生, 銚鎒於是乎始修, 草木之到植者過半
而不知其然.[16]

덕일호명이요 명일호폭이요 모계호현이요 지출호쟁이요 시생호수요 관사 과호중
의니 춘우일시에 초목이 로생이어늘 조호를 어시호에 시수하야 초목지도식자 과
반이부지기연하나니라

12 왕숙민에 따르면 출出은 일溢과 같다.
13 왕숙민에 따르면 다음 구절의 관官 자는 앞에 속하여 구절을 끊어야 한다. 그에 따르면 이
   구절은 그의 안을 지키려면 관지官智를 고수해야 한다는 것을 일컫는다.
14 유월에 따르면 과果는 성成이다. 왕숙민은 말하기를 "이 구절은 일이 모두 알맞게 이루어진
   다. 이 여섯 가지와 앞서 네 가지는 아마 물物로써 그의 신神을 이기는 것이다. 뒤의 두 가지
   는 아니다"라고 하였다.
15 차주환은 말하기를 "일시日時는 『맹자』 「고자상」의 일지지시日至之時이다. 일日은 왈曰이 잘
   못된 것이 아니다"라고 하였다. '일지지시'는 '하지 때가 되다'를 일컫는다.
16 왕숙민은 말하기를 "풀과 나무는 머리를 땅에 박고 자라니 식殖에는 생生의 뜻이 있다. 식殖
   은 옛적에 식植과 통하여 썼다"고 하였다.

덕은 이름 때문에 넘치게 되고 이름은 자기를 드러내려는 데서 넘치게 되고 모략은 급한 일에서 계교하게 되고 지식은 경쟁에서 넘쳐흐른다. 그의 안을 지키려면 감각적 인식기관을 굳게 틀어막아야 하고 일은 모두 대중에게 합당하게 하는 데서 이루어져야 한다. 봄철 비가 오고 하지 때에 초목이 무럭무럭 자라거늘 가래와 호미를 이리하여 비로소 가다듬고, 거꾸로 자라는 풀과 나무가 절반을 넘어도 그렇게 된 까닭을 모른다.

【대의】

도처럼 막히지 않고 통하는 정신에 관하여 말하고 있다.

10-1

靜然可以補病,[1] 眥搣可以休老,[2] 寧可以止遽. 雖然, 若是, 勞者之務
也, 非佚者之所未嘗過而問焉.[3] 聖人之所以馱天下, 神人未嘗過而問
焉; 賢人所以馱世, 聖人未嘗過而問焉; 君子所以馱國, 賢人未嘗過
而問焉; 小人所以合時, 君子未嘗過而問焉.[4]

정연이 가이보병이요 제멸이 가이휴로요 영이 가이지거니 수연 약시나 노자지무
야니 비일자지소라 미상과이문언하나니라 성인지소이해천하를 신인이 미상과이
문언하며 현인이 소이해세를 성인이 미상과이문언하며 군자 소이해국을 현인이
미상과이문언하며 소인이 소이합시를 군자 미상과이문언하나니라

[1] 왕숙민에 따르면 정靜은 묵默이다.

[2] 조초기는 말하기를 "제眥는 위아래 눈과 얼굴이 접한 곳이니 곧 안팎의 눈 가장자리이다. 멸
搣은 멸搣과 통하니 누르는 것이다. 자멸은 눈 가장자리에 대하여 눌러주면 눈의 공력을 훈련
시키게 된다. 목沐은 원본에서 휴休라고 썼으나, 당사본唐寫本에 따라 고친다. 목로沐老는 늙
은 티를 씻어내는 것이다"라고 하였다.

[3] 곽상은 말하기를 "이와 같이 하는 것은 오히려 수고로움이 있으므로 편안을 추구하는 사람
은 초연히 돌아보지 않는다"고 하였다. 왕숙민에 따르면 편안을 추구하는 사람이 일찍이 지
나가다가 그에 대하여 묻지 않는다는 것을 뜻한다.

[4] 곽상은 말하기를 "달리거나 걷는 데 각기 분수가 있으나 인격의 높낮이는 같다"고 하였고, 왕
숙민에 따르면 신神은 그의 용用에 대하여 말하고 진眞은 그의 체體에 대하여 말한 것이다.

말없이 고요히 하면 병을 고칠 수 있고, 눈 가장자리를 눌러주면 늙음을 방지할 수 있고, 편히 하면 조급함을 그치게 할 수 있다. 비록 이와 같지만 이것은 마음 쓰는 사람이 힘쓰는 것이니 편안을 추구하는 사람은 지나가다가 그에 대하여 일찍이 물어보지조차 않았고, 성인聖人이 천하 사람들을 놀라게 하는 것을 신인神人이 지나가다가 일찍이 물어보지조차 않고, 현인賢人이 세상 사람들을 놀라게 하는 것을 성인은 일찍이 지나가다가 그에 대하여 물어보지조차 않고, 군자君子가 나라를 놀라게 하는 것을 현인이 지나가다가 일찍이 그에 대하여 물어보지조차 않고, 소인小人이 시時에 대하여 말한 것을 군자가 지나가다가 일찍이 그에 대하여 물어보지조차 않았다.

10-2

演門有親死者,¹ 以善毀爵爲官師,² 其黨人毀而死者半.³ 堯與許由天下,⁴ 許由逃之; 湯與務光,⁵ 務光怒之, 紀他聞之,⁶ 帥弟子而踆於窾水,⁷ 諸侯弔之, 三年, 申徒狄因以踣河.⁸ 筌者所以在魚, 得魚而忘筌⁹; 蹄者所以在兎, 得兎而忘蹄; 言者所以在意, 得意而忘言. 吾安得夫忘言之人而與之言哉!

연문에 유친사자 이선훼로 작위관사하야늘 기당인이 훼이사자 반이러니 요 여허유 천하하야시늘 허유는 도지하고 탕이 여무광하야시늘 무광은 노지한대 기타 문지하고 솔제자이준어관수어늘 제후조지러니 삼년에 신도적이 인이부하하니라 전자는 소이재어라 득어이망전하며 제자는 소이재토라 득토이망제하며 언자는 소이재의라 득의이망언하나니 오는 안득부망언지인하야 이여지언재오

---

1 왕숙민에 따르면 연演과 인寅은 옛 글자가 통용된다. 『석문』에 따르면 연문演門은 송나라의 성문 이름이다.
2 왕숙민에 따르면 관사官師는 관官의 장長이다.
3 성현영에 따르면 당인黨人은 고향 사람이다.
4 요堯임금이 허유許由에게 천하를 넘기려고 하자 허유가 거절한 일화가 「소요유」에 보인다.
5 무광務光의 일화는 「대종사」와 「양왕」에 보인다.
6 기타紀他는 「대종사」에 보인다.
7 왕숙민에 따르면 준踆은 준竣과 통한다. '준'은 '일을 끝내다'를 뜻한다.
8 성현영은 말하기를 "성이 신도申徒이고 이름이 적狄으로, 은자이다"라고 하였다.
9 『석문』은 말하기를 "전筌은 향초로서 고기를 낚는 데 미끼로 쓸 수 있다. 일설에 따르면 통발이다"라고 하였다. 왕숙민에 따르면 재在는 득得과 같다.

송나라 서울에 있는 성문에 어버이를 잃은 사람이 있었는데 슬픔에 겨워 몸이 상하였기에 표창하여 벼슬하여 관사官師가 되거늘, 그의 고향 사람들이 몸을 상하여 죽은 이가 절반이나 되었다. 요堯가 허유許由에게 천하를 선양해주니 허유는 도망하고, 탕湯이 무광務光에게 주니 무광은 성내었는데, 기타紀他는 그 말을 듣고 제자들을 거느리고 관수窾水에서 일을 끝내고 은거하였다. 제후가 그를 위문하니 3년 뒤에 신도적申徒狄이 그로 말미암아 황하에 투신하였다. 통발은 그로써 물고기를 잡으려는 것인지라 물고기를 얻게 되면 통발을 잊으며, 토끼 올무는 그로써 토끼를 잡으려는 것인지라 토끼를 얻게 되면 토끼 올무를 잊으며, 언어는 그로써 뜻을 얻으려는 것인지라 뜻을 얻게 되면 언어를 잊게 되니, 나는 어떻게 저 언어를 잊을 수 있는 사람을 얻어서 그와 말해볼 수 있을까!

【대의】

세상에는 벼슬자리를 구하다가 죽는 사람이 있는가 하면 허유許由와 무광務光과 기타紀他와 신도적申徒狄처럼 벼슬자리를 피하다가 죽는 사람이 있는데, 이들은 모두 자연에 따르지 못한 사람들이라는 것을 말하였다. 그러나 신인神人은 세상일에 그다지 관심이 없을 뿐 아니라 병을 고치고 늙음을 방지하는 일에도 힘쓰지 않는다. 그렇다면 어떻게 하겠다는 것인가? 아마 자연에 따르면서 스스로의 뜻에 충실하되 흔적을 남기지도 않아야 한다는 듯하다.

왕부지에 따르면 이 편의 맨 마지막에 있는 전자절筌者節은「우언」편의 뜻을 일으키는 것이다. 요내姚鼐에 따르면「우언」1장은 바로 '전자절'과 서로 이어진다.

진용광陳用光은 말하기를 "편명篇名은 장章의 첫머리에 있는 몇 글자에 구애받을 필요가 없다. 전자筌者는 곧 외물外物의 뜻에 속하는 것이 없으니 취하여 아래편의 머리에 덧붙여야 할 것이며,「제물론」중의 일단과 합해서 그것을 연결해놓아야 글의 뜻이 혼연히 이루어지고 수미首尾가 완비하다는 것을 느끼겠다"고 하였다.

292

이 편에서는『장자』의 문체와 도를 배우는 이의 자세를 논하였다. 도를 배우려면 자기가 잘났다는 생각과 근지복지勤志服知의 마음을 버려야 하고, 봉록을 잊고 심지어 어버이조차 잊어야 하며, 생사를 달관하여 일체를 자연에 맡기고 그 소이연所以然을 묻지 않아야 한다.

그래서 왕부지는 말하기를 이 편은『장자』전서의 서례序例라고 하였다.

소식蘇軾은 말하기를 "이 편은 마땅히 「열어구」列御寇와 같은 편이다"라고 하였다. 이 편 마지막 장의 "양자거남지패"陽子居南之沛부터 "지우양이우노자"至于梁而遇老子까지의 일은 「열어구」의 첫 장에서 기술한 열어구에 관한 일과 같은 유형의 이야기이기 때문이라고 본 것이다. 다음에 나오는 「양왕」讓王 등 네 편의 위작僞作을 제거하면 이 글은 「열어구」편과 바로 이어진다는 것이다.

요내는 「외물」外物편의 끝 단락 글인 "전자소이어재"荃者所以在魚는 마땅히 이 편의 첫 장이어야 한다고 말하였다. 왕부지는 「우언」寓言편의 말단이 마땅히 「열어구」편의 첫 장이어야 한다고 말하였다.

이 편의 망양문영 장罔兩問影章은 「제물론」의 망양문영 장과 기본적으로 비슷하지만 그보다 비교적 상세하다. 장형소우는 이에 근거하여 이 편이 「제물론」보다 뒤에 나왔다는 예증例證이라고 하였다. 또 "만물개종야"萬物皆種也 구절은 「지락」至樂편 끝에 있는 종유기種有幾의 내용과 연관이 있다. 이에 근거하여 장형소우는 이 편이 「지락」편을 쓴 시기와 같다고 하였다. 「우언」편의 내용은 모두 『장자』의 정통사상으로, 「지락」 「달생」 「산목」 등의 편과 같다는 것이다.

1-1

寓言十九,[1] 重言十七,[2] 卮言日出, 和以天倪.[3] 寓言十九, 藉外論之.[4]
親父不爲其子媒. 親父譽之, 不若非其父者也; 非吾罪也, 人之罪也.[5]
與己同則應, 不與己同則反; 同於己爲是之, 異於己爲非之.[6] 重言
十七, 所以已言也,[7] 是爲耆艾,[8] 年先矣, 而无經緯本末以期年耆者,[9]
是非先也. 人而无以先人, 无人道也; 人而无人道, 是之謂陳人.[10]

우언이 십구요 중언이 십칠이요 치언은 일출하야 화이천예니라 우언십구는 자외
론지나 친부 불위기자하야 매하나니 친부 예지 불약비기부자야ㄹ새니라 비오죄
야라 인지죄야니라 여기로 동즉응고 불여기로 동즉반하야 동어기커든 위시지코
이어기를 위비지하나다 중언십칠은 소이이언야니 시위기애니라 연선의나 이무
경위본말이요 이기년으로 기자는 시는 비선야니 인이요 무이선인이면 무인도야라
인이요 무인도면 시지위진인이니라

[1] 왕숙민에 따르면 우언寓言은 사람이나 사물에 가탁하여 사리를 밝히는 말이다.
[2] 왕숙민에 따르면 중언重言은 사람이나 사물을 빌려서 사리를 밝히는 말이다.
[3] 왕숙민이 말하기를 "치언卮言은 둥글고 원만한 말이니 처음과 끝을 추측할 수 없는 말이다.
…… 화和는 순順과 같다. 이以는 기其와 같다. 이것은 입언立言의 태도를 말한다. 둥글고 원
만한 말은 낡은 것이나 일정한 것을 주로 하지 않고 그의 자연의 분수에 따른 말이다"라고
하였다. 성현영에 따르면 천예天倪는 자연의 분수이다.
[4] 곽상은 말하기를 "말이 자기에게서 나오면 속인들은 대부분 받아들이지 않는다. 그러므로 나
이외의 사람들의 말을 빌린다. 견오肩吾·연숙連叔 같은 것을 모두 빌린 것이다"라고 하였다.
[5] 왕숙민은 말하기를 "이것은 그르다고 하거나 찬양하는 사람의 잘못이지 듣는 이의 잘못이
아니다"라고 하였다.

우언寓言은 열 가운데 아홉이요, 중언重言은 열 가운데 일곱이요, 치언巵言은 날로 새로운지라 자연에 합한다. 열 가운데의 아홉인 우언은 다른 사람이나 사물을 빌려 설명한 것이다. 친아버지는 그 아들을 위하여 중매 서지 않으니, 친아버지가 칭찬하는 것은 그 아버지가 아닌 사람만 못하기 때문이다. 이것은 내 잘못이 아니라 사람들의 잘못이다. 사람들이 자기와 같으면 찬동하고 자기와 같지 않으면 반대하여 자기와 같은 것을 옳다고 하고 자기와 다른 것을 그르다고 한다. 열 가운데 일곱인 중언은 그로써 천하를 어지럽히는 말을 그치려 하는 것이니 이것은 오래 산 사람들의 말을 인용한 것이다. 그렇지만 나이가 많아도 가슴속에 경위본말經緯本末이 없이 후인後人을 기다리는 것, 이것은 앞선 것이 아니다. 사람이로되 사람에 앞설 것이 없으면 사람의 도리를 다하지 못한 것이다. 사람이로되 사람의 도리를 다하지 못하면 이를 일러 진부한 사람이라고 한다.

6 왕인지에 따르면 위爲는 즉則과 같다.
7 왕오에 따르면 이언已言이란 사람들의 쟁변爭辯을 그치는 것이다.
8 『예기』禮記 「곡례」曲禮에서 말하기를 "오십을 애艾라고 하고 육십을 기耆라고 한다"고 하였다.
9 왕숙민은 말하기를 "이而는 여如와 같다. …… 경위본말經緯本末은 불후不朽할 수 있는 사람에 대하여 말한 것 같다. 이기년기자以期年耆者는 마땅히 이기래자以期來者라고 써야 한다. '이기래자'는 뒤에 오는 학자를 기다린다는 것을 뜻한다. 이는 비록 나이가 많을지라도 '불후'할 수 있는 것 없이 뒤에 오는 학자를 기다린다면 이는 충분히 앞섰다고 할 수 없다는 것을 일컬은 것이다"라고 하였다.
10 곽상에 따르면 진인陳人은 단지 오래 묵은 사람일 뿐이다.

1 - 2

巵言日出, 和以天倪,¹ 因以曼衍,² 所以窮年.³ 不言則齊,⁴ 齊與言不
齊, 言與齊不齊也, 故曰言无言.⁵ 言无言, 終身言, 未嘗不言; 終身不
言, 未嘗不言.⁶

치언일출하야 화이천예는 인이만연하야 소이궁년이니 불언즉제라 제로 여언도
부제며 언으로 여제도 부제야니 고로 왈언무언이라 하니 언이 무언하면 종신언이라도
미상불언이며 종신불언이라도 미상불언이니라

---

¹ 곽상에 따르면 천예天倪는 자연의 몫이다.
² 「제물론」의 사마표 설에 따르면 만연曼衍은 무극無極이다.
³ 왕숙민 설에 따르면 궁년窮年은 '장구하다'이다.
⁴ 왕숙민 설에 따르면 제齊는 일一과 같다.
⁵ 왕숙민 설에 따르면 무언无言 뒤에 언言 자가 빠진 것 같다.
⁶ 왕숙민 설에 따르면 불不은 잘못 들어간 글자이다.

치언은 날로 새로운지라 자연에 합한다는 것은 그로써 무심히 하여 그로써 자연 수명을 다하기 때문이다. 말을 하지 않으면 제일齊一하게 되며 제일한 것에 말을 보태면 제일하지 않게 되니 말에 제일한 것을 보태도 제일하지 않게 된다. 그러므로 무언無言을 말하니 '무언'을 말하면 종신토록 말할지라도 일찍이 말한 적이 없으며, 종신토록 말하지 않을지라도 일찍이 말하지 않은 적이 없다.

有自也而可, 有自也而不可[7]; 有自也而然, 有自也而不然. 惡乎然?
然於然. 惡乎不然?[8] 不然於不然. 惡乎可? 可於可. 惡乎不可? 不可
於不可. 物固有所然, 物固有所可, 无物不然,[9] 无物不可. 非巵言日
出, 和以天倪, 孰得其久![10] 萬物皆種也, 以不同形相禪,[11] 始卒若環,
莫得其倫,[12] 是謂天均.[13] 天均者天倪也.

유자야이가하며 유자야이불가하며 유자야이연하며 유자야이불연하나니 오호연고
연어연이니라 오호불연고 불연어불연이니라 오호가오 가어가니라 오호불가오 불
가어불가니라 물고유소연하며 물고유소가라 무물이 불연하며 무물이 불가하니 비
치언일출하야 화이천예ㄴ댄 숙득기구리오 만물개종하야니 이부동형으로 상선하나니
시졸이 약환하야 막득기륜이라 시위천균이니 천균자는 천예야니라

7 곽상은 말하기를 "자自는 '말미암다'이다. 그 사람이나 내 성정이 치우쳐 있기 때문에 가可와
  불가不可가 있게 된다"고 하였다.
8 왕숙민은 말하기를 "오호惡乎는 하소何所와 같다"고 하였다.
9 왕숙민은 말하기를 "전국시대 제자諸子가 백가쟁명하면서 가불가可不可·연불연然不然의 사
  이에서 쟁변하였지만, 장자만이 그것을 제일齊一할 수 있었다"고 하였다.
10 왕숙민은 말하기를 "숙득기구孰得其久는 나이를 다할 수 없다는 것이다"라고 하였다. 선영
  은 말하기를 "무언지언無言之言이므로 오래 전할 수 있다"고 하였다.
11 왕숙민은 말하기를 "가부可否와 시비是非가 같지 않은 것이 또한 만물이 형형색색으로 같지
  않은 것과 같다"고 하였다.
12 성현영에 따르면 윤倫은 이리를 뜻한다.
13 성현영에 따르면 천균天均은 천연적으로 균등한 도이다.

연유가 있어서 가하며 연유가 있어서 불가하며 연유가 있어서 그러하며 연유가 있어서 그렇지 않다. 어디에서 그러한가? 그럼직한 데서 그러하다. 어디에서 그렇지 않은가? 그럼직하지 않은 데서 그렇지 않다. 어디에서 가한가? 가한 데서 가하다. 어디에서 불가한가? 불가한 데서 불가하다. 물物에는 본디 그럼직한 바가 있으며 물은 본디 가하다고 할 만한 것이 있는지라, 물마다 그렇지 않은 것이 없으며 물마다 가하지 않은 것이 없다. 치언으로 날로 새롭게 하여 자연에 합하지 않으면 그 누가 그의 장구함을 얻을 수 있으리오! 만물에는 모두 종류가 있으니 서로 다른 형질로써 서로 신진대사하니 처음과 끝이 고리와 같아서 그 이치를 얻을 수 없는지라 이를 일러 자연의 균평均平함이라고 한다. 자연의 균평함이 자연의 몫이다.

이 장에서는『장자』의 문체를 설명하였다. 그에 따르면『장자』
는 우언寓言과 중언重言과 치언卮言으로 되어 있다.

우언은 사람·사물에 의탁하여 자기주장을 펼친 것이니『장자』
에 실린 대부분의 글은 이러한 문체로 되어 있다. 중언은 당시 사
람들이 존중하던 사람에게 의탁하여 자기주장을 펼치는 문체를
말한다. 치언의 치卮는 술그릇의 이름이다. '치'라는 술그릇은 꽉
차면 기울고 텅 비면 오히려 바로 선다고 한다. 치언은 사람과 사
물과 때와 장소에 따라 자기주장을 펴는 것이니, '자연을 대변하
는 말'이라고 할 수 있다. 우언과 중언 속에는 이러한 말이 들어
있다. 우언은 열 가운데 아홉이요 중언은 열 가운데 일곱이라고
하였으니, 중언 가운데에도 우언이 들어 있음을 알 수 있다.

전목이 인용한 요내 설에 따르면 앞 편의 '전자 절'荃者節은 이
편의 수장首章이라고 하였다. 그러나 이에 동의하지 않는 학자들
도 있다. 천균天鈞이라는 말은「제물론」에만 보인다. 이 편에서는
천예天倪로써 천균을 해석하였다. '천균'이라는 말로 볼 때「우언」
편이「제물론」사상의 발전임을 알겠다. "오호연"惡乎然부터 "무물
불가"無物不可까지의 말도「제물론」에 있는 말과 완전히 같다.

2

莊子謂惠子曰:「孔子行年六十而六十化,[1] 始時所是, 卒而非之, 未知
今之所謂是之非五十九非也.」惠子曰:「孔子勤志服知也.」[2]

장자위혜자하야 왈 공자 행년이 육십이육십화하야 시시소시를 졸이비지하시니
미지케라 금지소위시지 비오십구에 비야따녀 혜자 왈 공자는 근지복지야시니라

---

[1] 왕숙민에 따르면 행行은 경經이다.
[2] 조초기에 따르면 근지勤志는 자기 뜻을 실현하고자 노력하는 것이고, 복지服知는 심지心志를
쓰는 것이다.

장자가 혜시에게 말했다. "공자는 육십 년을 겪으면서 육십 차례 변화하여 처음에 옳다고 여긴 것을 나중에는 그르다고 생각하셨으니, 모르겠다, 지금 이른바 옳다고 하는 것이 59세 때 그르다고 여겼던 것일는지."
혜시가 말했다. "공자는 부지런히 노력하고 마음에 새겨 아시는 분이다."

莊子曰:「孔子謝之矣, 而其未之嘗言.³ 孔子云;『夫受才乎大本,⁴ 復靈以生, 鳴而當律, 言而當法,⁵ 利義陳乎前, 而好惡是非直服人之口而已矣.⁶ 使人乃以心服, 而不敢蘁立, 定天下之定.』⁷ 已乎已乎! 吾且不得及彼乎!」⁸

장자왈 공자 사지의니 이기미지상언하시니 공자운 부수재호대본이라 복령이라야 이생하리니 명이당률하며 언이당법하야 리의로 진호전하야 이호오시비하며 직복인지구이이의어니와 사인으로 내이심복하야 이불감오립이라야 정천하지정이라 하시니 이호이호라 오차부득급피호인저

---

³ 조초기에 따르면 사지謝之는 그러한 태도를 바꾸는 것이다. 전목이 인용한 마기창 설에 따르면 기其는 기惎로 읽어야 한다. 그는 말하기를 "근지복지의 설을 공자가 이미 스스로 버렸으니 어찌 일찍이 말하지 않았겠는가? 그러므로 다음에서 공자의 말을 인용하여 그가 본 것이 이보다 나아갔다는 것을 증거한 것임을 말한다"고 하였다.

⁴ 왕선겸은 말하기를 "대본大本은 천天이다. 사람은 재성才性은 천天에서 받았으나 그의 성령性靈을 회복해야 살게 된다"고 하였다. 조초기는 말하기를 "사람의 재지才智는 천도가 준 것이지만 천지의 영기靈氣를 다시 얻어내야 생기가 있게 된다. 그러지 않으면 앞 글에서 말한 바 있는 진부한 사람과 다를 것이 없으니 이것이 공자가 깨달은 뒤의 감탄이다"라고 하였다.

⁵ 왕숙민은 말하기를 "소리는 악률樂律에 합하고 언어는 법도에 맞으니 이것이 자연스러운 것이다"라고 하였다.

⁶ 왕숙민은 말하기를 "이는 이로운 것과 의로운 것이 앞에 닥쳐야 그것을 좋아하거나 싫어하면서 옳으니 그러니 하면 단지 사람의 입을 복종시킬 뿐이라는 것을 일컫는다. 이는 자연스러운 것이 아니다"라고 하였다.

⁷ 『석문』에 따르면 오蘁는 '거스르다'를 뜻한다. 곽상은 이에 대하여 말하기를 "내가 대중의 마음을 따르면 대중의 마음이 믿을 것이니 누가 감히 역립逆立하겠는가? 그들을 안정시킨다면 또 무엇을 일부러 할 필요가 있겠는가?"라고 하였다.

⁸ 성현영은 말하기를 "피彼는 공자이니, 이는 장자가 공자를 찬미한 말이다"라고 하였다. 해동에 따르면 이는 마땅히 사인내이심복이불감오使人乃以心服而不敢蘁로 끊어서 구절을 삼고, 입立 자는 다음 구절에 이어서 읽어야 한다. 왕숙민은 말하기를 "이는 '사람으로 하여금 마음으로 따르되 거스를 수 없게 하여 천하 사람들을 바른 자리에 바르게 해야 한다. 성인은 생生을 바르게 하여 중생衆生을 바르게 한다(「덕충부」편). 그러므로 중생으로 하여금 심복케 한다'는 것을 일컫는다"고 하였다.

장자가 말했다. "공자는 그러한 마음을 이미 바꾸었으니 어찌 일찍이 말한 적이 없었겠는가. 공자가 말하기를, '사람은 대본大本에서 재성才性을 품수받아 성령性靈을 회복해야 제대로 살아갈 수 있다. 소리 내면 음률에 맞으며 말하면 본보기에 맞아 이로운 것과 의로운 것이 앞에 벌어지면 좋아하거나 싫어하고 옳다고 하거나 그르다고 하면서 단지 사람의 입을 복종시켰을 뿐이다. 사람들로 하여금 마음으로 복종하고 감히 거스르지 않게 해야 천하 사람들이 저절로 안정됨에 따라서 안정시키는 것이다'라고 하였다. 그만두시오, 그만두시오! 나조차도 그에 따를 수 없을진저!"

【대의】

이 장은 공자가 나이 육십에 그 이전의 생각을 바꾸었다고 말하면서, 자기를 상황에 맞게 끊임없이 변화시킬 수 있는 사람을 치켜세웠다.

3

曾子再仕而心再化, 曰:「吾及親仕, 三釜而心樂[1]; 後仕, 三千鍾[2]而
不洎,[3] 吾心悲.」弟子問於仲尼曰:「若參者, 可謂无所縣其罪乎?」[4]
曰:「旣已縣矣.[5] 夫无所縣者, 可以有哀乎? 彼視三釜三千鍾, 如觀雀
蚊虻相過乎前也.」[6]

증자 재사이심이 재화하여 왈 오 급친사하야 삼부이심락하고 후사에는 삼천종이
로되 이불기라 오심에 비하노라 제자 문어중니하야 왈 약삼자는 가위무소현기죄
호아 왈 기이현의니라 부무소현자는 가이유애호아 피는 시삼부삼천종호되 여관
작문맹이 상과호전야하나니라

<hr>

[1] 『석문』에 따르면 여섯 말 너 되를 부釜라고 한다.

[2] 성현영에 따르면 여섯 휘斛 너 말을 종鍾이라고 한다. 본래 열 말이 일휘一斛였는데, 뒷날 다
섯 말로 고쳤다.

[3] 왕선겸에 따르면 불기不洎는 불급친不及親, 즉 어버이에게 미치지 못한 것을 뜻한다.

[4] 왕숙민에 따르면 기其는 어於와 같다. 선영은 이에 대하여 말하기를 "어버이를 위하여 벼슬
하였으니 마음이 봉급에 얽매인 죄가 없다"고 하였다.

[5] 역시 선영은 말하기를 "이미 벼슬하여 봉급을 받아 어버이를 봉양하는 데에 얽매인 것이다"
라고 하였다. 이는 공자가 그의 제자와 달리 증자曾子가 어버이를 위해 벼슬하여 봉급 받은
것을 일종의 얽매임으로 본 것임을 뜻한다.

[6] 곽상에 따르면 피彼는 어떤 일에도 얽매임이 없는 사람이다. 유월에 따르면 앞의 작雀 자는
덧붙여 더 들어간 글자이다. 곽경번은 말하기를 "그 글은 아마 그가 3부 3천 종 보기를 모기
와 등에가 앞에서 지나가는 것처럼 보았다는 것을 일컫는다"고 하였다.

308

증자曾子는 두 번 벼슬하면서 마음도 두 번 변하여 말했다. "나는 양친을 봉양할 때 벼슬하여 봉록이 삼 부釜로되 마음이 즐거웠으나, 양친이 돌아가신 뒤 벼슬할 때에는 삼천 종鍾이로되 어버이에게 미치지 못하는지라 내 마음이 슬펐다." 제자가 공자에게 물었다. "증삼 같은 이는 그 이록利祿에 얽매인 허물이 없다고 말할 수 있습니까?" 공자가 말했다. "이미 걸림이 있다. 대저 걸림이 없는 사람에게 애락哀樂이 있을 수 있겠는가? 그러한 이는 삼 부건 삼천 종이건 그것을 보기를 새와 모기와 등에가 앞에서 지나가는 것처럼 본다."

【대의】

증자曾子는 효도로써 이름이 났지만 어버이를 잊지 못하는 한계가 있다는 것을 지적하고, 천도를 터득한 사람은 일체에 대하여 개의치 않는다는 것을 시사하였다.

4-1

顔成子游謂東郭子綦,[1] 曰:「自吾聞子之言, 一年而野,[2] 二年而從,[3] 三年而通,[4] 四年而物,[5] 五年而來,[6] 六年而鬼入,[7] 七年而天成,[8] 八年而不知死, 不知生,[9] 九年而大妙.」[10]

안성자유 위동곽자기하야 왈 자오 문자지언하나로 일년이야하고 이년이종하고 삼년이통하고 사년이물하고 오년이래하고 육년이귀입하고 칠년이천성코 팔년이 부지사 부지생하고 구년이대묘호이다

---

[1] 안성자유顔成子游와 동곽자기東郭子綦는 모두「제물론」에 보인다.

[2] 성현영에 따르면 야野는 질박함을 뜻한다.

[3] 성현영에 따르면 종從은 세상 사람들이 하는 대로 따라 하는 것이다.

[4] 곽상에 따르면 통通은 남과 내가 통하는 것이다.

[5] 곽상에 따르면 물物은 다른 사람이나 사물과 하나가 되는 것이다.

[6] 성현영에 따르면 래來는 많은 사람들이 그에게 귀의하는 것이다.

[7] 왕숙민에 따르면 귀입鬼入은 귀신과 통하는 것이다.

[8] 왕숙민에 따르면 천성天成은 자연과 하나가 되는 것이다.

[9] 왕숙민에 따르면 부지사, 부지생不知死, 不知生은 생사를 잊는 것이다.

[10] 왕숙민에 따르면 대묘大妙는 대개 대통大通과 같은 것이다.

안성자유顏成子游가 동곽자기東郭子綦에게 말했다. "제가 선생님의 말을 들은 이래 1년 뒤에 질박해지고, 2년 뒤에 세속을 따르게 되고, 3년 뒤에 나와 남이 통하게 되고, 4년 뒤에 다른 사람이나 사물들과 하나가 되고, 5년 뒤에 많은 사람들이 귀의하고, 6년 뒤에 귀신과 통하고, 7년 뒤에 자연과 하나가 되고, 8년 뒤에 죽음도 모르고 삶도 모르게 되고, 9년 뒤에 도와 크게 통하였습니다."

4-2

生有爲, 死也. 勸[1]公, 以其死也, 有自也; 而生陽也, 无自也.[2] 而果然
乎?[3] 惡乎其所適? 惡乎其所不適?[4] 天有曆數, 地有人據,[5] 吾惡乎求
之?[6] 莫知其所終, 若之何其无命也? 莫知其所始, 若之何其有命也?[7]
有以相應也, 若之何其无鬼邪? 无以相應也, 若之何其有鬼邪?[8]

생유위면 사야라 권공하야 이기사야호미 유자야나 이생양야 무자야하니 이과연
호아 오호기소적이며 오호기소부적고 천유역수하며 지유인거하니 오오호구지오
막지기소종이로소니 약지하기무명야리오 막지기소시로소니 약지하기유명야리오
유이상응야로소니 약지하기무귀야리오 무이상응야로소니 약지하기유귀야리오

---

[1] 『궐오』에서 인용한 장군방張君房 본에는 기其 자 다음에 사私 자가 있다. 왕숙민에 따르면 권
勸은 권倦의 가차이니 사야권死也倦은 죽음이란 휴식하는 것이라고 말한 것과 같다.

[2] 왕숙민에 따르면 공公은 중인衆人을 가리킨다. 그는 말하기를 "중인은 생사에 구별이 있는지
라 말미암음이 있는 것과 말미암음이 없는 것의 구별이 있으나 달인達人은 생사를 밤낮처럼
일상적인 것으로 보는지라 유자有自와 무자無自의 구별이 없다"고 하였다.

[3] 왕숙민에 따르면 이而는 차此와 같다.

[4] 왕숙민에 따르면 기其는 내乃와 같고, 적適은 의宜와 같다. 조초기는 적適을 적의適意, 즉 '뜻
에 맞음'으로 해석하였다.

[5] 조초기에 따르면 역수曆數는 년·월·일·시와 같은 것이고, 인거人據는 사람들이 점거한 것이
니 국가와 지역을 가리킨다.

[6] 성현영은 말하기를 "내가 어디에서 분수를 넘어 그것을 구하리오?"라고 하였다.

[7] 왕숙민은 말하기를 "사생死生과 종시終始에 구별이 있다면 유명有命과 무명無命의 논변이 있
게 된다. 사생과 종시에 단서가 없다면 유명과 무명이 없다. 『논형』論衡「명의」命義에서 묵가
의 이론에는 사람이 죽는 데 명이 없다고 하고, 유가의 의논은 사람이 죽는 데 명이 있다고
하였다"고 하였다.

[8] 조초기에 따르면 이以는 여지與之이고 상응相應은 꿈에 상대방이 나타나는 것처럼 상대방을
감응하는 것이다. 조초기는 말하기를 "이 네 구절은 죽은 이의 모습과 그림자와 소리와 색깔
이 그와 서로 감응하여 때때로 그 사람을 보고 그의 소리를 듣는 듯하는 일이 보이지 않는데
어떻게 반드시 귀신이 존재한다고 말할 수 있겠는가? 이 모든 것은 알 수 없는 일이라는 것
을 알 수 있다. 따라서 다시 어떤 목적을 가지고 추구할 필요가 없다는 것이다"라고 하였다.

살아서는 하는 일이 있으나 죽으면 휴식한다. 중인은 죽음에는 유래가 있으나 산다는 것은 양기에 근본하는지라 유래하는 바가 없다고 하니 이것이 과연 그러한가? 어디에서 알맞은가? 어디에서 알맞지 않은가? 하늘에는 역수曆數가 있으며 땅에는 사람들이 점거한 나라와 지역이 있으니 내가 어디에서 분수를 넘어 그것을 구하겠는가? 그 끝나는 바를 알 수 없으니 그와 같은 것을 어찌 명命이 없다고 하겠는가? 그 시작하는 바를 알 수 없는데 그와 같은 것을 어찌 명이 있다고 하겠는가? 죽은 이의 모습과 그림자와 소리와 색깔이 그와 서로 감응하여 때로는 그 사람을 보고 그의 소리를 듣는 듯하는 일이 있는데, 어떻게 반드시 귀신이 존재하지 않는다고 말할 수 있겠는가? 그러나 또한 그와 서로 감응하는 일이 보이지 않는데 어떻게 반드시 귀신이 존재한다고 말할 수 있겠는가?

【대의】

유가에서는 명命이 있다고 말하고 묵가에서는 귀신이 있다고 말하는데, 각기 만물이 변화하여 그침 없이 순환하는 이치를 깨닫는 데 한계가 있다고 지적하였다. 이러한 문제를 올바르게 알려면 도에 통하여 생사 문제를 간파해야 한다는 것이다.

5

衆罔兩問於景曰[1]:「若向也俯而今也仰, 向也括[撮]而今也被髮,[2] 向
也坐而今也起, 向也行而今也止, 何也?」景曰:「搜搜也, 奚稍問也![3]
予有而不知其所以。[4] 予, 蜩甲也, 蛇蛻也, 似之而非也。[5] 火與日, 吾屯
也; 陰與夜, 吾代也。[6] 彼吾所以有待邪?[7] 而況乎以无有待者乎![8] 彼
來則我與之來, 彼往則我與之往, 彼强陽則我與之强陽。[9] 强陽者又
何以有問乎!」[10]

중망량이 문어영하야 왈 약이 향야에 부코 이금야에 앙하며 향야에는 괄촬코 이금
야에 피발하며 향야에는 좌코 이금야에는 기하며 향야에는 행코 이금야에는 지는 하
야오 영이 왈 수수야는 해초문야오 여는 유이부지기소이하노니 여는 조갑야며 사
세야니 사지이비야니라 화여일은 오둔야요 음여야는 오대야니 피는 오소이유대
야인저 이황호이무유대자호따녀 피 래즉아여지래하고 피 왕즉아여지왕하야 피
강양즉아여지강양하노니 강양자를 우하이유문호리오

[1] 망량罔兩은 그림자의 그림자이다. 이하의 글은「제물론」에 보인다.
[2] 괄촬括撮은 머리를 묶은 것이다.
[3] 성현영에 따르면 수수搜搜는 무심히 운동하는 모습이다. 전목이 인용한 유사배劉師培 설에
   따르면 '수수'는 구구區區와 같고 해초문奚稍問은 '어찌 작은 것을 묻느냐'를 뜻한다.
[4] 왕선겸에 따르면 이 구절은 "나는 비록 뜻밖에 그것을 가지고 있으나 그렇게 된 소이를 모른
   다"는 것을 뜻한다.
[5] 곽상은 말하기를 "그림자는 형체와 비슷하지만 형체는 아니다"라고 하였다.
[6] 성현영은 말하기를 "둔屯은 '모이다'이고, 대代는 '지다'이다. 불이 있고 태양이 있으면 그림
   자가 모이고, 밤과 음을 만나면 그림자가 곧 없어진다"고 하였다.
[7] 전목이 인용한 나면도는 말하기를 "만약 그림자가 매미의 껍질과 뱀의 비늘처럼 형체에 의
   하여 생겼다고 말한다면 이 설은 비슷하지만 그렇지 않다. 껍질은 그래도 매미에게서 생기
   고, 비늘은 그래도 뱀에게서 생긴다. 그러나 그림자는 불과 태양을 만나 그것을 비추면 모이
   고, 어두운 밤을 만나면 그에 물려주고 떠난다. 불과 태양이 없으면 비록 형체가 있더라도 내
   그림자가 의지하는 대상이 되지 못한다"고 하였다.

그림자의 그림자가 그림자에게 물었다. "그대는 조금 전에는 구부렸다가 지금은 치켜들었으며, 조금 전에는 머리를 묶었다가 지금은 산발하고 있으며, 조금 전에는 앉았다가 지금은 일어났으며, 조금 전에는 걸어가다가 지금은 멈추고 있는 것은 무엇 때문인가?" 그림자가 말했다. "저절로 움직일 뿐인데 어찌 물을 것이 있는가! 그러한 현상이 있지만 나는 그 소이所以를 모르니, 나는 매미와 매미 껍질의 관계와 같으며 뱀과 뱀 비늘의 관계와 비슷한 듯하나 그렇지 않다. 불과 해에는 내가 모이게 되고 그늘과 밤에는 내가 사라지니 저것이 그로써 의지하는 바이겠는가? 하물며 의지하는 바가 없는 것이랴! 저것이 오면 나도 그와 함께 오며, 그것이 가면 나도 그와 함께 가며, 저것이 굳세게 움직이면 나도 그와 함께 굳세게 움직이니, 굳세게 움직이는 것을 또 어찌 물을 수 있겠는가!"

8 왕숙민은 말하기를 "『궐오』에서 인용한 장군방 본에는 이以 다음에 무無 자가 있으니, 본래 '이황호이무유대자호'而況乎以無有待者乎라고 썼던 것 같다"고 하였다.
9 성현영은 말하기를 "피彼는 형체이고, 강양彊陽은 운동하는 모습이다"라고 하였다. 전목은 말하기를 "불과 태양의 빛이 움직이면 그림자도 그에 따라 움직인다"고 하였다.
10 전목은 말하기를 "불과 태양의 빛이 움직이면 이것은 '변화의 기미'[化機] 속으로 들어가는 지라 다시 물을 수 없다"고 하였다. 왕숙민은 말하기를 "자者는 이耳와 같다. '또 어떻게 물음이 있으리오?'는 물을 필요가 없다는 것이다. 대개 묻게 되면 의존함이 있게 되고, 그에 대한 대답도 의존함이 있게 되니, 묻지 않고 대답하지 않아야 각기 그의 자연스러움을 얻고 각기 무대로 돌아가게 된다"고 하였다.

사람들은 원인과 결과가 있다고 믿지만 그 필연적인 관계를 알 수 없다. 예를 들면 그림자의 그림자는 그림자를 원인으로 하고, 그림자는 형체를 원인으로 한다고 생각할 수 있다. 그러나 이것은 불빛과 햇빛이 있을 때의 일이지 어둠이 닥치면 그림자의 그림자와 그림자와 형체가 일시에 없어질 수 있다. 그러한 측면에서 볼 때 인과관계는 알 수 없다고 불가지론不可知論을 펼 수 있다. 이러한 논리는 「제물론」에서 이미 제기하였다.

6

陽子居南之沛,[1] 老聃西遊於秦, 邀於郊, 至於梁而遇老子.[2] 老子中道
仰天而歎曰:「始以汝爲可敎, 今不可也.」陽子居不答. 至舍, 進盥漱
巾櫛,[3] 脫屨戶外, 膝行而前曰:「向者弟子欲請夫子夫子行不閒,[4] 是
以不敢. 今閒矣, 請問其過.」[5] 老子曰:「而睢睢盱盱,[6] 而誰與居? 大
白若辱, 盛德若不足.」[7] 陽子居蹴然變容曰[8]:「敬聞命矣!」[9]

양자거 남지패할새 노담이 서유어진이어늘 요어교하더니 지어양이우노자한대 노
자 중도에 앙천이탄하야 왈 시이여로 위가교라니 금불가야로다 하야늘 양자거 부
답하고 지사하야 진관수하고 건즐하며 탈구호외하고 슬행이전하야 왈 향자에 제자
욕청부자하다가 부자 행불한할새 시이로 불감이라니 금에 한의란대 청문기과하노이다
노자 왈 이 휴휴우우하니 이 수여거오 대백은 약욕하고 성덕은 약부족하니라 양
자거 축연변용하야 왈 경문명의로리다 하니

---

[1] 양자거陽子居는 양주楊朱이다.
[2] 조초기에 따르면 요邀는 '만나다'이다. 그에 따르면 양梁은 대량大梁이니 지금의 개봉開封에
있었다.
[3] 조초기에 따르면 관수盥漱는 손 씻고 양치질하는 데 쓰는 그릇이며, 건즐巾櫛은 얼굴 씻고 머
리 빗는 데 쓰는 그릇이다.
[4] 왕숙민에 따르면 불한不閒은 한가하지 않은 것을 일컫는다.
[5] 조초기에 따르면 앞에서 노자가 그를 가르칠 만하지 않다고 비평하였으므로 이제 특별히 노
자에게 자기 잘못이 어디에 있는가 하고 물음을 청한 것이다.
[6] 조초기에 따르면 휴휴睢睢는 쳐다보는 모습이고 우우盱盱는 눈을 크게 뜨는 모습이니, 모두
일종의 오만한 표정과 태도이다.
[7] 이상의 두 구절은 『노자』 41장에 보인다.
[8] 왕숙민에 따르면 축연蹴然은 마음과 입이 불안한 모습이다.
[9] 왕숙민에 따르면 명命은 교敎와 같다.

양주楊朱가 남으로 패沛 땅에 갈 때 노담이 서쪽으로 진나라를 여행하고 있었는데, 먼 거리에 가로막히더니 양梁 땅에 이르러 노자를 만났다. 노자가 도중에 하늘을 쳐다보며 탄식해서 말했다. "처음에는 그대를 가르칠 만하다고 생각했더니 지금은 가르칠 수 없겠구나." 양주가 답변하지 않고 객사에 이르러 세수하고 양치질하는 도구와 머리빗을 바치며 처소 밖에서 신을 벗고 무릎걸음으로 나아가 말했다. "조금 전에 제자가 선생님께 묻기를 청하고 싶었으나, 선생님께서 여정에 겨를이 없으시기에 이 때문에 감히 묻지 못했습니다. 이제 한가하시니 청컨대 저의 허물을 묻고 싶습니다." 노자가 말했다. "그대는 설치며 오만하니 그 누가 그대와 함께하겠는가? 가장 결백한 것은 더럽혀진 듯하고 고상한 덕은 부족한 듯이 한다." 양주가 불안한 듯이 용모를 바꾸어 말했다. "삼가 가르침을 듣겠습니다!"

其往也, 舍者迎將, 其家公執席,[10] 妻執巾櫛, 舍者避席, 煬者避竈.[11]
其反也, 舍者與之爭席矣.[12]

기왕야에는 사자 영장하며 기가공이 집석하며 처 집건즐하며 사자 피석하며 양자
피조하더니 기반야에는 사자 여지쟁석의러라

10 『석문』에서 "이이가 말하기를 가공家公은 주인공이라고 하였다. 사자영장기가舍者迎將其家
를 구절로 하여 읽는 사람도 있다"고 하였다. 조초기는 말하기를 "사舍는 주막집 주인이고,
장將은 받드는 것이다. 『열자』列子 「장잠주」張湛注에 따르면 기가其家는 주인집이다. 조초기
에 따르면 공公은 주막집 안주인이고, 사자舍者는 나그네이다.
11 조초기에 따르면 이상은 모두 주변 사람들이 양주가 오만하게 구는 것을 보고 두려워서 피
하는 것을 설명한다.
12 곽상에 따르면 그가 자기 능력을 자랑하며 교만하게 구는 것을 버렸기 때문이다.

그가 갈 적에는 손님들이 맞이하여 받들고 그 주인이 자리를 안배하고 그 아내가 머리빗을 마련해주며 손님들이 자리를 양보하며 불을 피우는 이가 부엌을 피하더니, 그가 돌아올 적에는 손님들이 그와 자리를 다투더라.

【대의】

이 장에서는 도를 배울 생각이 있다면 마땅히 자기가 잘났다는 생각을 버려야 한다는 것을 말하고 있다.

• 제28편 • 양왕(讓王 第二十八)

이 편은 18개의 고사를 들어 천자 자리보다 생명이 중요하다는 점과 무도한 사회에 대한 불만을 표현하고 있다.

소식蘇軾(1036~1101)은 말하기를 "「도척」「어부」「양왕」「설검」은 모두 천루淺陋하여 도道에 들지 않는다"고 하였다. 왕선겸王先謙은 말하기를 "고금의 학자들이 「양왕」이하 네 편은 대부분 위작僞作이라고 했다"고 하였다. 그러나 왕숙민은 말하기를 "이 편의 큰 요지는 영화로운 자리를 낮게 보고 물러나 사양하는 기풍을 높이는 데 있다. 글은 비록 잡다하게 모았으나 그래도 천루한 것이 아직 보이지 않는다"고 하였다.

조초기는 이에 대하여 말하기를 "이는 당시의 정치에 불만을 품고 은둔하여 사는 선비의 작품이다. 글 중에서 안빈낙도安貧樂道·결신자호潔身自好를 선양하고 아울러 옛것을 빌려 현실을 풍자하는 수법을 운용함으로써 충분히 당시 현실에 대한 불만을 표현하였다. 그러나 이러한 불만은 종종 인의의 원칙에서 출발한 것이다. 뿐만 아니라 은거피세隱居避世의 방법은 내편에서 선양한 혼세混世 철학과 매우 같지 않다"고 하였다.

장형소우는 말하기를 "「양왕」「도척」등의 네 편은 「소요유」「추수」「경상초」의 글이 기재한 것과 다르다. 「양왕」은 단순한 피세 사상이고, 그 가운데 양주·자화자의 유설遺說을 보존하고 있다. 문자는 대부분『여씨춘추』를 이어받았다"고 하였다. 그에 따르면 제4장의 초소왕楚昭王이야기와 제5장의 원헌原憲 이야기와 공자가 안회에게 말한 것 등은 모두『여씨춘추』에 보인다.

이러한 글 등은 『장자』 자체의 철학에 비추어보면 정통하다고 할 수는 없지만, 양주 등을 포함하는 넓은 의미의 도가 철학자들 시각에서 보면 의의가 있다. 도가 사상가들에게 관류貫流하는 사상은 경물중생輕物重生 사상이다.

오늘날 우리는 자본주의 사회에 살고 있다. 자본주의는 이기심을 동기부여의 원칙으로 삼고 있다. 이런 사회에서 재물과 권력과 명예는 아주 중요하다고 하지 않을 수 없다. 그래서 우리 사회 대부분의 사람들은 부귀영화를 누리고 싶어 한다. 이런 사람들에게 그런 것보다 더 중요한 생명이 있으며, 그런 것보다 생명이 더 소중한 가치가 있다고 말해봐야 공염불이 되고 말지 모르겠다.

그러나 경물중생의 선비들은 부귀영화나 이익이나 토지보다도 더 소중한 가치가 있다고 주장한다. 그것이 무엇일까? 그들은 세속적인 가치에 그다지 관심 없어하면서 도道를 깨닫기를 열망한다.

1-1

堯以天下讓許由,¹ 許由不受. 又讓於子州支父,² 子州支父曰:「以我
爲天子, 猶之可也.³ 雖然, 我適有幽憂之病,⁴ 方且治之, 未暇治天下
也.」夫天下至重也, 而不以害其生,⁵ 又況他物乎! 唯无以天下爲者,
可以托天下也. 舜讓天下於子州支伯. 子州支伯曰:「予適有幽憂之
病, 方且治之, 未暇治天下也.」故天下大器也, 而不以易生,⁶ 此有道
者之所以異乎俗者也.

요 이천하로 양허유한대 허유 불수어늘 우양어자주지보한대 자주지보 왈 이아로
위천자하니 유지가야로다마는 수연이나 아 적유유우지병하야 방차치지라 미가치
천하야로다 하니 부천하 지중야로되 이불이해기생이온 우황타물호따녀 유무이천
하로 위자라야 가이탁천하하니라 순이 양천하어자주지백한대 자주지백이 왈 여
적유유우지병하야 방차치지라 미가치천하야로다 하니 고로 천하는 대기야로되 이
불이역생하니 차 유도자지소이이호속자야니라

---

¹ 요堯와 허유許由에 관한 글은「소요유」편에 보인다.
² 이이는 말하기를 "지보支父는 자이니 곧 지백支伯이다"라고 하였다. 성현영에 따르면 도를
사모하는 사람인데 은자이다.
³ 왕숙민에 따르면 지之는 차且와 같다.
⁴ 성현영에 따르면 유幽는 '깊다'이다.
⁵ 조초기에 따르면 생生은 성性과 통한다.
⁶ 조초기는 말하기를 "자신의 심성을 희생하는 것이다. 역易은 '바꾸어 가지다'이다. 생生은 성
性과 통한다"고 하였다.

326

요임금이 천하를 허유에게 선양하였는데, 허유가 받지 않았다. 또 자주지보子州支父에게 선양하려고 하니 자주지보가 말하였다. "저를 천자로 삼으시려고 하니 그렇게 해도 괜찮겠습니다마는, 비록 그렇지만 저에게 마침 깊이 근심스러운 병이 있어서 바야흐로 그것을 다스리고 있는지라 아직 천하를 다스릴 겨를이 없습니다." 대저 천하는 지극히 중대한 것이로되 그로써 그의 성품을 해칠 수 없거늘 또한 하물며 다른 것에서랴! 오직 천하로써 위할 것이 없는 사람이라야 천하를 맡길 수 있느니라. 순임금이 자주지백에게 선양하려고 하자 자주지백이 말하였다. "저에게 마침 깊이 근심스러운 병이 있어서 바야흐로 그것을 다스리고 있는지라 아직 천하를 다스릴 겨를이 없습니다." 그러므로 천하는 큰 그릇이로되 그것으로써 자신의 성품을 바꾸어 가지지 않으니, 이것이 도를 가진 사람이 세속적인 사람과 구별되는 까닭이다.

1-2

舜以天下讓善卷,¹ 善卷曰:「余立於宇宙之中, 冬日衣皮毛, 夏日衣
葛絺²; 春耕種, 形足以勞動; 秋收斂, 身足以休食; 日出而作, 日入而
息, 逍遙於天地之間而心意自得. 吾何以天下爲哉! 悲夫, 子之不知
余也!」遂不受. 於是去而入深山, 莫知其處. 舜以天下讓其友石戶之
農,³ 石戶之農曰:「捲捲乎后之爲人,⁴ 葆力之士也!」⁵ 以舜之德爲未
至也, 於是夫負妻戴, 攜子以入於海,⁶ 終身不反也.

순이 이천하로 양선권한대 선권이 왈 여는 립어우주지중하야 동일에는 의피모하고
하일에는 의갈치하노니 춘경종할새 형족이로동이나 추수렴하야 신족이휴식하며
일출이작하고 일입이식하노니 소요어천지지간하야 이심의자득하노니 오하이천
하로 위재리오 비부라 자지부지여야여 수불수하고 어시에 거이입심산하니 막지
기처러니 순이 이천하로 양기우인 석호지농한대 석호지농이 왈 권권호라 후지위
인이여 보력지사야로다고 이순지덕으로 위미지야라 하야 어시에 부부하며 처대하고
휴자하야 이입어해하야 종신불반야하니라

---

¹ 이이에 따르면 성이 선善이고 이름이 권卷이다. 유월에 따르면 『여람』呂覽 「하현」下賢 편에서
　는 선권善綣이라고 썼다. 조초기에 따르면 은자이다.
² 조초기에 따르면 치絺는 비교적 정세한 칡베옷이다.
³ 이이에 따르면 석호石戶는 지명이고 농農은 농인農人이다.
⁴ 권捲은 권卷과 통하니 힘쓰는 모습이다. 조초기에 따르면 후后는 임금이니 순舜에 대한 칭호
　이다.
⁵ 왕숙민에 따르면 보葆는 옛적에 보保와 통했다.
⁶ 조초기에 따르면 입어해入於海는 바다 위에 은거했다는 것을 뜻한다.

328

순임금이 천하를 선권善卷에게 선양하려고 하니 선권이 말하였다. "나는 우주 가운데 서서 겨울에는 모피옷을 입고, 여름에는 칡베옷을 입는다. 봄에 밭을 갈아 씨 뿌릴 때 몸은 충분히 노동할 만하고, 가을에 거두어 들여 몸은 충분히 쉬며 먹을 만하다. 해 뜨면 일하고 해 지면 쉬나니 천지 사이에서 소요하여 마음이 스스로 만족한다. 내가 천하로써 무엇을 하리오! 슬프다! 그대가 나를 모름이여!" 드디어 받지 않았다. 이리하여 떠나서 깊은 산에 들어가니 그가 사는 곳을 모르더라. 순임금이 천하를 그의 벗인 석호石戶 지방의 농부에게 선양하고자 하였다. 석호 지방의 농부가 말하였다. "힘겹구나! 임금의 사람을 위함이여! 근면한 선비로다." 그렇게 말하고서 순의 덕이 아직 지극하지 않다고 생각하여 남편은 짊어지고 아내는 머리에 이고 아이의 손을 끌고서 바다 쪽으로 들어가 종신토록 돌아오지 않았다.

1-3

大王亶父居邠, 狄人攻之[1]; 事之以皮帛而不受, 事之以犬馬而不受,
事之以珠玉而不受, 狄人之所求者土地也. 大王亶父曰:「與人之兄
居而殺其弟, 與人之父居而殺其子, 吾不忍也. 子皆勉居矣.[2] 爲吾臣
與爲狄人臣奚以異! 且吾聞之, 不以所用養害所養.」[3] 因杖筴而去之.
民相連而從之, 遂成國於岐山之下.[4] 夫大王亶父, 可謂能尊生矣. 能
尊生者, 雖貴富不以養傷身, 雖貧賤不以利累形. 今世之人居高官尊
爵者, 皆重失之, 見利輕亡其身, 豈不惑哉!

태왕단보 거빈할새 적인이 공지어늘 사지이피백이불수하며 사지이견마이불수
하며 사지이주옥이불수하니 적인지소구자는 토지야러라 태왕단보왈 여인지형
으로 거이살기제하며 여인지부로 거이살기자를 오불인야로소니 자는 개면거의어다
위오신과 여위적인신이 해이이리오 차오는 문지호라 불이소용양으로 해소양이라
호라 인장책이거지어늘 민이 상연이종지하야 수성국어기산지하하니라 부태왕단
보는 가위능존생의로다 능존생자는 수귀부하야도 불이양으로 상신하며 수빈천
하야도 불이리로 루형하나니라 금세지인은 거고관존작자 개중실지하야 견리하고
경망기신하나니 기불혹재아

---

[1] 성현영은 말하기를 "단보亶父는 왕계王季의 아버지이고 문왕文王의 할아버지이다. 빈邠은 지
   명이다. 적인狄人은 험윤玁狁이다"라고 하였다. 험윤은 옛날 중국 서북 지방에 거주하던 부족
   으로, 춘추시대에는 적狄·융戎이라고 일컬었다.
[2] 왕숙민에 따르면 자子는 앞의 이살기자而殺其子와 관련하여 더 들어간 글자인 듯하다.
[3] 성현영은 말하기를 "용양用養은 토지이다. 소양所養은 백성이다"라고 하였다. 왕숙민은 말하
   기를 "「어람」御覽에서 인용한 이 글의 불不 자 앞에 군자君子 두 글자가 있다"고 하였다.
[4] 조초기는 말하기를 "기산岐山은 지금의 섬서성陝西省 기산현岐山縣 동북 60리에 있다. 지금은
   전괄령箭括嶺이라고 한다"고 하였다.

태왕 단보亶父가 빈邠이라는 곳에 거주할 때 험윤獫狁 사람들이 침공하거늘, 그들을 모피와 비단으로 섬겨도 받지 않으며 개와 말을 가지고 섬겨도 받지 않았다. 험윤 사람들이 구하는 것은 토지였다. 태왕 단보가 말하였다. "남의 형들과 함께 살면서 그들의 아우를 살해하고, 남의 아버지들과 함께 살면서 그들의 자식을 살해하는 것을 나는 차마 하지 못하겠다. 모두 잘 살아보시오! 또한 내가 들으니 군자는 기르는 데 쓸 토지를 가지고 길러야 할 백성들을 해치지 않는다고 하더라." 이리하여 지팡이를 짚고서 그곳을 떠나거늘, 백성들이 서로 이어서 그를 따라나서서 드디어 기산岐山 아래에 도읍을 이루더라. 태왕 단보는 생명을 존중할 줄 알았다고 일컬을 수 있다. 생명을 존중할 수 있는 사람은 비록 부귀할지라도 기르는 데 쓰는 것을 가지고 자기 자신을 다치게 하지 않으며, 비록 빈천할지라도 이로운 것을 가지고 자기 몸을 번거롭게 하지 않는다. 이제 세상 사람들 가운데 고관과 존귀한 벼슬자리에 있는 사람들은 모두 그 자리를 잃는 것을 중시하여 이로운 것을 보고서 쉽게 그 자신을 잊어버리니, 어찌 의혹되지 않은 것이겠는가?

1-4

越人三世弑其君, 王子搜患之,[1] 逃乎丹穴.[2] 而越國無君, 求王子搜不得, 從之丹穴. 王子搜不肯出, 越人薰之以艾. 乘以王輿.[3] 王子搜援綏登車, 仰天而呼曰[4]:「君乎! 君乎! 獨不可以舍我乎!」王子搜非惡爲君也, 惡爲君之患也. 若王子搜者, 可謂不以國傷生矣, 此固越人之所欲得爲君也.

월인이 삼세를 시기군한대 왕자수 환지하야 도호단혈이어늘 이월국에 무군할새 구왕자수부득하야 종지단혈하니 왕자수 불긍출이어늘 월인이 훈지이애하야 승이왕여한대 왕자수 원수등거하야 앙천이호하야 왈 군호 군호여 독불가이사아호아하니 왕자수는 비오위군야라 오위군지환야니라 약왕자수자는 가위불이국으로 상생의로다 차 고월인지소욕득위군야니라

[1] 조초기는 말하기를 "『사기』史記 「월세가」越世家의 색은索隱에 따르면 왕자수王子搜는 곧 월왕越王 무전無顓이다. …… 월왕 예翳가 그의 아들에게 살해당하니, 월인越人들은 또 그의 아들을 살해하고서 무여無餘를 나라의 군주로 세웠다. 무여가 또 피살된 뒤 무전을 세웠다. 그러므로 무전 앞의 3대 국군國君이 모두 피살된 것이다. 수搜는 무전의 다른 이름이다"라고 하였다.
[2] 왕숙민에 따르면 단혈丹穴은 무산巫山의 굴 이름인 듯하다.
[3] 조초기에 따르면 왕여王輿는 국군國君이 타는 수레이다.
[4] 『석문』에 따르면 어떤 판본에서는 호呼를 탄歎으로 썼다. 성현영은 말하기를 "그가 생을 중시하고 자리를 가벼이 보므로 구부리어 임금 노릇 할 수 있었다"고 하였다.

월나라 사람들이 3대에 걸쳐서 그의 임금을 시해하였는데 왕자인 수搜가 그것을 근심하여 단혈丹穴이라는 굴 속으로 도피하였다. 월나라에 임금이 없게 되었을 때 왕자 수를 찾아보았으나 찾아내지 못하여 그를 좇아 단혈까지 가게 되었다. 왕자 수가 나오려고 하지 않거늘, 월나라 사람들이 쑥으로 그 굴속에 연기를 피워넣어 그를 국군國君이 타는 수레에 태웠다. 왕자 수가 수레 손잡이 줄을 잡고서 수레에 올라 하늘을 우러러 탄식하며 말하였다. "임금 자리여! 임금 자리여! 어찌 나를 제쳐둘 수 없는가!" 왕자 수는 임금이 되는 것을 싫어한 것이 아니라 임금 노릇 함으로써 생기는 재난을 싫어한 것이다. 왕자 수 같은 이는 나라로써 생명을 다치지 않으려 한 것이라고 일컬을 수 있다. 이것이 본디 월나라 사람들이 밀어서 임금이 되게 하고자 한 것이다.

【대의】

이 장에서는 요임금과 허유·자주지보, 그리고 순임금과 선권과 석호 농부의 대화를 예로 들어 천자 자리보다 생명이 중요하다는 것을 밝혔다. 또한 태왕 단보의 예를 들어 부귀·이익·토지보다도 백성들의 생명이 존귀하다는 것을 설명하고, 월나라 왕자 수처럼 국왕 자리보다 생명을 존중하는 사람이라야 국왕이 될 자질이 있다고 말하였다.

2-1

韓魏相與爭侵地. 子華子見昭僖侯, 昭僖侯有憂色.[1] 子華子曰:「今使
天下書銘於君之前,[2] 書之言曰:『左手攫之則右手廢, 右手攫之則左
手廢, 然而攫之者必有天下.』[3] 君能攫之乎?」[4] 昭僖侯曰:「寡人不攫
也.」子華子曰:「甚善! 自是觀之, 兩臂重於天下也, 身又重於兩臂.
韓之輕於天下亦遠矣, 今之所爭者, 其輕於韓又遠. 君固愁身傷生以
憂戚之不得也!」[5] 僖侯曰:「善哉! 敎寡人者衆矣, 未嘗得聞此言也.」
子華子可謂知輕重矣.

한위 상여쟁침지러니 자화자 현소희후한대 소희후유우색이어늘 자화자왈 금사
천하로 서명어군지전호되 서지언왈 좌수로 확지즉우수 폐하고 우수로 확지즉좌
수 폐어니와 연이확지자 필유천하라커든 군은 능확지호아 소희후왈 과인은 불확
야호리라 자화자왈 심선하이다 자시로 관지컨대 양비 중어천하야요 신은 우중어
양비하니 한지경어천하 역원의라 금지소쟁자 기경어한을 우원이어늘 군이 고수
신상생하야 이우척지부득야라 희후왈 선재라 교과인자중의로되 미상득문차
언야로다 하니 자화자는 가위지경중의로다

[1] 사마표에 따르면 자화자子華子는 위인魏人이고, 소희후昭僖侯는 한후韓侯이다. 유월에 따르면
   한韓에 소후昭侯는 있어도 소희후는 없다. 왕숙민에 따르면 소희후가 곧 소후이다.
[2] 조초기에 따르면 명銘은 계약이다.
[3] 왕숙민에 따르면 유有는 득得과 뜻이 같다.
[4] 왕숙민에 따르면 능能은 장將과 뜻이 같다.
[5] 배학해裵學海에 따르면 고固는 하何와 같다.

한나라와 위나라가 서로 싸우며 토지를 침략하였다. 자화자子華子가 한 소후韓昭候를 뵈니 한소후에게 근심하는 기색이 있었다. 자화자가 말하였다. "이제 가령 천하 사람들이 임금님 앞에서 계약하는 글을 쓰되 글에 써서 말하기를 '왼손으로 그것을 움켜잡으면 오른손을 자르고, 오른손으로 그것을 움켜잡으면 왼손을 자르겠다. 그런데도 그것을 움켜잡는 사람은 반드시 천하를 가지게 될 것이다'라고 하거든 임금님께서는 그것을 움켜잡으시겠습니까?" 한소후가 말하기를 "과인은 움켜잡지 않으리라"라고 하거늘 자화자가 말하였다. "매우 좋습니다. 이로부터 그 일을 보건대, 두 팔이 천하보다 중요하고 몸은 두 팔보다 더 중요하니, 한나라가 천하보다 가벼운 것이 멉니다. 이제 서로 다투는 것은 그 가벼움이 한나라보다 또한 멀거늘 임금님이 어찌 몸을 근심스럽게 하고 생명을 다치게 하십니까? 근심하고 슬퍼해도 그 땅을 얻어내지 못할 것입니다!" 한소후가 말하기를 "훌륭하다! 과인을 가르친 사람이 많았지만 이러한 말을 일찍이 들은 적이 없다"라고 하니 자화자는 경중輕重을 안다고 할 수 있다!

2-2

魯君聞顔闔得道之人也,[1] 使人以幣先焉. 顔闔守陋閭,[2] 苴布之衣而
自飯牛.[3] 魯君之使者至, 顔闔自對之. 使者曰:「此顔闔之家與?」[4] 顔
闔對曰:「此闔之家也.」使者致幣, 顔闔對曰:「恐聽者謬而遺使者罪,
不若審之.」使者還, 反審之, 復來求之, 則不得已. 故若顔闔者, 眞惡
富貴也.[5]

노군이 문안합의 득도지인야하고 사인이폐로 선언한대 안합이 수루려하야 저포
지의로 이자반우하더니 노군지사자 지커든 안합이 자대지러니 사자 왈 차 안합지
가여아 안합이 대왈 차 합지가야니라 사자 치폐한대 안합이 대왈 공청자류하야
이유사자죄하노니 불약심지니라 사자환하야 반심지하야 부래구지하니 즉부득이
러라 고로 약안합자는 진오부귀야로다

<hr/>

[1] 이이에 따르면 노군魯君은 애공哀公이다. 성현영에 따르면 안합顔闔은 노나라의 현자로,「인
간세」편에 보인다.
[2] 조초기에 따르면 수守는 '살다'이다.
[3] 조초기에 따르면 저포苴布는 삼으로 짠 옷이고, 반飯은 '먹이다'이다.
[4] 왕숙민에 따르면 여與는 야邪와 같다.
[5] 해동에 따르면 진眞은 오자이다.

노나라 임금이 안합顏闔이 득도한 사람이라는 말을 듣고서 사람을 보내어 폐백을 가져가서 먼저 뜻을 전하게 하였다. 안합이 누추한 골목에 살면서 삼으로 만든 거친 옷을 입고서 스스로 소를 먹이고 있었다. 노나라 임금의 사자가 이르거든 안합이 스스로 그를 접대하였다. 사자가 말하기를 "여기가 안합의 집입니까?"라고 하였다. 안합이 대답하기를 "여기가 저의 집입니다"라고 하였다. 사자가 폐백을 드리니 안합이 이에 대하여 말하기를 "잘못 듣고서 사자에게 벌을 줄지 모르니 자세히 알아보는 것만 못할 것입니다"라고 하였다. 사자가 돌아가서 거듭 그에 대하여 알아보고 다시 와서 그를 찾으니, 그를 찾아내지 못하겠더라! 그러므로 안합과 같은 이는 참으로 부귀를 싫어하는 사람이다.

2-3

故曰, 道之眞以治身, 其緖餘以爲國家, 其土苴以治天下.[1] 由此觀之,
帝王之功, 聖人之餘事也, 非所以完身養生也. 今世俗之君子, 多危
身棄生以殉物, 豈不悲哉! 凡聖人之動作也, 必察其所以之與其所以
爲.[2] 今且有人於此, 以隨侯之珠彈千仞之雀,[3] 世必笑之. 是何也? 則
其所用者重而所要者輕也. 夫生者, 豈特隨侯之重哉![4]

고로 왈 도지진으로 이치신하고 기서여로 이위국가하고 기토저로 이치천하라 하니
유차로 관지컨대 제왕지공은 성인지여사야라 비소이완신양생야늘 금에 세속
지군자 다위신기생하야 이순물하나니 기불비재아 범성인지동작야는 필찰기소
이지와 여기소이위하나니라 금차유인어차하니 이수후지주로 탄천인지작하면 세
필소지하리니 시하야오 즉기소용자 중이요 이소요자 경야ㄹ세니라 부생자는 기특
수후지중재리오

---

[1] 사마표에 따르면 토저土苴는 쓰레기와 같다. 이이에 따르면 토저는 찌꺼기이다. 이는 모두 참
된 물건이 아니라는 것을 뜻한다.

[2] 왕숙지는 말하기를 "성인은 진眞으로써 자기 자신을 유지하고, 나머지로써 나라를 다스린다.
그러므로 그 동작은 반드시 그에 대하여 살핀다. 소이지所以之는 덕이 가해지는 쪽이다. 소이
위所以爲라는 것은 그로써 사람이나 사물을 접대하는 것이다. 동작이 이와 같으면 반드시 살
피지 않아도 된다"고 하였다. 왕숙민은 말하기를 "성인이 가는 것과 하는 것은 반드시 자기
자신을 위태롭게 하여 생명을 버리고서 물物에 희생되지 않게 한다"고 하였다.

[3] 성현영은 말하기를 "수隨나라는 복수濮水에 가까운데, 복수에서 보배로운 구슬이 나오니 이
것이 곧 신령스러운 뱀이 입에 물고 나와 은혜를 갚았다는 것이다. 수후隨侯가 얻었으므로
그것을 수후의 구슬이라고 한다. 대저 천 길 높이 나는 까치를 구슬로써 쏜다면 구한 것이 가
벼운데도 쓰는 것이 중요한 것이니, 삶을 해치고 물物에 희생된다는 그 뜻이 또한 이러하다"
고 하였다.

[4] 유월에 따르면 수후 다음에 마땅히 주珠 자가 있어야 한다.

338

그러므로 이르기를 도의 정수로써 자기 몸을 다스리고, 그 나머지로써
국가를 다스리고, 그 찌꺼기로써 천하를 다스린다고 한다. 이로써 보건
대 제왕의 공은 성인의 나머지 일이다. 그로써 몸을 완전하게 하고 생명
을 기르는 길이 아니다. 오늘날 세속적인 군자들이 대부분 몸을 위태롭
게 하여 생명을 버리면서까지 물物에 희생되니 어찌 슬프지 않은가? 무
릇 성인의 동작은 반드시 가는 곳과 하는 것을 살펴야 한다. 이제 여기
에 사람이 있으니 수후隨侯의 구슬을 가지고서 천 길 높이 나는 까치를
쏜다면 세상 사람들이 반드시 그 일을 웃을 것이다. 이것은 무엇 때문인
가? 그가 쓰는 것이 중요하고 그가 취하려고 한 것이 가볍기 때문이다.
대저 생명이라는 것이 어찌 단지 수후의 구슬만큼 중요하기만 하리오!

【대의】

한소후韓昭侯와 자화자子華子의 대화를 통하여 천자 자리를 준
다고 해도 두 팔이 잘리는 것을 바라는 사람은 없으리라고 말하였
다. 또한 노나라 임금이 안합顔闔이라는 현자를 초빙하려고 했던
예를 들어 가난하게 살더라도 벼슬하여 부귀영화 누리기를 바라
지 않는다는 절조 있는 사람의 뜻을 밝히면서, 세상 사람들이 자
기 몸을 위태롭게 하면서까지 물物에 희생되는 것을 탄식하였다.

3

子列子窮, 容貌有飢色. 客有言之於鄭子陽者曰[1]:「列禦寇, 蓋有道
之士也, 居君之國而窮, 君无乃爲不好士乎?」鄭子陽卽令官遺之粟.
子列子見使者, 再拜而辭. 使者去, 子列子入, 其妻望之而拊心曰[2]:
「妾聞爲有道者之妻子, 皆得佚樂, 今有飢色. 君過而遺先生食,[3] 先生
不受, 豈不命邪!」[4] 子列子笑謂之曰:「君非自知我也. 以人之言而遺
我粟, 至其罪我也又且以人之言, 此吾所以不受也.」其卒, 民果作難
而殺子陽.[5]

자열자 궁하야 용모 유기색이러니 객이 유언지어정자양자 왈 열어구는 개유도
지사야로되 거군지국이궁하니 군은 무내위불호사호아 정자양이 즉령관으로 유
지속하야늘 자열자 견사자하고 재배이사하다 사자거커늘 자열자입한대 기처 망지
이부심하야 왈 첩은 문호니 위유도자지처자인댄 개득일락이라 호니 금유기색할세
군이 과이유선생식이어시늘 선생이 불수하니 기불명야리오 자열자 소위지왈 군이
비자지아야라 이인지언으로 이유아속하시니 지기죄아야에도 우차이인지언하시리니
차 오소이불수야니라 기졸에 민이 과작난이살자양하니라

1 성현영에 따르면 자양子陽은 정鄭나라의 재상이다.
2 왕숙민에 따르면 망望은 '책망하다'이다. 조초기에 따르면 부拊는 무撫와 통하니 '부심'은 마
  음이 아픈 모습을 나타낸다.
3 왕숙민에 따르면 과過는 우遇이다. 『석문』에 따르면 어떤 판본에서는 '우'라고도 썼다.
4 왕인지에 따르면 불不은 비非이다.
5 조초기는 말하기를 "자양이 집정執政할 때 매우 잔혹하게 하니 인민들이 분노하였다. 자양의
  좌우에 있는 사람이 조심하지 않아 그의 활을 잔단한 일이 있었다. 그래서 형벌을 피하기 위
  하여 미친개를 풀어놓아 자양을 죽이게 되었다. 이 사건은 『여씨춘추』「적위」適威와 『사기』史
  記「정세가」鄭世家와 『회남자』淮南子「범론훈」凡論訓 등의 기록에 보인다"고 하였다.

자열자子列子가 몹시 가난하여 용모에 굶주린 기색이 있었다. 정나라 재상 자양子陽에게 이 일을 말한 이가 있어서 이르기를 "열어구列禦寇는 도가 있는 선비로되 군주의 나라에 살면서 몹시 가난하니 군주께서는 선비를 좋아하시지 아니합니까?"라고 하였다. 정자양이 당장 관리로 하여금 그에게 곡식을 보내게 하거늘, 자열자가 사자를 보고 두 번 절하고서 사절하였다. 사자가 떠나거늘 자열자가 들어가니 그의 아내가 그를 책망하면서 가슴을 어루만지며 이르기를 "첩은 들으니 도 있는 이의 처자가 되면 모두 편안하고 즐거울 수 있다고 합디다. 이제 굶주린 기색이 있기에 임금님께서 그런 일을 보고서 선생에게 먹을 것을 보내시거늘 선생이 받지 않으니 어찌 명이 아니리오!"라고 하였다. 자열자가 웃으며 아내에게 이르기를 "군주께서 스스로 나라는 사람을 아신 게 아닙니다. 남의 말을 듣고서 나에게 곡식을 보내셨으니 그가 나에게 벌을 주기에 이르러서도 또 남의 말을 듣고서 그리하실 것이니 이것이 내가 받지 않은 까닭이오"라고 하였다. 그 뒤에 마침내 백성들이 과연 난리를 일으켜 자양을 살해한 일이 있었다.

【대의】

정나라 재상 자양子陽이 몹시 가난한 열자列子에게 곡식을 보냈으나 그것을 사절한 예를 들어, 선비는 이유 없이 남의 도움을 받지 않는다는 것을 말하고 있다.

4

楚昭王失國,[1] 屠羊說走而從於昭王.[2] 昭王反國, 將賞從者, 及屠羊說. 屠羊說曰:「大王失國, 說失屠羊[3]; 大王反國, 說亦反屠羊. 臣之爵祿已復矣,[4] 又何賞之有哉!」王曰:「强之!」屠羊說曰:「大王失國, 非臣之罪, 故不敢伏其誅; 大王反國, 非臣之功, 故不敢當其賞.」[5] 王曰:「見之!」屠羊說曰:「楚國之法, 必有重賞大功而後得見, 今臣之知不足以存國而勇不足以死寇.[6] 吳軍入郢, 說畏難而避寇, 非故隨大王也. 今大王欲廢法毀約而見說, 此非臣之所以聞於天下也.」

초소왕이 실국이어늘 도양열이 주이종어소왕이러니 소왕이 반국하야 장상종자할새 급도양열한대 도양열이 왈 대왕이 실국이어시늘 열이 실도양코 대왕이 반국이어시늘 열이 역반도양호니 신지작록이 이복의니 우하상지유재리오 왕왈 강지라 도양열이 왈 대왕실국이 비신지죄론 고로 불감복기주하며 대왕반국이 비신지공이론 고로 불감당기상이로이다 왕왈 현지호라 도양열이 왈 초국지법은 필유중상대공이후에야 득현하나니 금신지지 부족이존국이며 이용이 부족이사구라 오군이 입영이어늘 열이 외난이피구언정 비고수대왕야어늘 금대왕이 욕폐법훼약이현열하시니 차 비신지소이문어천하야로소이다

[1] 『석문』에서 말하기를 "초소왕楚昭王은 이름이 진軫이고 평왕平王의 아들이다"라고 하였다.
[2] 성현영은 말하기를 "양 도살하는 일을 하는 천인의 이름이 열說인데, 왕을 따라서 도망갔다"고 하였다.
[3] 조초기에 따르면 망국亡國하니 양을 도살하여 생업으로 살아가는 일을 잃은 것이다.
[4] 조초기에 따르면 양을 도살하여 생업으로 살아가는 일을 가리킨다.
[5] 배학해에 따르면 당當은 수受와 같다.
[6] 조초기에 따르면 사구死寇는 적을 소멸하는 것이다.

초소왕楚昭王이 나라를 잃거늘 도양열屠羊說이 소왕을 따라서 도망갔다. 소왕이 나라에 되돌아올 수 있게 되어 그와 함께 도망친 사람들에게 상을 줄 때 도양열에게까지 미치게 되었다. 도양열이 말하기를 "대왕이 나라를 잃으시거늘 저도 양을 도살하는 직업을 잃었습니다. 대왕이 나라를 되찾으시거늘 저도 이 일을 되찾았습니다. 저의 작록이 이미 회복되었으니 또 어찌 상이 있으리오"라고 하였다. 왕이 말하기를 "억지로라도 상을 받게 하라"고 좌우의 관리들에게 말하니 도양열이 그들을 통하여 왕에게 말하기를 "대왕이 나라를 잃은 것은 저의 잘못이 아니므로 감히 그 벌을 받지 못하겠습니다. 마찬가지로 대왕이 나라를 되찾은 것도 저의 공이 아니므로 감히 그 상을 받지 못하겠습니다"라고 하였다. 왕이 말하기를 "그를 접견하리라"고 하였다. 도양열이 말하기를 "초나라의 법은 반드시 큰 공을 세워 중상重賞이 있게 된 뒤에야 임금님을 알현할 수 있습니다. 이제 저의 지혜는 부족하여 나라를 보존할 정도가 못 되며, 용기도 부족하여 적을 죽이지 못합니다. 오吳나라 군사들이 도성인 영郢에 침입하거늘 저는 난리가 두려워서 적군을 피하였을지언정 고의로 대왕을 따라나선 것이 아닙니다. 그런데도 이제 대왕이 초나라의 법을 버려두고 규약을 저버리면서까지 저를 접견하려고 하시니 이것은 제가 그 일을 가지고 천하 사람들에게 알려지게 할 것이 아닙니다"라고 하였다.

王謂司馬子綦曰:「屠羊說居處卑賤而陳義甚高,[7] 子綦爲我延之以三
旌之位.」[8] 屠羊說曰:「夫三旌之位, 吾知其貴於屠羊之肆也[9]; 萬鍾之
祿, 吾知其富於屠羊之利也; 然豈可以貪爵祿而使吾君有妄施之名
乎! 說不敢當, 願復反吾屠羊之肆.」[10] 遂不受也.

왕이 위사마자기하야 왈 도양열이 거처 비천하나 이진의심고하니 자기위아하야
연지이삼정지위하라 도양열이 왈 부삼정지위를 오지기귀어도양지사야하며 만
종지록을 오지기부어도양지리야언마는 연이나 기가이탐작록이사오군으로 유망
시지명호리오 열은 불감당이로쇠다 원부반오의 도양지사하노이다 하고 수불수야
하니라

<hr/>

7 조초기에 따르면 진의陳義는 이치를 말하는 것이다.
8 유월은 말하기를 "이는 소왕이 자연히 사마자기司馬子綦와 더불어 말한 것이니 마땅히 자子
    라고 해야지 자기子綦라고 일컬어서는 안 된다. 기綦 자는 더 들어간 군더더기 글자이다"라
    고 하였다.
9 조초기에 따르면 사肆는 시市이니 장사하는 것이다.
10 조초기에 따르면 부復는 '다시'이고 반反은 '회복하다'이다.

왕이 사마자기司馬子綦에게 말하기를 "도양열이 처지는 비천하나 이치를 말한 것은 매우 높으니 그대는 나를 위하여 삼공三公의 지위로서 그를 맞이하게 하라"고 하였다. 도양열이 말하기를 "대저 삼공의 지위를 나는 양을 도살하여 시장에서 파는 것보다 높다는 것을 알며, 만종의 봉록을 나는 양을 파는 이익보다 많다는 것을 압니다. 그러나 어찌 작록을 탐내어 우리 군왕이 함부로 상을 내리신다는 말이 있게 할 수 있습니까? 저는 감당하지 못하겠습니다. 다시 저의 양을 도살하여 시장에 내다 파는 일을 회복시켜주시기를 바랍니다" 하고는 끝내 받지 않더라.

【대의】

국난에 왕과 행동을 같이하였던 도양열屠羊說이라는 백정에게 국난이 해결된 뒤 왕이 상을 주려고 해도 받지 않고 삼공三公의 자리에 초빙해도 그 자리를 사양하였다는 예를 들어 작록을 탐내지 않고 자기 일을 천직으로 알고 살아가는 사람의 절조 있는 삶을 부각했다.

5-1

原憲居魯, 環堵之室,[1] 茨以生草[2]; 蓬戶不完,[3] 桑以爲樞[4]; 而甕牖二室,[5] 褐以爲塞[6]; 上漏下濕, 匡坐而弦歌.[7] 子貢乘大馬,[8] 中紺而表素, 軒車不容巷,[9] 往見原憲. 原憲華冠縰履,[10] 杖藜而應門.[11]

원헌이 거로할새 환도지실에 자이생초하며 봉호 불완이어늘 상이위추하며 이옹유 이실을 갈이위색이요 상루하습이어늘 광좌이현가러니 자공이 승대마하고 중감이 표소하야 헌거 불용항이러니 왕견원헌한대 원헌이 화관쇄리하고 장려이응문이러라

[1] 성현영에 따르면 원헌原憲은 공자의 제자로 성이 원原이다. 왕숙민에 따르면 이름이 헌憲이고 자가 사思이며, 환環 앞에 거居 자가 있어야 할 것 같다.

[2] 조초기에 따르면 자茨는 풀로 지붕을 이은 것이며, 생초生草는 푸른 풀이다. 곽경번에 따르면 '생초'는 『신서』新序「절사」節士편에서 생호生蒿라고 썼는데, 호蒿도 풀이다.

[3] 『석문』에 따르면 봉호蓬戶는 다북쑥을 엮어서 지게문을 만든 것이다.

[4] 사마표에 따르면 상이위추桑以爲樞는 뽕나무 가지를 구부려서 문의 지도리를 만든 것이다.

[5] 사마표에 따르면 옹유甕牖는 깨진 항아리를 끼워서 창문을 만든 것이고, 이실二室은 남편과 아내가 각기 방 하나씩을 쓰는 것이다.

[6] 사마표에 따르면 갈이위색褐以爲塞은 칡베옷으로써 창문을 막은 것이다.

[7] 조초기에 따르면 현가弦歌는 음악을 연주하며 노래하는 것이다.

[8] 성현영에 따르면 자공子貢은 공자의 제자로 이름이 사賜이다.

[9] 조초기에 따르면 헌거軒車는 대부 이상이 타는 수레이다.

[10] 조초기에 따르면 화관華冠은 벗나무 껍질로 만든 모자이고, 쇄리縰履는 뒤꿈치가 없는 신발이다.

[11] 『석문』에 따르면 장려杖藜는 명아주로 지팡이를 만든 것이다. 사마표에 따르면 응문應門은 스스로 방문객을 대하는 것이다.

원헌原憲이 노나라에 살 때 3.3미터쯤 되는 울타리를 두른 집에서 지붕을 푸른 풀로 이으며 쑥으로 만든 지게문이 온전치 않거늘, 뽕나무로 지도리를 만들며, 깨진 항아리로 창문을 만들어 방을 둘로 나누고 해어진 칡베옷으로 틈새를 막았으나, 위는 새고 아래는 눅눅해도 바르게 앉아서 음악을 연주하며 노래를 부르고 있었다. 자공子貢이 큰 수레를 타고 보랏빛 속옷에다가 흰색 겉옷을 걸치고서 헌거軒車가 골목에 들어갈 수 없을 정도였으나 가서 원헌을 뵈었다. 원헌이 벚나무 껍질로 만든 모자를 쓰고 뒤꿈치 없는 신발을 신고 명아주로 만든 지팡이에 의지해서 몸소 방문객의 소리에 응하여 문을 열고 나왔다.

子貢曰:「嘻! 先生何病?」原憲應之曰:「憲聞之, 无財謂之貧, 學而不能行謂之病. 今憲, 貧也, 非病也.」子貢逡巡而有愧色. 原憲笑曰:「夫希世而行,[12] 比周而友,[13] 學以爲人, 敎以爲己, 仁義之慝,[14] 與馬之飾, 憲不忍爲也.」

자공왈 희라 선생은 하병고 원헌이 응지왈 헌은 문지호되 무재를 위지빈이요 학이불능행을 위지병이라 호니 금에 헌은 빈야언정 비병야니라 자공이 준순이유괴색이어늘 원헌이 소왈 부희세이행하며 비주이우하야 학이위인이요 교이위기는 인의지특이니 여마지식을 헌은 불인위야하노라

---

12 『석문』에서 말하기를 "희希는 망望이다. 행하는 것이 언제나 세상 사람들이 칭찬하는지 아니하는지를 돌아보고 행동하므로 세상을 바라보면서 행동한다"고 하였다.
13 왕숙민에 따르면 비주比周는 '친밀'을 뜻한다.
14 사마표에 따르면 인의지특仁義之慝은 인의에 의탁하여 간악한 짓을 하는 것이다. 왕숙민에 따르면 지之는 위爲이다.

자공이 말하기를 "아! 선생님은 어찌 병드셨습니까?"라고 하니 원헌이 그에 응하여 말하였다. "내가 들으니 재물이 없는 것을 가난이라 하고 배우고서도 행하지 못하는 것을 병이라고 하더이다. 이제 저는 가난하긴 하나 병든 것이 아닙니다." 자공이 뒤로 주춤주춤 물러나면서 부끄러워하는 기색이 있거늘 원헌이 웃으며 말하였다. "대저 세상을 관망하면서 일을 하며 마음에 맞는 사람끼리 벗하여, 배워서 남에게 부질없는 일을 하고 자기를 위하여 가르치는 것은 인의仁義에 의탁하여 간악한 짓을 하는 것이니, 좋은 말에다가 화려하게 장식하여 수레를 타는 것을 저는 차마 하지 못하겠습니다."

5-2

曾子居衛, 縕袍无表,[1] 顏色腫噲,[2] 手足胼胝. 三日不擧火, 十年不製
衣,[3] 正冠而纓絶, 捉衿而肘見,[4] 納屨而踵決.[5] 曳縰而歌商頌,[6] 聲滿
天地, 若出金石.[7] 天子不得臣, 諸侯不得友. 故養志者忘形, 養形者
忘利, 致道者忘心矣.

증자 거위할새 온포 무표하며 안색이 종쾌하며 수족이 변지하며 삼일을 불거화하고
십년을 부제의하야 정구이영절하며 착금이주현하며 납구이종결이러니 예쇄이가
상송하니 성만천지하여 약출금석하도니 천자 부득신하며 제후 부득우하니라 고로
양지자는 망형하고 양형자는 망리하고 치도자는 망심의하나니라

[1] 조초기에 따르면 온포縕袍는 엉클어진 삼으로 만든 긴 솜옷이다.
[2] 곽경번에 따르면 종쾌腫噲는 병이 심한 것이다.
[3] 왕숙민에 따르면 십十은 칠七 자가 잘못된 것 같다.
[4] 조초기는 말하기를 "금衿은 금襟과 통한다. ······ 이 구절은 소매가 남루하여 한번 옷섶을 잡
아당기면 팔꿈치가 드러난다는 것을 뜻한다"고 하였다.
[5] 조초기는 말하기를 "납구納屨는 신발을 신는 것이고 종결踵決은 신발 뒤꿈치가 찢어진 것이
니, 신발에 이미 곰팡이가 피어 썩었다는 것을 알 수 있다"고 하였다.
[6] 조초기는 말하기를 "상송商頌은 『시경』 중의 일부분으로 귀족들이 조상의 공덕을 노래하는
작품에 속한다. ······ 성품이 관대하고 편안하고 고요하며, 부드럽고 정직한 사람은 '송'을 부
르기에 알맞고, 성정이 제멋대로이고 솔직하며 자애로운 사람은 '상'을 노래하기에 알맞다"
(『예기』 「악기」)고 하였다.
[7] 조초기는 말하기를 약출금석若出金石은 "쇠와 옥돌을 쳐서 나온 것과 같다. 매우 낭랑한 것을
설명한다"고 하였다.

증자曾子가 위나라에 살 때 삼으로 만든 긴 옷에 겉옷이 없으며 안색이 부어 병색이 있으며 손과 발에 굳은살이 박였다. 사흘을 불 때어 밥을 짓지 못하고 십 년을 옷을 만들지 못하였다. 의관을 가다듬노라면 갓끈이 떨어지고, 옷섶을 잡아당기면 팔꿈치가 드러나며, 신발을 신다 보면 신발 뒤꿈치가 찢어졌다. 신발을 끌면서 상商과 송頌을 노래하니 소리가 천지에 가득차서 낭랑한 소리가 마치 쇠와 돌에서 나오는 것과 같았다. 천자가 신하로 삼을 수 없으며 제후가 벗하지 못한다. 그러므로 뜻을 기르는 사람은 외형적인 것을 잊고, 몸을 기르는 사람은 이로운 것을 잊고, 도에 이른 사람은 마음을 잊는다고 한다.

5-3

孔子謂顏回曰:「回, 來! 家貧居卑, 胡不仕乎?」顏回對曰:「不願仕.
回有郭外之田五十畝, 足以給飦粥[1]; 郭內之田十畝, 足以爲絲麻;
鼓琴足以自娛, 所學夫子之道者足以自樂也. 回不願仕.」孔子愀然變
容曰:「善哉回之意! 丘聞之,『知足者不以利自累也, 審自得者失之
而不懼,[2] 行修於內者无位而不怍.』丘誦之久矣, 今於回而後見之, 是
丘之得也.」[3]

공자 위안회하야 왈 회아 내하라 가빈거비어늘 호불사호오 안회 대왈 불원사
하노이다 회는 유곽외지전오십무 족이급전죽이며 곽내지전십무 족이위사마며
고금이 족이자오며 소학부자지도자 족이자락야니 회는 불원사하노이다 공자 초
연변용하야 왈 선재라 회지의여 구는 문지호니 지족자는 불이리로 자루야하고 심
자득자는 실지이불구하고 행수어내자는 무위이부작이라 호라 구 송지구의라니
금에 어회이후에야 견지호니 시구지득야로다

---

[1] 조초기는 말하기를 "된 것을 전飦이라 하고 묽은 것을 죽粥이라 한다"고 하였다.
[2] 조초기는 말하기를 "심審은 분명하게 살피는 것이다. 심자득자審自得者는 자기의 득실을 매
우 분명하게 볼 수 있는 사람이다"라고 하였다.
[3] 왕선겸은 말하기를 "이러한 사람을 얻기를 좋아한다"고 하였다.

공자가 안회顔回에게 말하기를 "회여! 다가오거라! 집안이 가난하고 비천하게 살면서도 어찌 벼슬하지 않을까?"라 하니 안회가 대답하였다. "저에게는 성 밖의 밭이 쉰 이랑이나 되니 죽을 끓여 먹기에 충분하며, 성안의 밭이 열 이랑이니 실과 삼으로 옷을 지어 입기에 충분하며, 거문고를 타는 것이 스스로를 즐기기에 충분하며, 선생님에게 배운 바의 도는 스스로를 즐겁게 하기에 충분합니다. 저는 벼슬을 바라지 않습니다."

공자가 정색하며 용모를 바꾸어 말하였다. "훌륭하다! 회의 뜻이여! 내가 들으니 만족할 줄 아는 사람은 이로운 것 때문에 자기를 번거롭게 하지 않고, 자기의 이해득실을 분명하게 아는 사람은 그러한 것을 잃어도 두려워하지 않고, 마음에서 덕행이 닦인 사람은 지위가 없어도 부끄러워하지 않는다고 하더라. 내가 그 말을 오래토록 외웠더니, 이제 안회가 몸소 실천하는 것을 보고 나서야 그것을 알게 되었으니 이것이 나의 얻음이다."

【대의】

가난했던 원헌原憲과 부귀를 누리는 자공子貢의 대화를 통하여 도덕군자인 체하면서 세상 사람들의 눈치를 보며 실제로는 부귀영화를 추구하는 유생儒生들을 조소하였다. 또한 안빈낙도하였다는 증자曾子와 안회顔回의 예를 들어 지위가 없어도 부끄러워하지 않고 이로운 것 때문에 자기를 번거롭게 하거나 두려워하는 일이 없을 수 있다는 것을 말하고 있다.

6

中山公子牟謂瞻子曰[1]:「身在江海之上, 心居乎魏闕之下,[2] 奈何?」
瞻子曰:「重生. 重生則輕利.」中山公子牟曰:「雖知之, 未能自勝也.」
瞻子曰:「不能自勝則從, 神无惡乎?[3] 不能自勝而强不從者, 此之謂
重傷. 重傷之人, 无壽類矣.」[4] 魏牟, 萬乘之公子也, 其隱巖穴也, 難
爲於布衣之士; 雖未至乎道, 可謂有其意矣!

중산공자모 위첨자하야 왈 신재강해지상하나 심거호위궐지하호니 내하오 첨자
왈 중생이니 중생즉경리하리라 중산공자모 왈 수지지나 미능자승야로다 첨자 왈
불능자승이어든 즉종이면 신무오호어니와 불능자승이요 이강불종자인댄 차지위중
상이니 중상지인은 무수류의니라 위모는 만승지공자야라 기은암혈야에 난위어
포의지사하니 수미지호도나 가위유기의의로다

---

[1] 사마표는 말하기를 "위魏의 공자이며, 중산中山에 봉해졌고 이름이 모牟이다. 첨자瞻子는 현
  인이다"라고 하였다. 공자모公子牟는 「추수」편에서 말한 '위모'이다. 왕숙민에 따르면 첨瞻은
  옛적에 첨詹과 통하였으며, '첨자'는 곧 첨하詹何이다.
[2] 사마표에 따르면 마음이 부귀영화에 있다는 것을 말한다.
[3] 조초기는 말하기를 "오惡는 '싫어하다'이다. 심신이 억제하지 못하여 싫어하지 않게 해야 한
  다는 말이다"라고 하였다.
[4] 성현영은 말하기를 "장수하는 사람과 같은 유類가 될 수 없다"고 하였다.

중산공자모中山公子牟가 첨자瞻子에게 말하기를 "몸은 비록 강호江湖에 있으나 마음은 영화로운 궁정생활에 가 있으니 이를 어찌해야 합니까?"라고 하였다. 첨자가 말하기를 "생명을 그 무엇보다 소중하게 여기시오. 생명을 소중하게 여기면 이익을 가볍게 보게 될 것이오"라고 하였다. 중산공자모가 말하기를 "비록 그것을 알기는 하지만 아직 자신을 이겨내지 못하고 있습니다"라고 하니 첨자가 말하기를 "자신을 이겨내지 못하겠거든 방임해야 정신을 해치지 않을 것이오! 자신을 이겨내지 못하면서 억지로 따르지 않는 것, 이를 일러 거듭 해침이라고 하오. 거듭 해치는 사람은 오래 사는 이들의 유형이 아닙니다"라고 하였다. 위모魏牟는 만승萬乘의 공자公子인지라 그가 바위 굴속에 은거할 적에 포의布衣의 선비처럼 하기가 어려우니 비록 도에 미처 이르지는 못하였으나 그에 뜻이 있다고 일컬을 수 있다!

【대의】

수도하는 사람은 부귀영화에 대한 욕구를 잊지 못하겠거든 차라리 방임하여 생의生意를 거듭 해치지 말라고 하였다. 생의를 이중으로 해친다는 것은 욕구를 충족시키지 못한다는 그 자체가 하나이고, 그 욕구를 억제함으로써 자신의 생의를 위축시킬 수 있다는 것이 그 하나이다.

7

孔子窮於陳蔡之間,[1] 七日不火食, 藜羹不糝, 顔色甚憊, 而猶弦歌於
室. 顔回擇菜, 子路子貢相與言曰:「夫子再逐於魯, 削迹於衛, 伐樹
於宋,[2] 窮於商周,[3] 圍於陳蔡, 殺夫子者无罪, 藉夫子者无禁.[4] 弦歌鼓
琴, 未嘗絶音, 君子之无恥也若此乎?」

공자 궁어진채지간하샤 칠일을 불화식하고 여갱을 불삼하야 안색이 심비 이유현
가어실하도시니 안회 택채어늘 자로와 자공이 상여언하야 왈 부자 재축어로하시며
삭적어위하시며 벌수어송하시며 궁어상주하시사 위어진채하시니 살부자자 무죄
하며 자부자자 무금이어늘 현가고금하사 미상절음하시나니 군자지무치야 약차호아

---

[1] 진陳·채蔡에 관한 일은「천운」과「산목」편에 보인다.
[2]『석문』에서 말하기를 "공자가 송에 가서 제자들과 더불어 큰 나무 밑에서 예의를 익히는데
송나라의 사마환퇴司馬桓魋가 공자를 죽이고자 하여 그 나무를 베었다"고 하였다.
[3] 송나라와 주나라를 왕래하다가 궁지에 몰렸다는 것을 말한다.
[4] 조초기에 따르면 자藉는 괴롭힌다는 것을 뜻한다.

공자가 진陳나라와 채蔡나라 사이에서 곤궁해져 이레를 불 때어 밥을 짓지 못하고 명아주 잎을 넣어 끓인 국마저 차지지 않아 안색이 몹시 지쳐 보였는데도 방에서 거문고를 타며 노래 부르고 있었다. 안회가 밖에서 나물을 뜯고 있거늘 자로子路와 자공子貢이 서로 더불어 말하였다. "선생님은 두 차례나 노나라에서 쫓겨나셨으며, 위衛나라에서 발자국이 제거되었으며, 송나라에서 나무가 베어졌으며, 송나라와 주나라 사이에서 궁지에 몰렸으며, 진나라와 채나라 사이에서 포위되었습니다. 선생님을 살해하더라도 죄가 없을 정도이며 선생님을 괴롭히는 사람이라도 금지하는 사람이 없을 지경에 이르렀습니다. 현악에 맞추어 노래 부르고 거문고를 타시어 그친 적이 없으시니, 군자가 치욕을 모르는 것이 이와 같단 말입니까?"

顔回无以應, 入告孔子. 孔子推琴喟然而歎曰:「由與賜, 細人也.[5] 召而來, 吾語之.」子路子貢入. 子路曰:「如此者可謂窮矣!」孔子曰:「是何言也! 君子通於道之謂通, 窮於道之謂窮. 今丘抱仁義之道以遭亂世之患, 其何窮之爲![6] 故內省而不窮於道,[7] 臨難而不失其德, 天寒旣至,[8] 霜雪旣降, 吾是以知松柏之茂也. 陳蔡之隘, 於丘其幸乎!」孔子削然反琴而弦歌,[9] 子路抗然執干而舞.[10] 子貢曰:「吾不知天之高也, 地之下也.」

안회 무이응하야 입고공자한대 공자 추금하시고 위연이탄하사 왈 유여사는 세인야로다 소이래하라 오어지호리라 자로자공 입하야는 자로왈 여차자는 가위궁의로소이다 공자 왈 시하언야오 군자는 통어도지위통이요 궁어도지위궁이니 금에 구는 포인의지도하야 이조난세지환이언정 기하궁지위리오 고로 내성이불궁어도요 임난이불실기덕호라 천한이 기지하야 상설이 기강이어야 오 시이로 지송백지무야하노라 진채지애 어구에 기행호인저 하시고 공자 삭연반금이현가하신대 자로 흘연집간이무러니 자공이 왈 오는 부지천지고야와 지지하야랏다

5 조초기에 따르면 세인細人은 식견이 좁은 사람이다.
6 왕숙민에 따르면 위爲는 위謂와 같다.
7 왕숙민에 따르면 궁窮은 구疚 자로 써야 할 것 같다.
8 유월에 따르면 천天은 대大 자가 잘못된 것이다.
9 해동에 따르면 삭削은 마땅히 열列로 써야 한다. 왕숙민에 따르면 열列은 열裂의 옛 글자이다.
10 왕숙민에 따르면 흘扢은 가차하여 흘仡이 된다. 왕념손에 따르면 '흘'은 '씩씩하다'이다.

안회가 아무 소리도 않고서 들어가 공자에게 아뢰니 공자가 거문고를 밀어놓고 한숨을 내쉬며 탄식하면서 말하기를 "자로와 자공은 세인細人이로다. 불러서 오게 하라"고 하였다. 자로와 자공이 들어왔다. 자로가 말하기를 "이와 같이 하는 것이 궁지에 몰린 사람이라고 할 수 있습니까?"라고 하였다. 공자가 말하였다. "이것이 무슨 말인가? 군자는 도에 통하는 것을 통通하는 것이라 하고 도에 막히는 것을 궁窮이라고 한다. 이제 나는 인의仁義의 도를 알고서 난세의 환난을 만났을지언정 그 어찌 궁하다고 하리오? 그러므로 안으로 내 마음에 살펴보아도 도에 대하여 꺼림칙하지 않고 곤란에 임해서도 그 덕을 잃지 않는다. 큰 추위가 이르러 벌써 서리와 눈이 내린 뒤에야 나는 이로써 송백이 무성하다는 것을 알겠다. 진나라와 채나라 사이에서 당한 위험이 나에게는 다행이 아닐까?" 공자는 찢어지는 소리가 날 정도로 거문고를 다시 잡아당겨서 현악에 맞추어 노래 부르니 자로가 씩씩하게 방패를 잡아들고서 춤을 추었다. 자공이 말하기를 "나는 하늘이 높으며 땅이 낮은 줄을 모르겠다"고 하였다.

古之得道者, 窮亦樂, 通亦樂. 所樂非窮通也, 道德於此,[11] 則窮通爲
寒暑風雨之序矣. 故許由娛於潁陽[12]而共伯得志乎丘首.[13]

고지득도자 궁역락하며 통역락하는든 소락이 비궁통야라 도덕어차면 즉궁통이
위한서풍우지서의니라 고로 허유 오어숭양하야늘 이공백은 득지호구수하니라

---

[11] 유월에 따르면 덕德은 득得으로 써야 한다.
[12] 조초기에 따르면 숭양潁陽은 오늘날 중국 하남성 낙양현 남쪽에 있다.
[13] 조초기는 말하기를 "공백共伯은 이름이 화和인데 공共에서 봉지를 받아먹었다. 주여왕周厲王
이 전복되었을 때 제후들은 공백이 현능賢能하다고 생각하여 세워서 왕을 삼았으나 재위 14년
에 천하가 크게 가뭄이 드니 이 때문에 폐위되고, 주선왕周宣王을 세우니 구수산丘首山으로
돌아가 소요자득하였다. 구수산은 오늘날 하남성 휘현輝縣 서쪽에 있다. 구丘는 원래 공共으
로 썼으나 『속고일총서』續古逸叢書 본에 따라 고친다"고 하였다.

옛적에 득도한 사람은 궁하여도 즐거우며 통하여도 즐거웠으니, 즐거워하는 것이 궁하거나 통하는 데 달려 있지 않았다. 이에 대하여 도가 터득되면 추웠다가 더워지며 바람이 불었다가 비가 내리듯이 궁통이 순서 있게 되는 것이다. 그러므로 허유는 숭양頴陽에서 즐겁게 살아가거늘 공백共伯은 구수산丘首山에서 소요자득하였다.

8-1

舜以天下讓其友北人无擇,¹ 北人无擇曰:「異哉后之爲人也,² 居於畎
畝之中³而遊堯之門!⁴ 不若是而已, 又欲以其辱行漫我.⁵ 吾羞見之.」
因自投清冷之淵.⁶

순이 이천하로 양기우북인무택한대 북인무택이 왈 이재라 후지위인야여 거어견
무지중하다가 이유요지문하니 불약시이이오 우욕이기욕행으로 만아아 오 수견지라
하고 인자투청령지연하더라

---

¹ 성현영에 따르면 북인 무택北人无擇은 북방 사람이며 이름이 무택으로 순임금의 우인友人이다.
² 성현영에 따르면 후后는 임금이다.
³ 조초기는 말하기를 "견畎은 밭 가운데 물도랑이다. 견무畎畝는 밭 사이이다"라고 하였다.
⁴ 조초기에 따르면 유요지문遊堯之門은 제위帝位에 나아가는 것을 가리킨다.
⁵ 조초기는 말하기를 "욕행辱行은 부끄러워할 만한 행위이고, 만漫은 '더럽히다'이다"라고 하
였다.
⁶ 조초기는 말하기를 "청령清冷은 강어귀 이름인데『산해경』山海經에서는 강남江南에 있다고
말했다"고 하였다.

순임금이 천하를 그의 벗 북인 무택北人无擇에게 선양하니 북인 무택이 말하기를 "기이하도다! 군주의 사람 노릇 함이여! 밭 사이의 가운데에 살다가 제왕의 자리에 나아감이여! 이것뿐 아니라 또 그의 부끄러워할 만한 행위로써 나를 더럽히려고 하는구나. 나는 그를 보기를 부끄럽게 생각한다"고 하고 마침내 스스로 청령清冷의 연못에 몸을 던졌다.

8-2

湯將伐桀, 因卞隨而謀, 卞隨曰:「非吾事也.」湯曰:「孰可?」曰:「吾
不知也.」湯又因務光而謀,[1] 務光曰;「非吾事也.」湯曰:「孰可?」曰:
「吾不知也.」湯曰:「伊尹如何?」[2] 曰:「强力忍垢,[3] 吾不知其他也.」湯
遂與伊尹謀伐桀, 剋之,[4] 以讓卞隨. 卞隨辭曰:「后之伐桀也謀乎我,
必以我爲賊也[5]; 勝桀而讓我, 必以我爲貪也. 吾生乎亂世, 而无道之
人再來漫我以其辱行,[6] 吾不忍數聞也..」乃自投稠水而死.[7]

탕이 장벌걸할새 인변수이모한대 변수 왈 비오사야라 탕이 왈 숙가오 왈 오는 부
지야로라 탕이 우인무광이모한대 무광이 왈 비오사야라 탕왈 숙가오 왈 오는 부
지야로라 탕이 왈 이윤은 여하오 왈 강력인구하나니 오부지기타야커라 탕이 수여
이윤으로 모하야 벌걸 극지하고 이양변수한대 변수 사왈 후지벌걸야에 모호아
하니 필이아로 위적야요 승걸이양아하니 필이아로 위탐야로다 오 생호난세 이
무도지인이 재래하야 만아이기욕행하니 오는 불인삭문야라하고 내자투조수이사
하니라

<hr/>

[1] 성현영은 말하기를 "변수卞隨는 성이 변이고 이름이 수이며, 무광務光은 성이 무이고 이름이
광인데, 모두 도를 사모하는 사람으로 은자이다"라고 하였다

[2] 이윤伊尹은 「경상초」편에 보인다.

[3] 조초기에 따르면 강력强力은 완강한 것이고 인구忍垢는 치욕을 받아도 참을 수 있는 것이다.

[4] 조초기에 따르면 극剋은 극克과 통하니 이긴다는 것을 뜻한다.

[5] 조초기에 따르면 적賊은 잔인한 것을 뜻한다.

[6] 조초기에 따르면 무도지인无道之人은 탕임금을 가리킨다.

[7] 조초기에 따르면 조수稠水는 영천潁川에 있다.

364

탕이 걸임금을 치려고 할 때 변수卞隨에 말미암아 그 일을 꾀하니 변수가 말하기를 "나의 일이 아닙니다"라고 하였다. 탕임금이 말하기를 "누가 할 수 있는가?"라고 하니 말하기를 "나는 모르겠습니다"라고 하였다. 탕이 또 무광務光과 의논하니 무광이 말하기를 "나의 일이 아닙니다"라고 하였다. 탕이 말하기를 "누가 괜찮겠는가?"라고 하니 말하기를 "나는 모르겠습니다"라고 하였다. 탕이 말하기를 "이윤伊尹은 어떤가?"라고 하니 말하기를 "완강하게 치욕을 참나니 나는 그 밖의 것은 모르겠습니다"라고 하였다. 탕이 결국 이윤과 함께 걸임금을 쳐서 그를 이기고 천하를 변수에게 선양하고자 하니 변수가 말하기를 "군주께서 걸을 칠 적에 나에게 의논하니 반드시 나를 잔인한 사람이라고 여긴 것입니다. 걸을 이기고서 나에게 천하를 선양하려고 하니 반드시 나를 탐욕스럽다고 여긴 것입니다. 나는 난세에 살기에, 무도한 사람이 다시 와서 그의 부끄러워할 만한 행실로써 나를 더럽히니 나는 차마 자주 듣지 않도록 하겠습니다"하고 마침내 조수稠水에 스스로를 던져 죽더라.

湯又讓務光曰:「知者謀之, 武者遂之, 仁者居之,[8] 古之道也. 吾子胡
不立乎?」[9] 務光辭曰:「廢上, 非義也; 殺民, 非仁也; 人犯其難, 我享
其利,[10] 非廉也. 吾聞之曰, 非其義者, 不受其祿, 无道之世, 不踐其
土. 況尊我乎![11] 吾不忍久見也.」乃負石而自沈於廬水.[12]

탕이 우양무광하야 왈 지자모지코 무자수지코 인자거지호미 고지도야니 오자는
호불립호오 무광이 사왈 폐상이 비의야며 살민이 비인야며 인범기난이어든 아향
기리 비렴야니라 오문지호니 왈 비기의자는 불수기록이요 무도지세에는 불천기
토라호니 황존아호따녀 오는 불인구견야라 하고 내부석이자침어려수하니라

8 조초기에 따르면 거지居之는 천자 자리에 앉는 것을 가리킨다.
9 조초기에 따르면 입立은 천자 자리에 옹립되는 것을 뜻한다.
10 성현영은 말하기를 "폐상廢上은 걸임금을 내쫓는 것을 일컫는다. 살민殺民은 정벌전쟁을 일
   컫는다. 인범기난人犯其難은 처벌받는 것을 가리킨다. 아향기리我享其利는 녹祿을 받는 것을
   일컫는다"고 하였다.
11 조초기에 따르면 존아尊我는 추대하여 천자가 되는 것을 가리킨다.
12 조초기에 따르면 려수廬水는 려강廬江이니, 지금 요령성遼寧省에 있다.

탕임금이 또다시 무광에게 천하를 선양하고자 하여 말하기를 "지혜로운 이가 걸을 치기를 꾀하고 용기 있는 이가 그 일을 완성하고 어진 사람이 그 자리에 앉는 것이 옛적부터의 도리입니다. 그대는 어찌 천자 자리에 서지 않습니까?"라고 하였다. 무광이 사양하며 말하기를 "윗분을 폐하는 것이 의로운 일이 아니며, 백성들이 죽게 하는 것이 어진 것이 아니며, 사람들이 어려운 일을 무릅쓰거든 내가 그 이로움을 누리는 것은 염치가 아닙니다. 내가 들으니 이르기를 그것이 의로운 일이 아니거든 그 녹을 받지 않고 무도한 세상에서는 그 땅을 밟지 않는다고 하니, 하물며 추대되어 천자가 되는 일에서랴! 나는 차마 오래 보는 일이 없게 하겠다" 하고 마침내 돌을 지고서 려수廬水에 자신을 빠뜨렸더라.

昔周之興, 有士二人處於孤竹, 曰伯夷叔齊.[1] 二人相謂曰:「吾聞西方
有人, 似有道者, 試往觀焉.」至於岐陽, 武王聞之, 使叔旦往見之, 與
之盟曰[2]:「加富二等, 就官一列.」[3] 血牲而埋之.[4]

석주지흥에 유사이인이 처어고죽하더니 왈백이와 숙제라 이인이 상위왈 오문호니
서방유인이 사유도자라 호니 시왕관언호리라 하고 지어기양이어늘 무왕이 문지하고
사숙단으로 왕견지하야 여지맹왈 가부이등하고 취관일열호리라 하고 혈생이매
지한대

---

[1] 사마표는 말하기를 "고죽국孤竹國은 요동遼東 영지현令支縣 지경에 있다. 백이·숙제는 그 임
금의 두 아들이다"라고 하였다.

[2] 성현영은 말하기를 "기양岐陽은 기산의 남쪽이다. 문왕의 도읍지로 지금의 부풍扶風이다. 주
공周公의 이름이 단旦인데, 무왕의 아우이므로 숙단叔旦이라고 했다"고 하였다.

[3] 조초기는 말하기를 "부富는 봉록俸祿이고 취就는 임任이고, 일열一列은 일위一位이다"라고
하였다.

[4] 조초기는 말하기를 "옛날 동맹을 맺을 때 희생의 피를 맹약한 글 위에 바른 뒤 맹약을 맺은
단 아래에 파묻어 신에게 충신忠信을 표시했다"고 하였다.

옛적에 주나라가 흥기할 때 선비 두 사람이 고죽국孤竹國에 거주하였더니 백이伯夷와 숙제叔齊라고 하더라. 두 사람이 서로에게 말하기를 "내가 들으니 서쪽에 어떤 사람이 도가 있는 듯하다고 하니 시험 삼아 가서 그를 보리라"하고 기산의 남쪽에 이르렀거늘, 무왕이 그 일에 대하여 듣고서 동생인 주공周公으로 하여금 가서 그들을 보게 하여 그와 더불어 맹세하기를 "봉록을 2등에 가하고 관직을 1위에 임명하겠다"고 하고 그 글 위에 희생의 피를 발라서 맹약을 맺은 단 아래에 파묻었다.

二人相視而笑曰:「嘻, 異哉! 此非吾所謂道也. 昔者神農之有天下也, 時祀盡敬而不祈喜[5]; 其於人也, 忠信盡治而无求焉. 樂與政爲政, 樂與治爲治,[6] 不以人之壞自成也, 不以人之卑自高也, 不以遭時自利也. 今周見殷之亂而遽爲政, 上謀而行貨, 阻兵而保威, 割牲而盟以爲信, 揚行以說衆,[7] 殺伐以要利, 是推亂以易暴也.[8] 吾聞古之士, 遭治世不避其任, 遇亂世不爲苟存. 今天下闇, 德衰, 其竝乎周以塗吾身也,[9] 不如避之以絜吾行.」二子北至於首陽之山, 遂餓而死焉. 若伯夷叔齊者, 其於富貴也, 苟可得已, 則必不賴.[10] 高節戾行,[11] 獨樂其志, 不事於世, 此二士之節也.

이인이 상시이소왈 희라 이재라 차는 비오소위도야로다 석자에 신농지유천하야에 시사진경이요 이불기희하며 기어인야에 충신진치요 이무구언하며 낙여정위정하며 낙여치위치하야 불이인지괴로 자성야하며 불이인지비로 자고야하며 불이조시로 자리야하더니 금에 주 견은지란하고 이거위정하야 상모이행화하야 조병이보위하며 할생이맹하야 이위신하며 양행이열중하며 살벌이요리하나니 시는 추란하야 이역포야니라 오문호라 고지사는 조치세하야는 불피기임하고 우란세하야는 불위구존이라호니 금에 천하 암이어늘 덕쇠하니 기병호주하야 이도오신야론 불여피지하야 이혈오행이라 하고 이자 북지어수양지산하야 수아이사언하니 약백이숙제자는 기어부귀야에 구가득이인댄 즉필불뢰 고절려행하리니 독락기지하야 불사어세는 차이사지절야니라 두 사람이 서로 쳐다보고 웃으며 말하기를 "아, 기이하도다! 이것은 우리가 말하는 도가 아니다. 옛적에 신농씨神農氏가 천하를 가지고 있을 때 사시四時의 제사에 경건하게 정성스러움을 다하더라도 복을 빌지 않으며 그는 사람에 대하여 충신忠信으로 다스리기를 다하더라도 그에 대하여 보답을 구하지 않았다. 사람들이 정사에 즐거워하면 정치를 하고, 사람들이 다스리는 일에 즐거워하면 다스렸다. 다른 사람의 실패로써 자기를 이루지 않으며, 다른 사람의 낮아짐으로써 자기를 높아지게 하지 않으며, 때를 만남으로써 자기를 이롭게 하지 않았다. 이제 주나라가 은나라의 혼란을 보고서 갑자기 정치를 하며, 꾀를 높이고 장사를 하여 무력에 의지하여 권위를 유지하며, 희생을 죽여 맹세하여 신의를 삼으며, 자신의 행실을 선양하여 대중을 즐겁게 하며, 사람을 죽이고 쳐서 이로운 것을 구하니, 이는 혼란을 조성하여 포학을 바꾼 셈이다. 내가 들으니 옛적의 선비는 치세를 만나서는 그 책임을 피하지 않고 난세를 만나서는 구차하게 생존하지 않는다고 한다. 이제 천하가 어둡거늘 은나라의 덕이 쇠하니 주나라에 의지하여 우리의 몸을 더럽히느니 그것을 피하여 우리의 행실을 깨끗하게 하겠다" 하고 두 사람이 북쪽으로 수양산首陽山에 이르러 마침내 거기에서 굶어 죽었다. 백이·숙제와 같은 이는 그들이 부귀에 대하여 진실로 얻을 수 있다고 해도 반드시 취하지 않고 행위와 기개를 평범치 않게 드러낼 것이니, 홀로 그들의 뜻을 즐겁게 하여 세상에 쓰이기를 구하지 않는 것은 이 두 선비의 절조이다.

5 조초기에 따르면 시사時祀는 사시의 제사이다. 유월은 말하기를 "희喜는 마땅히 희禧로 써야
한다. 『이아석고』爾雅釋詁에서 "희는 복福이라고 하였다. 불기희不祈喜는 복을 빌지 않는 것이
다"라고 하였다.

6 조초기는 말하기를 "사람들이 정사에 대하여 즐거워하면 나는 정치를 하고, 사람들이 다스
리는 일에 대하여 즐거워하면 나는 다스린다. 내가 행하는 바의 정치가 모두 사람들의 바람
에 순종한다는 것을 뜻한다"고 하였다.

7 조초기에 따르면 양행揚行은 자신의 작위作爲를 선양하는 것이다.

8 조초기에 따르면 추란推亂은 행란行亂이니 혼란을 조성하는 것이다.

9 성현영에 따르면 도塗는 더럽히는 것이다.

10 왕념손에 따르면 뢰賴는 취하는 것이다.

11 조초기는 말하기를 "려戾는 항亢이다. 고절려행高節戾行은 행위와 기개가 모두 평범치 않게
드러난 것이다"라고 하였다. 혈絜은 결潔과 통한다.

372

【대의】

북인 무택北人无擇과 변수卞隨와 백이伯夷·숙제叔齊 등이 자살하
면서까지 군주 자리에 나아가는 것을 사양한 고사를 통하여 무도
한 사회와 의롭지 못한 군주를 만나면 차라리 죽을지라도 정사에
참여해서는 안 된다는 것을 설명하였다. 글 가운데 옛것을 빌려
당시 사회의 여러 가지 일을 풍자한 작자의 뜻이 담겨 있다.

• 제29편 • 도척(盜跖 第二十九)

이 편은 세 장으로 나눌 수 있다. 첫째 장은 도척의 입을 통하여 공자를 비방하였다. 둘째 장은 공자의 제자인 자장子張과 이익만 추구하는 만구득滿苟得을 등장시켜 인의도덕이 큰 도적인 통치자에게 이용될 수 있다는 사실을 설파하였다. 셋째 장은 무족无足과 지화知和의 대화를 통해 부귀를 추구하는 것이 자신의 심성에 해로울 수 있다고 말하였다.

조초기는 말하기를 "작자가 생각하기에 인간의 삶은 세상에서 천리마가 조그마한 틈새를 지나가는 것과 같다. 그러므로 마땅히 쾌락과 오래 사는 것을 목적으로 삼아야 한다. 명리를 추구하는 것은 몸과 마음에 크게 위해가 있다. 역사상·사회상 일체 성현과 명사들을 비판하고 그들은 명리를 위하여 성명性命을 해치는 무리라고 말했다"고 하였다.

왕안석王安石은 말하기를 "「도척」으로 말할 것 같으면 인간의 도리에 관한 내용이 없는데도 그것을 중언重言이라고 하는 것은 그것이 그렇지 않다는 것이 분명하다. 그러므로 이 편의 거짓은 공격하지 않아도 스스로 무너진다"고 하였다.

전목에 따르면 마기창馬其昶이 말하기를 "태사공太史公이 일컫기를 그가 「어부」「도척」「거협」을 지어서 공자의 무리를 비방하여 노자의 술術을 밝혔다고 하였다. 이제 「도척」편에는 이른바 노자의 술이 보이지 않으니 사공史公이 보았던 옛것이 아니다"라고 하였다.

왕숙민은 말하기를 "장자가 이른바 중언은 곧 사람이나 사물을 빌려 사리를 밝히는 것을 말한다. 「도척」에는 본래 인간의 도리를 다룬 내용이 없는데 장자가 그것을 빌려 일의 어찌할 수 없는 것과 성인도 그것을 어떻게 할 수 없다는 것을 밝혔다. …… 「도척」편은 본래 장자가 지은 것이 아닐 수 있으나, 왕안석이 말한 것과 같은 것은 사리에 합당하지 않다"고 하였다.

장형소우는 말하기를 "『여씨춘추』「중동기」仲冬紀 ·「당무」當務 편에 도척이 그의 제자와 도적에게도 도가 있다는 것을 논한 일이 있으니 『장자』「거협」편의 글과 같다. 「도척」편에는 후인이 『여씨춘추』에 근거해서 고친 내용이 조금 있다. 이로써 알 수 있듯이 '자세지소고자막약황제'自世之所高者莫若黃帝 구절부터 '기행내심수야'其行乃甚羞也 구절까지 대부분 『여씨춘추』를 베껴서 조금 고쳐 만든 것이다. 이 편의 첫머리 장은 전국 말기에 이루어졌지 진秦 · 한漢 때 사람이 위작한 것이 아니다"라고 하였다.

1

孔子與柳下季爲友,[1] 柳下季之弟, 名曰盜跖.[2] 盜跖從卒九千人,[3] 横
行天下, 侵暴諸侯, 穴室樞戶, 驅人牛馬,[4] 取人婦女, 貪得忘親, 不顧
父母兄弟, 不祭先祖. 所過之邑, 大國守城, 小國入保,[5] 萬民苦之.

공자 여유하계로 위우러시니 유하계지제 명왈도척이니 도척이 종졸구천인으로
횡행천하하야 침포제후하며 혈실추호하고 구인의 우마하며 취인의 부녀하며 탐득
망친하야 불고부모형제하며 부제선조하더니 소과지읍이 대국은 수성하고 소국은
입보하야 만민이 고지하더니

---

[1] 조초기는 말하기를 "유하계柳下季는 노대부魯大夫인데 성은 전展이고 이름이 획獲이며 자가
금禽이며 식읍食邑이 유하이고 시호가 혜惠이므로 또한 유하혜柳下惠라고 일컫는다. 『좌전』에
따르면 전금은 노희공魯僖公 때 사람이니 공자가 태어날 때에 이르러 80여 세이며, 만약 자
로가 죽기에 이르렀다면 벌써 150~160세이다. 그러므로 공자가 그와 친구를 맺었다는 설은
가설한 말이다"라고 하였다.

[2] 『석문』에서 말하기를 "이기李奇 주注『한서』漢書에서 이르기를 척跖은 진秦의 대도라고 하였
다"고 했다. 유월은 말하기를 "『사기』「백이열전」伯夷列傳 정의正義에서 또 이르기를 척跖은
황제 때 대도의 이름이다. 이는 척이 어느 때 사람인지 결국 정설이 없다는 것이다. 공자가
유하혜와 같은 때가 아니듯이 유하혜는 도척과도 같은 때가 아니다. 독자는 우언을 진실이라
고 여기지 말라"고 하였다. 왕숙민은 말하기를 "「병무편」 성소成疏에서 도척은 유하혜의 종
제라고 하였다. 종제라고 말한 것이 어디에 근거하는지 모르겠다"고 하였다. 조초기는 말하
기를 "춘추 말 전국 초에 일어난 인민봉기의 한 영수일 수 있다"고 하였다.

378

공자는 유하계柳下季와 벗하더니 유하계의 동생이 도척盜跖이라고 이름하였다. 도척이 패거리 졸개 9천 명으로 천하를 횡행하면서 제후를 침범하여 약탈하였다. 지도리가 있는 방문을 부수며, 남의 소와 말을 몰아내며, 남의 부녀를 취하며, 얻기를 탐내어 가까운 이를 잊고서 부모 형제를 돌보지 않으며, 선조의 제사도 모시지 않았다. 지나가는 고을이 큰 도시는 성을 지키고, 작은 도시는 작은 성을 지켜 만민이 그 일을 괴로워하였다.

---

3 왕숙민에 따르면 종從은 도徒의 자형이 잘못된 것 같다.
4 『궐오』는 유득일劉得一 본에 의거하여 추樞를 구摳로 썼다. 그러나 조초기는 말하기를 "혈穴은 동사로 '뚫어서 부수다'이다. 실추호室樞戶는 지도리가 있는 방문이다. 추樞는 문의 지도리이다. …… 앞뒤의 글뜻을 살피건대 도척의 부대가 하는 것은 좀도둑이 조그맣게 더듬는 것이 아니다. 성세가 대단히 큰 폭동이어서 더듬어 취할 필요가 없으니 반드시 문을 부수고 들어간 것이다"라고 하였다.
5 왕숙민에 따르면 국國은 도읍이다. 조초기에 따르면 보保는 보堡와 통하니 작은 성이다.

孔子謂柳下季曰:「夫爲人父者, 必能詔其子; 爲人兄者, 必能敎其
弟. 若父不能詔其子, 兄不能敎其弟, 則无貴父子兄弟之親矣. 今先
生, 世之才士也, 弟爲盜跖, 爲天下害, 而弗能敎也, 丘竊爲先生羞
之. 丘請爲先生往說之.」[1] 柳下季曰:「先生言爲人父者必能詔其子,
爲人兄者必能敎其弟, 若子不聽父之詔, 弟不受兄之敎, 雖今先生之
辯, 將奈之何哉! 且跖之爲人也, 心如涌泉,[2] 意如飄風,[3] 强足以矩敵,
辯足以飾非, 順其心則喜, 逆其心則怒, 易辱人以言.[4] 先生必无往.」
孔子不聽, 顏回爲馭, 子貢爲右, 往見盜跖. 盜跖乃發休卒徒於太山
之陽, 膾人肝而餔之.[5] 孔子下車而前, 見謁者曰:「魯人孔丘, 聞將軍
高義, 敬再拜謁者.」

공자 위유하계하야 왈 부위인부자는 필능조기자하고 위인형자는 필능교기제하
나니 약부 불능조기자하며 형이 불능교기제인댄 즉무귀부자형제지친의어니따녀
금선생은 세지재사야로되 제위도척하야 위천하해어늘 이불능교야하다니 구는 절위
선생하야 수지하노니 구는 청위선생하야 왕세지호리라 유하계왈호되 선생이 언호되
위인부자 필능조기자하며 위인형자 필능교기제라 하시나니 약자 불청부지조하며
제 불수형지교하면 수금선생지변인들 장내지하재리오 차척지위인야론대 심여
용천하며 의여표풍하며 강족이구적하며 변족이식비라 순기심즉희하고 역기심즉
노하야 이욕인이언하나니 선생은 필무왕하소서
공자불청하시고 안회로 위어하고 자공으로 위우하야 왕견도척하신대 도척이 내발휴
졸도어태산지양하야 회인간이포지러니 공자 하거이전하야 견알자하야 왈 노인
공구는 문장군의 고의하고 경재배알자하노라

---

[1] 조초기에 따르면 세지說之는 도척을 설복하는 것이다.
[2] 조초기에 따르면 용천涌泉은 심혈心血이 거꾸로 흐르는 것을 형용한다.
[3] 조초기에 따르면 이 구절은 '기세가 드높다'를 뜻한다.

공자가 유하계에게 일러 말하기를 "대저 남의 아버지 되는 사람은 반드시 그의 자식을 가르쳐 좋은 길로 인도할 수 있고, 남의 형 되는 사람은 반드시 그의 아우를 가르칠 수 있다. 만약 아버지가 그의 자식들을 가르쳐 바른 길로 인도하지 못하며 형이 그의 아우를 가르치지 못한다면, 부자와 형제의 친속관계가 귀하다고 할 것이 없다. 이제 선생은 당대의 재사才士로되 아우가 도척이 되어 천하 사람을 해치거늘 그를 가르치지 못하니 나는 남몰래 선생을 위하여 부끄러워한다. 나는 청컨대 선생을 위하여 가서 그를 설득해보리라"라고 하였다.

유하계가 말하기를 "선생은 말하되 남의 아버지 되는 사람은 반드시 그의 자식을 가르쳐 바른 길로 인도할 수 있으며 남의 형 되는 사람은 반드시 그의 아우를 가르칠 수 있다고 하시니, 만약 자식이 아버지의 가르침을 듣지 않으며 아우가 형의 가르침을 받아들이지 않으면 비록 선생처럼 논변을 잘한다고 한들 그에 대하여 어찌하시겠습니까? 또한 척의 사람됨됨이가 마음은 넘치는 샘물과 같으며, 뜻은 회오리바람과 같으며, 사납기는 적과 겨루기에 충분하며, 변론은 그른 것을 옳게 보일 정도로 꾸미기에 충분합니다. 제 마음에 맞으면 기뻐하고, 제 마음을 거스르면 화를 내어 쉽게 남을 욕합니다. 선생은 반드시 가지 마십시오"라고 하였다.

공자가 듣지 않고, 안회로 말을 몰게 하고, 자공으로 수레 오른쪽에서 배승陪乘하게 하여 도척을 만나러 갔다. 도척이 바야흐로 태산의 남쪽에서 사병들을 쉬게 하고 사람의 간을 회 쳐서 먹고 있었다. 공자가 수레에서 내려 앞으로 나아가 접대하는 사람을 보고 말하기를 "노나라 사람 공구孔丘가 장군의 고의高義를 듣고 그대에게 공경히 재배합니다"라고 하였다.

---

4 조초기는 말하기를 "쉽게 언어로 남을 모독하는 것이니 곧 '남에게 욕하다'이다"라고 하였다.
5 왕숙민에 따르면 회膾는 절切과 같다.

謁者入通, 盜跖聞之大怒, 目如明星, 髮上指冠,[1] 曰:「此夫魯國之巧
僞人孔丘非邪? 爲我告之;『爾作言造語,[2] 妄稱文武, 冠枝木之冠,[3]
帶死牛之脅,[4] 多辭繆說,[5] 不耕而食, 不織而衣, 搖脣鼓舌, 擅生是非,
以迷天下之主, 使天下學士不反其本, 妄作孝弟而僥倖於封侯富貴
者也. 子之罪大極重,[6] 疾走歸! 不然, 我將以子肝益晝餔之膳!』」

알자입통_{한대} 도척이 문지하고 대노하야 목여명성이요 발상지관하야 왈 차 부노
국지교위인이언 공구아 비야아 위아하야 고지하라 이 작언조어하야 망칭문무하며
관지목지관하고 대사우지협하야 다사무설하야 불경이식하며 부직이의하며 요순
고설하야 천생시비하야 이미천하지주하야 사천하학사로 불반기본하며 망작효제
하야 이요행어봉후부귀자야니 자지죄 대극중하니 질주귀하라 불연인댄 아 장이
자간으로 익주포지선호리라

[1] 조초기는 말하기를 "눈이 밝은 별처럼 이글이글하고 광채가 있으며 머리카락이 서서 모자를
받친다"고 하였다.
[2] 왕숙민에 따르면 작作은 옛적에 사詐와 통용되었다.
[3] 왕숙민에 따르면 공자는 장보章甫의 관을 썼다. 장보는 상대商代에 쓰던 관의 일종인데 송宋
나라 사람들이 썼다고 한다. 사마표는 말하기를 "관에 나뭇가지가 번잡한 것처럼 화려하게
장식하였다"고 하였다.
[4] 사마표는 말하기를 "소가죽을 취하여 큰 허리띠를 만들었다"고 하였다.
[5] 무繆는 류謬와 통한다. 『설문』에 따르면 '류'는 '미친 사람의 망언'이다.
[6] 유월은 말하기를 "극極은 마땅히 극殛으로 써야 한다. 『이아석고』에서 극, 주야殛, 誅也라고
썼다. 죄가 커서 벌이 무겁다는 것을 말한다"고 하였다.

접대하는 자가 들어가서 통지하니 도척이 그 말을 듣고 대노하여 눈이 밝은 별과 같고 두발이 솟구쳐 모자를 받치며 말하기를 "이 사람이 노나라의 위선자인 공구인가 아닌가? 나를 위하여 그것을 아뢰어라. 네가 말을 거짓으로 날조하여 근거 없이 문왕과 무왕을 일컬으며, 머리에 화려하게 장식한 높직한 모자를 쓰고 죽은 소가죽으로 만든 큰 허리띠를 매고서 잘못된 말을 많이 하면서 논밭을 갈지 않고서도 먹으며, 길쌈하지 않고서도 입으며, 입술을 나불대면서 혓바닥을 놀려 제 마음대로 옳으니 그르니 하면서 시비를 일으켜, 천하의 군주들을 미혹시켜 천하의 학사學士들로 하여금 자신의 본래 성품을 돌이키지 못하게 하며, 근거 없이 효제孝弟를 만들어 제후에 봉해지고 부귀하기를 바라는 사람이다. 그대의 죄가 커서 죽어 마땅하니 어서 돌아가라! 그러지 않으면 나는 그대의 간으로 점심과 저녁 반찬에 보태리라!"고 하였다.

孔子復通曰:「丘得幸於季, 願望履幕下.」¹ 謁者復通, 盜跖曰:「使來
前!」孔子趨而進, 避席反走,² 再拜盜跖. 盜跖大怒, 兩展其足, 案劍
瞋目, 聲如乳虎,³ 曰:「丘來前! 若所言, 順吾意則生, 逆吾心則死.」

공자 부통하야 왈 구는 득행어계하노니 원망리막하하노이다 알자 부통한대 도척이
왈 사래전하라 공자 추이진하사 피석반주하사 재배도척한대 도척이 대노하야 양
전기족하고 안검진목하니 성여유호하더니 왈 구는 래전하라 약의 소언이 순오의즉
생하고 역오심즉사하리라

<hr>

¹ 조초기는 말하기를 "행幸은 '친근하다'이다. 망리막하望履幕下는 '장막 아래에서 멀리 당신의
  신발을 바라보다'이니 족하足下를 멀리서 보는 것을 뜻한다. 두 구절은 공자가 자신과 유하계
  의 관계를 빌려 도척에게 그의 체면을 좀 보아서 접견해주기를 요구한 것이다"라고 하였다.

² 『석문』에 따르면 반주反走는 조금 뒤로 물러난 것이다. 조초기에 따르면 겸양을 표시한다.

³ 조초기에 따르면 유호乳虎는 젖을 먹이는 기간의 암호랑이를 가리킨다.

공자가 다시 통지하게 하여 말하기를 "나는 유하계와 친근하니 장막 아래에서라도 그대의 신발을 바라볼 수 있게 해주기를 바라오"라고 하였다. 접견하는 자가 다시 통지하니 도척이 말하기를 "앞으로 오게 하라" 하였다. 공자가 잰걸음으로 나아가 자리를 피하여 조금 물러나서 도척에게 재배하니 도척이 대노하야 그의 두 다리를 쭈욱 펴고서 칼을 짚고 눈을 부릅뜨니 소리가 젖 먹이는 호랑이와 같더니 말하기를 "그대는 앞으로 오라! 그대의 하는 말이 내 뜻에 맞으면 살고 내 마음에 거슬리면 죽게 되리라"고 하였다.

孔子曰:「丘聞之, 凡天下人有三德; 生而長大, 美好无雙, 少長貴賤
見而皆說之, 此上德也; 知維天地,[1] 能辯諸物, 此中德也; 勇悍果敢,
聚衆率兵, 此下德也. 凡人有此一德者, 足以南面稱孤矣. 今將軍兼
此三者, 身長八尺二寸, 面目有光, 脣如激丹,[2] 齒如齊貝,[3] 音中黃鍾,[4]
而名曰盜跖, 丘竊爲將軍恥不取焉. 將軍有意聽臣, 臣請南使吳越,
北使齊魯, 東使宋衛, 西使晉楚, 使爲將軍造大城數百里, 立數十萬
戶之邑, 尊將軍爲諸侯, 與天下更始,[5] 罷兵休卒, 收養昆弟, 共祭先
祖.[6] 此聖人才士之行, 而天下之願也.」[7]

공자 왈 구는 문지호라 범천하에 인유삼덕하니 생이장대하야 미호무쌍하야 소장
귀천이 견이개열지 차상덕야라 지유천지하며 능변제물이 차중덕야라 용한과감
하야 취중솔병이 차하덕야라 범인이 유차일덕자 족이남면칭고의니 금에 장군이
겸차삼자하시고 신장이 팔척이촌이요 면목유광하고 순여격단하며 치여제패하며
음중황종이로되 이명왈도척이라 하니 구는 절위장군하야 치불취언하노이다 장군이
유의청신인댄 신은 청남사오월하며 북사제노하며 동사송위하며 서사진초하야 사
위장군하야 조대성수백리하야 입수십만호지읍하고 존장군위제후하고 여천하갱
시하야 파병휴졸하고 수양곤제하며 공제선조케호리니 차성인재사지행 이천하지
원야니이다

[1] 조초기는 말하기를 "유維는 '포괄하다'이다. 유천지維天地는 지식이 광박하다는 것을 형용한
    다"고 하였다.
[2] 조초기는 말하기를 "격激은 '밝다'이다. 격단激丹은 선홍색 단사丹砂이다"라고 하였다.
[3] 조초기는 말하기를 "패貝는 구슬이다. 제패齊貝는 가지런한 구슬이다"라고 하였다.
[4] 조초기는 말하기를 "황종黃鍾은 6률 가운데 비교적 우렁찬 음조이다"라고 하였다.
[5] 조초기는 말하기를 "갱시更始는 변화이다. 여천하갱시與天下更始는 '천하의 흐름과 서로 일치
    하다'이다"라고 하였다.

공자가 말하였다. "제가 들으니 무릇 천하에 세 가지 덕이 있으니, 태어나면서부터 장대하여 아름답기가 둘도 없어서 젊은 이, 나이 많은 이, 귀한 이, 천한 이가 그를 보고서 모두 좋아하니 이것이 상덕上德입니다. 지식이 광대하여 재능이 여러 가지 일을 분변할 수 있으니 이것이 중덕中德입니다. 용기 있고 사나우며 과감하여 무리를 모아 병사를 거느리니 이것이 하덕下德입니다. 무릇 사람이 이 가운데 하나의 덕을 지닌다면 충분히 남면南面하여 군주라고 일컬을 수 있습니다. 이제 장군이 이 세 가지를 겸하시고 신장이 8척 2촌이요, 얼굴과 눈에 광채가 있고, 입술이 선홍색 단사丹砂와 같으며, 치아가 가지런한 구슬과 같으며, 음성이 크고 낭랑하되 이름을 도척이라 하니 저는 가만히 장군을 위하여 부끄러워서 그것을 취하지 못하겠습니다. 장군이 저의 말을 듣고 싶어 하시거든 저는 청컨대 남쪽으로 오吳나라와 월越나라에 사신으로 가고, 북쪽으로 제齊나라와 노魯나라에 사신으로 가며, 동쪽으로 송宋나라와 위衛나라에 사신으로 가며, 서쪽으로 진晉나라와 초楚나라에 사신으로 가서 장군을 위하여 수백 리의 큰 성을 지어 수천만 호의 고을을 세우고, 장군을 높여 제후가 되게 하고, 천하의 군주와 군사행동을 그만두어 서로 일치하여 졸개들을 쉬게 하고, 형제들을 거두어 기르며, 선조를 받들어 제사 지내게 하겠습니다. 이것이 성인聖人과 재사才士의 행실이며 천하 사람들의 바람입니다."

---

6 조초기에 따르면 공共은 공供과 통한다.
7 조초기는 말하기를 "공자가 이상에서 한 차례 설교한 것은 역대 통치자가 인민봉기군을 무마하여 복종시키는 수법이 되었다"고 하였다.

盜跖大怒曰:「丘來前! 夫可規以利而可諫以言者,[1] 皆愚陋恒民之謂耳.[2] 今長大美好, 人見而悅之者, 此吾父母之遺德也.[3] 丘雖不吾譽, 吾獨不自知邪? 且吾聞之, 好面譽人者, 亦好背而毀之. 今丘告我以大城衆民, 是欲規我以利而恒民畜我也,[4] 安可久長也! 城之大者, 莫大乎天下矣. 堯舜有天下, 子孫无置錐之地[5]; 湯武立爲天子, 而後世絶滅; 非以其利大故邪?[6]

도척이 대노하야 왈 구아 래전하라 부가규이리하며 이가간이언자는 개우루항민지위이니라 금에 장대미호하야 인이 견이열지자는 차 오부모지유덕야니 구 수불오예나 오는 독부자지야아 차오는 문지호라 호면예인자는 역호배이훼지라 호라 금에 구 고아이대성중민하나니 시는 욕규아이리하야 이항민으로 흑아야니 안가구장야리오 성지대자 막대호천하의니 요순이 유천하로되 자손이 무치추지지하며 탕무 입위천자호되 이후세 절멸하니 비이기리대고야아

---

[1] 왕숙민은 말하기를 "규規는 간諫과 호문互文이니 '규'는 '간'이다"라고 하였다. '호문'은 서로 뜻을 보완해주는 글이다.

[2] 조초기에 따르면 항민恒民은 상인常人이다.

[3] 조초기에 따르면 유덕遺德은 유전된 품행이다.

[4] 조초기에 따르면 흑畜은 '대하다'이다.

[5] 조초기는 말하기를 "요·순 시대는 원시사회에 속하니 사유재산이 없고, 후세의 세습제가 없는지라 자연히 그들의 자손도 계승한 것이 없으며, 역사책에도 기록이 없다. 송곳 꽂을 땅도 없다고 한 말은 요·순을 계급사회의 관점에서 본 결과이다"라고 하였다.

[6] 성현영은 말하기를 "은나라의 탕임금과 주나라의 무왕은 만기萬機를 모두 통괄하였으나 후세 자손은 모두 찬탈되거나 시해되었으니 어찌 사해의 이로움이 중대한 소치가 아니겠느냐"라고 하였다.

도척이 대노하여 말하기를 "구丘여, 앞으로 나오라! 대저 이로운 것으로써 간하며 말로써 간할 수 있는 사람은 우매하고 비루한 상민을 일컫는다. 이제 장대하며 아름다워서 사람들이 보고서 그를 좋아하는 것은 내 부모의 유덕遺德이다. 구丘가 비록 나를 찬양하지 않을지라도 내가 어찌 스스로를 모르겠는가? 또한 내가 들으니 사람을 앞에 두고 좋은 말을 하는 사람은 또한 등 뒤에서는 그를 헐어 말하기를 좋아한다고 하더라. 이제 구丘는 나에게 큰 성과 많은 백성으로써 고하는데, 이것은 나에게 이로운 것으로써 간하여 상민으로 나를 대하는 것이니 어찌 오래갈 수 있으리오! 성 가운데 큰 것으로는 천하보다 큰 것이 없다. 요임금과 순임금이 천하를 차지하였으나 그의 자손들은 송곳 꽂을 땅조차 없으며, 탕임금과 무왕이 천자로 옹립되었으되 후세에 절멸하였으니, 그 이로움이 컸기 때문이 아닌가?

且吾聞之, 古者禽獸多而人少, 於是民皆巢居以避之, 晝拾橡栗, 暮
栖木上, 故命之曰有巢氏之民. 古者民不知衣服, 夏多積薪, 冬則煬
之, 故命之曰知生之民. 神農之世, 臥則居居, 起則于于,[1] 民知其母,
不知其父, 與麋鹿共處, 耕而食, 織而衣, 无有相害之心, 此至德之隆
也. 然而黃帝不能致德, 與蚩尤戰於涿鹿之野,[2] 流血百里. 堯舜作,
立群臣, 湯放其主, 武王殺紂. 自是以後, 以强陵弱, 以衆暴寡. 湯武
以來, 皆亂人之徒也.[3]

차오는 문지호라 고자에 금수다이인소할새 어시에 민이 개소거하야 이피지하야
주습상률하고 모서목상하더니 고로 명지왈유소씨지민이라 하니라 고자에 민이 부
지의복하야 하다적신이라가 동즉양지하더니 고로 명지왈지생지민이라 하니라 신농
지세에 와즉거거하고 기즉우우하야 민이 지기모요 부지기부하며 여미록으로 공처
하야 경이식하고 직이의하야 무유상해지심하니 차 지덕지융야니라 연이황제 불
능치덕하야 여치우로 전어탁록지야하야 유혈백리하니라 요순이 작하야 입군신하고
탕이 방기주하고 무왕이 살주하니 자시이후론 이강으로 릉약하며 이중으로 포과하니
탕무이래론 개란인지도야니라

<hr>

[1] 조초기에 따르면 거거居居는 안온한 모습이고 우우于于는 아는 것이 없는 모습이다. 「응제왕」
편에 보인다.
[2] 『석문』에서 말하기를 "치우蚩尤는 신농 때 제후이다." 『한서음의』漢書音義는 말하기를 "치우
는 옛적 천자이다"라고 하였다. 조초기에 따르면 탁록涿鹿은 지금 하북성河北省 탁현涿縣에
있다. 성현영은 말하기를 "지至는 치致이다"라고 하였다. 아마 그가 보았던 판본에는 치致가
지至 자로 되어 있었던 것 같다.
[3] 왕숙민은 말하기를 "후세의 정벌과 찬탈 사회는 탕湯과 무武가 연 것이다"라고 하였다.

또한 나는 들으니 옛적에 금수가 많고 인민이 적었기 때문에 이리하여 사람들이 모두 나무 위에 살면서 그것들을 피하였다. 낮에는 상수리와 밤을 줍고 저녁에는 나무 위에서 살더니, 그러므로 그를 명명하여 유소有巢의 백성이라고 한다. 옛적에 백성들이 의복을 몰라서 여름에는 땔나무를 많이 쌓아두었다가 겨울에는 불을 쬐더니, 그러므로 이름하여 살 줄 아는 백성이라고 한다. 신농 시대에 누워서는 안온해하고, 일어나면 질박하였다. 백성들이 그의 어미는 알지만 그의 아비를 모르며 고라니·사슴과 더불어 함께 살면서 밭 갈아서 먹고 베 짜서 입으며 서로 해치려는 마음이 없었다. 이것은 덕이 지극히 융성한 것이다. 그러나 황제黃帝가 덕을 지극하게 하지 못하여 치우蚩尤와 탁록涿鹿의 들녘에서 싸워 피가 백 리나 흘렀다. 요순이 제왕이 되어 온갖 신하를 두고, 탕이 그 군주를 귀양 보내고, 무왕이 주紂임금을 살해하였다. 이때부터 뒤에는 강한 자가 약한 사람을 능멸하며 많이 가진 자가 적게 가진 이를 잔혹하게 상해를 가하였다. 탕왕과 무왕 이래로는 모두 사람들을 어지럽히는 무리들이다.

今子修文武之道,[1] 掌天下之辯, 以敎後世, 縫衣淺帶,[2] 矯言僞行,[3] 以
迷惑天下之主, 而欲求富貴焉, 盜莫大於子. 天下何故不謂子爲盜丘,
而乃謂我爲盜跖? 子以甘辭說子路而使從之, 使子路去其危冠,[4] 解
其長劍, 而受敎於子, 天下皆曰孔丘能止暴禁非. 其卒之也, 子路欲
殺衛君而事不成, 身菹於衛東門之上,[5] 是子敎之不至也.

금에 자 수문무지도하야 장천하지변하야 이교후세하고 봉의천대로 교언위행하야
이미혹천하지주하야 이욕구부귀언하나니 도 막대어자어늘 천하는 하고로 불위
자를 위도구요 이내위아를 위도척고 자 이감사로 세자로하야 이사종지하야 사자
로로 거기위관하며 해기장검하고 이수교어자하니 천하 개왈공구 능지포금비라
하더니 기졸지야에 자로 욕살위군하다가 이사불성하야 신저어위동문지상하니 시는
자교지부지야니라

---

[1] 성현영은 말하기를 "공자가 문왕·무왕을 모범으로 밝히고 인의仁義를 변설辯說하여 후세의
가르침으로 삼았다"고 하였다.
[2] 조초기는 말하기를 "봉縫은 봉逢과 통한다. 봉의縫衣는 넓고 크며 긴 유복儒服이다. 천대淺帶
는 『순자』 「유효」儒效에 대한 양량楊倞의 주에서 박대博帶라고 하였다. 『한시외전』韓詩外傳에
서는 봉의박대逢衣博帶라고 썼다. 허리띠가 넓으면 얽매는 것은 얕아진다. 그러므로 천대라고
했다"고 하였다.
[3] 왕숙민에 따르면 교矯와 위僞는 호문이니 '교'도 '위'이다.
[4] 조초기는 말하기를 "위危는 '높다'이다. 자로가 공자를 처음 뵐 때 너무 높은 모자를 쓰고 긴
칼을 차고 공자를 매우 거칠게 대하였다. 공자가 그를 예의로써 교육하여 그가 자기에게 순
종하게끔 하니 높은 모자를 벗고 긴 칼을 풀어내었다"고 하였다. 이이는 이르기를 "'위'는
'높다'이다. 자로가 용기勇氣를 좋아하여 모자를 마치 수탉 모양으로 하고 등에는 수돼지처
럼 생긴 것을 짊어지고 자기가 강하다는 것을 표현했다"고 하였다.

이제 그대는 문왕과 무왕의 도를 닦아서 천하의 여론을 쥐락펴락하면서 후세 사람들을 가르치고, 널찍하면서도 긴 옷에 넓은 허리띠를 매고서 말과 행실을 꾸며 천하의 군주들을 미혹하여 부귀를 구하려고 하니 도적은 그대보다 큰 것이 없거늘, 천하 사람들은 무엇 때문에 그대를 도구盜丘라 하지 않고 도리어 나를 도척盜跖이라고 하는가? 그대는 달콤한 말로 자로를 설득해 그대를 따르게 하여, 자로로 하여금 그의 높은 모자를 버리게 하며, 그의 긴 칼을 벗어놓게 하고서 그대에게 가르침을 받게 하니 천하 사람들이 모두 말하기를 '공구孔丘는 포학한 성질과 옳지 않은 짓을 금지한다'고 하더니, 그 결과는 자로가 위衛나라 군주를 살해하려고 하다가 일이 제대로 이루어지지 않아 몸이 위나라 동문 위에서 장조림이 되었으니, 이는 그대가 그를 가르친 것이 제대로 되지 않은 것이다.

---

5 조초기는 말하기를 "위군衛君은 괴외蒯聵를 가리킨다. 본래 위령공衛靈公이 괴외를 쫓아내고 공자첩公子輒을 계승자로 세우려고 하였다. 영공이 죽은 뒤 첩이 위임금으로 세워지자 괴외는 진晉나라에서 돌아와 난을 일으키고, 아울러 위대부 공회孔悝를 강박하여 자기에게 협조하라고 하였다. 자로는 당시 공회의 가신으로 공회를 구해내고 괴외를 쳤으나, 결과적으로 괴외가 사람을 시켜 협공하여 죽였다. 저菹는 칼로 잘게 다져서 장조림을 만든 것이다. 이 사건은 기원전 480년에 일어났다. 앞에서 안회가 말을 몰았다는 것은 시간상 전도된 것이다"라고 하였다.

子自謂才士聖人邪, 則再逐於魯,[1] 削跡於衛,[2] 窮於齊, 圍於陳蔡, 不容身於天下. 子教子路菹此患,[3] 上无以爲身, 下无以爲人, 子之道豈足貴邪? 世之所高, 莫若黃帝, 黃帝尚不能全德, 而戰涿鹿之野, 流血百里. 堯不慈,[4] 舜不孝,[5] 禹偏枯,[6] 湯放其主, 武王伐紂, 文王拘羑里,[7] 此六子者,[8] 世之所高也, 孰論之,[9] 皆以利惑其眞而强反其情性, 其行乃甚可羞也.

자 자위재사성인야인댄 즉재축어로하고 삭적어위하고 궁어제하고 위어진채하야 불용신어천하하고 자 교자로하야 저차환하니 상무이위신이요 하무이위인이로소니 자지도는 기족귀야리오 세지소고 막약황제로되 황제도 상불능전덕하야 이전탁록지야하야 유혈백리하며 요 불자하며 순이 불효하며 우 편고하며 탕이 방기주하며 무왕이 벌주하며 문왕이 구유리하니 차육자자는 세지소고야로되 숙론지컨댄 개이리로 혹기진하야 이강반기정성하니 기행이 내심가수야로다

---

[1] 노魯나라 소공昭公이 쫓겨날 때 공자도 제齊나라로 쫓겨간 일과, 정공定公 때 공자가 고국을 떠나 위衛나라로 간 일을 말한다.

[2] 공자가 제자들과 함께 위나라 광匡 땅에서 사람들에게 포위당했던 일을 말한다.

[3] 왕숙민은 말하기를 "'그대가 자로를 마침내 젓을 담그게 한 셈이라는 것'을 가리킨다"고 하였다.

[4] 성현영은 말하기를 "단주丹朱에게 천하를 주지 않은 것을 일컫는다"고 하였다.

[5] 성현영은 말하기를 "아버지에게 미움받았다"고 하였다. 왕숙민은 말하기를 "아버지에게는 좋은 아들이 있었으나 순이 고수瞽叟를 귀양 보냈다"고 하였다. 고수는 순임금의 아버지이다.

[6] 왕숙민에 따르면 편偏은 가차하여 편牏이 된다. '편'은 몸의 반쪽이 말라든 것이다.

[7] 조초기는 말하기를 "유리羑里는 은대의 감옥인데 오늘날 하남성 유성羑城에 있다. 상商나라의 주紂왕이 무도하니 주문왕이 그 때문에 탄식하다가 뒷날 숭후崇侯에게 고소당하니, 이리하여 주왕이 그를 잡아서 유리에 가두었다"고 하였다.

[8] 성현영에 따르면 6자는 황제·요·순·우·탕·문왕이다. 왕숙민은 말하기를 "성소成疏에서 무왕을 계산하지 않고 6자의 수에 합쳤으니 혹 무왕은 문왕에 함께 넣었단 말인가?"라고 하였다.

[9] 왕숙민에 따르면 숙孰과 숙熟은 각각 정자正字와 속자俗字이다.

그대는 스스로 재사이며 성인이라고 할진댄 노나라에서 두 번씩이나 쫓겨나고, 위衛나라에서 발자취가 끊기었으며, 제나라에서 궁지에 몰리고, 진나라와 채나라에서 포위당하여 곤란케 되어 하늘 아래 몸을 둘 곳이 없었다. 그대는 자로로 하여금 젓갈이 되게 하였으니, 이 환난으로 말할 것 같으면 위로는 자기 자신을 위하지 못한 셈이요 아래로는 남을 위하지 못하였으니 그대의 도가 어찌 충분히 귀하다고 하리오? 세상 사람들이 높이는 사람은 황제만 한 이가 없으되 황제는 오히려 덕을 온전히 보존하지 못하여 탁록의 들녘에서 싸워 피를 백 리나 흐르게 하였으며, 요임금은 어질게 하지 못하였으며, 순임금은 불효하였으며, 우임금은 반신불수가 되었으며, 탕임금은 그의 주군을 추방하였으며, 무왕은 주紂를 정벌하였으며, 문왕은 유리에 갇히었다. 이 6자는 세상 사람들이 높이는 바이로되 자세하게 논하건대 모두 이로움 때문에 그의 참된 성품을 미혹케 하여 억지로 그의 정성情性을 위배하였으니 그 행실이 매우 부끄러워할 만하도다.

世之所謂賢士, 伯夷叔齊.[1] 伯夷叔齊辭孤竹之君而餓死於首陽之山, 骨肉不葬. 鮑焦飾行非世, 抱木而死.[2] 申徒狄諫而不聽,[3] 負石自投於河, 爲魚鼈所食. 介子推至忠也, 自割其股以食文公, 文公後背之, 子推怒而去, 抱木而燔死.[4] 尾生與女子期於梁下, 女子不來, 水至不去, 抱梁柱而死.[5] 此四子者,[6] 无異於磔犬流豕操瓢而乞者,[7] 皆離名輕死, 不念本養壽命者也.[8]

세지소위현사는 백이와 숙제왜니 백이숙제 사고죽지군하고 이아사어수양지산하매 골육을 부장하고 포초는 식행비세하야 포목이사하고 신도적은 간이불청이어늘 부석하야 자투어하하야 위어별의 소식하고 개자추는 지충야라 자할기고하야 이사문공하야늘 문공이 후에 배지한대 자추 노이거하야 포목이번사하고 미생은 여여자로 기어량하라가 여자 불래어늘 수지불거하야 포량주이사하니 차사자자는 무이어책견류시와 조표이걸자하야 개리명경사하야 불념본하야 양수명자야니라

---

[1] 백이·숙제는 「양왕」편에 보인다. 왕숙민에 따르면 백이 숙제 앞에 막약莫若 두 글자가 있어야 할지 모른다.

[2] 조초기는 말하기를 『한시외전』에서 말하기를 포초鮑焦는 주왕조의 은자인데 식행비세飾行非世하여 나무를 하여 짊어지고 상수리를 주워 배를 채웠다. 자공이 그를 지나다가 이르기를 '내가 듣기에 그 정사를 비난하는 사람은 그 땅을 밟지 않고, 그의 임금을 더럽다고 한 사람은 그의 이로움을 받지 않는다고 한다. 이제 그대는 그의 땅을 밟고 그의 이로움을 먹어도 됩니까?'라고 했다. 포초가 말하기를 '내가 듣기에 청렴한 선비는 나아가기를 중시하고 물러나기를 경시하여 현인은 부끄럽게 생각하기를 쉽게 하고 죽는 것을 가벼이 한다고 하더라.' 그렇게 말하고 드디어 나무를 안고 서서 말라비틀어졌다. 식행飾行은 자기가 하는 바를 꾸미는 것이니 청고淸高한 척하는 것이다. 비세非世는 당시 사회에 불만을 품은 것이다"라고 하였다.

[3] 신도적申徒狄은 「대종사」편과 「외물」편에 보인다. 『석문』에서 말하기를 "신도적이 황하에 투신하려고 하니 최가崔嘉가 그를 말리면서 말하기를 '내가 들으니 성인과 어진 선비는 백성의 부모와 같으니, 만약 발이 젖을까 염려하여 물에 빠진 사람을 건지지 않아도 됩니까?'라고 하니 신도적이 말하기를 '그렇지 않소. 옛적에 걸이 용봉을 죽이고 주가 비간을 죽이니 천하를 잃게 되었고, 오吳가 자서子胥를 죽이고 진陳이 설야洩冶를 죽이니 그 나라가 멸망하게 되었소. 성인이 불인不仁하기 때문이 아니라 성인을 등용하지 않았기 때문이오'라 하고는 마침내

세상의 이른바 현명한 선비는 백이와 숙제이다. 백이와 숙제는 고죽의 군주 자리를 사양하고 수양산에서 굶어 죽어 골육을 파묻지 못했다. 포초는 자기 행실을 깨끗하고 고상한 척하면서 사회에 불만을 품고서 나무를 껴안고 죽었다. 신도적은 간해도 듣지 않으니 돌멩이를 지고서 스스로 황하에 던져 물고기와 자라의 먹이가 되었다. 개자추는 지극히 충성스러운지라 스스로 자기 넓적다리 살을 베어서 진문공에게 먹게 하였다. 진문공이 뒤에 그를 배신하니 자추는 성을 내고 떠나 나무를 안고 타서 죽었다. 미생은 여자와 다리 아래에서 만나기로 약속했다가 여자가 오지 않거늘 물이 차올라도 떠나지 않아 다리 기둥을 안고서 죽었다. 이 6자는 들녘에 버려진 개와 강하에 떠서 흐르는 돼지와 표주박을 들고 밥을 비는 사람과 다를 바 없으니, 모두 명예를 중시하고 죽는 것을 경시하며 근본을 생각하여 수명을 기르지 않은 사람들이다.

황하에 빠져서 죽었다"고 하였다. 최가는 인명이나 생애가 자세하지 않고, 설야는 춘추시대 진영공陳靈公 때 대부이다.

4 개자추는 『좌전』에서 개지추介之推라고 썼다. 사食는 사람에게 먹을 것을 주는 것이다. 문공은 진문공이다. 배지背之는 은혜를 잊고 의를 저버리는 것이다. 진문공이 국군國君이 되기 전에 여희의 모함을 피하고자 일찍이 국외로 도망했다. 개지추가 진문공을 따라가서 먹을 것이 없을 때 자기 넓적다리 살을 베어서 문공에게 먹게 하였다. 뒷날 진문공이 나라에 돌아와 국군이 되었을 때 자기를 따라다닌 사람들에게 상을 주었으나 자기 몫이 없자 개지추는 화가 나서 도망가 금산綿山에 은거하여 나오려고 하지 않았다. 문공이 사람을 시켜 불을 놓아 산을 불태워 그를 나오게 하려고 했다. 그러나 그는 끝내 나오지 않고, 불이 신변을 태우게 될 때를 기다려 나무를 안고서 타 죽었다. 곽경번은 말하기를 "경전을 두루 조사해보았으나 결코 개지추가 불에 타서 죽었다는 일이 없다. 굴원 때부터 서서 말라 죽었다는 설이 있고, …… 장생莊生에 불에 타서 죽었다는 글이 있다"고 하였다. 장생은 장자이다.

5 『석문』에서는 말하기를 "미생尾生은 어떤 판본에서는 미생微生이라고 썼다. 『전국책』에서는 미생고尾生高라고 썼는데, 고유高誘는 노인魯人이라고 했다"고 하였다.

6 성현영 소에서는 앞의 네 사람을 6자라고 쓰고 말하기를 "6자는 백이·숙제·포초·신도·개추·미생을 일컫는다"고 하였다. 4자는 아마 6자의 착오인 듯하다.

7 조초기는 말하기를 "책견磔犬은 들에 버려진 죽은 개이다. 유시流豕는 강하江河에 떠서 흘러 다니는 죽은 돼지이다. 조표이걸操瓢而乞은 표주박을 들고 밥을 비는 것이다"라고 하였다.

世之所謂忠臣者, 莫若王子比干伍子胥. 子胥沈江,⁹ 比干剖心,¹⁰ 此二子者, 世謂忠臣也, 然卒爲天下笑. 自上觀之,¹¹ 至于子胥比干, 皆不足貴也.

세지소위충신자는 막약왕자비간과 오자서로되 자서 침강하고 비간은 부심하니 차이자자는 세위충신야로되 연이나 졸위천하소하니라 자상관지컨댄 지우자서비간이 개부족귀야로소니

---

8 성현영은 말하기를 "여섯 분의 행실은 일이 이와 같으니 모두 명예를 무겁게 여기고 죽는 것을 가벼이 여기며 근본으로 돌아가 양생養生하며 목숨이 천명을 다하기를 생각하지 않는 것이다"라고 하였다.

9 자서子胥가 강에 빠졌다는 것은 「거협」편에 보인다.

10 비간比干이 심장이 쪼개어졌다는 것은 「인간세」편에 보인다.

11 조초기에 따르면 이 구절은 "앞에서 말한 황제 등 12인으로부터 보건대"이다.

세상에서 이른바 충신을 왕자 비간比干과 오자서伍子胥만 한 이가 없다고 하였다. 자서는 강에 빠지고 비간은 심장이 쪼개졌다. 이 두 분은 세상에서 이른바 충신이되, 그러나 마침내 천하 사람들의 웃음거리가 되었다. 위에서 말한 사람들로써 보건대 자서와 비간에 이르러서는 모두 귀하다고 하기에는 충분치 않다.

丘之所以說我者, 若告我以鬼事, 則我不能知也; 若告我以人事者, 不過此矣,[1] 皆吾所聞知也. 今吾告子以人之情, 目欲視色, 耳欲聽聲, 口欲察味, 志氣欲盈. 人上壽百歲, 中壽八十, 下壽六十, 除病瘦死喪憂患,[2] 其中開口而笑者, 一月之中不過四五日而已矣. 天與地无窮, 人死者有時, 操有時之具而托於无窮之間, 忽然无異騏驥之馳過隙也. 不能說其志意, 養其壽命者, 皆非通道者也. 丘之所言, 皆吾之所棄也, 亟去走歸,[3] 无復言之! 子之道, 狂狂汲汲,[4] 詐巧虛僞事也, 非可以全眞也, 奚足論哉!」

구지소이세아자 약고아이귀사컨댄 즉아불능지야어니와 약고아이인사자컨댄 불과차의니 개오소문지야로다 금에 오 고자이인지정호라 목욕시색하며 이욕청성하며 구욕찰미하며 지기는 욕영이니 인이 상수는 백세요 중수는 팔십이요 하수는 육십이니 제병유사상우환하고 기중에 개구이소자 일월지중에 불과사오일이이의니라 천여지는 무궁이요 인사자는 유시하니 조유시지구하야 이탁어무궁지간호매 홀연무이기기지치과극야어늘 불능열기지의하며 양기수명자는 개비통도자야라 구지소언은 개오지소기야니 극거주귀하야 무부언지하라 자지도는 광광급급하니 사교허위사야라 비가이전진야로소니 해족론재리오

---

[1] 왕숙민은 말하기를 "즉則과 자者는 호문이니 '자'는 마땅히 불과차의不過此矣를 이어서 읽어야 하고, '자'는 '즉'과 같으며, '자 불과차의'는 '즉 불과차의'라고 말한 것과 같다"고 하였다.

[2] 왕념손은 말하기를 "유瘦는 마땅히 유瘐이니 글자가 잘못된 것이다. '유'는 병病이다"라고 하였다.

[3] 조초기에 따르면 극亟은 급急이다.

[4] 왕숙민에 따르면, 광狂은 광伥과 통한다. '광'은 허둥지둥하는 모습이다.

그대가 나에게 말한 것이 나에게 귀신에 관한 일을 아뢴 것이라면 내가 알 수 없거니와, 만약 나에게 사람의 일을 고한다면 이러한 것에 지나지 않으니 모두 내가 들어서 아는 것이다. 이제 나는 그대에게 사람의 성정에 대하여 말하겠다. 눈은 빛깔을 보고자 하며, 귀는 소리를 듣고자 하며, 입은 맛을 음미하고자 하며, 심지心志는 만족을 추구한다. 사람이 상수上壽는 100세요, 중수中壽는 80이요, 하수下壽는 60이니, 병들고 죽고 다치며 우환을 제외하고 그 가운데 입 벌려 웃을 수 있는 것이 한 달 가운데 겨우 네댓새에 지나지 않을 따름이다. 하늘과 땅은 무궁하고 사람이 죽는 데에는 때가 있다. 다리가 있는 몸을 가지고 무궁한 사이에 의탁하였으니 빠르기가 천리마가 틈새를 치달려 지나가는 것과 다를 게 없다. 그 뜻을 즐겁게 할 수 없으니 그 수명을 가꾸는 사람은 모두 도에 통한 사람이 아니다. 그대가 말한 것은 모두 내가 버리는 것들이니 급히 떠나서 달려 돌아가 다시는 그런 말을 하지 마라! 그대의 도는 허둥지둥하며 급급하니 교묘하게 속이고 진실하지 않은 일들이라 참된 것을 온전히 할 수 있는 것이 아니니 어찌 충분히 논할 수 있겠는가!"

孔子再拜趨走, 出門上車, 執轡三失, 目芒然无見,[1] 色若死灰, 據軾低頭, 不能出氣. 歸到魯東門外, 過遇柳下季. 柳下季曰:「今者闕然數日不見, 車馬有行色, 得微往見跖邪?」[2] 孔子仰天而歎曰:「然.」柳下季曰:「跖得无逆汝意若前乎?」孔子曰:「然. 丘所謂无病而自灸也, 疾走料虎頭,[3] 編虎須,[4] 幾不免虎口哉!」

공자 재배하고 추주 출문하야 상거하야 집비하다가 삼실하고 목이 망연무견하며 색약사회하야 거식저두하야 불능출기하사 귀도노동문외하야 과우유하계하시니 유하계왈 금자에 궐연하야 수일을 불견이러니 거마 유행색하도소니 득미왕견척야아 공자 앙천이탄하야 왈 연하다 유하계왈 척이 득무역여의 약전호아 공자왈 연하다 구는 소위무병이자구야로니 질주하야 료호두하야 편호수하니 기불면호구재인저

---

[1] 왕숙민에 따르면 망芒은 맹盲과 통한다.
[2] 성현영에 따르면 미微는 무無이다.
[3] 왕숙민에 따르면 료料는 료撩와 통한다.
[4] 『석문』에서는 편編을 편扁이라고 썼다. '편'은 깔보는 것이다.

공자가 두 번 절하고 빨리 도망쳐서 문밖으로 나와 위로 올라가서 고삐를 잡다가 세 번이나 놓치고 눈이 멀거니 보는 것이 없으며 얼굴색이 식은 재와 같아 수레 앞가로나무에 의지하고는 숨조차 쉬지 못하였다. 노나라 동문 밖까지 돌아와서 마침 유하계를 만났다. 유하계가 말하기를 "요사이 계시지 않아 여러 날을 뵙지 못하였더니, 수레와 말에 여행한 모양이 있으니 도척을 만나보고 오신 게 아닙니까?"라고 하였다. 공자가 하늘을 쳐다보며 탄식하여 말하기를 "그렇다!"고 하였다. 유하계가 말하기를 "도척이 전처럼 그대의 뜻을 거역했습니까?"라고 하니 공자가 말하기를 "그렇다. 나는 이른바 병이 없는데도 스스로 뜸을 뜬 셈이며, 급히 달려가서 호랑이 머리를 건드려 호랑이 머리털을 어루만진 셈이니, 호랑이 입에서 벗어나지 못할 뻔하였다!"고 하였다.

우리는 흔히 흉악무도한 사람을 도척이라고 한다. 이 글에서는 도척에게도 발언권을 주었다. 유가에서 숭배하는 공자는 요·순·탕·문왕·무왕을 들먹이면서 말과 행실을 꾸며 천하의 군주들에게 부귀를 구하고자 하니 도적이라는 의미로 도구盜丘이고, 달콤한 말로 자로와 같은 제자들을 끌어모아 그를 따르게 하였으나 결국은 그들을 해쳤으며, 근거 없이 효제와 같은 도덕을 만들어 선전하였으니 위선자라는 것이다.

또한 도척은 세상 사람들이 추어올리는 백이·숙제·포초·신도적·비간·오자서 등이 비참하게 죽게 되었다고 말하였다.

공자를 향한 도척의 비판은 가장 신랄하다. 이 같은 비판의 근저에는 그의 인생관·세계관·가치관이 깔려 있다. 도척의 말에 따르면 인류가 타락하기 시작한 것은 황제가 탁록에서 치우와 싸울 때부터이며, 요순이 제왕이 되어 관료조직을 만들고 탕이 그 군주를 귀양 보내고 무왕이 주 임금을 살해할 때부터이다. 이때부터 강자가 약자를 능멸하여, 많이 가진 자가 적게 가진 이를 해치기 시작하였다.

그러나 인간의 성정은 눈과 귀와 입과 심지의 욕구를 품고 있으며, 사람들은 누구나 이러한 욕구를 충족하면서 즐겁게 오래도록 살고 싶어 한다. 이러한 욕구를 외면하고 명예를 추구하는 것은 참된 성품을 미혹케 하여 성정을 위배하는 것이다.

조초기에 따르면 『맹자』『순자』『한비자』『상군서』 등 선진 저작에서 모두 도척이라고 일컫지만 도척은 군중 가운데서 또한 칭찬이 자자하니 "명성이 해와 달과 같아서 순舜·우禹와 함께 전하여 그치지 않았다"(『순자』荀子「불구」不苟). 조초기는 말하기를 "도척이 인민봉기의 영수라고 말하는 것은 이치가 있다는 것을 알 수 있다. 그의 사적에 대해 이 글이 가장 상세하게 썼지만 작자가 운용하는 것은 우언의 수법이고 대부분 사실이 아니어서 이로써 역사상의 척跖을 인식하고 평가하는 근거로 삼을 수 없다. 공자에 대한 이 단락의 비판은 선진 저작 중에 격렬하고 날카로운 정도가 견줄 수 없을 뿐 아니라 확실히 정곡을 찌른 곳이 있다. 그러나 비판의 입장과 비판의 무기는 비교적 모두 소극적이고 낙후한 듯하다. 작자의 정면주장은 결코 공자보다 털끝만큼도 진보적이지 못하다"고 하였다. 조초기가 진보적이지 못하다는 것은 마르크스·레닌주의의 관점에서 볼 때 그렇다는 말인 듯하다.

2

子張問於滿苟得曰:「盍不爲行?¹ 无行則不信, 不信則不任, 不任則
不利. 故觀之名, 計之利, 而義眞是也.² 若棄名利, 反之於心, 則夫士
之爲行, 不可一日不爲乎!」滿苟得曰:「无恥者富, 多信者顯. 夫名利
之大者, 幾在无恥而信.³ 故觀之名, 計之利, 而信眞是也. 若棄名利,
反之於心, 則夫士之爲行, 拘其天乎!」⁴

자장이 문어만구득하야 왈 합불위행고 무행즉불신이요 불신즉불임이요 불임즉
불리라 고관지명하며 계지리인댄 이의 진시야니 약기명리하면 반지어심하리니 즉
부사지위행은 불가일일불위호인저 만구득이 왈 무치자야 부하고 다신자야 현하나니
부명리지대자는 기재무치이신하니 고로 관지명하며 계지리인댄 이신이라야 진시
야니 약기명리하면 반지어심하리니 즉부사지위행은 구기천호인저

---

¹ 성현영은 말하기를 "자장子張은 공자의 제자로 성이 전손顓孫이고 이름은 사師이며 자가 자
장인데, 성인의 발자취를 따라가는 사람이다. 만구득滿苟得은 성이 만이고 이름이 구득인데
가탁하여 성명을 삼았으니, 구차하게 욕심부려 얻어내어 그의 마음을 만족시키는지라 이익
을 추구하는 사람이다. 합盍은 하불何不이다"라고 하였다. 왕숙민은 말하기를 "금본今本에서
합불위행盍不爲行이라고 썼으니 불不 자는 천박한 사람이 보탠 것 같다"고 하였다.

² 왕숙민은 말하기를 "두 지之 자는 모두 어於와 같다"고 하였다.

³ 왕숙민에 따르면 이而는 여與와 같다.

⁴ 왕숙민에 따르면 이는 만약 명名과 리利를 버리고 내 마음을 회복하면 선비가 행하는 것이
그의 자연을 보존할 수 있다는 것을 일컬은 듯하다.

자장子張이 만구득滿苟得에게 물어 말하였다. "어찌 덕행을 닦지 않는가? 덕행이 없으면 신임하지 않고, 신임하지 않으면 임용하지 않고, 임용되지 않으면 이롭지 않다. 그러므로 이름의 각도에서 관찰하며 이익의 측면에서 계산하면 의롭게 하는 것이 참으로 옳다. 만약 명리名利를 버리고 가슴에 손을 얹고 스스로 반성하면 대저 선비의 행실을 하루라도 의롭지 않게 해서는 안 될진저!" 만구득이 말하였다. "염치가 없어야 부자가 되고 신실한 사람을 많이 얻었다고 과시하기를 잘해야 출세한다. 대저 명리가 큰 것은 거의 염치없는데도 신임받는 데에 달렸다. 그러므로 이름의 각도에서 보며 이익의 측면에서 계산한다면 남에게 신임받아야 참으로 옳다. 만약 명리를 버리고 가슴에 손을 얹고 스스로 반성한다면 대저 선비의 행실로 그의 천성을 보존하여 기르는 것일진저!"

子張曰:「昔者桀紂貴爲天子, 富有天下, 今謂臧聚曰,[1] 汝行如桀紂, 則有怍色, 有不服之心者,[2] 小人所賤也. 仲尼墨翟, 窮爲匹夫, 今謂宰相曰, 子行如仲尼墨翟, 則變容易色稱不足者,[3] 士誠貴也. 故勢爲天子, 未必貴也; 窮爲匹夫, 未必賤也; 貴賤之分, 在行之美惡.」滿苟得曰:「小盜者拘, 大盜者爲諸侯, 諸侯之門, 仁義存焉.[4] 昔者桓公小白殺兄入嫂,[5] 而管仲爲臣; 田成子常殺君竊國, 而孔子受幣.[6] 論則賤之, 行則下之, 則是言行之情悖戰於胸中也, 不亦拂乎! 故書曰:『孰惡孰美? 成者爲首, 不成者爲尾.』」

자장왈 석자에 걸주 귀위천자하고 부유천하호되 금위장취하야 왈 여 행여걸주라하면 즉유작색하야 유불복지심자는 소인소천야니라 중니묵적이 궁위필부로되 금에 위재상하야 왈 자 행여중니묵적이라 하면 즉변용역색하야 칭부족자는 사 성귀야ㄹ새니 고로 세위천자라도 미필귀야며 궁위필부라도 미필천야라 귀천지분은 재행지미악이니라 만구득이 왈 소도자 구커든 대도자는 위제후하나니 제후지문에는 인의존언하니라 석자에 환공소백이 살형하고 입수하야늘 이관중이 위신하며 전성자상이 살군하고 절국하야늘 이공자 수폐하시니 논즉천지하고 행즉하지하니 즉시는 언행지정이 패전어흉중야니 불역불호아 고로 서에 왈 숙악숙미오 성자 위수요 불성자 위미라 하도다

---

[1] 왕숙민에 따르면 손이양孫詒讓은 말하기를 "취聚는 마땅히 취驟로 읽어야 한다. …… '취'와 장臧은 모두 천한 일을 하는 노예이므로 같이 열거했다"고 하였다. '취'는 추騶와 통하니 마부이다. 성현영에 따르면 '장'은 장획臧獲이다.

[2] 왕숙민에 따르면 즉則 뒤의 유有 자는 그다음의 '유' 자에 관련되어서 더 들어간 것 같다.

[3] 조초기에 따르면 변용역색變容易色은 부끄러움을 나타내는 모습을 가리킨다.

[4] 이 글은「거협」편에 보인다.

[5] 사마표에 따르면 입수入嫂는 형수를 자기 아내로 삼는 것이다.

408

자장이 말하였다. "옛적에 걸과 주가 지위가 높아져서 천자가 되고 넉넉하기로는 천하를 가졌다. 이제 노예와 마부에게 말하기를 너희들이 걸과 주처럼 행하라 하면 불쾌한 얼굴빛을 지어 불복하는 마음을 품는 까닭은 소인들이 천시당하기 때문이다. 공자와 묵자가 곤궁하여 필부였으되 이제 재상에게 말하기를 그대는 공자와 묵자처럼 행하라 하면 얼굴빛을 바꾸어 저는 여러모로 부족합니다라고 하는 것은 선비는 참으로 고귀하다고 할 만하기 때문이다. 그러므로 형세가 천자가 되게 되었을지라도 반드시 귀한 것이 아니며 곤궁하여 필부가 되었을지라도 반드시 천한 것이 아니다. 귀하냐 천하냐는 행실이 아름다우냐 추악하냐에 달려 있다." 만구득이 말하였다. "작은 도둑은 구속되거든 큰 도둑은 제후가 된다. 제후의 문에는 인의가 있다. 옛적에 환공소백桓公小白이 형을 죽이고 형수를 아내로 삼았거늘 관중管仲이 신하가 되었으며, 전성자상田成子常이 임금을 죽이고 나라를 훔쳤거늘 공자가 그의 폐백을 받았다. 논할 때에는 그들을 천하다고 하고 행동으로는 그들에게 낮추니 말과 행동의 실정이 흉중에서 서로 싸우나니 정리에 어긋난 것이 아니겠느냐? 그러므로 옛글에서 이르기를 '누가 악하고 누가 선한가? 성공한 사람은 머리가 되고 성공하지 못한 사람은 꼬리가 된다'고 하였다."

---

6 성현영은 말하기를 "전성자상田成子常이 제간공齊簡公을 살해했는데도 공자가 목욕하고서 임금을 알현하고 그의 폐백을 받았다"고 하였다. 왕숙민은 말하기를 "전성자상은 곧 진항陳恒인데, 전田은 옛적에 진陳과 통하였다. 성成은 그의 시호이고 '항'이 이름인데 한漢나라 사람이 항恒을 휘諱하였으므로 항恒을 상常이라고 쓴 것 같다. …… 공자가 진항을 토벌하자고 하였는데 어찌 그의 폐백을 받기에 이르렀겠는가? 참으로 근거 없이 속인 것이다"라고 하였다. 한문제漢文帝(재위 기원전 195~188년)의 이름이 항恒이다.

子張曰:「子不爲行, 卽將疏戚无倫, 貴賤无義, 長幼无序[1]; 五紀六位, 將何以爲別乎?」[2] 滿苟得曰:「堯殺長子, 舜流母弟,[3] 疏戚有倫乎? 湯放桀, 武王殺紂, 貴賤有義乎? 王季爲適, 周公殺兄, 長幼有序乎?[4] 儒者僞辭,[5] 墨者兼愛, 五紀六位將有別乎!

자장이 왈 자불위행인댄 즉장소척이 무륜하며 귀천이 무의하며 장유 무서하리니 오기육위를 장하이위별호오 만구득이 왈 요 살장자하고 순이 류모제하니 소척이 유륜호아 탕이 방걸하고 무왕이 살주하니 귀천이 유의호아 왕계 위적하고 주공이 살형하니 장유 유서호아 유자 위사하고 묵자는 겸애하나니 오기육위 장유별호아

---

[1] 왕숙민이 말하기를 "의義는 가차하여 의儀가 된다. 『설문』에서 의儀는 도度라고 했다. 윤倫과 의儀·서序·의義는 모두 서로 비슷하다"고 하였다.

[2] 유월은 말하기를 "이제 생각건대 오기五紀는 오륜五倫이고 육위六位는 곧 육기六紀이다. 『백호통』白虎通 「삼강 육기편」三綱 六紀篇에서 말하기를 '육기는 숙부들과 형제와 족인族人과 외삼촌들과 사장師長과 붕우이다. 여기서 모두 그로써 소척과 귀천과 장유를 구별하였다. 5륜이라 하지 않고 5기라 하고, 6기라 하지 않고 6위라 한 것은 옛사람들의 말이 다를 따름이다'라고 하였다.

[3] 최선은 말하기를 "요는 장자 고감명考監明을 죽였다. 순류모제舜流母弟의 '제'는 상象을 일컫는다. 유流는 방放이다"라고 하였다. 이로써 보면 요임금의 장자는 감명이지 단주丹朱가 아니라는 것을 알 수 있다.

[4] 성현영은 말하기를 "왕계王季는 주태왕周太王의 서자 계력季歷이니 곧 문왕의 아버지이다. 태백太伯인 중옹仲雍이 양위하여 옹립되지 않았으므로 작은아이인 계력이 적자가 되었다. 관管과 채蔡는 주공의 형인데, 주공이 울면서 그들을 처벌하였으므로 형을 죽였다고 하였다. 적자를 폐하고 서자를 세우며 동생이 그의 형을 죽였으니 존비尊卑와 장유長幼에 순서가 있는가?"라고 하였다.

[5] 왕숙민은 말하기를 "도척은 또한 공자가 거짓말을 많이 했다고 일컬었다"고 하였다.

410

자장이 말하였다. "그대가 덕행을 닦지 않는다면 소원한 친척이 윤리가 없어지며, 귀한 이와 천한 이 사이에 법도가 없어지며, 어른과 아이 사이에 순서가 없어질 것이다. 오륜五倫과 육기六紀를 장차 무엇을 가지고 구별할 것인가?" 만구득이 말하였다. "요임금이 큰아들을 살해하고 순임금이 같은 어머니의 동생을 귀양 보내니 친소 사이에 무슨 윤리가 있다고 하겠는가? 탕이 걸임금을 추방하고 무왕이 주紂를 살해하니 귀한 이와 천한 이 사이에 법도가 있는가? 왕계는 적자가 되고 주공이 형을 살해하였으니 장유長幼에 순서가 있는가? 유학자들은 거짓말을 하고 묵자는 겸애하니 오륜과 육기에 구별이 있는가?

且子正爲名, 我正爲利. 名利之實, 不順於理, 不監於道.[1] 吾日與子訟於无約[2][3]:『小人殉財, 君子殉名. 其所以變其情, 易其性, 則異矣; 乃至於棄其所爲而殉其所不爲, 則一也.』[4] 故曰, 无爲小人, 反殉而天; 无爲君子, 從天之理.[5] 若枉若直,[6] 相而天極; 面觀四方, 與時消息.[7] 若是若非, 執而圓機; 獨成而意, 與道徘徊.[8] 无轉而行, 无成而義, 將失而所爲.[9] 无赴而富, 无殉而成, 將棄而天.[10]

차자정위명커든 아정위리하노니 명리지실은 불순어리하며 불감어도니라 오 일여자로 송어무약하니 왈 소인이 순재하고 군자는 순명하나니 기소이변기정하며 역기성은 즉이의니 내지어기기소위요 이순기소불위하야는 즉일야니라 고로 왈 무위소인이요 반순이천하며 무위군자요 종천지리하야 약왕약직에 상이의 천극하며 면관사방하야 여시소식하며 약시약비에 집이의 원기하며 독성이의하야 여도배회하며 무전이행하며 무성이의어다 장실이소위하리라 무부이부하며 무순이성이어다 장기이천하리라

<hr />

[1] 성현영은 말하기를 "감監은 명明이요 견見이다. 자장의 마음이 위하는 것은 바로 명예에 있고, 구득의 마음이 위하는 것은 바로 이로움에 있다. 또한 명예와 이익 두 길은 모두 진실이 아니라서 이미 지극한 도리에 어긋나니 어찌 현묘한 도를 분명히 알 수 있으리오!"라고 하였다.

[2] 조초기는 말하기를 "송訟은 쟁송爭訟이다. 무약无約은 가탁한 인명이다. 송어무약訟於无約은 무약을 재판인으로 삼았다는 것을 뜻한다"고 하였다.

[3] 조초기에 따르면 무약이 말한 것을 가리킨다.

[4] 성현영은 말하기를 "그가 위하는 것을 버린다는 것은 자기를 버리는 것이요, 그가 위해서는 안 되는 것에 희생된다는 것은 물物을 추구하는 것이다. 대저 이익에 희생되는 것을 소인이라 하고 명예에 희생되는 것을 군자라 하여 명예와 이익이 같지 않으나 희생되는 것은 같다"고 하였다. 왕인지에 따르면 내乃는 약若과 뜻이 같다.

[5] 성현영은 말하기를 "이而는 '너'이다. 이미 이익을 추구하지 않을 뿐 아니라 또한 명예를 추구하지 않으므로 본성에 따르고 근원으로 돌아가서 자연의 도에 합치된다"고 하였다. 왕숙민에 따르면 순殉과 종從은 호문이니 뜻이 모두 순順과 같다.

[6] 왕숙민에 따르면 약若은 혹或과 같다.

또한 그대는 마침 명예를 추구하거든 나는 바로 이익을 추구한다. 명예
와 이익의 내용은 이치에 순조로이 통하지 않으며 도에 어둡다. 나는 지
난날 그대와 더불어 무약을 재판인으로 삼아 말하기를 '소인은 재물에
희생되고 군자는 명예에 희생되니 그의 성정을 바꾸는 까닭은 다르지
만 그가 마땅히 위해야 할 바를 버리고 그가 마땅히 추구해서는 안 되
는 바를 위하다가 희생되기에 이르러서는 같다'고 하였다. 그러므로 이
르기를 소인이 되지 말 것이요 도리어 그대의 자연본성을 추구하며, 군
자가 되려 하지 말고 자연의 이치에 따를 일이다. 구부러지기도 하고 곧
기도 할 적에 그대의 자연한 준칙에 따라서 일하면 된다. 얼굴을 사방의
변화 쪽으로 향하고 시간의 추이에 따라 소멸하여 없어지고, 나서 자란
다. 옳기도 하고 그르기도 할 적에 그대의 환중의 도를 잡으며, 홀로 그
대의 뜻을 성취하며 도와 더불어 전변하라. 그대의 행실을 오로지 행하
겠다고 하지 말며, 그대가 의롭게 하겠다고 하지 말라. 장차 그대가 하
고자 하는 바를 잃으리라. 그대의 부귀를 위하여 바쁘게 뛰어다니지 말
며 그대의 성공을 위하여 목숨을 걸지 말라. 장차 그대의 천성을 버리
리라.

7 조초기는 말하기를 "사방의 변화를 마주하고 시간의 추이에 따라 소멸하여 없어지고 태어나
   서 자란다"고 하였다.
8 성현영은 말하기를 "배회徘徊는 전변轉變의 뜻과 같다. 원기圓機는 환중環中과 같다. 환중의
   도를 잡고서 시비에 응하고, 독화의 마음을 써서 그의 뜻을 이루므로, 허령하게 통하는 이치
   와 하나가 되어 끝없이 전변한다"고 하였다.
9 왕념손은 말하기를 "전轉은 전專으로 읽는다. …… 마땅히 때에 따르고, 도에 따라서 인의만
   을 행하겠다고 하지 않는다. 만약 오로지 행하고 성취해서 의롭게 하겠다고 하면 그가 하고
   자 하는 바를 잃을 것이다. 그러므로 뒤의 글에서 그의 말을 바르게 하고 그의 행위를 반드시
   하겠다고 하므로 그 재앙을 받고 그 환난을 당한다고 하였다. 그의 행위를 반드시 하겠다고
   하는 것이 곧 여기서 이른바 오로지 하여 행하겠다는 것이다"라고 하였다.
10 성현영은 말하기를 "부귀로 달려가려 하지 말고 성공에 몸을 바치려고 하지 말라. 반드시
   달려가고 반드시 바치고자 하면 천연의 성품을 등지게 되리라"고 하였다.

比干剖心, 子胥抉眼,[1] 忠之禍也; 直躬證父, 尾生溺死,[2] 信之患也; 鮑子立乾,[3] 申子不自理廉之害也[4]; 孔子不見母,[5] 匡子不見父,[6] 義之失也. 此上世之所傳, 下世之所語, 以爲士者正其言, 必其行, 故服其殃, 利其患也.」[7]

비간이 부심하며 자서 결안하니 충지화야라 직궁이 증부하며 미생이 익사하니 신지환야라 포자 입건하며 신자 부자리하니 렴지해야라 공자 불견모하며 광자 불견부하니 의지실야라 차 상세지소전이며 하세지소어니 이위사자 정기언하며 필기행이라 고로 복기앙하며 이기환야니라

---

[1] 성현영은 말하기를 "비간이 주紂에게 충직하게 간하니 주가 이르기를 '듣자니 성인의 심장에는 아홉 개의 구멍이 있다고 하더라' 하면서 마침내 그의 심장을 쪼개보았다. 자서가 부차夫差에게 충직하게 간하니 부차가 그를 죽이려고 하였다. 자서가 말하기를 '내가 죽은 뒤에 눈을 도려내어 오吳나라 성문 동쪽에 걸어서 월越이 오나라를 멸망시키는 것을 보게 하시오!'라고 하였다. 이것이 모두 지극히 충성하여 그 화를 당한 것이다"라고 하였다.

[2] 왕숙민에 따르면 『회남자』「범론편」氾論篇에서 말하기를 "직궁直躬은 그 아버지가 양을 훔치니 아들이 증거하고, 미생尾生은 부녀자와 기약하다가 죽었다. 정직하여 아버지를 증거하고 신의를 지키다가 익사하였으니, 비록 정직과 신의가 있을지라도 누가 그것을 귀히 여길 수 있으리오!"라고 하였다.

[3] 포자鮑子는 앞에서 말한 포초鮑焦이다.

[4] 성현영은 말하기를 "신자申子는 진헌공晉獻公의 태자 신생申生인데 여희驪姬의 난을 만나 억울하게 헐뜯어 비방하는 말을 당하여 스스로 사리를 펴보지도 못하고 스스로 목매달아 죽었다"고 하였다.

[5] 조초기는 말하기를 "이 일은 다른 책에 기재된 것이 보이지 않는다. 어쩌면 공자가 하루 종일 외출하여 유세하다가 시시로 모친을 찾아가보지 못한 것을 가리킨 것일지 모른다"고 하였다.

[6] 조초기는 말하기를 "『맹자』에 기재한 것에 근거하면 광자匡子는 성이 광匡이고 이름이 장章인데 제나라 사람이다. 부친에게 간언하다가 결과적으로 부친에게 쫓겨났다. 그리하여 일생 동안 부친을 보지 못했다"고 하였다.

[7] 성현영은 말하기를 "이 때문에 충성한 선비와 청렴하고 신실한 사람이 그의 말을 바르게 하여 군주에게 간하고 그의 행실을 반듯하게 하여 주인을 섬기다가 그 환난을 입고 그 재앙에 복종하지 않은 이가 없으니, 도를 추구하는 사람이 같이 경계하고 삼가야 할 것이다"고 하였다.

비간이 심장이 쪼개어지며 자서가 눈을 도려내니, 충신의 재앙이다. 직궁直躬이 아버지를 증거하며 미생이 익사하니, 신의의 환난이다. 포자가 나무를 껴안고 서서 말라비틀어지며 신자가 스스로 도리를 해명하지 않으니, 청렴의 해이다. 공자가 어머니를 보지 못하며 광자匡子가 아버지를 보지 못하니, 의로움의 실책이다. 이것이 고대에 전한 것이며 후세에 말한 것이니, 선비가 그의 말을 바르게 하며 그의 행실을 기필코 하려고 하므로, 그 재앙을 받으며 그 환난을 당한 것이다."

【대의】

이 장에서는 공자의 착실한 제자인 자장과 구차하게 나아가 이익을 추구하는 만구득의 대화를 통하여 인의도덕은 나라를 훔친 큰 도적에게 이용될 수 있으므로 반드시 어떻게 해야겠다는 생각을 버리고 천성을 보존해 기르면서 환중의 도를 파악하여 자연에 따르기를 주장하였다.

　장형소우에 따르면 이 장은 「거협」편의 어구를 섞어 인용하여 미루어서 글을 만든 것 같다.

3

无足問於知和曰[1]:「人卒未有不興名就利者.[2] 彼富則人歸之, 歸則下
之, 下則貴之. 夫見下貴者, 所以長生安體樂意之道也. 今子獨无意
焉, 知不足邪, 意知而力不能行邪![3] 故推正不忘邪?」[4]

무족이 문어지화하야 왈 인졸이 미유불흥명취리자하니 피 부즉인귀지하고 귀즉
하지하고 하즉귀지하나니 부견하귀자 소이장생안체락의지도야어늘 금자 독무
의언하니 지 부족야아 의한댄 지이력불능행야아 고추정불망야아

---

[1] 조초기에 따르면 무족无足과 지화知和는 모두 가설한 인물로, 뜻으로 명명命名했다.
[2] 왕숙민은 말하기를 "인졸人卒이라는 한마디는 이 책(『장자』)에서 자주 보이니 인중人衆과 같
다. 흥명興名은 희명喜名과 같다"고 하였다.
[3] 곽경번은 말하기를 "의意는 어조사인데 억抑과 같이 읽는다"고 하였다. '억'은 '그렇지 않으면'
을 뜻한다.
[4] 왕숙민은 말하기를 "고故는 특特과 같고 추推는 구求와 같다. …… 이는 '단지 정도를 미루어
구하기를 잊지 않는다'를 일컫는다"고 하였다.

무족无足이 지화知和에게 말하기를 "사람들이 명예를 좋아하고 이로움을 좇지 않는 이가 없으니, 그가 부유하면 사람들이 그에게 귀의하고, 귀의하면 그에게 낮추고, 낮추면 그를 귀하게 여긴다. 남들이 낮추고 그들에게 귀하게 여겨지는 것이 그로써 오래 살면서, 몸을 편안하게 하고, 뜻을 즐겁게 하는 도이다. 이제 그대만은 그에 대하여 그다지 뜻이 없으니 아는 것이 부족한가? 아니면 알기는 하지만 그렇게 할 힘이 부족한 것인가? 단지 정도를 추구하기를 잊지 않는 것인가?"라고 하였다.

知和曰:「今夫此人以爲與己同時而生, 同鄕而處者, 以爲夫絶俗過世之士焉[5]; 是專无主正, 所以覽古今之時, 是非之分也,[6] 與俗化. 世去至重, 棄至尊, 以爲其所爲也[7]; 此其所以論長生安體樂意之道, 不亦遠乎! 慘怛之疾,[8] 恬愉之安,[9] 不監於體[10]; 怵惕之恐, 欣懽之喜, 不監於心[11]; 知爲爲而不知所以爲,[12] 是以貴爲天子, 富有天下, 而不免於患也.」

지화 왈 금부차인을 이위여기로 동시이생하야 동향이처자하여늘 이위부절속과 세지사언하나니 시는 전무주정이라 소이람고금지시하며 시비지분야하야 여속화 세하야 거지중하며 기지존하고 이위기소위야하나니 차기소이론장생안체락의지도 불역원호아 참달지질과 염유지안을 불감어체하며 출척지공과 흔환지희를 불감어심하며 지위위하고 이부지소이위하나니 시이로 귀위천자하며 부유천하라도 이 불면어환야하나니라

---

[5] 왕숙민은 말하기를 "이 사람이라는 것은 암암리에 무족을 가리킨 듯하다. 동시에 살고 마을을 같이하여 살아간다는 것은 지화를 스스로 가리킨 듯하다. 이위부以爲夫의 '부'는 피彼라는 말과 뜻이 같다. 절속과세絶俗過世는 세속에 맞지 않는 것이다. 이 구절은 무족이 지화와 동시대에 살고 마을을 같이하여 살아가고 있으나 지화를 세속에 맞지 않는 선비라고 일컬은 것이다"고 하였다.

[6] 왕숙민에 따르면 이 구절은 무족에 대하여 말한 것이다.

[7] 왕숙민은 말하기를 "세世 자는 앞의 과세過世라는 글자에 관련되어 잘못 들어간 것 같다. 이는 무족이 유속流俗의 변화에 따라 지극히 중요한 생명과 지극히 존귀한 도를 버리고 자기가 하고자 하는 바를 한다는 것을 일컫는다"고 하였다.

지화가 말하였다. "이제 이 사람은 그가 자기와 같은 시대에 태어나서 마을을 같이하여 살거늘 그는 세속에 맞지 않는다고 여기니 이러한 사람은 오로지 어리석어서 주관도 없고 정도를 밟아나가지 않는지라 그로써 예와 지금의 시대와 시비의 구분을 본다. 세속의 변화에 따르면서 지극히 중요한 생명을 버리며, 지극히 존귀한 도를 버리고, 자기가 하고자 하는 것을 하니, 이것이 그로써 오래 살고 몸을 편안히 하여 뜻을 즐겁게 하는 도에서도 멀지 않을까? 마음이 아프고 슬픈 고통과, 상쾌하고 편안한 안락이 몸에 끼치는 영향에 주의하지 않으며, 놀라 허둥지둥 대는 두려움과 즐거워하는 기쁨이 마음에 끼치는 영향에 주의하지 않는다. 위하는 것을 할 줄만 알고 그가 하는 까닭을 모르니 이 때문에 지위가 높아져서 천자가 되며 부유하게 천하를 가질지라도 재난에서 벗어나지 못한다."

---

8 조초기에 따르면 참달慘怛은 고통스러운 모습이다.
9 조초기에 따르면 염유恬愉는 편안한 모습이다.
10 조초기는 말하기를 "감監은 '살피다'이다. 불감어체不監於體는 고통과 안락이 신체에 영향을 끼친다는 것을 주의하지 않는 것이다"라고 하였다.
11 조초기는 말하기를 "두려움과 환희가 정신적인 측면에 끼치는 영향에 대하여 주의하지 않는 것이다"라고 하였다.
12 왕숙민은 말하기를 "이는 무족이 자기가 위하는 것을 하면서도 하는 까닭을 모른다는 것을 일컫는다. 하는 까닭을 알면 고통과 두려워하여 벌벌 떠는 환난을 알 수 있다"고 하였다.

无足曰:「夫富之於人, 无所不利, 窮美究埶,[1] 至人之所不得逮, 賢人之所不能及,[2] 俠人之勇力而以爲威强, 秉人之知謀以爲明察, 因人之德以爲賢良, 非享國而嚴若君父.[3] 且夫聲色滋味權勢之於人, 心不待學而樂之, 體不待象而安之.[4] 夫欲惡避就, 固不待師, 此人之性也. 天下雖非我, 孰能辭之!」[5]

무족이 왈 부부지어인에 무소불리하며 궁미구세라 지인지소부득체며 현인지소불능급이니 협인지용력하야 이이위위강하며 병인지지모하야 이위명찰하며 인인지덕하야 이위현량하며 비향국이엄약군부하니라 차부성색자미권세지어인에 심부대학이락지하며 체부대상이안지하나니 부욕오피취는 고부대사호미 차 인지성야라 천하수비아나 숙능사지리오

[1] 『석문』에서는 말하기를 "궁窮은 '다하다'이다. 세埶는 본래 세勢라고 쓴 판본도 있다. 구究는 경竟이다"라고 하였다.
[2] 왕숙민에 따르면 득得과 능能은 호문이니 '득'도 '능'이다.
[3] 왕숙민에 따르면 협俠은 가차하여 협夾이 되는데 협夾과 협挾은 옛적에 통했다. 성현영이 말하기를 "대저 부귀한 사람은 거기에 붙는 사람이 많으므로 용기 있는 사람이 그를 위하여 지켜주고, 지혜로운 사람이 그를 위하여 꾀를 내주고, 덕 있는 사람이 그를 위하여 도와주니, 비록 나라에 임하여 누리지 않을지라도 위엄이 임금이나 아버지와 같으니 이것은 모두 재리財利가 그렇게 한 것이다"라고 하였다.
[4] 왕숙민은 말하기를 "학學과 상象은 호문이니 뜻이 같다. 『광아 석고삼』廣雅 釋詁三에서 '상'과 '학'은 '본받다'라고 했다"고 하였다.
[5] 왕숙민은 말하기를 "천하 사람들이 나와 더불어 모두 좋아하거나 싫어하며 피하거나 나아감이 없을 수 없다는 것을 일컫는다"고 하였다.

무족이 말하였다. "저 부유함은 사람에게 이롭지 않은 것이 없다. 극진히 아름답고 세가 있는지라 지인至人이 도달할 수 없는 것이며, 현인賢人이 비교할 수 없는 것이다. 사람들의 용기와 힘을 끼고서 그것을 자기의 세력으로 여기며, 사람들의 지혜와 꾀를 틀어잡고서 그것을 자기의 똑똑한 관찰력으로 삼으며, 사람들의 덕에 의지하여 그것을 자기의 현량賢良으로 삼으며, 국가권력을 장악하지 않더라도 위엄이 군주나 아버지 같다. 또한 사람에게서 저 소리와 빛깔과 재미와 권세는, 마음은 그것을 배우지 않아도 즐거워하며, 몸은 그것을 본받지 않더라도 좋아한다. 대저 천하 사람들이 모두 좋아하고 싫어하며 피하고 나아가는 것은 본래 스승을 기다리지 않으니, 이것이 사람의 성품이다. 천하 사람들이 비록 나를 그르다고 하나 누가 그것을 거절할 수 있겠는가?"

知和曰:「知者之爲, 故動以百姓, 不違其度,[1] 是以足而不爭, 无以爲故不求.[2] 不足故求之, 爭四處而不自以爲貪[3]; 有餘故辭之, 棄天下而不自以爲廉. 廉貪之實, 非以迫外也, 反監之度.[4] 勢爲天子而不以貴驕人, 富有天下而不以財戲人. 計其患, 慮其反,[5] 以爲害於性, 故辭而不受也, 非以要名譽也. 堯舜爲帝而雍,[6] 非仁天下也, 不以美害生也[7]; 善卷許由得帝而不受, 非虛辭讓也,[8] 不以事害己. 此皆就其利, 辭其害,[9] 而天下稱賢焉, 則可以有之, 彼非以興名譽也.」[10]

지화 왈 지자지위는 고로 동이백성하야 불위기도하나니 시이로 족이부쟁하며 무이위고로 불구니 부족고로 구지라 쟁사처라도 이부자이위탐하며 유여고로 사지라 기천하하야도 이부자이위렴하나니 염탐지실이 비이박외야라 반감지도니 세위천자라도 이불이귀로 교인하며 부유천하라도 이불이재로 희인하나니 계기환하며 려기반하야 이위해어성 고로 사이불수야하나니 비이요명예야니라 요순이 위제이옹하니 비인천하야라 불이미로 해생야니라 선권허유 득제이불수하니 비허사양야라 불이사로 해기니라 차 개취기리하고 사기해어늘 이천하 칭현언하나니 즉가이유지라 피 비이흥명예야니라 지화가 말하였다. "지혜로운 사람의 행위는 본래 행동이 백성을 위하여 백성들의 표준을 어기지 않으니, 이 때문에 만족할 줄 알므로 다투지 않으며 위할 것이 없으므로 추구함이 없다. 만족할 줄 모르므로 그것을 추구하는지라 사방 사람들과 다툴지라도 스스로 탐욕스럽다고 하지 않으며, 남음이 있으므로 사양하는지라 천하를 버릴지라도 스스로 청렴하다고 생각지 않는다. 청렴한가 탐욕스러운가의 실질은 외적인 조건에 따라 결정되는 것이 아닌지라, 돌이켜 자신의 표준을 검사해보아야 한다. 세勢가 천자가 되게 되어 있을지라도 지위가 높다고 해서 사람들에게 교만하지 않으며, 넉넉하게 천하를 가졌을지라도 재물 때문에 사람을 업신여기지 않는다. 그 환난을 생각하며, 그 변화를 고려하며, 이것이 심성에 해로울 수 있다고 생각하므로 사양하고 받아들이지 않으니, 그로써 명예를 요구하는 것이 아니다. 요임금과 순임금이 제왕이 되어 사양하니 천하 사람들에게 인仁한 것이 아니라, 천하 사람들이 자기를 찬미함으로 말미암아 자기 본성을 해치지 않아서이다. 선권善卷과 허유許由가 제왕의 자리를 얻을 수 있었으나 받아들이지 않으니 거짓으로 사양한 것이 아니라 일 때문에 자기를 해치지 않게 하기 위해서이다. 이들은 모두 자기 본성에 이로우면 받아들이고 자기 본성에 해로우면 사양하였거늘 천하 사람들이 그들을 현명하다고 한다. 그렇다면 그것을 받아들일 수는 있으나, 그들이 온갖 수단을 부려 명예를 추구한 것은 아니다."

1 왕숙민은 말하기를 "고故는 고固와 같고 이以는 위爲와 같다. 이는 지자知者의 '위'를 일컫는다. 고동위백성固動爲百姓은 본래 행위가 백성을 위하여 백성의 법도를 어기지 않는다는 것이다"라고 하였다.

2 왕숙민은 말하기를 "이以는 소所와 같다. 무소위無所爲를 일컫는다"고 하였다. 왕선겸은 말하기를 "만족할 줄 알므로 다투지 않고 위할 것이 없으므로 밖으로 추구하는 것이 없다"고 하였다.

3 성현영은 말하기를 "사처四處는 사방과 같다. 대저 범인과 성인의 구분은 탐내는지 청렴한지에서 나뉜다"고 하였다.

4 왕숙민에 따르면 이以는 인因과 같고 지之는 어於와 같다. 조초기는 말하기를 "청렴한가 탐욕스러운가의 실질은 결코 외부 조건에 따라 결정되는 것이 아니니 돌이켜 자기의 표준을 검사해보아야 한다. 만약 외부 조건에 따라 어쩔 수 없어서 이와 같이 하지 않을 수 없다면 사방의 사람들과 다툴지라도 탐욕스럽다고 할 수 없는가? 천하 사람을 버릴지라도 청렴할 수 있는지를 살펴보아야 하는데, 주로 그의 마음 씀씀이가 어떤지를 봐야 한다. 실實은 실질이고 이以는 인因이고 감監은 찰察이니 '검사하다'이다"라고 하였다.

5 왕숙민이 말하기를 "려기반慮其反은 려기변慮其變이라고 말하는 것과 같다"고 하였다.

6 왕숙민에 따르면 손이양은 말하기를 "이옹而雍은 뜻이 통하기 어렵다. 옹雍은 마땅히 추推인 것 같다. 자형이 비슷하여 잘못되었으니 선권과 허유에게 자리를 사양한 것이다"라고 하였다.

7 조초기는 말하기를 "결코 천하 사람들에 대하여 어질게 사랑하는 데 뜻이 있는 것이 아니라 천하 사람들이 자신을 많이 찬미함으로 말미암아 자신의 본성을 해치지 않게 하기 위해서이다"라고 하였다.

8 조초기에 따르면 허虛는 '가장하다'이다.

9 조초기는 말하기를 "차此는 이들이니 위에서 말한 요·순·선권·허유이다. 이 구절은 그들이 모두 자기 본성에 이로우면 받아들이고 자기 본성에 해로우면 거절한 것을 뜻한다"고 하였다.

10 조초기에 따르면 흥명예興名譽는 온갖 수단을 부려 명예를 추구하는 것이다.

无足曰:「必持其名, 苦體絶甘, 約養以持生,[1] 則亦久病長阨而不死者也.」[2]

무족이 왈 필지기명인댄 고체절감 약양하야 이지생이니 즉역구병장액이불사자야어니따녀

---

[1] 왕숙민은 말하기를 "필지기명必持其名은 필득기명必得其名이라고 말하는 것과 같다. …… 지생持生은 치생治生과 같다"고 하였다. 절감絶甘은 감미로운 음식물을 끊는 것이고, 약양約養은 '간소하게 기르다'이다.
[2] 왕숙민에 따르면 장액長阨은 장곤長困과 같다.

무족이 말하였다. "반드시 그 명성을 얻고자 하면 몸을 수고롭게 하고, 감미로운 음식물을 끊어야 하며, 간소하게 기르며 생명을 다스리는지라, 그러면 그도 오히려 오랜 병에 오래 고생하면서 죽지 않는 사람에 지나지 않는다."

知和曰:「平爲福, 有餘爲害者, 物莫不然, 而財其甚者也. 今富人, 耳營於鐘鼓管籥之聲, 口嗛於芻豢醪醴之味,[1] 以感其意, 遺忘其業, 可謂亂矣; 佚溺於馮氣,[2] 若負重行而上阪也, 可謂苦矣[3]; 貪財而取慰, 貪權而取竭,[4] 靜居則溺, 體澤則馮,[5] 可謂疾矣; 爲欲富就利, 故滿若堵耳而不知避, 且馮而不舍, 可謂辱矣[6]; 財積而无用, 服膺而不舍,[7] 滿心戚醮,[8] 求益而不止, 可謂憂矣; 內則疑刦請之賊,[9] 外則畏寇盜之害, 內周樓疏,[10] 外不敢獨行, 可謂畏矣. 此六者, 天下之至害也, 皆遺忘而不知察, 及其患至, 求盡性竭財,[11] 單以反一日之无故而不可得也.[12] 故觀之名則不見, 求之利則不得, 繚意絶體而爭此, 不亦惑乎!」[13]

지화 왈 평이 위복이요 유여 위해자는 물이 막불연이로되 이재 기심자야니라 금에 부인이 이영어종고관약지성하고 구겸어추환료례지미하야 이감기의코 유망기업하나니 가위란의로다 해뇨어빙기하니 약부중행이상판야하나니 가위고의로다 탐재이취위하며 탐권이취갈하야서 정거즉익하고 체택즉빙하나니 가위질의로다 위욕부취리론 고로 만약도이로되 이부지피하며 차빙이불사하나니 가위욕의로다 재적이무용이어늘 복응이불사하야 만심척초호되 구익이부지하나니 가위우의로다 내즉의 겁청지적하고 외즉외구도지해하야 내주루소하며 외불감독행하나니 가위외의로다 차육자는 천하지지해야어늘 개유망하야 이부지찰이라가 급기환지하야아 구진성갈재하야 단이반일일지무고라도 이불가득야니라 고로 관지명즉불견이요 구지리즉부득이로되 요의절체이쟁차하나니는 불역혹호아

지화가 말하였다. "평안한 것이 복이요 남음이 있는 것이 해로운 것은 사물이 다 그러하나, 재물이 그중에서 가장 심한 것이다. 이제 부유한 사람이 귀로 종과 북과 관악기와 피리의 소리를 듣고, 입으로 고기와 막걸리와 단술의 맛으로 만족하여, 향락하려는 그의 뜻을 촉발하고 그가 해야 할 일을 잊으니 혼란이라고 할 수 있다. 기운이 팽창하여 배가 더부룩하게 불러올라 위로는 딸꾹질하고 아래로는 오줌을 싸니 마치 무거운 물건을 이고 비탈진 산을 오르듯이 고통스럽다고 할 수 있다. 재물을 탐내어 울화병을 가져오며, 권세를 탐내니 정신이 소모되어, 가만히 있으면 기욕嗜欲에 빠지고, 몸의 혈색이 좋으면 배가 더부룩하게 불러오니 병이 길어진 것이라고 할 수 있다. 부귀를 좋아하고 이로운 것을 좇으므로 욕망이 팽창하여 귀가 막힌 것과 같으나 벗어날 길이 없을 뿐 아니라 계속하여 팽창하는데도 포기하지 않으니, 이는 치욕이라고 할 수 있다. 재물을 쌓아두어도 쓰지 못하거늘 늘 마음속에 두고서 버리지 않아 마음 가득히 초조하되, 더 많아지기를 구하여 그치지 않으니 걱정할 만하다. 안으로는 강제로 요구하는 적을 두려워하고, 밖으로는 강도의 해를 두려워하여 안으로 철사망을 두르며, 밖으로는 감히 혼자 다니지 못하니 두려워한다고 할 만하다. 이 여섯 가지는 천하에서 가장 해로운 것이거늘 다 잊고서 살필 줄 모른다. 그러다가 그의 환난이 닥쳐서야 생명을 다하고, 재물을 다 써서 단지 하루라도 무고하기를 바라더라도 되지 않는 것이다. 그러므로 명성에 대하여 살펴보아도 보이지 않고, 이로운 것에 대하여 구해보아도 얻어지지 않는다. 그의 뜻을 묶어두고 전신의 힘을 다하여 이들을 쟁취하는 것은 또한 의혹이 아닐까?"

1 조초기는 말하기를 "겸慊은 협慊과 통하니 '만족하다'이다. 추환芻豢은 본래 금수를 가리키니 풀을 먹는 것을 '추'라 하고 곡식을 먹는 것을 '환'이라고 하는데, 여기에서는 고기를 가리킨다. 료醪는 소박한 술이고 례醴는 단술이다"라고 하였다. 소박한 술이란 아마 막걸리인 것 같다.

2 조초기는 말하기를 "해佐는 딸꾹질하며 기운을 내보내고 목구멍이 막히는 것이다. 뇨溺는 곧 뇨尿 자이다. 빙馮은 빙慿과 통하니 가득 찬 것이다. 빙기馮氣는 기운이 팽창하는 것이다. 이 구절은 기운이 팽창해서 위로는 딸꾹질하고 아래로는 오줌을 싸는 것이다"라고 하였다.

3 조초기는 말하기를 "기운이 팽창할 때의 고통을 형용한다"고 하였다.

4 왕인지는 말하기를 위慰는 울慰이라고 읽는데 '울'은 '병'이다"라고 하였다. 조초기에 따르면 갈竭은 정신이 깡그리 소모되는 것을 가리킨다.

5 왕숙민에 따르면 체택體澤은 몸의 혈색이 좋은 것이다. 조초기에 따르면 빙馮은 빙慿과 통하니 배가 더부룩하게 불러오는 것이다.

6 조초기는 말하기를 "부귀를 위하여 이로운 것을 추구하면 욕망이 팽창하여 귀가 막힌 것과 같으며, 또한 벗어날 길이 없을 뿐 아니라 계속 팽창하는데도 포기하지 않나니 이는 욕을 먹는 것과 같다. 빙慿은 '팽창하다'이고 사舍는 버리는 것이다"라고 하였다.

7 복응服膺은 늘 마음속에 두는 것이다.

8 성현영에 따르면 척초戚醮는 번뇌이다. 조초기에 따르면 "초醮는 가차하여 초焦가 되니 '초조하다'이다"라고 하였다.

9 성현영에 따르면 의猌는 두려워하는 것이고, 청請은 구하는 것이다.

10 조초기는 말하기를 "루樓는 두드리는 것이다. 루소樓疏는 오늘날 창문의 철망과 같은 것인데, 고대에는 벽돌로 쌓았다"고 하였다.

11 전목이 말하기를 "그의 생명을 다하고 그의 재물을 고갈시키는 것이다"고 하였다.

12 왕숙민에 따르면 단單은 단但이다.

13 해동은 말하기를 "료의繚意는 그의 뜻을 묶어두는 것을 일컫는다"고 하였다. 조초기는 말하기를 "절絶은 끊는 것이다. 절체絶體는 온몸의 힘을 다하는 것이다. 절絶 자는 원본에 없었으나 『속고일총서』續古逸叢書에 의거하여 보충한다"고 하였다.

【대의】

이 장에서는 만족할 줄 모르는 무족无足과 조화를 아는 지화知和의 대화를 통하여 부를 얻게 되면 용기와 지혜와 도덕을 가진 사람들이 각자 자기가 지닌 것을 모두 발휘하여 그를 도와줄 것이므로 지극히 이롭다고 하나 자기의 심성에 해로울 수 있으며, 안락하게 살아갈 수 없으므로 의혹되어 있다고 하지 않을 수 없다고 주장하였다.

• 제30편 • **설검**(說劍 第三十)

【제30편 설검說劍 해제】

왕숙민에 따르면 저백수褚伯秀는 일컫기를 "이 편은 종횡가縱橫家의 이야기와 비슷하다"고 하였다. 조초기는 말하기를 "장자가 조문왕趙文王을 설복하여 칼싸움을 즐기는 것을 중지시켰다는 우언과 고사로써 국가의 군주는 마땅히 국가·천하로써 중심을 삼아야 한다는 것을 선양하였다. 뜻으로써 제목을 명명하였으니 「잡편」과 대부분 서로 같지 않다.

이 글의 문풍文風은 종횡가들이 유세하는 말과 다를 것이 없다. 과장을 벌여놓고 자세히 진술하며 대답을 슬며시 돌려서 타이르고 있다. 한나라와 육조시대에 성행하였던 문체의 짜임새와 뚜렷이 연계되니 거의 장주학파와 무관하다. 혹 글 가운데에 쓴 장주莊周라는 표현이 있어서 편자가 『장자』 안에 거두어들였을지 모른다"고 하였다.

1-1

昔趙文王¹喜劍, 劍士夾門而客三千餘人,² 日夜相擊於前, 死傷者歲百餘人, 好之不厭. 如是三年, 國衰, 諸侯謀之. 太子悝³患之, 募⁴左右曰:「孰能說王之意止劍士者, 賜之千金.」左右曰:「莊子當能.」⁵ 太子乃使人以千金奉莊子. 莊子弗受, 與使者俱, 往見太子曰:「太子何以敎周, 賜周千金?」太子曰:「聞夫子明聖, 謹奉千金以幣從者.⁶ 夫子弗受, 悝尙何敢言!」莊子曰:「聞太子所欲用周者, 欲絶王之喜好也. 使臣上說大王而逆王意, 下不當太子, 則身刑而死, 周尙安所事⁷金乎? 使臣上說大王, 下當太子, 趙國何求而不得也!」

석에 조문왕이 희검한대 검사로 협문이객하되 삼천여인이러니 일야에 상격어전하야 사상자 세에 백여인이로되 호지불염하더니 여시한 삼년에 국이 쇠커늘 제후모지하더니 태자회 환지하야 모좌우하야 왈 숙능설왕지의하야 지검사자오 사지천금호리라 좌우 왈호되 장자야 당능하리이다 태자 내사인하야 이천금으로 봉장자하야늘 장자 불수하고 여사자로 구하야 왕현태자하야 왈호되 태자는 하이교주완대 사주천금고 태자 왈호되 문부자의 명성하고 근봉천금하야 이폐종자호니 부자불수하시니 괴는 상하감언호리오 장자 왈호되 문태자의 소욕용주자는 욕절왕지희호야라 호니 사신으로 상설대왕이역왕의하고 하부당태자하면 즉신형이사하리이니 주는 상안소사금호리오 사신으로 상설대왕하고 하당태자면 조국에 하구를 이부득야리오

¹ 사마표가 말하기를 조문왕趙文王은 "혜문왕惠文王인데 이름은 하何이며 무령왕武靈王의 아들이다. 장자보다 350년 뒤의 사람이다"라고 하였다.
² 조초기에 따르면 협문이객夾門而客은 손님이 궁문 좌우에 거주하는 것이다.
³ 『석문』에 따르면 괴悝는 태자의 이름이다.
⁴ 조초기에 따르면 모募는 널리 구하는 것이다.
⁵ 조초기는 말하기를 "다음 글에서 장자가 스스로 주周라고 일컬은 것을 보면 마땅히 장주莊周이다. 그러나 근래 어떤 사람이 본문의 사상과 조문왕의 태자 괴와 장주 두 사람의 활동 시

옛적에 조나라 혜문왕惠文王이 검술을 좋아하였는데 궁문 좌우에 거주하는 검사가 3천여 명이나 되었다. 밤낮으로 앞에서 서로 치고받아 사상자가 100여 명을 헤아렸다. 그 짓을 좋아하기를 싫어하지 않더니 이와 같이 하기를 3년이나 한 뒤에 나라가 쇠약해졌다. 제후들이 조나라를 치려고 꾀하자 태자 회悝가 그것을 걱정하여 좌우에 의견을 널리 구하여 말하기를 "누가 조왕의 뜻을 설득하여 검사를 중지할 수 있을까? 그에게 천금을 주리라"고 하였다. 좌우 신하들이 말하기를 "장자가 그렇게 할 수 있으리이다"라고 하였다. 그래서 태자가 사람을 시켜 천금을 가지고 장자에게 바치거늘 장자가 그것을 받지 않고 사자와 더불어 함께 가서 태자를 뵙고 말하기를 "태자는 무엇을 가지고 저를 가르치고자 하시기에 저에게 천금을 하사하십니까?"라고 하였다. 태자가 말하기를 "선생님의 밝고 성스러운 덕을 듣고 삼가 천금을 받들어 폐백을 가지고 수레를 따르겠습니다. 선생님이 받지 않으시니 저는 그런데도 감히 무슨 말을 하리오"라고 하였다. 장자가 말하기를 "들으니 태자께서 저를 쓰고자 하는 것은 왕이 좋아하는 것을 끊고자 하심입니다. 저로 하여금 위로 대왕을 설득하여 왕의 뜻을 거스르고 아래로 태자의 뜻에 합하지 않으면 저 자신은 형벌을 받아 죽을 것이니, 저는 그래도 어디에 금을 쓰겠습니까? 저로 하여금 위로 대왕을 설득하고 아래로 태자가 저에게 맡기신 일을 완수하면 조나라에 무엇을 요구한들 얻지 못하겠습니까!"라고 하였다.

기를 토대로 고증한 결과 장자는 마땅히 장신莊辛을 가리키고, 장주는 뒷사람이 잘못 고쳐서 이루어진 것이다"라고 하였다. 참고할 만하지만 나는 예전처럼 장자로 보았다.

6 왕숙민은 말하기를 "고초권자본古鈔卷子本에서는 이폐종자以幣從者를 이폐종거以幣從車로 썼다. '이폐종거'는 폐백을 가지고 수레를 따르겠다는 것이니, 직설적으로 그대에게 주겠다고 하기가 불편하기 때문에 그 말을 완곡하게 표현한 것이다"라고 하였다.

7 배학해에 따르면 사卸는 용用과 같다.

太子曰:「然, 吾王所見,[8] 唯劍士也.」莊子曰:「諾. 周善爲劍.」太子曰:「然吾王所見劍士, 皆蓬頭[9]突鬢垂冠, 曼胡之纓,[10] 短後之衣,[11] 瞋目而語難,[12] 王乃說之. 今夫子必[13]儒服而見王, 事必大逆.」

태자왈 연하나 오왕의 소견은 유검사야니라 장자왈 락다 주는 선위검하노라 태자왈 연타 오왕의 소견검사는 개봉두돌빈수관이요 만호지영과 단후지의로 진목이어난이라야 왕내열지하시나니 금부자 필유복이현왕인댄 사필대역하리라

---

8 왕숙민에 따르면 견見은 호好라고 쓴 책도 있다.
9 『석문』에서 말하기를 "봉두蓬頭는 투구를 쓴 것을 일컫는다. 털이 있으므로 쑥과 같다고 했다"고 하였다.
10 사마표는 말하기를 "만호지영曼胡之纓은 거친 갓끈에 무늬가 없는 것이다"라고 하였다. 왕숙민의 고증에 따르면 만曼은 만縵으로 써야 할 것 같다.
11 『석문』에 따르면 단후지의短後之衣는 '일하기에 간편하게 하기 위해서'이다.
12 왕숙민에 따르면 어난語難은 언어로써 상대방을 어렵게 만드는 것을 일컫는 듯하다.
13 왕숙민에 따르면 필必은 여如와 같다.

태자가 말하기를 "그렇다. 우리 왕이 좋아하는 사람은 오직 검사뿐이다"라고 하였다. 장자가 말하기를 "좋습니다. 저는 칼을 잘 쓸 줄 압니다"라고 하였다. 태자가 말하였다. "그렇다. 우리 왕이 보아온 검사는 모두 투구를 쓰고 귀 앞에 난 머리털이 곧추서고 모자를 아래로 드리우고 거친 갓끈에 무늬가 없는 것과 뒤가 짧은 옷으로 눈을 크게 뜨고 말로써 상대를 어렵게 만드는 사람들이었다. 왕은 그래야 그를 좋아하셨다. 이제 그대가 만약 유생의 의복을 입고서 왕을 뵈면 일이 반드시 크게 어긋나리라"고 하였다.

莊子曰:「請治劍服.」治劍服三日, 乃見太子. 太子乃與見王, 王脫白刃待之. 莊子入殿門不趨, 見王不拜. 王曰:「子欲何以敎寡人, 使太子先?」曰:「臣聞大王喜劍, 故以劍見王.」王曰:「子之劍何能禁制?」曰:「臣之劍, 十步一人, 千里不留行.」[14] 王大悅之, 曰:「天下无敵矣!」莊子曰:「夫爲劍者, 示之以虛, 開之以利, 後之以發, 先之以至. 願得試之.」

장자왈호되 청치검복호리라 치검복삼일에 내현태자하야늘 태자 내여현왕한대 왕이 탈백인하야 대지하더니 장자 입전문불추하고 현왕불배한대 왕왈 자 욕하이 교과인이완대 사태자로 선고 왈 신은 문대왕희검하고 고로 이검으로 현왕하노이다 왕왈 자지검은 하능금제오 왈 신지검은 십보에 일인이요 천리에 불류행하나이다 왕이 대열지하야 왈호되 천하에 무적의로다 장자 왈 부위검자는 시지이허하고 개지이리하고 후지이발하고 선지이지하나니 원득시지하노이다

---

[14] 왕숙민에 따르면 십보十步 다음에 살殺 자가 원래 있었던 것 같다. 사마표는 말하기를 "열 걸음에 어떤 사람과 서로 부딪치면 곧 죽여버리므로 천 리를 가는 동안에 머무르는 일이 없었다"고 하였다.

장자가 말하기를 "청컨대 검복을 만들리라"고 하였다. 검복을 만들어 사흘 뒤에야 비로소 태자를 뵙거늘 태자가 그제야 함께 왕을 뵈니 왕이 눈처럼 하얀 시퍼런 칼을 빼들고 그를 기다리고 있었다. 장자가 궁전의 문으로 들어가서 잰걸음으로 걷지 않고 왕을 보고서도 절하지 않으니 왕이 말하기를 "그대는 무엇을 가지고 과인을 가르치려고 하기에 태자로 하여금 말을 먼저 전하였는가?"라고 하였다. 말하기를 "저는 대왕이 검술을 좋아하신다는 말을 듣고 그러므로 검술로써 왕을 뵙겠습니다"라고 하니, 왕이 말하기를 "그대의 칼은 어떻게 상대를 제압할 수 있는가?"라고 하였다. 말하기를 "저의 검술은 열 걸음에 한 사람을 죽이면서 천 리를 가는 동안 머무르지 않습니다"라고 하였다. 왕이 크게 기뻐하여 말하기를 "천하에 무적이로다"라고 하니 장자가 말하였다. "대저 칼을 쓰는 사람은 그에게 행방을 느끼지 않게 보여주고, 그에게 예리하게 칼을 뽑고, 상대방보다 나중에 뽑으나 그보다 먼저 이르니, 원컨대 그것을 시험하여 보이겠습니다."

1-2

王曰:「夫子休就舍, 待命令設戲[1]請夫子.」王乃校劍士七日,[2] 死傷者
六十餘人, 得五六人, 使奉劍於殿下, 乃召莊子. 王曰:「今日試使士
敦劍.」[3] 莊子曰:「望之久矣.」王曰:「夫子所御杖,[4] 長短何如?」曰:
「臣之所奉皆可.[5] 然臣有三劍, 唯王所用, 請先言而後試.」王曰:「願
聞三劍.」曰:「有天子之劍, 有諸侯之劍, 有庶人之劍.」

왕왈 부자는 휴코 취사하야 대명하라 영설희하고 청부자호리라 왕이 내교검사하니
칠일에 사상자 육십여인이러라 득오륙인하야 사봉검어전하고야 내소장자하야
왕왈 금일에 시사사로 돈검하라 장자왈 망지구의러이다 왕왈 부자소어장은 장단을
하여오 왈 신지소봉이 개가하니 연이나 신유삼검호니 유왕소용이시니 청선언이후
시하노이다 왕왈 원문삼검하노라 왈 유천자지검하며 유제후지검하며 유서인지검
하니라

---

[1] 조초기에 따르면 희戲는 칼을 시험해보고자 무예시합을 하는 것이다.

[2] 왕숙민에 따르면 교校는 교敎와 옛적에 통하였다.

[3] 곽숭도에 따르면 돈검敦劍은 곧 치검治劍을 뜻한다.

[4] 왕숙민은 말하기를 "소어장所御杖은 사용하는 칼을 일컬은 것 같다"고 하였다.

[5] 해동은 말하기를 "봉奉과 주奏는 뜻이 같은지라 마땅히 진進이라고 해석해야 하니, 저의 칼
가운데 왕에게 올린 것은 모두 괜찮다는 것을 말한다"고 하였다.

왕이 말하기를 "선생은 휴식하시고 객사로 나가 명령을 기다리라. 무예 시합 하는 자리를 마련하고 선생을 청하리라"고 하였다. 왕이 그제야 검사들이 겨루게 하니 이레 동안 사상자가 60여 명이 되었다. 그 가운데 대여섯 명을 추려 어전 아래에서 검을 받들고 있게 한 뒤에야 장자를 불러 왕이 말하기를 "오늘 검사가 그대와 검술시합을 해보게 하라"고 하였다. 장자가 말하기를 "그것을 바란 지 오래되었습니다"라고 하니 왕이 말하기를 "선생이 쓰는 칼의 길고 짧기를 어떻게 하오?"라고 하였다. 장자가 말하기를 "저의 칼 가운데 왕에게 올린 것은 모두 괜찮습니다. 그러나 저에게는 세 가지 칼이 있으니 왕께서 쓰시는 데 따르겠사오니 청컨대 먼저 말씀하신 뒤에 시합하겠습니다"라고 하였다. 왕이 말하기를 "세 가지 칼에 대하여 듣고 싶다"고 하니, 말하기를 "천자天子의 칼이 있으며, 제후諸侯의 칼이 있으며, 서인庶人의 칼이 있습니다"라고 하였다.

王曰:「天子之劍何如?」曰:「天子之劍, 以燕谿石城爲鋒,[6] 齊岱爲鍔,[7] 晉衛爲脊, 周宋爲鐔,[8] 韓魏爲鋏[9]; 包以四夷, 裹以四時, 繞以渤海, 帶以常山[10]; 制以五行,[11] 論以刑德; 開以陰陽, 持以春夏, 行以秋冬.[12] 此劍, 直之无前, 擧之无上, 案之无下, 運之无旁,[13] 上決浮雲, 下絶地紀.[14] 此劍一用, 匡諸侯, 天下服矣. 此天子之劍也.」

왕왈 천자지검은 하여오 왈 천자지검은 이연계석성으로 위봉하고 제대로 위악하고 진위로 위척하고 주송으로 위심하고 한위로 위협하고 포이사이하며 과이사시하며 요이발해하며 대이상산하며 제이오행하며 논이형덕하며 개이음양하며 지이춘하하며 행이추동하나니 차검은 직지무전하고 거지무상하고 안지무하하고 운지무방이라 상결부운하고 하절지기하나니 차검은 일용하면 광제후하며 천하 복의나니 차 천자지검야니라

---

[6] 조초기는 말하기를 "연계燕谿는 지명인데 전국 때의 연나라에 있다. 석성石城은 요새 바깥의 산 이름이다. 두 지역은 모두 북방에 있다. 봉鋒은 첨단을 가리킨다"고 하였다.

[7] 조초기는 말하기를 "대岱는 곧 대종岱宗이니 태산의 별칭이다. 자리가 동방에 있다. 악鍔은 칼날이다"라고 하였다.

[8] 『석문』에 따르면 심鐔은 칼고리이다. 동그랗게 생겼는데, 가운데에 구멍이 뚫려 있다.

[9] 조초기에 따르면 협鋏은 칼자루이다.

[10] 성현영에 따르면 발해渤海는 창주滄州이다. '창주'는 물 가장자리에 있는 곳이다. 옛적에 흔히 그로써 은사의 거처를 일컬었다. 조초기에 따르면 상산常山은 곧 항산恒山이니 지금의 하북성河北省 정정현正定縣 북쪽에 있다.

왕이 말하기를 "천자의 칼은 어떠한가?"라고 하니 장자가 말하였다. "천자의 칼은 연계와 석성으로 칼끝을 삼고, 제나라의 태산으로 칼날을 삼고, 진晉과 위衛나라로 칼등을 삼고, 주나라와 송나라로 칼고리를 삼고, 한나라와 위魏나라로 칼자루를 삼고, 그것을 사방 오랑캐로 감싸며, 사시四時로써 그것을 싸매며, 발해渤海로써 둘둘 감으며, 항산恒山으로써 연결하며, 오행五行으로써 제어하며, 형법과 은덕으로써 소중히 여기며, 음과 양으로써 여닫으며, 봄과 여름으로써 유지하며, 가을과 겨울로써 운용합니다. 이 칼은 그에 당하여 앞이 없고, 그것을 세우면 위가 없고, 그것을 짚으면 아래가 없고, 그것을 휘두르면 곁이 없습니다. 위로 달구름을 가르고, 아래로는 지기地紀를 절단합니다. 이 칼은 한 번 쓰면 제후를 바로잡으며 천하가 복종합니다. 이것이 천자의 칼입니다."

---

¹¹ 조초기는 말하기를 "오행五行은 금金·목木·수水·화火·토土이다. 옛사람들은 하늘과 땅 사이에서 바로 이 다섯 가지 물질이 상호작용하고 상생상극한다고 생각하였다. 제이오행制以五行은 오행의 도리로써 천지를 지배한다는 것이다"라고 하였다.

¹² 성현영은 말하기를 "대저 음과 양이 열고 닫으며, 봄여름이 유지하고 가을겨울이 스산한 것이 자연의 도리이다"라고 하였다.

¹³ 왕선겸에 따르면 직直은 '당하다'이다. 조초기에 따르면 무전无前·무상无上·무하无下·무방无旁은 향하는 곳마다 바람에 풀과 나무가 쓰러지듯이 가로막을 자가 없는 것을 말한다.

¹⁴ 조초기에 따르면 지기地紀는 신화 중에서 대지를 유지해준다는 큰 밧줄이다.

文王芒然[15]自失, 曰:「諸侯之劍何如?」曰:「諸侯之劍, 以知勇士爲鋒, 以淸廉士爲鍔, 以賢良士爲脊, 以忠聖士爲鐔, 以豪桀士爲夾. 此劍, 直之亦无前, 擧之亦无上, 案之亦无下, 運之亦无旁; 上法圓[16]天以順三光, 下法方地以順四時, 中和民意以安四鄕.[17] 此劍一用, 如雷霆之震也,[18] 四封之內, 無不賓服而聽從君命者矣. 此諸侯之劍也.」

문왕이 망연자실하야 왈호되 제후지검은 하여오 왈 제후지검은 이지용사로 위봉하고 이청렴사로 위악하고 이현량사로 위척하고 이충성사로 위심하고 이호걸사로 위협이니 차검도 직지에 역무전이며 거지에 역무상이며 안지에 역무하며 운지에 역무방이라 상법원천하야 이순삼광하고 하법방지하야 이순사시하고 중화민의하야 이안사향하나니 차검을 일용이면 여뢰정지진야하야 사봉지내 무불빈복하야 이청종군명자의나니 차는 제후지검야니라

---

15 왕숙민에 따르면 망연芒然은 망연茫然과 같다. '망연'은 실의에 빠진 모습이다.
16 왕숙민에 따르면 원圓은 환圜으로 써야 한다.
17 성현영에 따르면 사향四鄕은 사방四方과 같다.
18 성현영에 따르면 『주역』에서는 진震 괘를 제후라고 여기므로 뇌정雷霆은 제후의 검이다.

조문왕이 망연자실하여 말하기를 "제후의 칼은 어떠한가?"라고 하니 장자가 말하였다. "제후의 칼은 청렴한 선비로써 칼날을 삼고, 현량한 선비로써 칼등을 삼고, 충직하고 성스러운 선비로써 칼고리를 삼고, 호걸스러운 선비로써 칼자루를 삼습니다. 이 칼은 그에 당하여 또한 앞이 없으며, 그것을 들면 또한 위가 없으며, 그것을 짚으면 또한 아래가 없으며, 그것을 휘두르면 또한 곁이 없습니다. 위로 둥근 하늘을 본받아 해와 달과 별들을 따르고, 아래로 네모진 땅을 본받아 사시에 따르고 사방을 편안하게 합니다. 이 칼을 한 번 쓰면 우레와 벼락처럼 뒤흔들어 사방 강역 안의 천하 사람들이 공경히 복종하여 임금의 명령에 따를 것이니, 이것이 제후의 칼입니다."

王曰:「庶人之劍何如?」曰:「庶人之劍, 蓬頭突鬢垂冠, 曼胡之纓,
短後之衣, 瞋目而語難. 相擊於前, 上斬頸領, 下決肝肺. 此庶人之
劍, 无異於鬪鷄, 一旦命已絶矣, 无所用於國事. 今大王有天子之位
而好庶人之劍, 臣竊爲大王薄[19]之.」王乃牽而上殿. 宰人上食, 王三
環之.[20] 莊子曰:「大王安坐定氣, 劍事已畢奏矣.」於是文王不出宮三
月, 劍士皆服斃其處也.[21]

왕왈 서인지검은 하여오 왈 서인지검은 봉두돌빈수관이요 만호지영과 단후지
의로 진목이어난하여서 상격어전하야 상참경령하고 하결간폐하니 차는 서인지
검이라 무이어투계하니 일단에 명이절의라 무소용어국사니이다 금에 대왕이 유천
자지위하시고 이호서인지검하시나니 신절위대왕하야 박지하노이다 왕이 내견이상
전하야 재인이 상식이어늘 왕이 삼환지러시니 장자왈 대왕은 안좌정기하소서 검 사
이필주의니이다 어시에 문왕이 불출궁한 삼월에 검사 개복폐기처야하니라

[19] 조초기에 따르면 박薄은 비열하고 천한 것이다.
[20] 『석문』에서는 말하기를 "환環은 빙글빙글 돌리는 것이니 옳은 말을 듣고 부끄러워서 음식
을 세 바퀴나 빙글빙글 돌리며 앉아서 먹지 못한 것이다"라고 하였다.
[21] 왕숙민은 말하기를 "복服은 옛적에 복伏과 통했다. 야也는 의矣와 같다"고 하였다.

왕이 말하기를 "서인의 칼은 어떠합니까?"라고 하니 말하였다. "서인의 칼은 모두 투구를 쓰고, 귀 앞에 난 머리털이 곧추서고, 모자를 아래로 드리우고, 거친 갓끈에 무늬가 없는 것과 뒤가 짧은 옷으로 눈을 크게 뜨고 말로써 상대를 어렵게 합니다. 앞에서 서로 치고받아 위로 목덜미를 자르고, 아래로 간과 폐를 가릅니다. 이것이 서인의 칼인지라 닭싸움과 다를 바 없으니, 하루아침에 벌써 끝장난지라 국사國事에 쓸 것이 없습니다. 이제 왕이 천자의 자리에 있으시고 서인의 칼을 좋아하시나니, 저는 가만히 대왕을 위하여 그것을 경멸합니다." 왕이 그제야 그를 끌고서 어전으로 올라가니 요리를 맡은 관리가 음식을 올렸는데 왕이 음식을 세 바퀴나 돌리고 있었다. 장자가 말하였다. "대왕은 편안히 앉아서 기운을 안정시키소서. 칼에 관한 일은 벌써 아뢰기를 마쳤습니다"라고 하였다. 이때부터 조문왕이 석 달 동안이나 궁 밖을 나가지 않자 검사들이 모두 그들이 살고 있는 객사에서 칼을 안고 넘어져 죽었다.

【대의】

여기에서는 장자가 조나라 혜문왕에게 검에 관해 유세한 일화를 통해, 군주는 국가와 천하를 중심으로 삼아야 함을 설파했다.

이 편에서는 어부의 입을 빌려 공자를 가르치고 타일렀다. 그의 눈에 비친 공자는 방내方內의 선비로서 호학好學하는 선비이다. 공자는 관직에 있지도 않으면서 예악제도를 바로잡으며 인륜도덕을 제정하여 사람들을 교화하려고 하니 지나치게 쓸데없는 일에 관여한다는 것이다. 또한 사람들에게는 여덟 가지 흠과 폐단을 없애야 비로소 방외方外의 도에 대하여 말해줄 수 있다고 하였다.

그러면 방외의 도란 무엇일까? 우선 들 수 있는 것이 참된 것이다. 참된 성품이 안에 있으면 신神이 밖에서 움직인다. 인의예악으로써 교화한다고 될 일이 아니다. 성인은 하늘을 본받고 참된 것을 귀하게 여기니 세속에 구애받지 않는다.

『석문』에 따르면 이 편은 사람으로써 편명을 삼은 것이다. 전목에 따르면 주자朱子는 말하기를 "소자유蘇子由의 고사古史 가운데 이 몇 편은 결코 장자의 글이 아니라 후인이 본래의 글을 절단하여 섞어넣었다고 하였으니, 그의 고증이 매우 정밀하다"고 하였다.

왕숙민은 말하기를 "『사기』 「장자전」에서 「어부」 「도척」을 일컬었으니 사마천司馬遷이 본 「어부」편은 「도척」편의 앞에 있지 않았을까"라고 하였다. 왕숙민은 「왕상기집평」王湘綺輯評에서 한창려韓昌黎를 인용하여 말하기를 "논의가 순정醇正하나 필력이 장자보다 조금 떨어진다. 그러나 장자를 숙독한 사람이 아니면 판별할 수 없다"고 하였다.

왕숙민은 또 말하기를 "『곤학기문』困學記聞10에서 이르기를 '소자昭子

452

의 「관물외편」觀物外篇에서 일컫기를 일을 억지로 해서는 안 된다고 하였
으니 비록 성인일지라도 억지로 해서는 안 된다'고 하였다. 이 편의 기
본적인 취지는 수신修身과 수진守眞을 중시하는 것이다"라고 하였다.

　조초기는 말하기를 "어부가 공자와 대화하는 형식으로 전개되는데 사
건의 내용과 줄거리가 있고 인물의 형태와 표정의 묘사가 있다. 그러므
로 호문영胡文英은 그것을 소설 잡기의 점철체點綴體라고 일컬었다"(『장자
독견』莊子獨見)고 하였다. 점철체란 문체의 일종으로 내용을 돋보이게 하
는 방식이다.

　여기에서 생소한 자와 호가 등장하는데 소자유는 소철蘇轍(1039～
1112)의 자이고, 한창려는 당나라 한유韓愈(768～824)의 호이며, 소자는
소옹昭雍(1010～1077)을 높여서 부른 것이다. 호문영은 근대 사람이다.

孔子遊於緇帷之林,[1] 休坐乎杏壇之上.[2] 弟子讀書, 孔子絃歌鼓琴, 奏曲未半. 有漁父者, 下船而來, 須眉交[3]白, 被髮揄袂,[4] 行原以上, 距[5]陸而止, 左手據膝, 右手持頤以聽.[6] 曲終而招子貢子路, 二人俱對. 客指孔子曰:「彼何爲者也?」子路對曰:「魯之君子也.」客問其族. 子路對曰:「族孔氏.」客曰:「孔氏者何治也?」子路未應, 子貢對曰:「孔氏者, 性服忠信, 身行仁義, 飾[7]禮樂, 選[8]人倫, 上以忠於世主, 下以化於齊民,[9] 將以利天下. 此孔氏之所治也.」

공자 유어치유지림하시다가 휴좌호행단지상이러시니 제자 독서커늘 공자 현가고 금하샤 주곡이 미반하얏거늘 유어부자 하선이래하야 수미 교백이러니 피발유몌하야 행원이상하야 거륙이지하야 좌수로 거슬하고 우수로 지이하야 이청하니라 곡종하야 이초자공자로하야늘 이인이 구대한대 객이 지공자하야 왈 피는 하위자야오 자로 대왈호되 노지군자야시니라 객이 문기족하야늘 자로 대왈호되 족은 공씨시니라 객 왈 공씨자는 하치야오 자로 미응이러니 자공대왈호되 공씨자는 성복충신하고 신행인의하야 식례악하며 선인륜하야 상이충어세주하고 하이화어제민하야 장이리천하하나니 차 공씨지소치야니라

[1] 조초기는 말하기를 "치緇는 검은 것이다. 밀림이 장막처럼 어두컴컴하고 빽빽하게 우거졌기 때문에 치유緇帷의 숲이라고 일컬은 것 같다"고 하였다.
[2] 조초기에 따르면 행단杏壇은 단 이름으로 노나라 동문 밖에 있다.
[3] 이이에 따르면 교交는 구俱이다. 『석문』에 따르면 교皎라고 쓴 판본도 있다. '교'는 '새하얗다'이다.
[4] 해동에 따르면 유揄는 인引이니, 유몌揄袂는 손으로 옷소매를 잡아당기는 것이다.

공자가 장막처럼 우거진 숲을 지나가다가 행단 위에 앉아서 쉬고 있었다. 제자가 책을 읽고 있거늘 공자가 현악에 맞추어 노래 부르면서 거문고를 타고 있었다. 곡을 절반도 채 연주하지 않았는데 어떤 어부가 배에서 내려와 수염도 눈썹도 모두 새하얗더니 머리를 풀어헤치고 손으로 옷소매를 잡아당기면서 들판으로 걸어 올라가 물에 이르러 그치어 왼손으로 무릎을 붙잡고 오른손으로 턱을 괴고서 듣고 있었다. 곡이 끝나자 자공과 자로를 부르거늘 두 사람이 같이 대답하였다. 객이 공자를 가리키며 말하기를 "저 사람은 무엇을 하는 자요?"라고 하였다. 자로가 대답하기를 "노나라의 군자요"라고 하였다. 객이 그의 성을 묻거늘 자로가 대답하기를 "성은 공씨시니라"라고 하였다. 객이 말하기를 "무엇을 하는 사람이오?"라고 하니 자로가 미처 대답하지 못하자 자공이 대답하였다. "공씨는 마음을 충신忠信에 쓰고 몸소 인의仁義를 실천하여 예악을 바로잡고 인륜을 갖추고 있다. 위로 세상의 주인에게 충성하고 아래로 평민을 교화하여 장차 천하를 이롭게 할 것이다. 이것이 공씨가 하는 것이니라."

---

5 이이에 따르면 거距는 지止이다.
6 조초기에 따르면 지持는 탱撑이고 이以는 이而이다.
7 왕숙민에 따르면 식飾은 옛적에 칙飭 자와 통하였다.
8 왕숙민은 말하기를 "선選은 가차하여 손巽이 된다. 『설문』에서 '손'은 갖추는 것이다"라고 하였다.
9 조초기에 따르면 제민齊民은 평민이다.

又問曰:「有土之君與?」子貢曰:「非也.」「侯王之佐與?」子貢曰:「非
也..」客乃笑而還, 行言曰:「仁則仁矣, 恐不免其身; 苦心勞形以危其
眞. 嗚呼, 遠哉其分[10]於道也!」

우문왈 유토지군여아 자공왈 비야라 후왕지좌여아 자공왈 비야라 객이 내소이
환할새 행언왈호되 인즉인의나 공불면기신하노라 고심로형하야 이위기진하나니 오
호 원재라 기분어도야어 하야늘

10 왕숙민에 따르면 분分은 리離이다.

또 물어 말하기를 "땅을 가진 군주인가?"라고 하니 자공이 말하기를 "아니다"라고 하였다. "제후나 왕의 경이나 재상인가?"라고 하니 자공이 말하기를 "아니다"라고 하였다. 객이 그제야 웃으며 돌아가면서 말하기를 "인仁하기는 인하지만 그의 몸이 번거로움에서 벗어나지 못할까 두렵노라. 마음을 괴롭게 하고 몸을 수고롭게 하여 그의 참된 성품을 위태롭게 하나니, 아! 멀도다! 그가 도에서 이탈함이여!"라고 하였다.

子貢還, 報孔子. 孔子推琴而起曰: 「其聖人與!」乃下求之, 至於澤畔, 方將杖拏而引其船,[1] 顧見孔子, 還[2]鄉而立. 孔子反走, 再拜而進. 客曰: 「子將何求?」孔子曰: 「曩者先生有緒言而去,[3] 丘不肖, 未知所謂, 竊待於下風,[4] 幸聞咳唾之音以卒相[5]丘也.」客曰: 「嘻! 甚矣子之好學也!」孔子再拜而起曰: 「丘少而修學, 以至於今, 六十九歲矣, 无所得聞至教, 敢不虛心!」

자공이 환하야 보공자한대 공자 추금이기하야 왈호되 기성인여인저 하시고 내하구지하샤 지어택반이어시늘 방장장나이인기선이라가 고견공자하고 환향이립이어늘 공자반주하샤 재배이진한대 객왈호되 자는 장하구오 공자왈호되 낭자에 선생이 유서언이거어시늘 구는 불초라 미지소위호니 절대어하풍하야 행문해타지음하야 이졸상구야하노이다 객왈 희라 심의라 자지호학야여 공자 재배이기하샤 왈호되 구는 소이수학하야 이지어금이 육십구세의로되 무소득문지교니 감불허심가

---

[1] 조초기는 말하기를 "나拏는 나挐와 통하니 배의 노이다. 인引은 '이끌어가다'이며 상앗대로 배질하는 것이다"라고 하였다.

[2] 조초기에 따르면 향鄉은 향向과 통한다.

[3] 유월에 따르면 서언緒言은 여언餘言이다.

[4] 조초기에 따르면 하풍下風은 무릎 아래의 바람이니, 굽신거리며 공손하게 하는 것을 나타낸다.

[5] 성현영에 따르면 상相은 '돕다'이다.

자공이 돌아가서 공자에게 보고하니 공자가 거문고를 밀쳐놓고 일어나서 말하였다. "그는 성인이로다!" 하고 공자가 그제야 단에서 내려와 그를 찾아 호수 가장자리에 이르거늘, 바야흐로 그가 노를 잡고 그의 배를 이끌어가다가 공자를 돌아보고 몸을 돌려 공자 앞에 서 있었다. 공자가 뒷걸음쳐서 몇 발짝 걸어 두 번 절하고 나오니 객이 말하기를 "그대는 무엇을 구하려고 하오?"라고 하였다. 공자가 말하였다. "조금 전에 선생이 말을 남기고 떠나시거늘 저는 모자라는지라 이르신 말을 아직 모르겠으니, 가만히 무릎 아래의 바람을 기다려 기침 뱉는 소리를 듣고서 마침내 저에게 도움이 되기를 바랍니다." 객이 말하기를 "아아! 지나치도다. 그대의 호학好學함이여!"라고 하였다. 공자가 두 번 절하고 일어나서 말하기를 "저는 어려서부터 수학하여 지금에 이른 것이 69세로되 지극한 가르침을 얻어들은 바가 없으니 감히 마음을 비우지 않을 수 있겠습니까!"라고 하였다.

客曰:「同類相從, 同聲相應, 故天之理也. 吾請釋吾之所有而經子之
所以.¹ 子之所以者, 人事也. 天子諸侯大夫庶人, 此四者自正, 治之
美也, 四者離位而亂莫大焉. 官治其職, 人處其事, 乃无所陵.²

객왈호되 동류상종하여 동성상응이 고천지리야니 오는 청석오지소유하고 이경
자지소이호리라 자지소이자는 인사야니 천자제후대부서인 차사자 자정이면
치지미야요 사자리위면 이란막대언하니라 관치기직하며 인처기사하며 내무소
릉이니라

---

¹ 성현영은 말하기를 "내가 가진 방외方外의 도를 버리고 그대가 가진 방내方內의 일을 경영하
는 것이다"라고 하였다. 왕숙민에 따르면 유有와 이以는 호문이니 이以도 유有이다. 객客이
방내 또는 유가儒家의 방식을 따라 이야기해보겠다는 뜻이다.
² 성현영에 따르면 릉陵도 란亂이다.

객이 말하였다. "같은 유類는 서로 따르고 같은 소리는 서로 응하는 것이 본래 하늘의 이치이다. 나는 청컨대 내가 가진 도를 버리고 그대가 가진 일을 경영하리라. 그대가 가진 것은 인간의 일이니 천자와 제후와 대부와 평민 이 네 가지가 스스로 바르게 하면 다스림의 아름다움이요, 네 가지가 제자리를 떠나면 혼란이 그보다 큰 것이 없느니라. 관리들이 그 직책을 다스리며 사람들이 그들의 일에 처해야 비로소 어지러운 바가 없다.

故田荒室露,³ 衣食不足, 徵賦不屬,⁴ 妻妾不和, 長少无序, 庶人之憂也; 能不勝任, 官事不治, 行不清白, 群下荒怠, 功美不有, 爵祿不持,⁵ 大夫之憂也; 廷无忠臣, 國家昏亂, 工技不巧, 貢職⁶不美, 春秋後倫,⁷ 不順天子, 諸侯之憂也; 陰陽不和, 寒暑不時, 以傷庶物, 諸侯暴亂, 擅相攘伐, 而殘民人, 禮樂不節, 財用窮匱, 人倫不飭, 百姓淫亂, 天子有司之憂也. 今子旣上无君侯有司之勢, 而下无大臣職事之官, 而擅飾禮樂, 選人倫, 以化齊民, 不亦泰多事乎.

고로 전황실로하야 의식부족하며 징부불속하며 처첩불화하며 장소무서는 서인지우야라 능불승임하야 관사를 불치하며 행불청백하야 군하 황태하며 공미를 불유하며 작록을 부지는 대부지우야라 정무충신하야 국가 혼란하며 공기불교하며 공직불미하며 춘추를 후륜하야 불순천자는 제후지우야라 음양이 불화하며 한서 불시하야 이상서물하며 제후 포란하야 천상양벌하야 이잔민인하며 예악이 부절하야 재용이 궁궤하며 인륜불칙하야 백성이 음란은 천자의 유사지우야라 금에 자 기상무군후유사지세하며 이하무대신직사지관이로되 이천식례악하며 선인륜하야 이화제민하나니 불역태다사호아

---

³ 조초기에 따르면 로露는 '파괴하다'이다.
⁴ 왕숙민에 따르면 족足과 속屬은 호문이니 '속'도 '족'이다.
⁵ 조초기에 따르면 부지不持는 보존·유지하지 못한 것이다.
⁶ 조초기에 따르면 공직貢職은 곧 직공職貢이니 물품을 천자에게 바치는 것이다.
⁷ 조초기는 말하기를 "조근朝覲할 때 같은 지위에 있는 제후보다 늦게 도착하는 것이다. 봄에 천자를 알현하는 것을 조朝라 하고, 가을에 천자를 뵙는 것을 근覲이라 한다. 윤倫은 열列이다"라고 하였다.

그러므로 전원이 황량하며 가옥이 파괴되어 의식이 부족하며, 징수가 제때에 제대로 되지 않으며, 처첩이 불화하며 어른과 젊은이 사이에 순서가 없는 것은 서민들의 근심이다. 능력이 임무를 이기지 못해 공적인 일을 제대로 다스리지 못하며, 행실이 깨끗하지 않아 아랫사람들이 일을 내버려두고 태만하며, 공적과 명예를 가지려고 하지 않으며 작록을 보존·유지하지 않는 것은 대부의 근심이다. 조정에 충심이 없으며, 국가가 혼란하여 공예기술이 정교하지 않으며, 공물을 바치는 것이 좋지 않으며, 봄가을에 천자를 뵙는데 다른 제후들보다 늦으며, 천자를 거스르는 것은 제후의 근심이다. 음양이 고르지 않으며, 추위와 더위가 제때에 이르니 않아 만물을 손상하며, 제후들이 포악하게 어지럽혀 제멋대로 서로 빼앗고자 서로 싸워서 백성들을 해치며, 예악이 절제되지 않아 재용財用이 모자라며, 인륜도덕이 바로잡히지 않아 백성들이 음란한 것은 천자의 유사有司들에게 있을 수 있는 근심이다. 이제 그대는 이미 위로 군후君侯와 유사의 권세가 없으며, 아래로 대신이 일을 맡아서 하는 관직이 없되 예악제도를 제멋대로 바로잡으며, 인륜도덕을 제정하여 평민들을 교화하니 너무 지나치게 일이 많지 않은가?

且人有八疵, 事有四患, 不可不察也. 非其事而事之, 謂之摠; 莫之顧而進之, 謂之佞, 希意道言, 謂之諂[1]; 不擇是非而言, 謂之諛; 好言人之惡,[2] 謂之讒; 析交離親, 謂之賊; 稱譽詐僞以敗惡人, 謂之慝; 不擇善否, 兩容頰適, 偸拔其所欲,[3] 謂之險. 此八疵者, 外以亂人, 內以傷身, 君子不友, 明君不臣.

차인유팔자하고 사유사환하니 불가불찰야니라 비기사이사지를 위지총이요 막지고이진지를 위지녕이요 희의도언을 위지첨이요 불택시비이언을 위지유요 호언인지악을 위지참이요 석교리친을 위지적이요 칭예사위하야 이패악인을 위지특이요 불택선비하야 양용협적하야 투발기소욕을 위지험이니 차팔자자는 외이란인코 내이상신이라 군자는 불우하며 명군은 불신하나니라

---

[1] 조초기에 따르면 총摠은 총總과 통하니 혼자서 도맡아 하는 것이다. 왕숙민의 고증에 따르면 희希는 희睎와 통하니 망望이며, 도道는 도導와 통하니 첨諂의 뜻과 같다. 조초기는 말하기를 "남의 의향과 기색을 관찰하여 그에 영합하는 말을 하는 것이다"라고 하였다.

[2] 왕숙민은 말하기를 "오惡는 가차하여 오諤가 되니, 『설문』에서 말하기를 '오'는 상대방을 헐뜯는 것이다"라고 하였다.

[3] 조초기는 말하기를 "양용兩容은 두 가지 얼굴이다. 협頰은 양쪽 뺨이다. 적適은 합하는 것이다. 발拔은 드는 것이니 조장하는 것이다. 두 구절은 사람에게 선과 악 두 가지 얼굴이 있지만, 자기는 오히려 같은 얼굴로 그에게 투합하면서 남몰래 그의 마음속에서 추구하는 것을 조장하는 것이다"라고 하였다. 전목에 따르면 마서륜은 말하기를 "투偸는 가차하여 유揄가 되는데, 『설문』에서 '투'는 잡아당기는 것이다"라고 하였다.

또한 사람에게는 여덟 가지 흠이 있고 일에는 네 가지 재해가 있으니 살피지 않을 수 없다. 그의 일이 아닌데도 그 일을 하는 것은 일을 도맡아 하는 것이라 하고, 다른 사람을 돌아보지 않고 남에게 빌붙는 것을 알랑거린다고 하며, 남의 의향과 표정을 관찰하여 그에 영합하는 말을 하는 것을 아첨이라 하고, 옳고 그른 것을 가리지 않고 말하는 것을 아부한다고 하며, 남의 나쁜 곳을 말하기 좋아하는 것을 헐뜯는 것이라 하고, 친구와 친척을 이간질하는 것을 해치는 것이라고 하며, 간사하고 거짓스러운 사람을 칭찬하여 자기가 싫어하는 사람을 무너뜨리는 것을 간특하다 하고, 좋은 점과 나쁜 점을 가리지 않아 두 가지 얼굴로 그에게 투합하여 자기가 마음속으로 추구하는 것을 조장하는 것을 음험하다고 하니, 이 여덟 가지는 밖으로는 사람들을 어지럽히고 안으로는 자기 자신을 해치는지라 군자는 벗하지 않으며 현명한 군주는 신하로 삼지 않는다.

所謂四患者; 好經大事, 變更易常, 以挂功名, 謂之叨⁴; 專知擅事, 侵人自用, 謂之貪; 見過不更, 聞諫愈甚, 謂之很; 人同於己則可, 不同於己, 雖善不善,⁵ 謂之矜. 此四患也. 能去八疵, 无行四患, 而始可教已.」⁶

소위사환자는 호경대사하며 변경역상하야 이괘공명을 위지도요 전지천사하야 침인자용을 위지탐이요 견과불경코 문간유심을 위지흔이요 인이 동어기즉가라 하고 부동어기어든 수선이라도 불선을 위지긍이니 차 사환야니라 능거팔자코 무행사환이리라 이시가교이니라

---

⁴ 성현영은 말하기를 "안위安危를 엿보아 큰일을 경영하고, 변하고 고칠 때에 공명을 세우는 것을 지나치게 탐내는 것이라고 한다"고 하였다.
⁵ 왕숙민은 말하기를 "수雖 앞에 즉則 자가 있어야 한다"고 하였다.
⁶ 왕숙민에 따르면 이而는 내乃와 같다.

이른바 네 가지 재해라는 것은 큰일을 경영하기를 좋아하며 낡은 것을 없애 새것으로 바꾸고 떳떳한 제도를 바꾸어 공명을 세우는 것을 지나치게 탐내는 것이라고 하고, 스스로 옳다고 하고 일을 제멋대로 하여 남을 침해하고서도 자기만 옳다고 하는 것을 탐욕이라고 하며, 자기 과실을 알고서도 고치지 않고 충고하는 말을 듣고 더욱 심하게 하는 것을 악랄하다고 하고, 남이 자기와 같이 서면 좋다고 하고 자기에게 동의하지 않거든 비록 선할지라도 선하지 않다고 하는 것을 스스로 잘난 체하며 교만하다고 한다. 이것이 네 가지 재해이다. 여덟 가지 흠을 제거하고 네 가지 재해를 행하지 않을 수 있어야 비로소 가르칠 만하다."

孔子愀然[1]而歎, 再拜而起曰:「丘再逐於魯, 削迹於衛, 伐樹於宋, 圍於陳蔡. 丘不知所失, 而離[2]此四謗者何也?」客悽然變容曰:「甚矣子之難悟也! 人有畏影惡迹而去之走者, 擧足愈數[3]而迹愈多, 走愈疾而影不離身, 自以爲尙遲, 疾走不休, 絶力而死. 不知處陰以休影, 處靜以息迹, 愚亦甚矣! 子審[4]仁義之間, 察同異之際, 觀動靜之變, 適受與之度, 理好惡之情, 和喜怒之節, 而幾於不免矣. 謹修而身, 愼守其眞, 還以物與人, 則无所累矣.[5] 今不修之身而求之人, 不亦外乎?」

공자 초연이탄하시고 재배이기하샤 왈호되 구는 재축어로하며 삭적어위하며 벌수어송하며 위어진채호니 구는 부지소실이로되 이리차사방자는 하야잇고 객이 처연변용하야 왈호되 심의라 자지난오야여 인이 유외영오적하야 이거지주자 거족이 유삭할사록 이적이 유다하며 주 유질할사록 이영이 불리신이어든 자이위상지라 하야 질주불휴하야 절력이사호되 부지처음이휴영하며 처정이식적하니 우 역심의라 자심인의지간하며 찰동이지제하며 관동정지변하며 적수여지도하며 리호오지정하며 화희노지절하야도 이기어불면의리어니와 근수이신하며 신수기진하고 환이물로 여인이면 즉무소루의리어늘 금에 불수지신하고 이구지인하나니 불역외호아

---

[1] 성현영에 따르면 초연愀然은 부끄러워하고 두려워하는 모습이다.
[2] 성현영에 따르면 리離는 리罹이다. '리'는 당하는 것이다.
[3] 왕숙민에 따르면 삭數은 속速이라고 읽으니 '삭'과 '속'은 옛적에 통하였다.
[4] 왕숙민에 따르면 심審과 찰察은 호문이다.
[5] 성현영은 말하기를 "다른 사람과 사물에게 되돌려주면 다른 사람과 사물이 나와 모두 온전해진다"고 하였다. 왕숙민에 따르면 이以는 어於와 같다.

공자가 부끄러워하고 두려워하면서 탄식하고 두 번 절하고 일어나서 말하였다. "저는 두 번 노나라에서 쫓겨났으며, 위나라에서 발자취가 끊겼으며, 송나라에서 나무가 베어졌으며, 진나라와 채나라 사이에서 포위되었으니, 저는 과실을 모르겠는데도 이 네 가지 비방을 당한 것은 무엇 때문인가요?" 객이 슬픈 듯이 얼굴빛을 바꾸어 말하였다. "지나치도다, 그대의 깨닫기 어려움이여! 자기 그림자를 두려워하고 자기 발자취를 미워하여 그것을 떨쳐버리고자 달려가는 사람은 발을 드는 것이 빠를수록 자취가 더욱 많아지며, 달리기를 급하게 할수록 그림자가 몸에서 떨어지지 않거늘, 자기 자신은 오히려 더디다고 생각하여 쉬지 않고 질주하여 힘이 다하여 죽게 된다. 그늘에 가서 그림자가 없어지게 하며, 고요히 가만히 있으면서 발자취가 다시 나타나지 않게 할 줄을 모르니 어리석음이 지나치도다! 그대는 인과 의 사이를 자세히 살펴보며, 같음과 다름의 한계를 살피며, 움직임과 가만히 있는 변화를 관찰하며, 받고 주는 한도를 알맞게 하며, 좋아하고 싫어하는 감정을 다스리며, 기뻐하고 성내는 절도를 조화하여도 거의 벗어나지 못할 것이다. 삼가 그대의 몸을 닦으며 삼가 그 참된 성품을 지키고 물物을 남에게 돌려주면 번거로울 것이 없어질 것이다. 이제 자기 자신을 닦지 않고 남에게 요구하니 밖으로 벗어난 일이 아닐까?"

孔子愀然曰:「請問何謂眞?」客曰:「眞者, 精誠之至也. 不精不誠, 不能動人. 故强哭者雖悲[1]不哀, 强怒者雖嚴不威, 强親者雖笑不和. 眞悲无聲而哀,[2] 眞怒未發而威,[3] 眞親未笑而和. 眞在內者, 神動於外, 是所以貴眞也. 其用於人理[4]也, 事親則慈孝, 事君則忠貞, 飮酒則歡樂, 處喪則悲哀. 忠貞以功爲主, 飮酒以樂爲主, 處喪以哀爲主, 事親以適爲主. 功成之[5]美, 无一其迹矣; 事親以適, 不論所以矣; 飮酒以樂, 不選其具矣; 處喪以哀, 无問其禮矣. 禮者, 世俗之所爲也; 眞者, 所以受於天也, 自然不可易也.

공자 초연하야 왈호되 청문하위진이잇고 객왈 진자는 정성지지야니 부정불성하면 불능동인리론 고로 강곡자는 수비나 불애하며 강노자는 수엄이나 불위며 강친자는 수소나 불화커니와 진비는 무성이애하고 진노는 미발이위하고 진친은 미소이화하논든 진이 재내자는 신동어외ㄹ새니 시 소이귀진야니라 기용어인은 리야라 사친즉자효하고 사군즉충정하고 음주즉환락하고 처상즉비애하나니 충정은 이공으로 위주하고 음주는 이락으로 위주하고 처상은 이애로 위주하고 사친은 이적으로 하나니라 공성지미는 무일기적의며 사친이적이언정 불론소이의며 음주이락이언정 불선기구의며 처상이애언정 무문기례의니 예자는 세속지소위야요 진자는 소이 수어천야라 자연불가역야니라

---

[1] 왕숙민에 따르면 비悲는 질疾로 써야 한다. 고산사 본에서는 '비'를 '질'로 썼다.

[2] 왕숙민에 따르면 진비眞悲는 진곡眞哭으로 써야 할 것 같다.

[3] 왕숙민에 따르면 발發은 엄嚴으로 쓰는 것이 옳다.

[4] 조초기에 따르면 리理는 윤리이다.

[5] 왕숙민에 따르면 지之는 재在와 같다.

공자가 수심에 잠겨 안색이 달라지며 말하기를 "청하여 묻건대, 무엇을 참된 성품이라고 합니까?"라고 하니 객이 말하였다. "참된 성품은 지극히 정성스러운 것이다. 정성스럽지 않으면 남을 움직일 수 없기 때문에 억지로 곡하는 것은 비록 슬퍼하기는 하지만 애달픈 것이 아니며, 억지로 성내는 것은 비록 엄하기는 하지만 위엄스럽지 않으며, 억지로 친한 척하는 것은 비록 웃기는 하지만 온화하지 않다. 참으로 곡하는 것은 소리 없이도 애달파하고 참으로 성내는 것은 아직 엄하지 않아도 위엄스럽고 참으로 친한 것은 아직 웃지 않아도 온화하다. 참된 것이 안에 있으면 신이 밖에서 움직이게 하기 때문이니 이것이 참된 것을 귀하게 여기는 까닭이다. 그것을 사람에게 쓰게 되는 것이 윤리이다. 어버이를 섬기면 자애로운 효도이고, 군주를 섬기면 충직하고 지조를 지켜 곧게 하고, 술을 마시면 환락하고, 상을 당하는 일을 만나면 슬프게 애달파한다. 충직하고 지조를 지켜 곧게 하는 것은 공을 위주로 하고, 술을 마시는 것은 즐거움을 위주로 하고, 상을 당하는 일은 애달파하는 것을 위주로 하고, 어버이를 섬기는 것은 뜻에 맞게 하는 것을 위주로 삼는다. 공이 이루어지게 하는 아름다움은 하나의 길만이 있는 것이 아니며, 어버이를 섬겨 뜻에 맞게 할지언정 어떤 방법을 쓰느냐로 따지지 않으며, 술을 마셔 즐겁게 할지언정 술그릇을 가리지 않으며, 상을 당하여 슬퍼할지언정 그 예를 묻지 않는다. 예라는 것은 세속에서 하는 것이요, 참된 것은 하늘에서 받은 것인지라 저절로 그러하여 바꿀 수 없다.

故聖人法天貴眞, 不拘於俗. 愚者反此. 不能法天而恤於人,[6] 不知貴眞, 祿祿而受變於俗,[7] 故不足. 惜哉, 子之蚤湛於人僞而晚聞大道也!」[8]

고로 성인은 법천귀진하야 불구어속이어든 우자는 반차하야 불능법천하고 이휼어인하며 부지귀진하고 록록이수변어속이라 고로 부족하니 석재라 자지조침어인위이만문대도야여

6 왕선겸은 말하기를 "사람만 섬기는 것이 근심걱정이다"라고 하였다.
7 조초기는 말하기를 "록록祿祿은 록록逯逯과 통하니 범용한 모습이다. 수변어속受變於俗은 세속의 영향을 받아 변한다는 것이다"라고 하였다.
8 조초기는 말하기를 "조蚤는 조蚤와 통하고 침湛은 탐耽과 통하니 빠지는 것이다. 인위人僞는 인위人爲의 일이다"라고 하였다.

그러므로 성인은 하늘을 본받고 참된 것을 귀히 여겨 세속에 구애받지 않는다. 어리석은 사람은 이와 반대로 하늘을 본받고 사람을 불쌍히 여기지 못하며, 참된 것을 귀히 여길 줄 모르고 범용하게 받아들여 세속의 영향을 받아 변하는지라, 그러므로 부족하니 애석하도다! 그대가 일찍이 인위人爲의 일에 빠져서 늦게야 대도大道를 들음이여!"

孔子又再拜而起曰:「今者丘得遇也, 若天幸然. 先生不[1]羞而比之服役, 而身敎之. 敢問舍所在, 請因受業而卒學大道.」客曰:「吾聞之, 可與往者與之, 至於妙道; 不可與往者, 不知其道, 愼勿與之, 身乃无咎. 子勉之! 吾去子矣, 吾去子矣!」乃刺船而去, 延緣葦間.[2]

공자 우재배이기하샤 왈 금자에 구의 득우야 약천행연하니 선생 불수하샤 이비지복역하샤 이신교지하시니 감문사의 소재하노이다 청인수업하야 이졸학대도하노이다 객 왈호되 오는 문지호라 가여왕자로 여지면 지어묘도요 불가여왕자는 부지기도니 신물여지라야 신내무구라 호라 자는 면지어다 오는 거자의로다 오는 거자의로다 하고 내자선이거하야 연연위간하니라

---

[1] 고산사 본에는 불不 자 다음에 위爲 자가 있다.
[2] 왕숙민에 따르면 연연위간延緣葦間은 갈대 사이에서 끌어 나아가며 천천히 옮겨가는 것을 가리킨다.

공자가 또 두 번 절하고 일어나서 말하였다. "이제 제가 만날 수 있게 된 것은 천행 같습니다. 선생이 부끄럽게 여기지 않고 저를 제자처럼 대하고 몸소 가르쳐주시니, 감히 사시는 곳의 소재를 묻습니다. 청컨대 수업하여 마침내 대도를 배워내겠습니다." 객이 말하기를 "내가 들으니 같이 가서 함께할 만한 사람과 함께하면 오묘한 도에 이르고, 같이 가서 함께할 수 없는 사람은 그 도를 모른다고 하니 신중히 하여 그와 함께하지 않아야 자신에게 허물이 없다고 한다. 그대는 힘쓸지어다. 나는 그대를 떠나리라! 나는 그대를 떠나리라!" 하고 그제야 상앗대질하면서 갈대 사이를 느릿느릿 빙 돌아 나아갔다.

顏淵還車, 子路授綏, 孔子不顧, 待水波定,[1] 不聞拏音而後敢乘. 子路旁[2]車而問曰:「由得爲役久矣, 未嘗見夫子遇人如此其威[3]也. 萬乘之主, 千乘之君, 見夫子未嘗不分庭伉禮,[4] 夫子猶有倨放[5]之容. 今漁父杖拏逆立, 而夫子曲要磬折,[6] 言拜而應, 得无太甚乎? 門人皆怪夫子矣, 漁人何以得此乎?」

안연 환거하고 자로 수수한대 공자불고하시고 대수파정하야 불문나음한 이후에야 감승어시늘 자로 방거이문하야 왈호되 유 득위역 구의로되 미상견부자의 우인여 차기위야호이다 만승지주와 천승지군이 견부자하고 미상불분정항례든 부자 유유거오지용하더시니 금에 어부 장나역립어늘 이부자곡요경절하샤 언배이응하시니 득무태심호잇가 문인 개괴부자의로소니 어인은 하이득차호잇고

---

[1] 『석문』에서 말하기를 "배가 가기 때문에 물결이 일었다가 멀리 떠나면 물결이 고요해진다는 것을 일컫는다"고 하였다

[2] 왕숙민에 따르면 방旁은 가차하여 방傍이 된다.

[3] 왕숙민에 따르면 위威도 경敬이다.

[4] 분정항례分庭伉禮는 서로 대등한 지위나 예의로써 대하는 것이다.

[5] 왕숙민에 따르면 오放는 오傲의 가차자이다.

[6] 왕숙민에 따르면 요要는 요腰의 속자이다. 조초기에 따르면 경磬은 악기인데 모양이 굽어 있다. 그에 따르면 경절磬折은 허리를 꺾어 경쇠처럼 국궁鞠躬하듯이 하는 것이다.

안회가 수레를 돌리고 자로가 수레 손잡이 줄을 건네주어도 공자가 돌아보지 않고 물결이 잠잠히 가라앉기를 기다려 상앗대질하는 소리가 들리지 않게 된 뒤에야 감히 수레에 탔다. 자로가 수레에 다가가서 물어 말하기를 "저는 제자가 된지 오래되었으되 일찍이 선생님이 사람을 이처럼 공경스럽게 접대하는 것을 본 적이 없습니다. 남승의 군주와 천승의 임금이 선생님을 보고 일찍이 서로 대등한 예의로써 대하지 않은 적이 없거늘 선생님께서는 오히려 오만한 모습이시더니, 이제 어부가 상앗대를 짚고 마주 서거늘 선생님이 허리를 꺾어 경쇠처럼 국궁鞠躬하듯이 하여 어부의 말에 절하고 응답하시니 너무 지나치지 않습니까? 어부는 무엇을 가지고 이렇게 할 수 있다는 말입니까?"라고 하였다.

孔子伏軾而歎曰:「甚矣由之難化也! 湛於禮義有間矣, 而樸鄙之心
至今未去. 進, 吾語汝! 夫遇長不敬, 失禮也; 見賢不尊, 不仁也. 彼[7]
非至人, 不能下人, 下人不精, 不得其眞, 故長傷身. 惜哉! 不仁之於
人也, 禍莫大焉, 而由獨擅之. 且道者, 萬物之所由[8]也, 庶物[9]失之者
死, 得之者[10]生, 爲事逆之則敗, 順之則成. 故道之所在, 聖人尊之. 今
漁父之於道, 可謂有矣, 吾敢不敬乎!」

공자 복식이탄하야 왈호되 심의라 유지난화야여 침어례의 유간의로다 이박비지
심을 지금미거로다 진하라 오어여호리라 부우장불경이 실례야요 견현부존이 불인
야니 피비지인인댄 불능하인하리며 하인부정이면 부득기진이라 고로 장상신하나니
석재라 불인지어인야에 화막대언이어늘 이유 독천지하도다 차도자는 만물지소유
야니 서물이 실지자는 사하고 득지자는 생하며 위사 역지즉패코 순지즉성이니 고로
도지소재에 성인 존지하나니 금어부지어도에 가위유의니 오는 감불경호아

---

7 배학해에 따르면 피彼는 약若과 같다.
8 조초기에 따르면 유由는 속에서 생기는 것이다.
9 조초기에 따르면 서물庶物은 중물衆物이니 갖가지 생물을 가리킨다.
10 왕숙민에 따르면 자者는 즉則과 같다.

공자가 수레 앞가로나무에 엎드려 탄식하며 말하기를 "지나치도다, 자로의 교화하기 어려움이여! 예의에 빠진 지 한참 되었도다. 그런데도 질박하고 촌스러운 마음을 이제까지 버리지 못하였구나. 나오라, 내가 너에게 말하리라. 대저 어른을 만나고서도 공경하지 않는 것이 실례요, 어진 이를 보고서도 존경하지 않는 것이 불인不仁이다. 만약 지인至人이 아니라면 사람으로 하여금 그에게 낮추게 하지 못할 것이다. 사람에게 낮추는 것이 순수하지 않으면 그의 참된 감정을 얻을 수 없다. 그러므로 오래도록 자신을 해치게 되니 애석하다! 사람에게 불인하는 것, 화가 그보다 큰 것이 없거늘 자로가 홀로 그에 뛰어나구나. 또한 도는 만물이 그로부터 생겨나는 것이다. 갖가지 생물이 그것을 잃으면 죽고, 그것을 얻으면 생겨난다. 일을 하여 그에 거스르면 실패하고, 그에 따르면 성공한다. 그러므로 도가 있는 곳을 성인은 존중하나니, 이제 어부는 도를 가지고 있다고 할 수 있으니 내가 감히 공경하지 않겠는가!"

【대의】

이 편에서는 공자가 어부와 만난 일화를 통해 대도大道는 밖에서 추구할 것이 아니라 수신修身과 수진守眞을 통해 터득하는 것임을 밝혔다. 참됨(眞)이란 하늘에서 품수받은 것으로, 지극한 정성을 말한다.

이 편에서는 내면적인 정신수양 공부가 어느 경지에 이르면 그 기운이 밖으로 드러나 사람들이 그를 따르게 되며, 그렇게 되면 걸림 없이 자유로울 수가 없다는 것과, 자신이 옳다고 여기는 생각이 있으면 하늘의 뜻에 따르지 못할 수 있다는 것과, 정신을 천박한 일에 소모하면 도에 통하기 어렵다는 것과, 군주의 총애를 받아 부귀영화를 누리려는 사람은 군주가 그를 희생시킬 수 있다는 것 등을 말하였다. 또 벼슬자리를 사양한 것과 죽음 앞에 임하는 자세 등에 얽힌 장자의 일화도 소개한다.

사람들을 관찰하는 방법과 사람이 곤궁해지는 이유를 소개하는 글도 눈에 띈다. 장형소우가 지적하였듯이 이는 장자의 사상과 그다지 관계가 없는 것으로, 유가와 법가의 학설을 뒤섞어놓은 분위기가 풍긴다. 그러나 그 밖의 내용은 대부분 장자파의 작품이라고 볼 수 있다.

전목에 따르면 소식은 말하기를 "「우언」의 마지막에서 이르기를 '양주가 서쪽으로 진나라에 가다가 노자를 만났는데 운운'하였는데, 그 가운데 「양왕」 등 네 편을 빼고 「열어구」의 편머리에 합치면 본래 하나의 장章이다"라고 하였다.

왕숙민은 말하기를 "만약 『열자』에 따라 「우언」편의 끝에서 '양주가 남으로 패땅에 가다'라고 한 장이 마땅히 「열어구」 편머리의 '열어구가 제나라에 가다' 장과 합해져야 한다면 장자가 책을 쓴 취지가 설마 「열어구」에서 취한 것이 있다는 말인가? 우선 그에 대해서는 의심이 든다"고 하였다.

1-1

列禦寇之齊, 中道而反. 遇伯昏瞀人.[1] 伯昏瞀人曰:「奚方而反?」[2] 曰:
「吾驚焉.」曰:「惡乎驚?」曰:「吾嘗食於十漿,[3] 而五漿先饋.」[4] 伯昏瞀
人曰:「若是, 則汝何爲驚已?」[5] 曰:「夫內誠不解, 形諜成光,[6] 以外鎭
人心, 使人輕乎貴老,[7] 而韲其所患.[8] 夫漿人特爲食羹之貨, [無]多餘
之贏,[9] 其爲利也薄, 其爲權也輕, 而猶若是, 而況於萬乘之主乎! 身
勞於國而知盡於事, 彼將任我以事而效我以功,[10] 吾是以驚.」伯昏瞀
人曰:「善哉觀乎![11] 汝處已, 人將保女矣!」[12]

열어구 지제하다가 중도이반할새 우백혼무인하다 백혼무인이 왈 해방이반고 왈
오는 경언호라 왈 오호경고 왈 오 상식어십장하더니 이오장을 선궤하더라 백혼무
인이 왈 약시 즉여는 하위경이오 왈 부내성이 불해하면 형첩이 성광하야 이외진
인심이라 사인경호귀로하야 이제기소환하나니라 부장인은 특위식갱지화로 [무]
다여지영이라 기위리야박하며 기위권야경호되 이유약시온 이황어만승지주호따녀
신로어국하야 이지진어사하야 피 장임아이사하야 이효아이공할새 오 시이로
경호라 백혼무인이 왈호되 선재라 관호여 여 처이면 인장보여의리라

<hr>

[1] 성현영은 말하기를 "백혼伯昏은 초楚의 현사賢士로 호가 백혼무인伯昏瞀人인데, 은자의 무리
이다"라고 하였다.
[2] 조초기에 따르면 방方은 일[事]이고, 반反은 반返과 통한다.
[3] 조초기에 따르면 장漿은 미음인데, 여기에서는 미음 파는 가게를 가리킨다. 조간의趙諫議 본
에서는 장漿을 장將이라고 썼다.
[4] 조초기에 따르면 열 집 가운데 다섯 집이 먼저 미음을 열어구에게 주어 그에 대한 공유恭維
를 표시하였다. '공유'는 아첨하는 것이다.
[5] 왕숙민에 따르면 이已는 호乎와 같다.
[6] 왕숙민에 따르면 모습이 아름다워 광채를 이룬다는 것을 일컫는다.

열어구列禦寇가 제나라에 가다가 중도에 돌아올 때 백혼무인伯昏瞀人을 만났다. 백혼무인이 말했다. "무슨 일로 돌아오는가?" 말하기를 "저는 놀랐습니다." 말하기를 "어째서 놀랐는가?" 열어구가 말했다. "제가 미음 파는 집 열 집에서 먹은 적이 있는데 다섯 집에서 앞다투어 저에게 먹게 하였습니다." 백혼무인이 말했다. "이와 같다고 하여 그대가 놀랄 게 뭔가?" 열어구가 말했다. "대저 속마음이 정성스러울지라도 해탈하지 않으면 몸으로 새어나는 것이 광채를 이루어 밖으로 사람의 마음을 제압하게 되는지라, 사람들로 하여금 자기를 높이 공경하고 노인을 가벼이 여기게 하여 근심거리에 의하여 어지러워질 것입니다. 대저 미음 파는 사람은 단지 미음을 먹게 하는 장사로 나머지의 이윤을 벌 게 없는지라 그의 이익 됨이 박하며 그가 꾀하는 것은 가벼운데도 오히려 이와 같거늘 하물며 만승의 군주이랴! 몸은 국사에 지치고 지식은 일에 소진되어 그가 장차 나에게 일을 맡겨 나에게 성과를 내라고 할 것이니 저는 이 때문에 놀랍니다." 백혼무인이 말했다. "훌륭하도다, 자신을 관찰함이여! 그대가 편히 있으면 사람들이 그대에게 붙으리라!"

---

7 조초기에 따르면 열자가 사람으로 하여금 그를 존중하지 않을 수 없게 하면서도 나이 많은 사람에 대해서는 도리어 경시하게끔 한다는 것을 말한다.

8 왕숙민에 따르면 '제기소환'齍其所患은 근심거리에 의해 어지러워진다는 것을 일컫는다.

9 왕숙민에 따르면 특特은 단但과 같고, [무]다여지영[無]多餘之贏은 이익이 박한 것을 말한다.

10 왕숙민에 따르면 효效는 교敎의 가차자이다.

11 조초기에 따르면 열어구가 문제를 잘 관찰하는 것을 칭찬하는 것이다.

12 왕숙민에 따르면 이 구절은 "너는 편안히 있거라! 사람들이 너에게 의지하며 따르리라"라는 말이다.

1-2

無幾何而往, 則戶外之屨滿矣. 伯昏瞀人北面而立, 敦杖蹙之乎頤,[1]
立有間, 不言而出. 賓[2]者以告列子, 列子提屨, 跣而走, 暨乎門, 曰:
「先生旣來, 曾不發藥[3]乎?」

무기하요 이왕하니 즉호외지구 만의리라 백혼무인이 북면이립하야 돈장하야 축
지호이하야 입유간이라가 불언이출커늘 빈자 이고열자한대 열자 제구하고 선이주
하야 기호문하야 왈호되 선생이 기래하시완대 증불발약호아

---

[1] 조초기에 따르면 돈敦은 똑바로 세우는 것이고, 축蹙은 바싹 붙이는 것이다.
[2] 『석문』에 따르면 빈儐이라고 쓴 판본도 있는데, 손님을 안내하는 사람을 일컫는다.
[3] 『석문』에 따르면 사마표 본에서는 폐廢라고 쓰고, 놓는 것이라고 하였다.

얼마 지나지 않아서 가보니 문밖에 신발이 가득 차 있더라. 백혼무인이
북쪽을 향하여 서서 지팡이를 세워 턱에 그것을 바싹 붙이고 잠깐 서 있
다가 말하지 않고 나갔다. 접대원이 열자에게 아뢰니, 열자가 신발을 들
고 맨발로 달려가서 문에 이르러 말했다. "선생께서 와주셨으니 약이 되
는 말씀 한마디 해주지 않으시렵니까?"

曰:「已矣, 吾固告汝曰人將保汝, 果保汝矣. 非汝能使人保汝, 而汝不能使人无保汝也, 而焉用之感豫出異也!⁴ 必且有感, 搖而本才, 又无謂也. 與汝遊者又莫汝告也, 彼所小言, 盡人毒也.⁵ 莫覺莫悟, 何相孰也!⁶ 巧者勞而知者憂, 无能者无所求, 飽食而敖遊, 汎若不繫之舟, 虛而敖遊者也.」

왈 이의라 오 고고여하야 왈호되 인장보여라 호라 과보여의로다 비여 능사인보여라 이여는 불능사인으로 무보여야로소니 이 언용지오 감예는 출이야ㄹ새니 필차유감요이이 본재라 우무위야어늘 여여로 유자도 우막여고야하나니 피소소언이 진인독야라 막각막오요 하상숙야리오 교자는 로하고 이지자는 우어니와 무능자는 무소구라 포식이오유하야 범약불계지주하야 허이오유자야니라

---

4 왕숙민은 말하기를 "지之는 차此·시是와 뜻이 같고, 예豫는 환懽·열悅과 뜻이 같다. '환'과 '열'은 모두 기쁘다는 뜻이다."

5 왕선겸은 『열자』 「장잠주」張湛注를 인용하여 말하기를 "소언小言은 섬세하고 정교하여 쉽게 사람을 감동시키므로 사람에게 해독을 끼친다"고 하였다.

6 곽숭도에 따르면 이 구절은 그것을 깨닫지 못하고서도 끝내 스스로 살피지 않는다는 것을 말한다. 그는 숙孰을 심審으로 새겼다. '심'은 살피는 것을 뜻한다.

백혼무인이 말했다. "그만두어라. 내가 본디 그대에게 사람들이 장차 그대에게 붙으리라고 알려준 적이 있었는데 과연 그대에게 붙었다. 그대가 사람들이 그대에게 붙게끔 할 수 있다는 것이 아니라 그대가 사람들로 하여금 그대에게 붙지 않게끔 하지 못한 것이니, 그대는 어떻게 이처럼 그들을 감동시켰는가? 그들이 기쁘게 느끼게 한 것은 남다른 점을 드러냈기 때문이다! 반드시 장차 또 감동시키게 되면 그대의 본성을 동요시킬 터인지라, 또한 의미가 없거늘 그대와 함께 노는 사람도 또한 그대에게 알려주는 이가 없으니, 저들이 자질구레하게 말한 것이 모두 사람들에게 해가 되리라. 깨닫지 못하고서 어떻게 자세히 알 수 있겠는가! 솜씨 있는 이는 수고롭고 아는 자는 근심하거니와, 무능한 사람은 구할게 없는지라 밥을 먹고 놀러 다니니, 매어놓지 않은 배처럼 담박하게 비우고서 놀러 다니는 자이니라."

은자인 백혼무인伯昏瞀人과 정신적인 경지가 높은 열어구列禦寇의 대화를 통하여 수양하는 사람이 자신의 마음을 닦다 보면 밖으로 광채가 드러날 수 있으며, 이러한 사람에게 사람들이 따를 수 있다고 하였다. 그러면 솜씨 있고 지식이 있는 자로 알려져 자신의 몸이 수고롭고, 마음이 근심스러워질 수 있다고 말하고 있다.

　이 글에 따르면 무능하게 보인 사람이 오히려 매이지 않은 배처럼 담박하게 마음을 비우고서 걸림 없이 자유로울 수 있다. 이러한 사상이 후세의 선비들에게 많은 영향을 주어 걸림 없이 오고 갈 수 있는 정신세계를 동경하게 하였다.

　열어구는 「소요유」 「응제왕」 「달생」 「전자방」 편에 보이며, 백혼무인은 「덕충부」 「전자방」 편에 보인다. 장형소우에 따르면 편 가운데서 종종 열어구보다 더욱 경지가 높은 인물을 설정하여 그의 이상을 설명하는 경우가 있는데, 이러한 기술방법은 장자파 작품의 특색 가운데 하나이다.

2

鄭人緩也呻吟於裘氏之地.[1] 祇三年而緩爲儒, 河潤九里, 澤及三族,[2] 使其弟墨. 儒墨相與辯, 其父助翟.[3] 十年而緩自殺. 其父夢之曰:「使而子爲墨者予也. 闔[4]胡嘗視其良, 旣爲秋柏之實矣?」[5] 夫造物者之報人也, 不報其人而報其人之天.[6] 彼故使彼.[7] 夫人以己爲有以異於人以賤其親,[8] 齊人之井飮者相捽也. 故曰今之世皆緩也.[9]

정인완야 신음어구씨지지하더니 지삼년에 이완위유하야 하윤구리하야 택급삼족하야는 사기제로 묵하니 유묵이 상여변이어늘 기부 조적한대 십년에 이완이 자살이러니 기부 몽지하니 왈호되 사이자로 위묵자 여야어니따녀 합호상시기량고 기위추백지실의로라 하니 부조물자지보인야에 불보기인이요 이보기인지천하나니 피 고 사피어늘 부인이 이기로 위유이이어인이라 하야 이천기친하니 제인이 지정음자 상졸야로다 고로 왈금지세는 개완야라 하노라

---

[1] 사마표에 따르면 완緩은 이름이고, 구씨裘氏는 지명이다. 곽상에 따르면 신음呻吟은 음영吟詠이다. '음영'은 시문을 읊는 것이다.

[2] 성현영에 따르면 삼족三族은 부·모·처족이다.

[3] 성현영에 따르면 적翟은 '완'의 동생 이름이다. 『석문』에 따르면 완의 동생인 적으로 하여금 묵墨이 되게 하였다는 것을 일컫는다. 그러나 해동은 말하기를 "적翟은 마땅히 묵墨으로 써야 한다"고 하였다.

[4] 성현영에 따르면 합闔은 하불何不이다.

[5] 왕숙민에 따르면 량良이 가차하여 랑埌이 되듯이 추秋는 가차하여 추楸가 될 수 있다. 랑埌은 무덤이고, 추楸는 개오동나무이다.

[6] 왕숙민은 말하기를 "보報는 응應과 같고, 기其는 어於이다. 이는 조물자가 사람과 서로 응하는데 인위人爲에 응하는 것이 아니라 사람의 본성에 응한다는 것을 일컫는다"고 하였다.

정나라 사람 완緩이 구씨裘氏의 땅에서 배우더니 딱 3년 만에 완이 유자
儒者가 되어 황하 물이 구리의 땅을 적시듯 은택이 삼족에 미치게 되어
서는 그의 동생도 묵자가 되게 하였다. 유자와 묵자가 서로 따지거늘 그
의 아버지가 묵자를 도우니, 10년 뒤에 완이 자살하였다. 그의 아버지가
그를 꿈에서 보니 말하기를 "당신의 아들로 하여금 묵자가 되게 한 것
은 저였습니다. 어찌 시험 삼아 저의 묘 위에 심은 개오동나무와 측백나
무가 벌써 열매를 맺은 것을 보지 않으십니까?" 대저 조물자가 사람에
게 보응할 때 그의 인위적인 것에 갚지 않고 그의 천성에 갚나니, 그의
본성이 본래 그렇게 되게끔 하였거늘 그 사람이 자기가 남보다 특별한
것이 있다고 생각하여 그의 어버이를 천시하니, 제나라 사람이 우물에
가서 물 마시는 사람을 서로 머리채를 끌며 때리는 것과 같다. 그러므로
오늘날의 사람들은 모두 완과 같은 사람들이라고 한다.

---

7 왕숙민은 말하기를 "완緩의 동생은 묵성墨性이 있으므로 묵墨을 익혔다는 것을 일컫는다"고
하였다.
8 왕숙민은 말하기를 "이기위유이이어인以己爲有以異於人은 자기가 그의 동생으로 하여금 묵이
되게 하였다는 것을 일컫는다"고 하였다.
9 곽상은 말하기를 "우물을 파는 것은 샘물에 통하기 위해서요, 읊는 것은 성性에 통하기 위해
서이다. 샘물이 없으면 팔 것이 없고 성이 없으면 읊을 것이 없는데도, 세상 사람들은 모두
그의 천泉과 성性의 자연을 잊고 한갓 파고 읊는 것의 지엽적인 공功만을 안다. 잘난 체하고
싶어서 그것을 가지니 망령되지 않는가?"라고 하였다. 왕숙민은 말하기를 "유儒·묵墨부터
제자백가에 이르기까지 모두 자기가 옳다고 하고 상대방이 그르다고 하는 사람들이다"라고
하였다. 두 가지 설을 합하여 보면 뜻이 더욱 부각된다.

自是, 有德者以不知也, 而況有道者乎!¹⁰ 古者謂之遁天之刑.¹¹ 聖人
安其所安, 不安其所不安¹²; 衆人安其所不安. 不安其所安.¹³

자시 유덕자도 이부지야은 이황유도자호여 고자에 위지둔천지형이라 하더니라

성인은 안기소안이요 불안기소불안이어든 중인은 안기소불안이요 불안기소안

하나니라

10 유월은 말하기를 "자시自是 두 글자로써 구절을 끊어야 한다"고 하였다. 왕숙민은 말하기를
"완緩은 자기가 옳다고 하는 사람이다. …… 이以는 소所와 같으니 …… 덕 있는 사람이 자
기가 옳다고 하는 것을 모르듯이 도 있는 사람은 더욱더 자시自是를 모른다"고 하였다. '자
시'는 자기가 옳다고 생각하는 것이다.

11 성현영은 말하기를 "물성物性이 저절로 그러한 것을 모르고 자기의 공이라고 잘난 체하는
사람은 천연의 이치를 도피하여 숨기는 것이다. 이미 조화를 어겼으므로 죽이는 형벌이 닥
친 것이다"라고 하였다.

12 왕숙민은 말하기를 "성인聖人은 본성에 편안하고 인위人爲에 편안해하지 않는다"고 하였다.

13 왕숙민은 말하기를 "중인衆人은 인위에 편안하고 본성에 편안해하지 않는다"고 하였다.

스스로 옳다고 여기는 것은 덕 있는 사람도 이미 그렇게 할 줄 모르거늘 하물며 도가 있는 사람이랴! 예부터 이를 하늘을 어겨 얻은 형벌이라고 한다. 성인聖人은 그들이 편히 여기는 것에 맡기고 그들이 편히 여기지 않는 것에 맡기지 않거늘, 중인衆人은 그들이 편히 여기지 않는 것에 맡기고 그들이 편히 여기는 것에 맡기지 않는다.

【대의】

세상 사람들은 정나라 사람 완緩처럼 자기가 옳다고 생각한다. 그렇게 생각하는 것은 하늘을 어겨 형벌을 초래할 수 있다. 덕 있는 사람은 인위보다 자연을, 지엽보다 근본을, 말末보다는 본성을 중시하며, 그에 편안함을 느낀다. 조물자도 인위적인 것보다는 천성에 보응한다. 자기가 잘났다고 생각하거나 자기에게 공이 있다고 여기는 것은 모두 부질없는 일이라는 것을 말하고 있다.

　장형소우에 따르면 이 장은 제1장과 같은 유의 작품으로, 마땅히 전국 전기의 작품이다.

3

莊子曰：「知道易, 勿言難. 知而不言, 所以之天也; 知而言之, 所以之人也[1]; 古之至人, 天而不人.」朱泙漫學屠龍於支離益,[2] 單千金之家,[3] 三年技成而无所用其巧.

장자왈호되 지도는 이하고 물언은 난하니 지이불언이 소이지천야요 지이언지 소이지인야니 고지지인은 천이요 불인하니라 주평만이 학도룡어지리익호되 단천금지가하니 삼년에 기성이무소용기교러라

---

[1] 왕숙민이 인용한 배학해 설에 따르면 지之는 위爲와 같으니, 지천之天은 위천爲天이고 지인之人은 위인爲人이다.

[2] 사마표에 따르면 주평만朱泙漫과 지리익支離益은 모두 사람의 성명이다.

[3] 조초기에 따르면 단單은 가차하여 탄殫이 되니 '다하다'를 뜻하고, 가家는 가산家産이다.

장자가 말했다. "도를 알기는 쉽고 말하지 않기는 어려우니 알면서도 말하지 않는 것이 그로써 하늘을 위하는 것이요, 알면서 말하는 것은 그로써 인위적인 것을 위하는 것이다. 옛적 사람들은 자연에 따르고 인위적으로 하지 않았다." 주평만朱泙漫이 지리익支離益에게 용을 도살하는 기술을 배우고자 천금의 가산을 다하니 3년 만에 기술이 이루어졌으나 그 기술을 쓸 곳이 없었다.

聖人以[4]必不必, 故无兵; 众人以不必必之, 故多兵; 順於兵, 故行有求. 兵, 恃之則亡. 小夫之知, 不離苞苴竿牘,[5] 敝精神乎蹇淺,[6] 而欲兼濟道物, 太一形虛.[7] 若是者, 迷惑於宇宙, 形累不知太初.[8] 彼至人者, 歸精神乎无始而甘冥乎無何有之鄉. 水流乎无形, 發泄乎太淸.[9] 悲哉乎! 汝爲知在毫毛, 而不知大寧![10]

성인은 이필로 불필이론 고로 무병커든 중인은 이불필로 필지론 고로 다병하니 순어병이론 고로 행이 유구하나니 병을 시지즉망하나니라 소부지지는 불리포저간독이라 폐정신호건천하야 이욕겸제하며 도물하야 태일형허하나니 약시자는 미혹어우주하야 형루라 부지태초커든 피지인자는 귀정신호무시하야 이감명호무하유지향하나니라 수는 류호무형하야 발설호태청하나니 비재호라 여의 위지는 재호모요 이부지태녕하놋다

4 왕숙민에 따르면 이以는 수雖와 같다.
5 곽상은 말하기를 "갈댓잎이나 띠로 싸서 선물을 주고 편지를 써서 안부를 물으니, 주고받는 도구는 소지가 추구하는 것이다"라고 하였다.
6 왕숙민에 따르면 건천蹇淺은 편천偏淺과 같다. '편천'은 치우치고 천박한 것을 뜻한다.
7 왕숙민은 말하기를 "제濟는 통通과 같고, 태일太一은 대제大齊와 같다. …… 겸제도물, 태일형허兼濟道物, 太一形虛는 도와 물에 모두 통하고 형체 있는 것들과 허령한 것을 크게 하나 되게 하는 것이다"라고 하였다.
8 나면도는 말하기를 "형루부지태초形累不知太初 구절은 형체 있는 것들에 속박되어 태초가 있는지 모르는 것이다"라고 하였다.
9 왕선겸은 말하기를 "지인至人이 자연히 흘러다니는 것을 비유한다"고 하였다.
10 왕숙민에 따르면 태녕太寧은 도를 비유한다.

성인은 반드시 그렇게 될 수밖에 없는 경우일지라도 고집하지 않으므로 싸우지 않거늘 중인들은 반드시 그렇게 되지 않을 경우일지라도 고집하므로 싸움이 많다. 싸움에 맡기므로 행동하면 욕심나는 것을 이루고자 추구함이 있으니 싸움에 맡기면 망하게 된다. 필부의 지혜는 선물 꾸러미와 편지로 문안을 여쭈는 데서 떠나지 않는지라 정신을 천박한 일에 소모하여 도와 만물에 모두 통하고, 형체 있는 것들과 허령한 것을 크게 하나가 되게 하니 이와 같은 사람은 우주에 미혹하여 형체 있는 것들에 속박되어 태초가 있는지를 알지 못한다. 저 지인至人은 정신이 시작이 없는 세계로 돌아가서 아무것도 없는 세계에서 달게 잠든다. 물은 보이지 않는 세계에서 흘러나와 크게 청허한 세계로 나타나니 슬프다! 그대가 지성知性을 위함이여. 솜털에 있으나 크게 편안한 세계를 모르는구나!

【대의】

필부는 정신을 천박한 일에 소모하며, 형체 있는 것들에 속박되어 있다. 그래서 도와 만물이 통하고, 형체 있는 것들과 허령한 것을 하나가 되게 하려 하지만, 태초의 크게 편안한 세계를 모르니 슬프다고 하였다.

4

宋人有曹商者, 爲宋王使秦.[1] 其往也, 得車數乘; 王說之, 益車百乘. 反語宋, 見莊子曰:「夫處窮閭阨巷,[2] 困窘織屨, 槁項黃馘者,[3] 商之所短也; 一悟萬乘之主而從車百乘者, 商之所長也.」莊子曰:「秦王[4]有病召醫, 破癰潰痤者得車一乘,[5] 舐痔者得車五乘, 所治愈下, 得車愈多. 子豈治其痔邪, 何得車之多也? 子行矣!」

송인이 유조상자 위송왕하야 사진하더니 기왕야에 득거수승이러니 왕이 열지하야 익거백승하여늘 반어송하야 견장자하야 왈호되 부처궁려애항하야 곤군직구하야 고항황괵자는 상지소단야요 일오만승지주하야 이종거백승자는 상지소장야니라 장자왈호되 진왕이 유병하야 소의하니 파옹궤좌자는 득거일승하고 시치자는 득거오승하니 소치 유하에 득거유다하니 자는 기치기치야리오 하득거지다야오 자는 행의하라

---

[1] 성현영은 말하기를 성이 조曹이고 이름이 상商인데, 송나라 사람이라고 하였다. 사마표에 따르면 송왕은 언왕偃王이다.

[2] 애항阨巷은 비좁은 골목이다.

[3] 고항槁項은 목이 바싹 말라 쪼글한 것이고, 황괵黃馘은 얼굴이 여위고 누렇게 된 모습이다.

[4] 사마표에 따르면 진왕秦王은 혜왕惠王이다.

[5] 왕숙민에 따르면 궤좌潰痤는 파옹破癰과 같으니 복어複語이다. '파옹'은 악성종기를 터지게 하는 것이다.

송나라에 조상曹商이라는 사람이 있었는데 송왕을 위하여 진나라에 사신으로 갔다. 그가 갈 때에 송왕에게서 수레 몇 채를 얻었더니 진나라에 이르렀을 때 진나라 임금이 기뻐하여 수레를 백 채나 더 주었다. 그가 송나라에 돌아와서 장자를 보고 말하였다. "빈궁한 마을, 비좁은 골목에 살면서 빈궁하고 고단하여 신발을 짜면서 목이 바싹 말라 쪼글쪼글하고, 얼굴이 여위고 누렇게 뜨는 것은 제가 남을 따를 수 없는 단점입니다. 그러나 일단 만승의 군주를 깨닫게 하여 수레 백 채가 뒤따르게 하는 것은 제가 남보다 뛰어난 것입니다." 장자가 말하였다. "진왕秦王에게 병이 있어 의사를 부르니 등창을 터뜨리고 뾰루지를 무너뜨려주는 사람에게는 수레 한 채를 얻게 하고, 치질을 핥아주는 사람에게는 수레 다섯 채를 얻게 하니, 다스리는 것이 낮은 것일수록 수레를 더욱 많이 얻으니 그대는 설마 그의 치질을 다스렸다는 말인가? 그러지 않으면 어떻게 그처럼 수레를 많이 얻었다는 말인가? 그대는 가거라!"

【대의】

송나라 조상曹商이라는 사람처럼 임금의 환심을 사서 부귀영화를 누리는 것은 군주의 치질을 핥아주는 것과 같은 천박한 짓을 하여 얻은 것과 다를 바 없다고 보고, 권세와 명리名利를 추구하는 사람들을 경멸하는 생각을 피력하고 있다.

5-1

魯哀公問乎顔闔[1]曰:「吾以仲尼爲貞幹, 國其有瘳乎?」曰:「殆哉
圾[2]乎! 仲尼方且飾羽而畫,[3] 從事華辭,[4] 以支爲旨,[5] 忍性以視民而
不知不信,[6] 受乎心, 宰乎神, 夫何足以上民![7] 彼且女與?[8] 予頤與?[9]
誤而可矣.[10] 今使民離實學僞, 非所以視民也, 爲後世慮, 不若休之.
難治也.」[11]

노애공이 문호안합하야 왈호되 오 이중니로 위정간이면 국은 기유추호아 왈 태재
급호라 중니는 방차식우이화하고 종사화사하야 이지로 위지하고 인성이시민하야
이부지불신이요 수호심하며 재호신하나니 부하족이상민이리오 피 차여여아 여이
여인댄 오이가의니라 금에 사민으로 이실학위니 비소이시민야니 위후세려인댄 불
약휴지니라 난치야여

---

[1] 안합顔闔은 노나라의 현자인데 「인간세」「달생」「양왕」등 여러 편에 보인다.
[2] 급圾은 위험하다는 뜻이며, 「천지」에도 보인다.
[3] 조초기는 말하기를 "우모羽毛는 본래 이미 문채文彩가 있는데 또 그려서 장식한다는 것이니,
    공자가 모양새와 위선을 추구한다는 것을 설명한다"고 하였다.
[4] 조초기에 따르면 화사華辭는 감언이설을 뜻한다.
[5] 조초기에 따르면 지支는 지말枝末이고 지旨는 종지宗旨이니, 이 구절은 공자가 근본을 제쳐두
    고 말엽을 추구한다는 것을 일컫는다.
[6] 왕숙민은 말하기를 "인성忍性은 교성矯性과 같다. …… 불신不信은 무실無實과 같다. 이 구절
    은 교성하여 백성들에게 보이되 그에 실이 없음을 모르는 것을 일컫는다"고 하였다. '교성'
    은 천성을 위반하는 것이다.

502

노나라 애공哀公이 안합顔闔에게 물었다. "내가 공자를 국가의 기둥으로 삼으면 나라가 좋아질 수 있겠는가?" 안합이 대답하여 말하였다. "아마 위태로워질 것입니다. 공자는 후세 사람들에게 깃털을 꾸며 그려서 장식하고, 감언이설을 일삼으며, 지엽적인 것을 종지로 삼고, 성품을 교정矯正하여 백성들에게 보이되 그에 실속이 없다는 것을 모릅니다. 실속이 없는 취지는 백성들이 마음으로 받아들여서 신神에 의하여 주재하게 하고 싶겠지만 이 어찌 충분히 백성들의 윗자리에 있을 만한 자격이 있다고 하겠습니까? 공자가 과연 그대와 서로 맞겠습니까? 저도 즐겁다고 할 수 있겠습니까? 공자가 이미 그대에게 맞지 않을 뿐만 아니라 또한 저에게도 즐겁지 않습니다. 이제 백성들로 하여금 진실을 떠나 허위를 배우게 하는 것은 백성들을 다스리는 소이가 아니니, 후세를 위하여 고려한다면 그만두는 것만 못합니다. 공자는 충분히 더불어 나라를 잘 다스릴 방법을 생각하지 않는 것입니다."

---

7 왕숙민은 말하기를 "호乎는 어於와 같고 부夫는 차此와 같다. 이는 앞의 글을 이어받아서 말하니 '실이 없는 취지는 백성들이 마음으로 받아들여서 신에 의하여 주재하게 하고 싶겠지만 이 어찌 충분히 백성들의 윗자리에 있을 만하겠는가!'라는 것을 일컫는다"고 하였다.

8 선영은 말하기를 "피彼는 중니仲尼이다. 중니가 과연 너와 서로 맞겠는가?"라고 하였다.

9 왕숙민은 말하기를 "여予는 안합顔闔이다. 여予는 여女와 대가 되는 말이다. 이頤는 가차하여 이怡가 된다. …… 이것은 '나도 기쁠 수 있을까'를 일컫는다"고 하였다.

10 왕숙민은 말하기를 "이而는 내乃와 같다. 중니가 이에 너에게 맞지 않고 또한 나에게도 즐겁지 않다는 것을 뜻한다"고 하였다.

11 선영에 따르면 족히 더불어 나라를 잘 다스릴 방법을 생각하지 않는 것이다.

5-2

施于人而不忘, 非天布也.¹ 商賈不齒,² 雖以事齒之, 神者弗齒.³

시우인이불망이 비천포야라 상고를 불치하나니 수이사로 치지니 신자는 불치하나니라

---

¹ 왕숙민은 "시施와 포布는 호문이니 천포天布는 자연의 보시를 일컫는다"고 하였다.
² 왕숙민은 말하기를 "자연의 보시에 견주지 못한다는 것을 일컫는다"고 하였다.
³ 왕숙민은 말하기를 "이는 장사꾼은 비록 일 때문에 스스로를 자연의 보시에 견주지만, 내심은 그에 견주고 있지 않다는 것을 뜻한다. 자者는 즉則과 같다"고 하였다.

사람들에게 베풀고서 잊지 않는 것은 자연의 보시가 아닌지라 장사치가
하는 일을 견줄 수 없으니 비록 하는 일은 비슷하지만 정신은 그와 같다
고 아니한다.

5-3

爲外刑者, 金與木也[1]; 爲內刑者, 動與過也.[2] 宵人之離外刑者,[3] 金木
訊之; 離內刑者, 陰陽食之.[4] 夫免乎外內之刑者,[5] 唯眞人能之.

위외형자는 금여목야요 위내형자는 동여과야니 소인지리외형자는 금목으로 신
지하고 리내형자는 음양이 식지하나니 부면호외내지형자는 유진인이야 능지하나
니라

<hr>

[1] 곽상은 말하기를 "금金은 칼과 작은 도끼와 큰 도끼를 일컫고 목木은 회초리와 질곡桎梏을
뜻한다"고 하였다. 이들은 모두 옛날에 형벌을 줄 때 쓰는 도구였다.
[2] 왕숙민에 따르면 동動은 혹惑과 같다.
[3] 성현영에 따르면 리離는 리罹이다. 유월에 따르면 소인宵人은 소인小人과 같다.
[4] 조초기에 따르면 식食은 식蝕과 같으니 부식腐蝕을 말한 것으로, 몸과 마음이 점차 상해를 입
는 것을 가리킨다.
[5] 왕숙민에 따르면 부夫는 여如와 같다.

외형적인 형벌은 칼과 작은 도끼와 큰 도끼이고, 내적인 형벌은 의혹과 분수에 넘는 일이다. 소인으로 외형을 당하는 사람은 칼과 작은 도끼와 큰 도끼로 심문하고, 내적인 형벌을 받는 사람은 음과 양에 속한 감정이 야금야금 상처를 입히나니, 외적인 형벌과 내적인 형벌을 벗어날 수 있는 사람으로 말할 것 같으면 오직 진인眞人이라야 할 수 있다.

【대의】

노나라의 현자 안합顏闔의 눈에 비친 공자는 모양새와 위선을 추구하며, 백성들이 진실을 떠나 허위를 배우게 하는 사람이다. 이와 대조적으로 진인眞人은 칼과 도끼와 같은 것에 의한 외적인 형벌뿐만 아니라 희로애락과 같은 감정에 따른 내적인 형벌에서 벗어날 수 있다.

　장형소우에 따르면 이 장은 제1장·제2장과 같은 부류의 글로 고사를 가탁하여 몸을 수고스럽게 하며 지식을 사용하고 사람들이 처세하는 태도를 풍자하고 있는데, 장자파의 글에 속한다.

6-1

孔子曰:「凡¹人心險於山川, 難於知天; 川猶有春秋冬夏旦暮之期,
人者厚貌深情. 故有貌愿而益,² 有長若³不肖, 有順懁而達,⁴ 有堅而
縵,⁵ 有緩而釬. 故其就義若渴者, 其去義若熱. 故君子遠使之而觀其
忠, 近使之而觀其敬, 煩使之而觀其能, 卒然問焉而觀其知,⁶ 急與之
期而觀其信, 委之以財而觀其仁, 告之以危而觀其節, 醉之以酒而觀
其則, 雜之⁷以處而觀其色. 九徵至, 不肖人得矣.」

공자왈호되 범인심이 험어산천하고 난어지천하니 천은 유유춘추동하단모지기어
니와 인자는 후모심정이라 고로 유모원이익하며 유장약불초하며 유순환이달하며
유견이만하며 유완이한하니 고로 기취의 약갈자는 기거의 약열하나니 고로 군자
원사지하야 이관기충하고 근사지하야 이관기경하고 번사지하야 이관기능하고 졸
연문언하야 이관기지하고 급여지기하야 이관기신하고 위지이재하야 이관기인하고
고지이위하야 이관기절하고 취지이주하야 이관기칙하고 잡지이처하야 이관기색
하나니 구징이 지면 불초인을 득의리라

¹ 왕숙민에 따르면 범凡은 부夫와 같다.
² 유월에 따르면 익益은 마땅히 일溢로 써야 한다. '일'은 지나치게 교만한 것을 뜻한다.
³ 마기창에 따르면 약若은 이而와 같다. 장長은 장자長者이다. '장자'는 덕망이 있는 노성老成한
  사람이다.
⁴ 왕숙민에 따르면 신愼과 순順은 정正과 가假 자이다.
⁵ 조초기에 따르면 만縵은 '연약하다'이다.
⁶ 왕숙민에 따르면 졸卒은 가차하여 졸猝이 되고, 언焉은 지之와 같다.
⁷ 조초기에 따르면 잡지雜之는 남녀가 섞여 거주하는 것이다.

508

공자가 말하였다. "대저 인심은 산천보다 음험하고 하늘을 아는 것보다 어려우니, 하늘에는 오히려 봄·가을·겨울·여름의 아침저녁에 일정한 때가 있거니와, 사람은 얼굴이 두껍고 감정이 깊은지라 그러므로 외모는 겸손하나 마음은 지나치게 교만한 이가 있으며, 겉으로 보기에 장자 長者인 것 같으나 속은 같잖은 이가 있으며, 외표는 신중하고 보수적인 것 같으나 속마음으로는 사리에 밝은 이가 있으며, 외표는 견고한 듯하나 속마음은 연약한 이가 있으며, 외표는 너그러운 것 같으나 마음속은 조급한 이가 있다. 그러므로 갈증 나듯이 의리를 추구하는 사람은 에뜨거라 하고 의리를 저버리기도 한다. 그러므로 군자는 멀리 보내서 그의 충성심을 살펴보고, 가까이에서 부려 그의 공경함을 보고, 일이 복잡할 때 시켜 그의 능력을 보고, 갑자기 그에게 물어서 그의 지혜를 보고, 급하게 그와 약속하여 그의 신용을 보고, 그에게 재물을 맡겨 그가 인仁한가 그렇지 않은가를 보고, 그에게 위급한 일을 알려주어 그의 절조를 보고, 술로써 그를 취하게 하여 그의 규범의식을 보고, 남자와 여자가 섞어서 살게 하여 그의 색色을 본다. 아홉 가지를 검증해보면 같잖은 사람을 파악할 수 있다."

6-2

正考父一命而傴, 再命而僂, 三命而俯,[1] 循牆而走, 孰敢不軌! 如而
夫者,[2] 一命而呂鉅,[3] 再命而於車上儛,[4] 三命而名諸父,[5] 孰協唐許![6]
賊莫大乎德有心而心有睫,[7] 及其有睫也而內視,[8] 內視而敗矣.[9] 凶德
有五,[10] 中德爲首.[11] 何謂中德? 中德也者, 有以自好也而吡[12]其所不
爲者也.

정고보는 일명이구하고 재명이루요 삼명이부하야 순장이주하니 숙감불궤리오 여
이부자는 일명이려거하고 재명이어거상무하고 삼명이명제부하나니 숙협당허리오
적은 막대호덕에 유심이요 이심에 유첩이니 급기유첩야하야는 이내시하나니 내시
이패의니라 흉덕이 유오하니 중덕이 위수라 하위중덕고 중덕야자는 유이자호
야요 이비기소불위자야니라

---

[1] 조초기는 말하기를 "정고보正考父는 공자의 7대조인데 송나라의 경卿이다. 『좌전』소공昭公
7년의 기재에 근거하면 그는 일명一命에 사士가 되고 재명再命에 대부大夫가 되고 삼명三命에
경卿이 되었다"고 하였다.

[2] 곽상에 따르면 이부而夫는 범부凡夫이다.

[3] 조초기는 말하기를 "여거呂鉅는 뜻이 오늘날 허리가 뻣뻣하다는 말과 같으니, 허리를 구부리
는 것과 반대로 지나치게 자신하여 교만함을 나타내는 일종의 표현이다"라고 하였다.

[4] 조초기에 따르면 무儛는 곧 무舞이다.

[5] 조초기에 따르면 명제부名諸父는 아저씨들의 이름을 부르는 것이다.

[6] 조초기는 말하기를 "정고보는 이러한 사람과 서로 비교해보면 누가 요임금 때의 허유처럼
겸양하는 태도에 부합하는가를 뜻한다"고 하였다.

정고보正考父는 처음 임명되어 사土가 되어서 등을 곱사등이처럼 구부리고, 다시 임명되어 대부大夫가 되어서는 허리를 곱사등이처럼 구부리고, 세 번 임명되어 경卿이 되어서는 땅 위에 몸을 납작 엎드려 담장을 따라서 기어가니, 누가 감히 본받지 않으리오! 범부 같은 이는 처음 임명되어서는 허리가 뻣뻣하고, 두 차례 임명되어서는 수레 위에서 춤을 추고, 세 차례 임명받으면 작은아버지와 큰아버지 이름을 부르니, 그 누가 요임금 때의 허유와 같겠는가? 가장 해로운 것은 덕 가운데에 사사로운 마음이 있고 마음 안에 가린 것이 있는 것이니, 마음에 가린 것이 있게 된 뒤에 자기 주관으로 생각하니 주관적인 생각이 있으면 낭패 보기가 쉽다. 흉한 것이 다섯 있으니 중덕中德인 마음이 으뜸이다. 무엇을 중덕이라고 하는가? 중덕이라는 것은 자기를 좋다고 하고 그가 동의하지 않는 것을 헐뜯는 데 있다.

---

7 조초기는 말하기를 "덕유심德有心은 덕 가운데 사심이 있는 것이다. 첩睫은 속눈썹이다. 속눈썹은 눈을 가릴 수 있는 것이므로 심유첩心有睫은 심안心眼에 가린 것이 있는 것이다"라고 하였다.

8 조초기에 따르면 내시內視는 주관이다.

9 마기창에 따르면 이而는 즉則이다. 왕숙민은 말하기를 "마음에 눈이 있으나 주관적인 생각이 있으면 그 마음을 버렸다고 볼 수 없으니 안으로 통하기 어렵다"고 하였다.

10 성현영은 말하기를 "심心·이耳·안眼·설舌·비鼻이다. 이것을 오근五根이라고 하는데, 화가 이 때문에 얻어지니 흉덕이라고 했다"고 하였다. '오근'은 오관五官을 뜻한다.

11 왕숙민은 말하기를 "중中은 심心과 같다. 심덕心德은 앞 글에서 일컬은바 덕유심德有心이다"라고 하였다.

12 조초기에 따르면 비毗는 자訾이니 헐뜯는 것이다.

6-3

窮有八極,[1] 達有三必, 形有六府. 美髥長大壯麗勇敢, 八者俱過人也, 因以是窮.[2] 緣循偃佒,[3] 困畏不若人, 三者俱通達. 智慧外通,[4] 勇動[5] 多怨, 仁義多責.[6] [六者, 所以相形也[7]]. 達生之情者傀, 達於知者肖[8]; 達大命者隨,[9] 達小命者遭.[10]

궁이 유팔극하고 달이 유삼필하고 형이 유육부하니 미염장대장려용감 팔자 구과 인야 인이시로 궁하고 연순언앙 곤외 불약인 삼자 구통달하고 지혜는 외통하고 용동은 다원하고 인의는 다책하니 [육자는 소이상형야니라] 달생지정자는 괴하고 달어지자는 초하고 달대명자는 수하고 달소명자는 조하나니라

---

[1] 성현영은 말하기를 "8극八極과 3필三必과 궁窮과 달達은 사람 몸에 6부六府가 있는 것과 같다. 다음 글에 열거되어 있다"고 하였다.

[2] 곽상은 말하기를 "천하에 단短에서 곤궁한 적은 없으나 언제나 장長한 것 때문에 스스로 곤란을 당하게 된다"고 하였다. 선영은 자기를 과신하기 때문이라고 하였다.

[3] 왕숙민은 말하기를 "연순緣循은 복합어이니 물物에 따르는 것이다"라고 하였다. 조초기는 말하기를 "앙佒은 앙仰과 통한다. 언앙偃仰은 고개를 숙이기도 하고 위를 쳐다보기도 하면서 남에게 따르는 것이니, 비굴하게 순종하는 모습이다"라고 하였다.

[4] 왕숙민에 따르면 지식과 지혜가 밖으로 드러나는 것을 일컫는다.

곤궁해지는 데 여덟 가지 단서가 있고, 순조롭게 잘되는 데 세 가지 필요조건이 있고, 몸에 해를 끼치는 것은 여섯 군데로 모인다. 아름다운 자태와 구레나룻과, 키 큰 것과 몸집이 우람한 것과, 힘센 것과 화려한 것과, 용맹한 것과 과감한 것, 이 여덟 가지가 모두 남보다 나을지라도 자신을 과신하기 때문에 곤궁해진다. 남에게 따르는 것과, 고개를 숙이기도 하고 위를 쳐다보기도 하면서 비굴하게 남에게 따르는 것과, 곤궁하여 고통스럽고 겁이 많고 나약하여 남보다 처지는 것, 이 세 가지는 모두 막히지 않고 통달하게 한다. 지식과 지혜가 밖으로 드러나고 용감하게 남과 다투는 사람은 원망이 많고, 인의를 실행하면 남들이 그에게 요구하는 것이 많으니 여섯 가지는 그로써 서로 해를 끼치는 것이다. 생명의 실정에 통달한 사람은 홀로 우뚝 서지만, 지식에 통달한 사람은 미미해서 보잘것없다. 천명에 통달한 사람은 순리順理하고 인명人命에 통달한 사람은 가로막혀 순리하지 않는다.

---

5 왕숙민에 따르면 동動은 쟁爭과 같다.
6 조초기에 따르면 책責은 '구求하다'이다.
7 원본에는 이 일곱 자가 없으나 『궐오』의 교감에서 유득일 본을 의거한 것에 따라 보충한다.
8 조초기에 따르면 괴傀는 평범하지 않은 것이고, 초俏는 미미해서 보잘것없는 것이다.
9 조초기에 따르면 대명人命은 천명이고, 수隨는 순리順理한 것이다.
10 조초기에 따르면 소명小命은 사람의 명운이고 조遭는 만나는 것인데, 의미를 확대하면 가로막혀 순리하지 않은 것이다.

【대의】

공자의 조상 정고보正考父는 벼슬자리가 올라갈 적마다 더욱 겸손하였으나 범부들은 그와 반대로 오만불손하다고 말하고 있다.

이 장에서는 또한 사람을 살펴보는 아홉 가지 검증방법과 사람이 곤궁해지는 여덟 가지 단서도 말하고 있다.

장형소우에 따르면 이 장의 글에는 유가와 법가의 학설이 섞인 것이 끼어들어가 있다. 이는 『주서』周書 「관인」官人과 『대대례』大戴禮 「문왕관인」文王官人 안에서 사람을 논하는 말과 기본적으로 같고, 『여씨춘추』呂氏春秋 「논인」論人에서 기록한 팔관八觀·육험六驗 등의 설과 비슷하다. 그에 따르면 이 문단은 장자의 학설과 관계가 없을 뿐만 아니라 일반적인 도가의 언론과도 같지 않다.

그러나 이 장에는 양생과 인간의 순수하고 참된 성품을 보존하여 간직하는 방법에 관한 정세한 이론이 있으니, 이는 장자파의 글에 속한다.

7

人有見宋王者, 錫車十乘, 以其十乘驕穉莊子.[1] 莊子曰:「河上有家貧
恃緯蕭而食者,[2] 其子沒於淵, 得千金之珠. 其父謂其子曰:『取石來
鍛之! 夫千金之珠, 必在九重之淵而驪龍頷下, 子能得珠者, 必遭其
睡也. 使[3]驪龍而寤, 子尙奚微之有哉!』今宋國之深, 非直九重之淵
也[4]; 宋王之猛, 非直驪龍也; 子能得車者, 必遭其睡也. 使宋王而寤,
子爲蟹粉矣!」[5]

인이 유현송왕자어늘 사거십승한대 이기십승으로 교치장자한대 장자 왈호되 하
상에 유가빈하야 시위소이식자러니 기자 몰어연하야 득천금지주하야늘 기부 위기
자하야 왈호되 취석래단지하라 부천금지주는 필재구중지연이려룡의 함하니 자
능득주자는 필조기수야로다 사려룡이오런든 자는 상해미지유재리오 금에 송국
지심이 비직구중지연야요 송왕지맹이 비직려룡야니 자 능득거자는 필조기수
야로다 사송왕이오런든 자위제분의인저

---

[1] 성현영은 말하기를 "사錫는 '주다'이고, 치穉는 '뒤따르게 하다'이다. 송양왕宋襄王 때 어떤
용렬하고 치사한 사람이 송나라에 가서 송왕에게 허튼소리를 하여 수레 열 채를 하사받고는
이로써 우쭐대면서 뽐내고 장자를 자기 뒤에 밀어내고 남보다 앞선 것을 스스로 우쭐댔다"
고 하였다.
[2] 조초기는 말하기를 "위緯는 '짜다'이고, 소蕭는 '갈대와 풀억새'이다. 시위소이식자恃緯蕭而食
者는 갈대 제품을 짜는 것에 의지하여 생활을 유지하는 것이다"라고 하였다.
[3] 조초기에 따르면 사使는 가사假使이다.
[4] 왕숙민이 인용한 오창영吳昌瑩 설에 따르면 직直은 특特과 같으니 '단지'이다.
[5] 조초기에 따르면 제분蟹粉은 쇄분碎粉이니 분신쇄골을 비유한다.

송왕宋王을 뵌 사람이 있거늘 수레 열 채를 하사하니 그 열 채를 가지고 교만하게 장자를 뒤로 밀어내니 장자가 말하였다. "황하 강가에서 집안이 가난하여 갈대를 엮어 짜면서 그에 의지하여 생활을 유지하는 사람이 있었다. 그 아들이 깊은 연못에 잠수하여 천금의 구슬을 얻은 일이 있었거늘 그 아버지가 그 아들에게 말하였다. '돌을 가져와서 그것을 때려 부숴라! 대저 천금의 구슬은 반드시 매우 깊은 연못 속 검은 용의 아래턱 밑에 있었을 것이니, 네가 그 구슬을 얻을 수 있었던 것은 반드시 그것이 잠들어 있을 때를 만난 것이리라. 만약 그 검은 용이 깨어 있었던들 너는 그래도 어찌 조금이나마 살아 돌아올 기회가 있었겠는가?' 이제 송나라의 깊이가 단지 깊고 깊은 구중의 연못에 그치지 않고, 송왕의 흉맹함이 단지 검은 용에 견줄 것이 아니다. 그대가 수레를 얻을 수 있었던 것은 반드시 그가 잠든 때를 만난 셈이로다. 만약 송왕이 깨어 있었던들 그대의 몸과 뼈는 가루가 되었을 것이다."

【대의】

이 장에서는 사람이 군주에게 혜택을 입는 것은 자랑스러운 일이 아니라 오히려 언젠가는 화를 당할 수도 있는 일이라고 경고하고 있다.

8

或聘於莊子.[1] 莊子應其使曰:「子見夫犧牛乎? 衣以文繡, 食以芻菽,
及其牽而入於大廟, 雖欲爲孤犢, 其可得乎!」

혹이 빙어장자한대 장자 응기사하야 왈호되 자는 견부희우호아 의이문수하고 사
이추숙하다가 급기견이입어태묘하야는 수욕위고독인들 기가득호아

1 『사기』史記「장자전」莊子傳에서는 초위왕楚威王이 장자를 초빙한 적이 있다고 하였다.

어떤 이가 장자를 초빙한 적이 있었다. 장자가 그 사신에게 대답하여 이르기를 "그대는 저 희생소를 보지 못하였는가? 화려하게 수놓은 옷을 입히고 풀과 콩을 먹이다가 끌려서 태묘大廟에 들어가게 되거늘, 그제야 비로소 고독한 송아지나마 되고자 한들 그럴 수 있겠는가?"

【대의】
이 장에서는 벼슬살이는 군주에게 이용당하다가 희생될 수도 있다는 사실을 시사하였다. 장형소우에 따르면 이 글은 장자파의 정신을 실제로 드러내고 있다.

9

莊子將死, 弟子欲厚葬之. 莊子曰:「吾以天地爲棺槨, 以日月爲連璧,
星辰爲珠璣, 萬物爲齎送.[1] 吾葬具豈不備邪? 何以加此!」弟子曰:
「吾恐烏鳶[2]之食夫子也.」莊子曰:「在上爲烏鳶食, 在下爲螻蟻食, 奪
彼與此, 何其偏也!」[3]

장자 장사어늘 제자 욕후장지러니 장자왈호되 오는 이천지로 위관곽하고 이일월로
위연벽하고 성신으로 위주기하고 만물로 위재송호라니 오의 장구는 기불비야아 하
이가차리오 제자왈호되 오는 공오연지식부자야하노이다 장자왈호되 재상하여는
위오연의 식이요 재하하야는 위루의의 식이리니 탈피여차 하기편야오

---

[1] 왕숙민에 따르면 재송齎送은 유송遺送과 같다. '유송'은 죽은 이를 묘지로 보내면서 증정품을
주는 것이다.
[2] 조초기에 따르면 연鳶은 소리개이다.
[3] 조초기는 말하기를 "편偏은 편파적인 마음이다"라고 하였다.

장자가 죽으려고 하거늘 제자들이 성대하게 장사 지내려고 하였다. 장자가 말하였다. "나는 하늘과 땅으로써 관곽棺槨을 삼고, 해와 달로써 귀중한 도리옥을 삼고, 별들로써 진주와 잔 구슬을 삼고, 만물로써 장례에 쓰는 갖가지 증정품을 삼을 것이다. 나의 장례도구가 어찌 갖추어진 셈이 아니겠는가? 여기에 더 무엇을 보태리오!" 제자들이 말하였다. "저희들은 까마귀와 소리개가 선생님의 몸을 쪼아 먹을까 두렵습니다." 장자가 말하였다. "위에서는 까마귀와 소리개의 밥이 되고, 땅 아래에서는 도루래와 개미의 밥이 될 텐데, 저것들이 먹을 것을 이것들에게 준다면 어찌 편파적인 마음이 아니겠는가?"

【대의】

여기에 이르러 죽음을 달관한 장자의 사상을 잘 표현하고 있다. 조초기에 따르면 유가는 후장厚葬을, 묵가는 박장薄葬을, 장자는 부장不葬을 주장한 것이다.

10

以不平平, 其平也不平[1]; 以不徵徵, 其徵也不徵.[2] 明者唯爲之使,[3] 神者徵之.[4] 夫明之不勝神也久矣,[5] 而愚者恃其所見入於人,[6] 其功外也, 不亦悲乎![7]

이불평으로 평하면 기평야 불평하고 이부징으로 징하면 기징야 부징이니라 명자는 유위지사어든 신자는 징지하나니 부명지불승신야 구의어늘 이우자는 시기소견하야 입어인하야서 기공외야하나니 불역비호아

---

[1] 왕숙민은 말하기를 "성인은 어떤 감정이 없는지라 사람들이 저절로 평화롭도록 맡기니 이것이 참으로 평화로운 것이다"라고 하였다.

[2] 성현영은 말하기를 "성인은 무심하여 자극이 있으면 곧 반응하니 이것이 참된 반응이다. 만약 어떤 의도가 있는 것으로 사물에 반응하면 제대로 반응하지 못한다"고 하였다.

[3] 왕숙민은 말하기를 "之는 所와 같다. 현명한 사람은 광채를 감추지 못하기에 남에게 부려진다"고 하였다.

[4] 왕숙민은 말하기를 "神은 미묘현통하니 무궁하게 순응한다"고 하였다.

[5] 왕숙민은 말하기를 "밝으면 자취가 남지만 신령스러우면 자취가 남지 않으니 자취가 있는 것은 본래 자취가 없는 것보다 못하다"고 하였다.

[6] 왕숙민은 말하기를 "어리석은 사람은 그의 현명함을 믿고서 사람이 하는 일에 빠지게 된다"고 하였다.

[7] 왕숙민에 따르면 外는 疏와 같다.

평화롭지 않은 방법으로 평화롭게 하려고 한다면 그러한 평화는 참으로 평화로운 것이 아니고, 자발적으로 반응하게 하지 않는 방법으로 반응하게 하면 그러한 반응은 참된 반응이 아니다. 겉으로 현명한 사람은 광채를 감추지 못하기에 남에게 부려진다. 신은 미묘현통하니 무궁하게 순응할 수 있다. 대저 현명함이 신을 이기지 못한 지 오래되었거늘 어리석은 사람은 그의 현명함을 믿고서 사람이 하는 일에 빠지게 된다. 그 공은 외형적인 것으로, 자기의 천성으로부터 소원한 것이니 슬프지 않은가?

【대의】

평화는 평화적인 방법으로 얻을 수 있으며, 자발적으로 호응하게 하는 방법으로 참된 호응을 얻을 수 있으며, 현명한 사람은 남에게 부려지고 사람들이 하는 일에 빠질 수 있으며, 공功은 인간의 본성과 관계가 없으며, 인간에게 소중한 것은 자기 영혼 속에 있는 신神이라는 것을 말하고 있다.

왕숙민에 따르면 「열어구」편은 제9장에서 끝나야 할 것 같고, 이 장이 편의 마지막에 있는 것은 군더더기로, 편에 어울리지 않는다.

● 제33편 ● **천하**(天下 第三十三)

이 편에서는 중국 선진先秦시대 도술의 원류와 유파를 논하였다. 그 무렵 유파에는 유가·묵가·명가·도가가 있다. 그에 따르면 고대의 도술은 온전하고 순수했으나 후세의 학자들에 의하여 분열되었다는 것이다.

작자는 묵가와 송견·윤문과 팽몽·전병·신도와 관윤·노담을 열거하고 분석하였다. 그들에 대하여 먼저 도술의 어떤 면을 반영하고 있다는 점을 인정한 뒤 그들의 부족한 점을 비평하고, 관윤·노담에 이르러서야 이들이 진인眞人이라 할 수 있다고 치켜세운 다음 당사자인 장자를 들고 나와 그야말로 도술을 가장 생동감 있게 구현했다고 말하였다. 끝으로 혜시와 그 밖의 변자들의 학설을 기술하고 난 뒤, 혜시는 재사才士에 지나지 않는다고 평가하였다.

『석문』에서는 이 편이 뜻으로 편명을 삼았다고 말하였다. 육장경陸長庚과 요내姚鼐는 이 편이 『장자』의 후서後序라고 말했다. 옛사람들은 종종 자기 견해를 책 말미에 피력하는 일이 있다.

왕숙민은 다음과 같이 말하였다. "이 편은 고금의 도술의 원류와 파벌을 논하면서 장주가 노담의 뒤를 계승하였다는 것과 그의 사승師承의 유래를 밝혔다. 끝에 혜시를 붙였다. 내놓고 유·묵·명·법·도 등 다섯 학파를 포괄하고 있으니 『시자』尸子 「광택」廣澤편과 『순자』荀子 「비십이자」非十二子 「천론」天論 「해폐」解蔽 등 세 편과 『여씨춘추』呂氏春秋 「불이」不二편과 『회남자』 「요략」要略편과 사마담司馬談의 「논육가요지」論六家要指와 『한서』漢書 「예문지·제자략」藝文志·諸子略을 참고해볼 수 있다. …… 또

526

우언편은 『장자』의 자서自序라고 볼 수 있으나 이 편은 장자가 지은 것이 아니어서 자서 또는 후서라고 볼 수 없다. 아마 장자학파에서 기술한 것 같다. 그러므로 장주의 도술을 논하는 장章에서 장자가 지극하다고 높이 추어올렸다. 장자는 본래 자기가 옳다고 한 적이 없는 사람이었다."

또한 조초기는 다음과 같이 말하였다. "이 글을 선진철학사 발전의 총결이라고 보는 것은 매우 합당치 않다. 글 중에서 비록 유가와 법가 등 당시에 비교적 중요한 학파를 언급했지만 결코 맹백히 논하지는 않았기 때문이다. 명백히 논한 학파라도 도술의 구현이라는 각도에서 출발한 것이다. 세勢에 관한 신도愼到의 학설 같은 것은 근본적으로 언급조차 하지 않았다. …… 문장은 방대한 내용을 거침없이 유창하게 써내려가고 고금에 걸쳐 기세가 드높고 방대하며, 또한 조목조목 세밀하면서도 조리 있게 분석했으며, 문장의 범례가 생동하며 감정이 풍부하니 학술을 평론한 글이라고 해서 결코 맛이 떨어지지 않는다. 자기 스스로 장주학파의 문풍文風을 말한 장章은 개괄이 정확하고 심각하여 낭만주의 창작의 특색을 구체적으로 드러내었으니 선진도가 글쓰기의 진귀한 모습이라고 할 수 있다. 「혜시」 1장은 명가의 논변에 관한 중요한 명제들을 기술하고 있으니 명가를 연구하는 데 진귀한 자료이다. 문장 구조 면에서 볼 때 이 일단은 전체의 내용과 어울리지 않으니, 담계보譚戒甫는 원래 「혜시」편이었던 것을 뒷날 편자가 옮겨 넣은 것이라고 여겼다."

1-1

天下之治方術者多矣,¹ 皆以其有爲不可加矣.² 古之所謂道術者, 果
惡乎在? 曰:「无乎不在.」曰:「神何由降? 明何由出?」³「聖有所生,
王有所成,⁴ 皆原於一.」⁵

천하지치방술자 다의로되 개이기유로 위불가가의라 하나니 고지소위도술자 과
오호재오 왈 무호부재하나니 왈 신은 하유강이며 명은 하유출오 성이 유소생하며
왕이 유소성하니 개원어일하나라

---

¹ 조초기에 따르면 방술方術은 한쪽에 치우친 학술이나 기술이다. 그에 따르면 다음 구절의 도
술道術과 함의含義가 같지 않다. 도술은 천도를 반영하는 술術이니 보편적으로 적용할 수 있
는 것이고 만상萬象을 포괄하지만, 방술은 어떤 방면에만 국부적으로 적용할 수 있는 것이다.
² 왕숙민은 "기유其有는 소위所爲와 같으니, 기其는 소所와 같고 유有는 위爲와 같다. …… '소
위'는 소학所學이다"라고 말했다.
³ 곽상은 말하기를 "신명神明은 일에 감촉받은 뒤에 내려오거나 나온다"고 하였다.
⁴ 왕숙민에 따르면 성聖은 신神을 이어받고, 왕王은 명明을 이어받는다.
⁵ 성현영에 따르면 원原은 본本이고, 일一은 도道이다.

천하에 방술을 탐구하는 사람이 많은데 모두들 자기가 가진 것이 더 이상 보탤 것이 없다고 생각한다. 예부터 이른바 도술이라는 것은 과연 어디에 있는가? 말하기를 "있지 않은 곳이 없다"고 한다. 말하기를 "신神은 어디에서 내려오며 명明은 어디에서 나오는가?" 하니 말하기를 "성聖은 생기게 된 내력이 있으며 왕王은 이루어지게 된 까닭이 있으니, 모두 일一에 뿌리를 두고 있다"고 한다.

1-2

不離於宗, 謂之天人. 不離於精, 謂之神人. 不離於眞, 謂之至人, 以
天爲宗, 以德爲本, 以道爲門, 兆於變化, 謂之聖人.[1] 以仁爲恩, 以義
爲理, 以禮爲行, 以樂爲和, 薰然慈仁,[2] 謂之君子.[3] 以法爲分, 以名
爲表,[4] 以參爲驗, 以稽爲決,[5] 其數一二三四是也,[7] 百官以此相齒,[7]
以事爲常,[8] 以衣食爲主, 蕃息畜藏, 老弱孤寡爲意, 皆有以養, 民之
理也.

불리어종을 위지천인이오 불리어정을 위지신인이오 불리어진을 위지지인이오 이
천으로 위종하며 이덕으로 위본하며 이도로 위문하야 조어변화를 위지성인이오 이
인으로 위은하며 이의로 위리하며 이례로 위행하며 이악으로 위화하야 훈연자인은
위지군자라 하나니라 이법으로 위분하며 이명으로 위표하며 이참으로 위험하며 이계로
위결하나니 기수일이삼사 시야니 백관이 이차로 상치하며 이사위상하며 이의식
위주하야 번식축장하야 노약고과로 위의하나니 개유이양 민지리야니라

---

[1] 왕숙민은 말하기를 "조兆는 의미를 확대하여 명明의 뜻이 있다"고 하였다. 성현영은 "이상 4인
은 단지 한 사람일 뿐이다. 그 기능이 다르므로 네 가지 이름이 있다"고 하였다. 성현영은 또
한 「소요유」편의 소疏에서 말하기를 "지至는 그의 체體를 말하고, 신神은 그의 용用을 말하
고, 성聖은 그의 명名을 말한다. 그러므로 '체'의 면에서는 '지'라 하고, '용'의 면에서는 '신'
이라 하고, '명'의 면에서는 '성'이라고 하지만 그 내용은 하나이다. 영靈에 지극히 이르므로
'지'라 하고, 음양의 변화를 헤아릴 수 없으므로 '신'이라 하고, 온갖 사물에 바르게 이름을
붙이므로 '성'이라고 한다"고 하였다. 왕숙민은 "여기에서는 천인天人이 하나 더 있으나 네
사람은 여전히 한 사람이라는 것은 아마 천天은 그의 근본에 대하여 말하니 근본의 면에서는
'천'이라고 말한다. 종본宗本에 부합하므로 천天이라고 한다"고 말했다.
[2] 『석문』에 따르면 훈연薰然은 온화한 모습이다.
[3] 곽상은 말하기를 "이 네 가지 이름의 조잡한 자취에 지나지 않지만 현인·군자가 마음속에
새기는 바이다"라고 하였다.

종宗을 떠나지 않는 것을 천인天人이라 하고, 정精을 떠나지 않는 것을 신인神人이라 하고, 진眞을 떠나지 않는 것을 지인至人이라고 한다. 천天을 으뜸으로 삼으며, 덕을 근본으로 삼으며, 도를 문으로 삼아서 변화에 대하여 조짐을 볼 수 있는 이를 일러 성인聖人이라 하고, 인仁으로써 은택을 베풀며, 의義로써 사리를 분별하며, 예로써 행위의 규범으로 삼으며, 음악으로 성정을 조화하여 온화하고 자애로운 이를 군자君子라고 한다. 법도로써 분별하고 명호名號로써 모범으로 삼으며, 이왕의 일을 참고하여 징험을 삼고, 마음을 하나가 되게 하는 지혜를 상고하여 결단하나니 그 등급의 수를 1·2·3·4로 나누어 일하는 것이 이것이다. 백관이 이로써 서로 서열을 정하며, 일용의 일로써 떳떳한 임무를 삼으며, 백성들의 의식을 위주로 하여 번식하고 생식하고 축적하고 저장하여 노약자와 고아와 홀어미들에게 관심을 기울여 모두 돌보아주는 것이 백성들에 대한 도리이다.

4 성현영은 말하기를 "법도로써 분별하고, 명호名號로써 모범을 삼는다"고 하였다. '명호'는 명칭·칭호이다.
5 해동은 말하기를 "이참위험以參爲驗은 이왕의 일을 참고하여 징험을 삼는 것이고, 이계위결以稽爲決은 일심一心의 지혜를 상고하여 결단하는 것이다"라고 하였다. '일심'은 마음을 하나가 되게 하는 것이다.
6 성현영은 "일이삼사는 명과 법 등이 이것이다"라고 말했다. 명名은 명호이다. 오늘날 우리나라에는 대통령·국무총리·대법원장 등 갖가지 명칭과 직급이 있다.
7 조초기에 따르면 치齒는 서열을 뜻한다.
8 왕선겸에 따르면 사事는 일용日用을 일컫는다. 이상은 법가에 대하여 말한 것이다.

1-3

古之人其備乎! 配神明, 醇天地, 育萬物, 和天下, 澤及百姓, 明於本數,[1] 係於末度,[2] 六通四辟,[3] 小大精粗, 其運无乎不在.[4] 其明而在數度者,[5] 舊法世傳之史,[6] 尙多有之. 其在於詩書禮樂者, 鄒魯之士[7]搢紳先生, 多能明之.[8] 詩以道志, 書以道事, 禮以道行, 樂以道和, 易以道陰陽, 春秋以道名分.[9] 其數散於天下而設於中國者, 百家之學時或稱而道之.

고지인이 기비호인저 배신명하며 순천지하며 육만물하며 화천하하야 택급백성하며 명어본수하며 계어말도하며 육통사벽하야 소대정조에 기운이 무호부재하니 기명이재수도자는 구법세전지사 상다유지하고 기재어시서예악자는 추로지사와 진신선생이 다능명지하니 시이도지하고 서이도사하고 예이도행하고 악이도화하고 역이도음양하고 춘추는 이도명분하니라 기수 산어천하하야 이설어중국자를 백가지학이 시혹칭이도지하니라

---

[1] 조초기에 따르면 명明은 '표현하다'이고, 본수本數는 기본적인 등급과 순서이다.

[2] 조초기에 따르면 말도末度는 구체적인 조치이다.

[3] 성현영에 따르면 육六은 육합六合이고, 사四는 사시四時이다. '육합'은 동서남북 사방과 상하上下이다.

[4] 왕숙민은 말하기를 "운運은 용用과 같다. 그의 작용이 있지 아니함이 없음을 일컫는다. 앞 글의 배신명配神明 이하는 모두 '용'에 대하여 말한 것이다"라고 하였다.

[5] 조초기에 따르면 수도數度는 곧 '본수'와 '말도'이다.

[6] 조초기에 따르면 구법舊法은 옛날 법령이고, 세전지사世傳之史는 사회에 흘러 돌아다니는 역사책이다.

옛적 사람은 아마 완비하지 않았을까? 신명神明에 합하고, 자연을 본보기로 삼으며, 만물을 육성하고 하늘 아래 있는 모든 것을 조화하여 은택이 백성들에게 미치며, 근본에 밝으면서도 구체적인 법도에 통하며, 상하 사방에 통하고 춘하추동 사시에 통하여, 적거나 크거나 정세하거나 조대하거나 그 작용이 있지 않은 곳이 없다. 그 도술 가운데 본수와 말도 면에서 분명히 알 수 있는 것은 옛날의 법전과 세상에 전해오는 역사책에 그래도 많이 기록되어 있다. 그 도술 가운데 시·서·예·악에 있는 것은 추읍鄒邑과 노나라의 유학자와 긴 허리띠를 매고 홀을 꽂은 선생들이 대부분 잘 알고 있었다. '시'로써 사람들의 사상과 감정을 표현하고 '서'로써 정치적인 사건을 기술하고 '예'로써 행위규범을 논하고 '악'으로써 오음五音의 조화를 진술하고 '역'으로써 음양의 이치를 말하고 '춘추'는 명분을 밝히는 것이다. 그 가운데 대략적인 것들이 천하에 흩어져 중원에서 시행되었던 것을 백가百家의 학파가 때로 인용하여 진술하였다.

---

7 전목은 말하기를 "추鄒는 맹자가 태어난 고을이다. 맹자와 장자는 시대가 같은데 서로 일컬은 적이 없다. 이 편에서는 추로鄒魯로써 유가의 학업을 말했으니 그것이 늦게 나왔으리라는 것을 알 수 있다"고 하였다.

8 조초기는 말하기를 "진搢은 홀笏이고 신紳은 긴 허리대이다. 고대에 벼슬한 사람들이 옷에 긴 대를 둘러 동이고서 아울러 허리대 위에 홀을 꽂았다. 그러므로 진신搢紳으로써 벼슬한 사람들을 대신 가리켰는데 진신縉紳이라고 쓰기도 하였다. 명明은 '잘 안다'이다"라고 하였다.

9 조초기에 따르면 이상의 다섯 구절에 대해 마서륜은 원래 주注였던 것이 베껴서 전하는 과정에 정문正文으로 잘못 들어간 것이 아닌가 하고 의심하였다.

1-4

天下大亂,¹ 賢聖不明, 道德不一, 天下多得一察焉以自好.² 譬如耳目
口鼻, 皆有所明, 不能相通. 猶百家衆技也, 皆有所長, 時有所用.³ 雖
然, 不該不徧, 一曲之士也. 判天地之美. 析萬物之理, 察古人之全,⁴
寡能備於天地之美, 稱神明之容.⁵ 是故內聖外王之道, 闇而不明, 鬱
而不發, 天下之人各爲其所欲焉以自爲方.⁶ 悲夫, 百家往而不反, 必
不合矣! 後世之學者, 不幸不見天地之純,⁷ 古人之大體, 道術將爲天
下裂.

천하 대란하야 현성불명하야 도덕불일하야 천하 다득일하야 찰언하야 이자호하니
비여이목구비 개유소명호되 불능상통이 유백가중기야 개유소장하야 시유소용
호되 수연이나 불해불편하야 일곡지사야 판천지지미하며 석만물지리하나니 찰
고인지전컨댄 과능비어천지지미하며 칭신명지용하니 시고로 내성외왕지도 암
이불명하며 울이불발하야 천하지인이 각위기소욕언하야 이자위방하나니 비부라
백가 왕이불반하야 필불합의로다 후세지학자도 불행하야 불견천지지순과 고인
지대체로소니 도술이 장위천하열하리로다

---

¹ 왕숙민은 "모두가 스스로 성현이라고 생각하였다"고 말했다.
² 유월은 "찰察은 마땅히 제際로 읽어야 하며, 일제一際는 일변一邊과 같다"고 하였다.
³ 왕숙민은 말하기를 "어떤 판본에는 용用 앞에 불不 자가 있으니 마땅히 따라야 한다"고 하였
  다. 참고할 만하지만 여기에서는 종전대로 번역하였다.
⁴ 조초기에 따르면 찰察은 산散을 뜻한다.
⁵ 왕숙민에 따르면 용容은 미美의 뜻에 가깝다.
⁶ 왕숙민에 따르면 언焉은 자者와 같다. 조초기에 따르면 방方은 술術이다.
⁷ 전목이 인용한 엄복 설에 따르면 순純은 전全이다.

천하가 크게 혼란하여 성현들의 도가 드러나지 않고 도덕이 통일되지 않아 천하 사람들이 대부분 거기에서 한쪽을 얻어 스스로 좋아하니, 비유컨대 귀와 눈과 코와 입이 모두 각기 밝은 것이 있으나 서로 통하지 못하는 것과 같으니 제자백가의 갖가지 기예技藝가 모두 뛰어난 바가 있어서 때로는 쓸모 있는 것과 같다. 비록 그렇지만 온전히 갖추지 못하고 보편적이지 않아 한 부분만 아는 선비라고 할 수 있다. 천지가 본래 지니고 있는 아름다움을 조각조각 나누고 만물의 무늬를 이리저리 쪼개며 고인의 온전한 도술을 흩뜨리니, 천지의 아름다움을 갖추고 신명의 아름다움에 합할 수 있는 사람이 많지 않다. 이 탓에 내성외왕內聖外王의 도가 어두워져서 밝아지지 않으며 막혀서 발휘되지 않아 천하 사람들이 각기 자기가 하고 싶은 일을 추구하여 스스로 술術을 만드니 슬프다! 제자백가가 제 나름으로 가서 돌이키지 않으니 고인의 도술에 반드시 합하지 않을 것이다. 후세의 학자들은 불행히 천지의 온전한 모습과 고인의 대체를 보지 못하니, 도술이 장차 천하 사람들에 의해 쪼개질 것이다.

【대의】

이 단락에서는 도술道術과 방술方術을 구분하였다. 도술은 천도를 반영하는 것으로 보편적으로 적용할 수 있는 것이라면 방술은 한 부분에만 적용할 수 있는 학술이나 기술이다. 옛적의 성왕은 이러한 도술에 정통하였으나 유가와 법가 학자들이 등장함으로써 그것이 분화하기 시작하였다. 천하가 혼란해진 뒤에 내성외왕內聖外王의 도가 발휘되지 않아 그러한 도술이 천하 사람들에 의해 분열되었다는 것이다.

2-1

不侈於後世, 不靡於萬物,¹ 不暉於數度,² 以繩墨自矯,³ 而備世之急, 古之道術有在於是者. 墨翟禽滑釐聞其風而說之.⁴ 爲之大過, 已之大循.⁵ 作爲非樂, 命之曰節用⁶; 生不歌, 死无服. 墨者汎愛兼利而非鬪, 其道不怒⁷; 又好學而博, 不異,⁸ 不與先王同, 毁古之禮樂.

불치어후세하며 불미어만물하며 불휘어수도하며 이승묵으로 자교하야 이비세지급하니 고지도술에 유재어시자어늘 묵적과 금골리 문기풍이열지하야 위지태과하야 이지태순하야 작위비악하고 명지왈절용이라코 생불가하며 사무복하니 묵자는 범애겸리이비투하야 기도 불노하며 우호학이박 불이하나 불여선왕으로 동하야 훼고지예악하니라

---

¹ 조초기는 "미靡는 낭비이다"라고 하였다.
² 최선 본에서는 휘暉를 혼渾이라고 썼다. 마기창에 따르면 '혼'은 란亂을 뜻한다.
³ 곽상에 따르면 교矯는 려厲이다. 왕숙민에 따르면 '려'는 려勵의 옛 글자이다.
⁴ 성현영은 말하기를 "성이 금禽이고 자가 골리滑釐이니 묵적墨翟의 제자이다"라고 하였다.
⁵ 왕숙민은 말하기를 "이已는 지止이니 불위不爲이다. 지之는 자者와 같다. …… 순循과 순順은 옛적에 통하였다. …… 순順은 신愼과 통한다. …… '위지태과, 이지태순爲之大過, 已之大循은 '하는 것은 너무 지나치고 하지 않는 것은 너무 신중하다'이다"라고 하였다.
⁶ 『석문』에서는 "비악非樂·절용節用은 『묵자』의 두 편명이다"라고 하였다.
⁷ 곽상은 "단지 자기에게 각박하게 할 뿐이다"라고 말하였다.
⁸ 곽상은 말하기를 "이미 스스로 옳다고 한다면 만물이 자기와 모두 같아지기를 바라게 된다"고 하였다.

후세 사람들이 사치하지 않게 하며, 온갖 물건을 낭비하지 않게 하며, 예악제도를 어지럽히지 않으며, 규범으로써 스스로 격려하여 세상의 급한 일에 대처하니 옛적의 도술이 여기에 있는 것이 있거늘 묵적墨翟과 금골리禽滑釐가 그러한 학풍을 듣고 좋아하였다. 그대로 실천하면 너무 지나치게 되고 그것을 하지 않으면 너무 신중한 셈이 될 것이다.「비악」非樂편을 짓고「절용」節用편이라 명명하고, 살아서는 노래 부르지 않고 죽어서는 상복을 입지 말라고 한다. 묵자는 널리 사랑하고 고루 이롭게 하며, 투쟁을 반대한다. 그러한 그의 도는 분노하지 않는 것을 원칙으로 삼으며 또 배우기를 좋아하고 박식하며 사람을 차별하지 말라고 하니 선왕의 제도와 같지 않아 예부터 내려오는 예악제도를 훼손하였다.

2-2

黃帝有咸池, 堯有大章, 舜有大韶, 禹有大夏, 湯有大濩, 文王有辟雍之樂, 武王周公作武.[1] 古之喪禮, 貴賤有儀, 上下有等, 天子棺槨七重, 諸侯五重, 大夫三重,[2] 士再重. 今墨子獨生不歌, 死不服, 桐棺三寸而无槨, 以爲法式. 以此敎人, 恐不愛人; 以此自行, 固不愛己.[3] 未敗墨子道,[4] 雖然, 歌而非歌,[5] 哭而非哭, 樂而非樂, 是果類乎?[6] 其生也勤, 其死也薄, 其道大觳,[7] 使人憂, 使人悲, 其行難爲也, 恐其不可以爲聖人之道, 反天下之心, 天下不堪. 墨子雖獨能任, 奈天下何! 離於天下, 其去王也遠矣.[8]

황제유함지하고 요유태장하고 순유태소하고 우유태하하고 탕유태호하고 문왕이 유벽옹지악하고 무왕주공이 작무하며 고지상례는 귀천이 유의하며 상하 유등하며 천자는 관곽이 칠중이요 제후는 오중이요 대부는 삼중이요 사는 재중이어늘 금묵자 독생불가하며 사불복하고 동관을 삼촌이무곽하야 이위법식하니 이차교인하니 공불애인이며 이차자행이라도 고불애기라 미패묵자도라 수연이나 가이비가하며 곡이비곡하며 락이비락이 시과류호아 기생야에 근하고 기사야에 박호되 기도 태각하야 사인우하며 사인비하니 기행을 난위야라 공기불가이위성인지도ㄹ가 하노라 반천하지심이라 천하 불감하니 묵자 수독능임인들 내천하에 하리오 리어천하라 기거왕야 원의니라

[1] 조초기는 말하기를 "이 구절에서 말한 것들은 오제·삼왕시대 악곡의 대표작이다"라고 하였다.
[2] 『순자』「예론」편에도 이 글이 보인다.
[3] 곽상은 말하기를 "사람들을 모두 각자의 힘에 따르게 하고 정에 맞게 하는 것을 사랑이라고 하는데, 이제 근검을 본보기로 삼으라고 하니 그렇게 하도록 하는 것은 너무 지나치다. 비록 천하 사람들을 넉넉하게 해주고 싶어서 그렇게 할지라도 그렇게 한다고 하여 그들을 사랑하는 것은 아니다"라고 하였다.
[4] 왕숙민은 "패敗는 훼毁이다"라고 말했다.

황제 때에는 함지咸池의 음악이 있었고, 요임금 때에는 태장大章이 있었으며, 순임금 때에는 태소大韶가 있었고, 우임금 때에는 태하大夏가 있었고, 탕임금 때에는 태호大濩가 있었으며, 문왕 때에는 벽옹辟雍이라는 음악이 있었고, 무왕과 주공 시절에는 무라는 음악을 지었다. 예부터 전해 오는 상례喪禮는 귀한 이와 천한 이에게 예의禮儀가 있으며, 윗사람과 아랫사람에게는 등급이 있었다. 천자는 관곽이 일곱 겹이요, 제후는 다섯 겹이요, 대부는 세 겹이요, 사는 두 겹이거늘 이제 묵자는 오히려 살아서 노래 부르지 않고 죽어서 상복을 입지 않으며 오동나무로 만든 관의 두께가 세 치로되 덧널이 없는 것으로써 법식을 삼으려고 한다. 이로써 남을 가르치니 사람을 사랑하지 않게 될까 걱정이며, 이로써 스스로 행할지라도 실로 자기조차 사랑하지 않게 될 것이다. 그러나 아직 묵자의 도가 무너지지는 않았다. 비록 그렇지만 노래 불러야 할 때에도 노래 부르지 않으며 곡해야 할 때에도 곡하지 않으며 즐거워해야 할 때에도 즐거워하지 않는 것이 과연 인지상정에 가깝다고 하겠는가? 그는 살아서는 고생하고 죽어서는 각박하니, 그의 도가 너무 가혹하여 사람을 근심케 하고 사람을 슬프게 하니 그것을 행하기가 어려운지라 그것이 성인의 도라고 할 수는 없을 것 같다. 천하 사람들의 마음을 위반하는지라 천하 사람들이 감당하지 못하니 묵자가 비록 홀로 감당할 수 있다고 한들 천하 사람들을 어찌하리오! 천하 사람들을 이탈하는지라 그것이 왕도에서 멀리 떨어져 있는 것이다.

---

5 선영은 "사람에게는 노래가 없을 수 없는데 묵墨은 노래하는 것을 옳지 않다고 하였다"라고 말했다.

6 선영은 "과연 인정人情에 가깝겠는가?"라고 말했다.

7 왕숙민이 인용한 왕념손 설에 따르면 곡穀은 박薄이다.

8 곽상은 말하기를 "왕자는 반드시 천하 사람들이 기꺼워하는 마음에 합하게 하여 사람들과 더불어 함께 간다"고 하였다.

2-3

墨子稱道曰:「昔者禹之湮洪水, 決江河而通四夷九州也, 名川三百,[1]
支川三千, 小者无數. 禹親自操橐耜而九雜天下之川,[2] 腓无胈, 脛无
毛, 沐甚雨, 櫛疾風, 置萬國. 禹大聖也, 而形勞天下也如此.」使後
世之墨子, 多以裘褐爲衣, 以跂蹻爲服,[3] 日夜不休, 以自苦爲極, 曰:
「不能如此, 非禹之道也, 不足謂墨.」

묵자 칭도왈호니 석자에 우지인홍수 결강하야 이통사이구주야에 명천이 삼백
이요 지천이 삼천이요 소자는 무수하더니 우 친자조탁사하야 이구잡천하지천하실새
비무발하며 경무모하며 목심우하며 즐질풍하야 치만국하니라 우는 대성야로되 이형
로천하야 여차라 하야 사후세지묵자로 다이구갈로 위의하며 이기갹으로 위복하고
일야에 불휴하야 이자고로 위극케 하야 왈 불능여차면 비우지도야라 부족위묵
이라 하니라

---

[1] 곽경번에 따르면 명천名川은 대천大川이다.
[2] 사마표는 말하기를 "구九는 음이 구鳩이다. 구鳩라고 쓴 판본도 있으니 '모이다'를 뜻한다"고
하였다.
[3] 조초기에 따르면 기跂는 극屐과 통하니 나막신이다.

묵자가 도에 대하여 일컫기를 이전에 우禹가 홍수를 막고, 양자강과 황하의 물길을 터서 사방 오랑캐 지역과 구주九州 지역을 통하게 할 적에 이름 있는 큰 시내가 3백이요, 지류가 3천이요, 작은 시냇물은 헤아릴 수가 없었다. 우임금이 몸소 삼태기와 보습을 들고 천하의 냇물을 종횡으로 모이게 하여 관개할 때 장딴지에 털이 없어지고 정강이에 털이 닳아 없어지며 소나기에 목욕하며 사나운 바람에 머리를 빗으며 온갖 고을을 안치하였다. 우임금은 위대한 성인이로되 천하 사람들을 위하여 이와 같이 몸이 고달팠으나, 후세의 묵자학파 사람들은 대부분 짐승 가죽과 칡베로 옷을 지어 입으며, 나막신과 짚신을 신고 밤낮으로 쉬지 않게 하며, 스스로 고생하는 것을 원칙으로 삼게 하며, 이르기를 이와 같이 하지 못하면 우임금의 도가 아니니 묵자의 학도라고 하기에 부족하다고 하였다.

2-4

相里勤之弟子,[1] 五侯之徒,[2] 南方之墨子苦獲, 已齒,[3] 鄧陵子之屬,
俱誦墨經, 而倍譎不同,[4] 相謂別墨;[5] 以堅白同異之辯相訾,[6] 以觭偶
不仵之辭相應,[7] 以巨子爲聖人,[8] 皆願爲之尸,[9] 冀得爲其後世, 至今
不決.[10]

상리근지제자인 오후지도와 남방지묵자인 고획과 기치와 등릉자지속이 구송묵
경호되 이배휼부동하야 상위별묵이로라 하야 이견백동이지변으로 상자하며 이기
우불오지사로 상응하야 이거자로 위성인이라 하야 개원위지시하야 기득위기후세
하야 지금불결하나니라

---

[1] 사마표는 말하기를 "상리근相里勤은 묵자들의 스승이다. 성이 상리相里이고 이름이 근勤이다"
라고 하였다.

[2] 왕숙민은 말하기를 "오후五侯는 성이 오五인 것 같은데 '오'는 오伍와 같다"고 하였다.

[3] 이이는 "두 사람의 성姓과 자字이다"라고 말하였다. 이에 대해 왕숙민은 "성자姓字는 성명姓
名으로 써야 하는데 모두 초楚나라 사람들일지도 모른다"고 하였다. 양류치아오楊柳橋의『장
자역고』莊子譯詁에 따르면 기치已齒의 '기'는 음이 '기'이다. 유월에 따르면『한비자』「현학」편
에 상리씨相里氏의 묵墨이 있고 상부씨相夫氏의 '묵'이 있고 등릉씨鄧陵氏의 '묵'이 있다.

[4] 왕숙민은 "그들이 각기 보는 바를 고수하여 분리되고 어그러져 다르게 되었다"고 말했다.

[5] 조초기에 따르면 별묵別墨은 정통이 아닌 묵가墨家이다.

[6] 견백론堅白論은 중국 전국시기에 논변의 논제 가운데 하나이다. 당시 두 파로 갈렸으니 하나
는 공손룡이 대표자이다. 그는 시각으로는 돌의 흰색을 볼 수 있고 촉각으로는 돌의 단단함
을 만질 수 있으므로 단단함과 흰색은 분리될 수 있다고 주장하였다. 이를 리견백離堅白이라
고 한다. 다른 하나는 묵자가 대표자이다. 그는 단단함과 흰색은 모두 돌의 속성이니 나눌 수
없다고 하였다. 이를 영견백盈堅白이라고 한다.

상리근相里勤의 제자인 오후五侯의 무리와 남방의 묵자학도인 고획苦獲과 기치己齒와 등릉자鄧陵子의 무리가 모두 묵경을 송독誦讀하되 서로 분리되고 어그러져 다르게 되어 서로 별묵別墨이라고 하니, 견백堅白과 동이同異의 논변을 가지고 서로 비방하며, 반대되어 합하지 않는 말로 서로 대답하며, 거자巨子를 성인이라고 하여 모두 그 주인이 되고자 하여, 그의 계승자 되기를 희망하여 지금도 그치지 않았다.

<hr />

7 조초기는 말하기를 "기騎는 기奇와 통하니 홀수이고, 우偶는 쌍雙이다. '기'와 '우'는 상대가 되는 두 숫자이다. 여기에서는 상반의 뜻을 취하고 있다. 오作는 오伍와 통하니 합하는 것이고 응應은 대답하는 것이다"라고 하였다.
8 왕숙민에 따르면 거巨는 거鉅의 가차이다.
9 곽상에 따르면 시尸는 주主이다. 왕숙민에 따르면 지之는 기其와 같다.
10 전목이 인용한 육장경 설에 따르면 결決은 절絶이다.

2-5

墨翟禽滑釐之意則是, 其行則非也. 將使後世之墨者, 必自苦以腓无
胈脛无毛, 相進而已矣.[1] 亂之上也, 治之下也.[2] 雖然, 墨子眞天下之
好也,[3] 將求之不得也, 雖枯槁不舍也,[4] 才士也夫![5]

묵적과 금골리지의즉시나 기행즉비야라 장사후세지묵자로 필자고하야 이비무
발경무모로 상진이이의니 난지상야요 치지하야라 수연이나 묵자는 진천하지호
야니 장구지하야도 부득야하리니 수고고라도 불사야하니 재사야부인저

---

[1] 왕숙민에 따르면 상진相進은 상승相勝과 같다. 상승은 서로 이기려 하는 것이다.

[2] 왕숙민이 인용한 마기창 설에 따르면 상上·하下는 본本·말末과 같다.

[3] 왕숙민은 말하기를 "지之는 소所와 같다. 진천하지호야眞天下之好也는 천하 사람들이 애호하
는 사람이라는 것을 일컫는다"고 하였다.

[4] 왕선겸은 말하기를 "비록 말라비틀어진 나무가 될지라도 그 자신을 버리지 못했다"라고 하
였다.

[5] 왕숙민은 말하기를 "재사才士는 재능 있는 선비이다"라고 하였다. 이상은 묵자와 그 학도들
에 대해 말한 것이다.

544

묵적과 금골리의 뜻은 옳으나 그들이 행한 것은 그른지라, 장차 후세의 묵자학도들로 하여금 반드시 스스로 고생하며 장딴지에 털이 없어지고 정강이에 털이 없어지게끔 하면서 서로 이기려고 할 뿐이다. 이것은 혼란케 하는 데에는 뿌리가 되지만 안정시키는 데에는 지엽말단이다. 비록 그렇지만 묵자는 천하 사람들이 참으로 애호하는 사람이니, 비록 말라비틀어진 나무가 될지라도 자신의 신념을 포기하지 않았으니 재사才士일진저!

【대의】

이 단락에서는 묵자의 학술을 논하였다. 묵학은 사람들을 널리 사랑하고 골고루 이롭게 하고자 투쟁을 반대하고 비악非樂과 절용節用과 절장節葬을 주장했지만 사람들의 정서에 맞지 않으니 왕도라고 볼 수 없다는 것이다. 또한 묵자의 학파가 분화하여 서로를 별묵別墨으로 지칭했다는 후기 묵가에 대해서도 언급하였다. 묵자학파에서는 우禹임금을 추앙하여 사람들에게 이로운 일을 추구했으나 묵자는 하나의 재사才士에 지나지 않았다고 개탄하면서 안타까워하였다.

3-1

不累於俗, 不飾於物,[1] 不苟於人,[2] 不忮於衆, 願天下之安寧以活民
命, 人我之養畢足而止, 以此白心,[3] 古之道術有在於是者. 宋鈃尹文
聞其風而悅之.[4] 作爲華山之冠以自表,[5] 接萬物以別宥[6]爲始; 語心之
容, 命之曰心之行,[7] 以聏合驩,[7] 以調海內, 請欲置之以爲主.[9] 見侮不
辱, 救民之鬪, 禁攻寢兵,[10] 救世之戰. 以此周行天下, 上說下敎,[11] 雖
天下不取, 强聒而不舍者也, 故曰上下見厭而强見也.[12]

불루어속하며 불식어물하며 불구어인하며 불기어중하여서 원천하지안녕하야 이
활민명하야 인아지양을 필족이지하야 이차로 백심하니 고지도술이 유재어시자
어늘 송견윤문이 문기풍이열지하야 작위화산지관하야 이자표하고 접만물호되 이
별유로 위시하며 어심지용하야 명지왈심지행이라 하니라 이이로 합환하며 이조해
내하야 청욕치지하야 이위주케 호리라 하야 견모불욕으로 구민지투하며 금공침병으로
구세지전하야서 이차로 주행천하하야 상세하교하야 수천하불취라도 강괄이불사
자야니 고로 왈상하 견염이강현야라 하나니라

---

[1] 성현영은 말하기를 "세속에 대하여 우려하거나 조심하는 일이 없고, 물物에 대하여 꾸미는
일이 없다"고 하였다. 그러나 여기에서는 '물'을 대중人衆으로 새긴다.

[2] 왕숙민에 따르면 구苟는 마땅히 가苟로 써야 한다.

[3] 최선에 따르면 백심白心은 그의 마음을 명백히 하는 것이다.

[4] 왕숙민은 말하기를 "송견宋鈃은 곧 『맹자』「고자」편의 송경宋牼이니 또한 「소요유」, 그리고
『한비자』「현학」편의 송영자宋榮子이다"라고 하였다. 조초기는 말하기를 "윤문尹文은 『한서』
「예문지」에서 『윤문자』일편이라고 기록했는데 명가名家에 속한다. 오늘날 전해지는 판본의
『윤문자』는 위작이다. 곽말약郭沫若의 고증에 따르면 오늘날의 『관자』중 「심술」心術 「내업」
內業 두 편은 송견이 지은 것이고, 「백심」白心은 윤문이 지은 것이다"라고 하였다.

[5] 『석문』에서 말하기를 "화산華山은 위아래가 균평하니 모자를 만들어 그것을 상징함으로써
자기 마음이 균평하다는 것을 표현했다"고 하였다.

[6] 해동은 말하기를 "유宥는 유囿로 써야 한다. …… 별유別宥는 그 마음이 국한되어 있는 것을
분해하는 것이니 그것을 파하여 제거하는 것을 말하는 것과 같다"고 하였다.

세속에 대하여 우려하거나 근심하는 일이 없고 대중에 대하여 꾸미지 않으며, 사람들에게 가혹하지 않으며, 대중에게 거스르지 않는다. 천하 사람들이 안녕하며 백성들의 생명을 활기차게 하기를 염원하여, 남과 나의 양생이 만족스러워지는 데에서 그친다. 이로써 그의 마음을 명백히 하니 예부터의 도술 가운데 이러한 면에 착안한 사람이 있었다. 송견宋鈃·윤문尹文이 그러한 학풍을 듣고 좋아하여 화산처럼 우뚝 솟은 모자를 만들어 자신의 주장을 상징하고, 온갖 사람들을 접촉하되 편견을 버리는 것으로 으뜸을 삼으며, 마음의 사유기능을 논하여 심리활동이라고 명명하였다. 온갖 사람들이 고루 어울리게 하여 합하게 되면 기뻐하여 이로써 천하 사람들이 서로 협조하게 하여 그러한 학설을 근본으로 삼고자 하였다. 모욕을 당해도 치욕으로 여기지 않으며, 사람들의 싸움을 말리며, 공격을 금하고 싸움을 중지하는 것으로 세상의 전쟁을 구원하고자 하였다. 이로써 천하를 두루 다니며 위로는 군주에게 유세하고 아래로 백성들을 가르쳐 천하 사람들이 받아들이지 않을지라도 완강하게 떠들며 그만두려고 하지 않았다. 그러므로 이르기를 윗사람이나 아랫사람들이 모두 그것을 싫어해도 오히려 억지로 스스로 표현하려 했다 하였다.

---

7 성현영에 따르면 명命은 명名이다. 왕숙민은 말하기를 "심지용心之容과 심지행心之行의 두 지之 자는 모두 소所와 뜻이 같다. 어심소포용자語心所包容者, 명지왈심소추행자名之曰心所推行者이니, 곧 마음이 포용하는 것이 이와 같아서 마음으로 시행하는 것도 이와 같다는 것을 뜻한다"라고 하였다.

8 이에 대하여 『석문』에서는 말하기를 "최선·곽상·왕숙지는 화和라고 말하였다. 이로써 만물을 어울리게 하니 물物에 합하면 기뻐한다"고 하였다.

9 왕숙민은 말하기를 "치지置之는 입차立此와 같으니 앞의 글을 이어받아서 말한 것이다. 청컨대 앞의 글에서 진술한 도를 근본으로 삼고 싶다는 것을 일컫는다"고 하였다.

10 성현영에 따르면 침寢은 식息이다.

11 성현영에 따르면 위로 군왕에게 유세하고 아래로 백성들에게 가르치는 것이다.

12 선영은 말하기를 "사람들이 모두 그것을 싫어해도 오히려 억지로 스스로 표현하고자 했다"고 하였다.

3-2

雖然, 其爲人太多, 其自爲太少, 曰:「請欲固置五升之飯足矣.」先生
恐不得飽, 弟子雖飢, 不忘天下.[1] 日夜不休, 曰:「我必得活哉!」圖
傲[2]乎救世之士哉! 曰:「君子不爲苛察, 不以身假物.」[3] 以爲无益於
天下者, 明之不如己也.[4] 以禁攻寢兵爲外, 以情欲寡淺爲內, 其小大
精粗, 紀行適至是而止.[5]

수연이나 기위인이 태다코 기자위 태소하니 왈 청욕고치오승지반이 족의니 선생이
공부득포에 제자는 수기나 불망천하호라 하고 일야에 불휴하야 왈호되 아는 필득활
재아 도오호구세지사재인저 하나니라 왈 군자는 불위가찰하며 불이신으로 가물하며
이위무익어천하자인댄 명지라도 불여기야라 하야 이금공침병으로 위외하고 이정
욕이 과천으로 위내하니 기소대정조에 기행이 적지시이지하나니라

---

[1] 곽상은 말하기를 "송견·윤문은 천하 사람들을 선생이라 하고 자기를 제자라고 하였다"고 하
였다.
[2] 왕숙민은 말하기를 "도오圖傲는 의도가 높고 큰 것을 일컫는다"고 하였다.
[3] 왕숙민은 말하기를 "앞글의 '불식어물'不飾於物이다"라고 하였다.
[4] 전목이 인용한 마기창 설에 따르면, 이는 그것을 밝히지 않아도 된다는 것을 일컫는다.
[5] 전목에 따르면 왕부지가 말하기를 "사람은 묵가에 가까우나 고난스러운 행동을 하지 않으니
세속에서 이른바 자기 분수에 편안하고 특별히 추구하는 일이 없는 사람이다. 그가 싫어하는
것을 피하지 않고 억지로 사람들에게 떠드는 것은 또한 참을성이 있는 것이다"라고 하였다.

비록 그렇지만 그는 남을 위하는 일이 너무 많고 자기를 위하는 것이 너무 적었으니 말하기를 "청컨대 우선 다섯 되쯤의 밥을 마련해주면 충분하다"고 하였으니 선생님이 배부르지 못할까 걱정스러운데 제자는 비록 굶주릴지라도 천하 사람들을 잊지 못하겠노라고 하더라. 밤낮으로 쉬지 않으면서 이르기를 "그래도 우리는 반드시 살아갈 수 있다"고 하는구나. 높고 크도다! 이들은 세상을 구하려는 선비들일진저! 그들은 말하기를 "군자는 지나치게 들추지 않으며, 자기 자신을 가지고 대중에게 거짓으로 대하지 않는다"고 하며, 천하 사람들에게 무익한 일을 밝히느니 그만두는 것만 못하다고 하며, 공격을 금하고 싸움을 중지하는 것으로 밖을 삼고 정욕을 적고 엷게 하는 것으로 내면의 수양을 삼으니, 그들은 작은 일이나 큰일, 그리고 정세한 일이나 거친 일에서 그들의 행위가 마침 여기에 이르러 그칠 뿐이다.

【대의】

이 단락에서는 송견宋銒과 윤문尹文의 학파를 논하였다. 모욕을 당해도 치욕으로 여기지 않으며 사람들의 싸움을 말리고자 하면서 정욕을 적고 엷게 하는 것으로 내면적인 수양을 삼았다. 그래서 그들은 남을 위하기에 힘쓰고 자기 자신에게는 가혹했다는 것이다.

조초기에 따르면 이러한 사상은 묵가와 같은 점이 있으며, 정욕을 적게 해야 한다는 사상은 장자학파에 의해 취해졌다고 한다.

4-1

公而不黨, 易而无私, 決然无主,[1] 趣物而不兩,[2] 不顧於慮, 不謀於知, 於物无擇, 與之俱往, 古之道術有在於是者. 彭蒙田駢愼到聞其風而悅之.[3] 齊萬物以爲首, 曰:「天能覆之而不能載之, 地能載之而不能覆之, 大道能包之而不能辯之.」[4] 知萬物皆有所可, 有所不可, 故曰:「選則不徧, 敎則不至, 道則无遺者矣.」

공이부당하며 이이무사하며 결연무주하야 취물이불량하며 불고어려하며 불모어지하며 어물에 무택하야 여지구왕이니 고지도술이 유재어시자어늘 팽몽과 전병과 신도왜 문기풍이열지하야 제만물하야 이위수하야 왈호되 천은 능부지호되 이불능재지하며 지는 능재지호되 이불능부지하고 대도는 능포지호되 이불능변지라하야 지만물이 개유소가하며 유소불가하니 고로 왈 선즉불편이라 교즉부지어니와 도즉무유자의라 하노라

---

[1] 왕숙민에 따르면 연然은 이而와 같다.

[2] 왕숙민은 말하기를 "취趣는 가차하여 취取가 된다. …… 취물이불량趣物而不兩은 물物을 취하는 것이 오직 하나일 뿐이라는 것을 일컫는다"고 하였다.

[3] 『석문』에서 말하기를 "전병田駢은 제나라 사람으로 직하稷下에 출입하였는데 저서가 15편이다. 신자愼子는 이름이 광廣이다"라고 하였다. 성현영은 말하기를 "성이 팽彭이고 이름이 몽蒙이다"라고 하였다. 조초기는 말하기를 "전병은 곧 진병陳駢이다"라고 하였고, 유월은 말하기를 "팽몽은 마땅히 전병의 스승이어야 한다"고 하였다.

[4] 조초기에 따르면 변辯는 분변分辨하는 것이다.

공정하되 패거리를 만들지 않고, 평이하되 사사로움이 없으며, 이치에 따라 결단하되 특별한 자기 주장이 없어서 사물에 따라 선택하되 이랬다 저랬다 하지 않으니 앞뒤를 돌아보지 않으며, 지식을 도모하지 않으며, 갖가지 사물에 대하여 가리지 않고, 따라서 그와 함께 변화하여 나아가니, 예부터의 도술 가운데 이러한 면에 관심을 기울인 사람이 있으니 팽몽彭蒙 · 전병田駢과 신도愼到가 그러한 학풍을 듣고 좋아하였다. 갖가지 사물들을 하나가 되게 하는 것을 으뜸으로 삼아 이르기를 "하늘은 덮어줄 수 있으나 실어주지 못하며, 땅은 실어줄 수 있으나 덮어주지 못하고, 대도大道는 포용할 수 있으나 분변하지 못한다"고 하여 만물은 모두 취할 점도 있고 취할 수 없는 것도 있다고 하니, 그러므로 이르기를 "무언가를 선택하게 되면 두루 하지 못하여 어떤 것은 배제하게 되는지라, 어떤 것을 가르치면 다른 것에는 이르지 못할 수 있지만 도는 빠뜨리는 것이 없다"고 하였다.

4-2

是故愼到棄知去己,[1] 而緣不得已, 冷汰於物,[2] 以爲道理, 曰:「知不
知, 將薄知而後鄰傷之者也.」[3] 謑髁无任,[4] 而笑天下之尙賢也; 縱脫
无行, 而非天下之大聖.[5] 椎拍輐斷, 與物宛轉,[6] 舍是與非, 苟可以免,[7]
不師知慮, 不知前後, 魏然而已矣. 推而後行, 曳而後往,[8] 若飄風之
還, 若羽之旋, 若磨石之隧, 全而无非, 動靜无過, 未詳有罪.

시고로 신도 기지거기하고 이연부득이하야 냉태어물로 이위도리하야 왈 지부지
하면 장박지이후에 린상지자야라 하야 혜와무임하야 이소천하지상현야하며 종탈
무행하야 이비천하지대성하고 추백완단하야 여물로 완전하야 사시여비하야 구가
이면하며 불사지려하며 부지전후하야 위연이이의하야 추이후에 행하며 예이후에
왕하나니 약표풍지선하며 약우지선하며 약마석지수하야 전이무비하며 동정무과라
미상유죄하니

[1] 유월은 말하기를 "『사기』史記 「맹순열전」孟荀列傳에서 신도는 조趙나라 사람으로 십이론十二
論을 지었다고 하였다. 『한서』「예문지」에서는 법가에 신자愼子 42편이 있는데 이름이 도뒈到이
다"라고 하였다.

[2] 왕숙민은 말하기를 "냉태冷汰는 사태沙汰이니 사태는 청철淸澈과 뜻이 또한 서로 관계가 있
다. 기지거기棄知去己는 자기에게 투명하고 밝게 하는 것이며, 냉태어물冷汰於物은 남에게 밝
고 투명하게 하는 것이다"라고 하였다.

[3] 왕숙민에 따르면 손이양은 말하기를 "린鄰은 마땅히 린磷으로 읽어야 하니 린상鄰傷은 훼상
毁傷이라고 말하는 것과 같다"고 하였다.

[4] 『석문』에서 말하기를 "혜와謑髁는 바르지 않은 모습이다"라고 하였다.

[5] 왕숙민은 말하기를 "이는 속됨이 없이 마음 내키는 대로 하면서도, 행적을 돌아보지 않으면서
천하 사람들이 성인을 위대하다고 생각하는 것을 옳지 않다고 하는 것을 일컫는다"고 하였다.

이 때문에 지식을 포기하고, 자기를 버리고 부득이에 따라 온갖 사물들의 변화에 맑고 투명한 것으로 도리를 삼아서 이르기를 "알려고 하면 참된 것을 모르게 되며, 지식을 경시한 뒤라야 그것을 훼손할 수 있는 것이다"라고 하면서 바르지도 않고 책임감도 없이 천하에서 현자들을 숭앙하는 것을 조소하여 속됨이 없이 마음 내키는 대로 하면서 천하 사람들이 성인을 위대하다고 생각하는 것을 옳지 않다고 하고, 쇠뭉치로 때리거나 깎아내는 연장으로 절단하여 일에 따라 정하여 시와 비를 버려 구차하게 당시의 번거로움에서 우선 면하고자 하여, 지식과 사려를 스승 삼지 않으며, 앞뒤를 돌아보지 않아 우뚝 홀로 설 뿐이다. 밀린 뒤에 행하고 끌린 뒤에 가나니 마치 회오리바람이 도는 것과 같고 떨어지는 깃털이 회전하는 것과 같으며, 닳은 돌이 구르는 듯하여 온전하게 하지만 시비함이 없으며 동정에 지나침이 없는지라 죄를 지은 적이 없다.

---

6 왕숙민은 말하기를 "추백완단椎拍帊斷은 형벌을 쓸 때 때리기도 하고 끊기도 한다는 것이니, 형법을 사용하는 것을 비유한다. 여물완전與物宛轉은 일에 따라서 정하는 것을 일컫는다"고 하였다.

7 왕숙민은 말하기를 "사시여비舍是與非는 옳으냐 그르냐를 말할 것이 없다는 것이다. …… 장자는 시是라고 하면 그런가 하고 비非라고 하면 그러냐면서 시와 비의 자연에 따라야 시와 비를 고집하지 않는 것이라고 생각한다. 장자는 이치에 통달하기를 주장하지만 신자는 해를 면하면 된다고 생각한다"고 하였다.

8 왕숙민은 말하기를 "장자가 일컫는 부득이는 그렇게 하지 않을 수 없는 것이니 자연으로 돌리는 것을 뜻한다. 감感이니 박迫이니 한 것은 모두 자연이다. 신자愼子의 부득이는 억지로 한다는 뜻이 있으니 미느니 끄느니 하는 것은 모두 억지로 한다는 것이다"라고 하였다.

是何故? 夫无知之物, 无建己之患; 无用知之累, 動靜不離於理, 是
以終身无譽.[9] 故曰:「至於若无知之物而已, 无用賢聖,[10] 夫塊不失
道.」[11] 豪桀相與笑之曰:「愼到之道, 非生人之行而至死人之理,[12] 適
得怪焉.」

시는 하고오 부무지지물은 무건기지환하며 무용지지루하며 동정에 불리어리라
시이로 종신무예라 고로 왈호되 지어약무지지물이이오 무용현성이니 부괴면 불
실도라 호늘 호걸이 상여소지하야 왈호되 신도지도는 비생인지행이라 이지사인지
리라 하야 적득괴언하니라

---

[9] 왕숙민은 말하기를 "동動할 때나 정靜할 적에 이에 이치를 떠나지 않거늘 그런데도 어찌 허
물과 명성을 계산하리오!"라고 하였다.

[10] 곽상은 말하기를 "오직 성인이 된 뒤에 지식과 고의를 버리고 자연의 이치에 따를 수 있다.
그러므로 어리석은 사람과 지혜로운 이가 제자리를 알맞게 차지하고, 귀천이 자리를 제대
로 차지하며, 현명한 사람과 불초한 사람이 실정에 따르는데도 현인과 성인이 쓸데없다고
하니 그 때문에 도를 모르는 이라고 한다"고 하였다.

[11] 왕숙민은 말하기를 "괴불실도塊不失道는 「지북유」편에서 장자가 이른바 도가 기왓장에도 있
다고 말한 것과 비슷하다. 장자의 뜻은 도가 있지 않은 곳이 없다는 데 있으나, 신자는 도를
비유하여 흙덩이처럼 죽어서 고요한 물건이라고 하니, 하나는 원만하게 통하고 하나는 집
착하고 있는 셈이니, 같은 것 같지만 사실은 다른 것이다"라고 하였다.

[12] 왕숙민은 말하기를 "지之는 소所와 같고, 지至는 실實과 같다"고 하였다.

554

이것은 무엇 때문인가? 대저 지각작용이 없는 물건은 자기를 내세우는 폐단이 없으며, 지식을 써야 하는 번거로움이 없어서 동정動靜에 이치를 떠나는 일이 없다. 이 때문에 종신토록 허물도 없고 명성도 없게 된다. 그러므로 무지한 물건처럼 되는 데 이르러 그칠 뿐이라고 한다. 호걸들이 서로 웃으며 말하기를 "신도의 도는 산 사람의 행동규범이 아니라 죽은 사람의 도리에 이른 것이라고 하여 사람들이 괴이쩍게 여기기에 마침 맞다"고 하였다.

4-3

田駢亦然, 學於彭蒙, 得不敎焉.[1] 彭蒙之師曰:「古之道人, 至於莫之
是莫之非而已矣. 其風窢然,[2] 惡可而言?」常反人, 不見觀,[3] 而不免
於玩貌斷.[4] 其所謂道非道, 而所言之韙不免於非. 彭蒙田駢愼到不
知道. 雖然, 槪乎皆嘗有聞者也.[5]

전병도 역연하야 학어팽몽하야 득불교언하니라 팽몽지사는 왈 고지도인은 지어
막지시하며 막지비이이의니 기풍이 획연이어니 오가이언이리오 상반인하야 불견
관이라 이불면어완단하니 기소위도 비도라 이소언지위이 불면어비하니라 팽몽전
병신도는 부지도하니 수연이나 개호댄 개상유문자야니라

---

[1] 왕숙민에 따르면 득불교得不敎는 득불가언지교得不可言之敎와 같다.
[2] 조초기는 말하기를 "획窢은 바람이 신속하게 불고 지나가는 소리이다. 이 구절은 바람으로
교화를 비유하였고, 도인의 영향을 가리킨다"고 하였다.
[3] 조간의趙諫議 본에서는 견見이 취聚로 되어 있다. 왕숙민에 따르면 취聚는 옛적에 취取와 통
하였다.
[4] 왕숙민에 따르면 '이불면어완단'而不免於貌斷은 또한 형벌을 면치 못한다는 것을 일컫는다.
[5] 왕숙민은 말하기를 "모양은 비슷하나 신神은 다르다. 그가 말한 도는 도라고 할 것이 없어서
죽어서 고요한 도인 셈이고 형명刑名에 귀착하고 말았으니 고목선枯木禪과도 크게 구별되는
것이다"라고 하였다. 고목선은 참선하여 마른나무처럼 어떤 것에도 동요하지 않는 마음을 뜻
한다.

전병도 그러하여 팽몽에게 배워서 언어로 말할 수 없는 가르침을 터득하였다. 팽몽의 스승은 말하기를 "예부터의 진인은 그를 옳다고도 할 수 없고 그르다고도 할 수 없는 경지에 이르렀다고 하니, 그 교화의 영향이 획하고 지나가는 바람과 같으니 어찌 말로 할 수 있겠는가?"라고 하였다. 항상 사람들의 뜻을 어겨 사람들에게 환영받지 못한지라 형벌을 면치 못하니, 그들이 말한 도는 진정한 도가 아니다. 그들이 말한바 옳다고 하는 것이 그른 것을 면치 못한다고 한다! 팽몽·전병·신도는 실제로는 도를 모르는 것이다. 비록 그렇지만 대략 모두가 일찍이 들은 것이 있는 사람들이다.

【대의】

이 장은 법가의 학설을 논하였다. 팽몽彭蒙과 전병田駢과 신도愼到는 공과 사를 구분했으며, 지식을 버리고 갖가지 사람이나 사물을 하나 되게 하는 것을 추구했으며, 현자를 숭상하고 일을 조소하면서 형벌을 사용하기를 추구하였다는 것이다. 그러나 그러한 학설은 산 사람의 행동규범이 아니라 죽은 사람의 도리라고 보았다. 이는 법가의 형식주의와 획일주의를 비판한 것이다.

조초기는 말하기를 "신도와 전병은 모두 황노黃老 도덕의 술을 배웠다. 그러므로 장자 학술의 내원來源과 같은 곳이 있다. ……그러나 그들은 아직 융회融會 관통貫通하지 못하였기에 하나의 진정한 도를 총괄하여 추상해내지 못했"고 하였다.

5-1

以本爲精, 以物爲粗,[1] 以有積爲不足, 澹然獨與神明居,[2] 古之道術有
在於是者. 關尹老聃聞其風而悅之.[3] 建之以常无有,[4] 主之以太一,[5]
以濡弱謙下爲表,[6] 以空虛不毀萬物爲實.[7]

이본으로 위정하고 이물로 위조하고 이유적으로 위부족하야 담연독여신명으로 거
하니 고지도술에 유재어시자어늘 관윤과 노담괘 문기풍이열지하야 건지이상무
유하고 주지이태일하야 이유약겸하로 위표하고 이공허불훼만물로 위실하니라

---

[1] 성현영은 말하기를 "본本은 무無이고, 물物은 유有이다. '무'를 쓰는 것이 묘妙이니 '도'는 정
精이고, '유'를 쓰는 것이 사事이니 '물'은 조粗이다"라고 하였다.

[2] 조초기에 따르면 신명神明는 도의 작용이다.

[3] 『석문』에서 말하기를 "관윤關尹은 관령關令인 윤희尹喜이다. 어떤 이는 말하기를 윤희의 자는
공도公度라고 하였다. 노담老聃은 노자이다"라고 하였다.

[4] 왕숙민에 따르면 상무유常无有는 '상무'와 '상유'를 아울러서 말한 것 같다.

[5] 왕숙민에 따르면 태일太一은 도이다.

[6] 조초기는 말하기를 "유濡는 연輭과 통하는데 지금은 연軟이라고 쓴다. 표表는 외표형식外表形
式이다"라고 하였다.

[7] 조초기는 말하기를 "도체道體는 공허하므로 만물을 포용할 수 있다. 그러므로 도를 터득한
사람들의 내심內心은 공허하여 만물에 대하여 훼손하지 않는다"고 하였다.

근본으로 정수를 삼으며, 천지만물을 거친 것으로 삼으며, 축적한 것을
마음이 만족할 줄 모르는 것으로 여겨, 담박하게 홀로 천지신명과 함께
하니, 예부터의 도술 가운데 이러한 면에 관심을 둔 사람이 있거늘 관윤
關尹과 노담老聃이 그러한 학풍에 대하여 듣고서 좋아하였다. 영원한 무無
와 영원한 유有로써 세우고, 태일太一을 위주로 하여 유약과 겸허하게 낮
추는 것으로써 표현하고 공허하여 만물을 훼손하지 않는 것을 내용으로
삼는다.

5-2

關尹曰:「在己无居, 形物自著.[1] 其動若水, 其靜若鏡, 其應若響, 芴乎若亡,[2] 寂乎若清. 同焉者和, 得焉者失.[3] 未嘗先人而常隨人.」

관윤은 왈호되 재기무거면 형물이 자저하야 기동이 약수하며 기정이 약경하며 기응이 약향하야 홀호약망하며 적호약청하리니 동언자 화요 득언자 실이라 미상선인이오 이상수인이라 하니라

---

[1] 조초기는 말하기를 "거居는 지止이니 머무르는 것이다. 저著는 '뚜렷하다'이다"라고 하였다.
[2] 왕숙민에 따르면 홀芴은 홀忽과 통한다.
[3] 조초기는 말하기를 "메아리와 소리는 같다. 그러므로 조화할 수 있고, 얻은 바가 있으면 잃는 것도 있게 된다"고 하였다.

관윤은 이르기를 "자기에게 머무르게 하는 일이 없으면 유형한 사물들이 저절로 뚜렷해진다. 그가 움직이는 것은 물과 같고, 그가 가만히 있을 때에는 거울과 같으며, 그의 반응은 메아리와 같아 홀연히 없어지는 듯하며, 고요하여 맑은 듯하다. 같은 소리들끼리는 서로 조화를 이룰 수 있으나 얻으려는 사람은 잃게 된다. 남에게 앞서려 한 적이 없고, 언제나 남의 뒤를 따르리라"고 하였다.

5-3

老聃曰:「知其雄, 守其雌, 爲天下谿[1]; 知其白, 守其辱, 爲天下谷.」[2]
人皆取先, 己獨取後, 曰受天下之垢[3]; 人皆取實, 己獨取虛, 无藏也
故有餘,[4] 巋然而有餘.[5] 其行身也, 徐而不費,[6] 无爲也而笑巧[7]; 人皆
求福, 己獨曲全, 曰苟免於咎. 以深爲根,[8] 以約爲紀, 曰堅則毁矣, 銳
則挫矣.[9] 常寬容於物, 不削於人,[10] 可謂至極. 關尹老聃乎![11] 古之博
大眞人哉!

노담은 왈호되 지기웅하고 수기자하야 위천하계하며 지기백하고 수기욕하야 위천
하곡하며 인개취선이어든 기독취후하야 왈수천하지구라 하며 인개취실이어든 기독
취허호리니 무장야고로 유여라 규연이유여하니라 기행신야에 서이불비하며 무위
야이소교니 인개구복이어든 기독곡전하야 왈구면어구라 하야 이심위근하고 이약
위기하야 왈 견즉훼의요 예즉좌의라 하야 상관용어물하야 불삭어인이 가위지극
이라 하니 관윤노담호여 고지박대진인재인저

1 백서노자帛書老子 갑본甲本에서는 계谿가 계溪로 되어 있는데, 왕숙민에 따르면 계溪는 계谿
   와 같다.
2 『노자』 28장에 보인다.
3 『노자』 78장에 보인다.
4 왕숙민은 말하기를 "무장无藏은 무적無積과 같다"고 하였다.
5 곽상은 이 구절에 대해 "독립자족獨立自足을 일컫는다"고 말하였다.
6 왕숙민은 말하기를 "이는 자기 행실을 편하게 하여도 손상됨이 없다는 것을 일컫는다"고 하
   였다.

562

노담은 말하기를 "그 수컷을 알고 그 암컷을 지켜 천하의 골짜기 물이 되며, 그 광명을 알고 그 굴욕을 지켜 천하의 골짜기가 되며, 사람들은 모두 앞서기를 취하거늘 자기만이 뒤를 취하여 이르기를 천하의 욕을 감당한다"고 하며, 남들이 모두 실實을 취하거늘 자기만이 허虛를 취하겠다고 하니, 쌓아두려고 하는 마음이 없으므로 언제나 마음에 여유가 있는지라 높은 산처럼 홀로 우뚝 서서 스스로 만족함이 있게 된다. 그가 사회에서 일할 때에는 서두르지 않고 힘들이지 않으며, 무위하면서 기민하게 일하는 사람들을 비웃으니, 사람들이 모두 복을 구하거든 자기만이 홀로 굽히어 온전하고자 한다. 이를 일러 우선 화를 면하고자 하는 것이라고 한다. 뿌리를 깊이 내리게 하고, 검약으로 행동의 기강을 삼아 이르기를 "단단하면 부서지고 날카로우면 꺾인다"고 하여 언제나 사람들에 대하여 관용하여 남에게 각박하게 하지 않으니, 비록 아직 극치에 이르지 않았을지라도 지극하다고 할 수 있다. 관윤과 노담이여! 옛적의 넓고 위대한 진인일진저!

---

7 조초기는 말하기를 "교巧는 기교이다"라고 하였다.

8 『노자』 59장에서 심근深根·고저固柢라고 하였다. '심근고저'는 뿌리를 깊이 내리고 꽃받침을 단단하게 하는 것이니, 뿌리에 해당하는 기氣를 깊게 뿌리내리게 하고 꽃받침에 해당하는 정精을 튼튼하게 하는 것이다.

9 『노자』 4장에서 좌기예挫其銳라고 하였다. '좌기예'는 예리한 것을 무디게 하는 것이다.

10 왕숙민에 따르면 삭削은 각刻과 같다.

11 어떤 판본에서는 가위可謂를 수미雖未라고 썼다.

5-4

芴漠无形,[1] 變化无常, 死與生與, 天地竝與,[2] 神明往與! 芒乎何之, 忽乎何適,[3] 萬物畢羅, 莫足以歸,[4] 古之道術有在於是者. 莊周聞其風而悅之. 以謬悠之說, 荒唐之言,[5] 无端崖之辭,[6] 時恣縱而不儻,[7] 不以觭見之也.[8] 以天下爲沈濁, 不可與莊語,[9] 以卮言爲曼衍, 以重言爲眞, 以寓言爲廣.[10]

홀막무형하며 변화무상이로다 사여아 생여아 천지로 병여아 신명으로 왕여아 망호하지며 홀호하적고 만물이 필라하니 막족이귀로다 고지도술에 유재어시자어늘 장주 문기풍이열지하야 이류유지설과 황당지언과 무단애지사로 시자종이부당하야 불이기로 견지야하며 이천하로 위침탁하야 불가여장어라 하야 이치언으로 위만연하며 이중언으로 위진하며 이우언으로 위광하야

---

[1] 『석문』에 따르면 원가본元嘉本에서는 홀芴을 적寂으로 썼다.

[2] 「제물론」에서 말하기를 "천지는 나와 함께 생긴다"고 하였다.

[3] 「지락」에서 잡호망홀지간雜乎芒芴之間이라고 했는데, '망'과 '홀'은 각각 황恍과 홀惚으로 같이 읽는다.

[4] 왕숙민은 말하기를 "만물을 포괄하니 돌아가 속할 곳이 없다"고 하였다.

[5] 왕숙민은 말하기를 "유유지설謬悠之說은 공허하고 원대하여 내용이 없는 말이다. 황荒이나 당唐에는 모두 크다는 뜻이 있다"고 하였다. 성현영에 따르면 '황당'은 광대한 것이다.

[6] 조초기는 말하기를 "무단애无端崖는 끝이 없는 말이다"라고 하였다.

[7] 왕숙민에 따르면 당儻은 옛적에 당黨과 통했다.

[8] 조초기에 따르면 기觭는 오늘날 어떤 경향이라고 말한 것과 같다.

[9] 『석문』에 따르면 장莊은 단정한 것이다.

[10] 치언卮言과 중언重言과 우언寓言은 「우언」에 보인다.

적막무형하여 사물의 변화에 따라 변화하여 일정함이 없도다. 죽음이여 삶이여, 천지와 함께하고 천지신명과 함께 왕래하는가? 황홀하구나! 어디로 가며, 황홀하도다! 어디로 가는고? 만물이 모두 포괄되어 있으니 귀의할 만한 곳이 없도다. 예부터 도술 가운데 이러한 면에 관심이 있는 사람이 있거늘 장주가 그러한 학풍을 듣고 좋아하여 심원하고 원대하여 내용이 없는 말과 광대하여 헤아릴 수 없는 말과 끝 간 데를 알 수 없는 말을 때로는 제멋대로 하지만 치우치는 일이 없어서 어떤 경향을 드러내지 않는다. 천하 사람들이 어둡고 탁한 물에 깊이 빠졌다고 생각하여 그들과 더불어 단정한 언어로 말할 수 없다고 하여 치언卮言으로 발휘하며 중언重言으로 참된 말을 삼으며 우언寓言으로 천명하였다.

獨與天地精神往來而不敖倪於萬物,[11] 不譴是非, 以與世俗處.[12] 其書
雖瓌瑋而連犿无傷也.[13] 其辭雖參差而諔詭可觀.[14] 彼其充實不可以
已,[15] 上與造物者遊, 而下與外死生无終始者爲友.[16] 其於本也, 弘大
而辟, 深閎而肆,[17] 其於宗也, 可謂稠適而上遂矣.[18] 雖然, 其應於化
而解於物也,[19] 其理不竭, 其來不蛻,[20] 芒乎昧乎, 未之盡者.[21]

독여천지정신으로 왕래호되 이불오예어만물하며 불견시비하야 이여세속으로 처
하며 기서 수괴위하나 이연변하야 무상야하며 기사 수츤치하나 이적궤하야 가관이며
피기충실이라 불가이이며 상여조물자유코 이하여외사생무종시자로 위우라 기
어본야에 홍대이벽하며 심굉이사하고 기어종야에 가위조적이상수의니라 수연이나
기응어화이해어물야에 기리 불갈하며 기래 불세하며 망호매호라 미지진자니라

---

[11] 왕숙민에 따르면 오예敖倪는 오만하게 보는 모습이다.
[12] 왕숙민은 말하기를 "시是와 비非를 각기 자연의 분수에 그치게 하니, 이것이 장자가 세속
사람들과 함께 처하는 도이다"라고 하였다.
[13] 『석문』에 따르면 괴외瓌瑋는 기특한 것이다. 이이에 따르면 연변連犿은 변화에 따르는 것이다.
[14] 성현영은 적궤諔詭가 골계滑稽와 같다고 하였다. 「덕충부」에서 이이는 말하기를 "골계는 기
이한 것이다"라고 하였다.
[15] 성현영에 따르면 이已는 지止이다. 왕숙민에 따르면 피기彼其는 복합어이니 기其도 피彼
이다.
[16] 왕숙민은 말하기를 "조물자造物者는 도이다. 외사생무종시자外死生无終始者는 도를 터득한
사람이다. 위로는 도와 노닐고, 아래로는 도를 터득한 사람과 벗한다는 것을 일컫는다"고
하였다.

홀로 천지 정신과 함께 왕래하되 온갖 사물을 오만하게 대하지 않으며, 시륜와 비非를 따지지 않아 세속과 함께 처한다. 그의 글은 비록 기특하나 변화하는 대로 따라 사람을 해치는 일이 없다. 그의 어휘는 비록 다양하게 변화하면서도 살아 움직이는지라 기이하여 볼만하다. 그의 말의 이치가 충실한지라 그만둘 수 없다. 위로 조물주와 노닐고 아래로는 도를 터득한 사람과 벗을 삼는다. 그는 근본에 대하여 박대博大하면서도 열려 있으며, 깊고 크며 시원시원하고, 온갖 사물의 으뜸이 되는 도에 조화롭게 통하면서 위로 현묘한 도에 이르렀다고 할 수 있다. 비록 그렇지만 사물의 변화에 응하고 아래로 온갖 사물에 통달하여, 이치에 응함에 끝이 없다. 그는 흔적을 남기지 않은 채 찾아오며, 그의 학문은 크기가 끝을 모를 정도이고, 깊어서 헤아릴 수 없고 아득하고 황홀하여 어디에 완전히 귀속시킬 수 없다.

---

17 성현영은 말하기를 "벽辟은 열려 있는 것이고, 홍弘은 큰 것이고, 굉閎도 큰 것이며, 사肆는 펼치는 것이다"라고 하였다. 선영은 '사'를 방종한 것이라 하였고, 조초기는 시원시원한 것이라고 하였다.

18 전목에 따르면 선영이 말하기를 "위로 그 본종本宗을 말하고, 아래로 그 응용을 말하였다. 체體와 용用이 골고루 오묘하니 이것이 노자보다 나은 것이다"라고 하였다.

19 왕숙민은 말하기를 "해解는 달達과 같다. …… 이는 위로 화化에 응하고 아래로 물物에 달하니 단지 조적상수調適上遂의 뜻만이 아니다"라고 하였다.

20 왕숙민은 말하기를 "기래불세其來不蛻는 「지북유」의 기래무적其來无迹과 같으니 세蛻는 벌레의 껍데기이고, 가죽은 형체 있는 것들의 자취이다"라고 하였다.

21 왕숙민은 말하기를 "장자의 학문은 크기가 끝도 모를 정도이고, 깊어서 헤아릴 수 없고 아득하고 황홀하여 어디에 귀속시킬 수 없다"고 하였다.

이 장은 도가의 학설을 논한 것이다. 노담老聃은 영원한 무·유와 태일太一을 위주로 하여 허虛와 후後와 근본과 암컷을 중시하면서 사람들에게 관용하였으니, 옛적의 박대진인博大眞人이라는 것이다.

장자는 천지 정신과 함께 왕래하면서 시是와 비非를 따지지 않고 세속과 함께한다고 하였다. 그의 사상은 온갖 사물의 으뜸이 되는 도에 통하면서 온갖 사물에도 통달하였으니 그의 학술이 깊고 커서 어디에도 귀속시킬 수 없다고 말하였다.

6-1

惠施多方,[1] 其書五車, 其道舛駁,[2] 其言也不中. 厤物之意,[3] 曰:「至大无外,[4] 謂之大一; 至小无內,[5] 謂之小一. 无厚, 不可積也, 其大千里.[6] 天與地卑, 山與澤平.[7] 日方中方睨,[8] 物方生方死. 大同而與小同異, 此之謂小同異; 萬物畢同畢異, 此之謂大同異.[9] 南方无窮而有窮,[10] 今日適越而昔來.[11] 連環可解也.[12] 我知天下之中央, 燕之北越之南是也.[13] 氾愛萬物, 天地一體也.」[14]

혜시는 다방이라 기서 오거나 기도 천박하야 기언야 부중하니 역물지의한댄 왈 지대무외를 위지대일이요 지소무내를 위지소일이니 무후를 불가적야나 기대천리며 천이 여지로 비하며 산이 여택으로 평이며 일이 방중에 방예하고 물이 방생에 방사니 대동이여소동으로 이를 차지위소동이오 만물이 필동하며 필이를 차지위대동이니라 남방이 무궁이유궁이며 금일에 적월이석래며 연환이 가해야며 아 지천하지 중앙하노니 연지북과 월지남이 시야라 범애만물호라 천지 일체야라 하나니라 혜시惠施는 방술을 많이 아는지라 그의 저작이 다섯 수레가 되었으나 그가 논한 도는 잡다하게 뒤섞였으며 그가 한 말도 적절치 못하였다. 사물의 의의를 두루 다음과 같이 말하였다. "지극히 커서 밖이 없는 것을 대일大—이라고 하고, 지극히 작아서 안이 없는 것을 소일小—이라고 한다. 두께 없는 것은 쌓을 수 없지만 그 크기는 천 리이다. 하늘이 땅과 마찬가지로 낮으며, 산이 연못처럼 평평하다. 태양은 중천에 있자마자 기울고, 사물들은 생기자마자 죽어간다. 크게 같으면서도 작게 같은 것과 서로 다른 것을 일러 작게 같기도 하고 다르기도 하다고 한다. 만물이 완전히 같으며 완전히 다른 것, 이를 일러 크게 같기도 하고 다르기도 하다고 한다. 남방은 끝이 없으면서도 끝이 있다. 오늘 월나라에 갔으나 어제 왔다. 연환連環은 풀 수 있다. 나는 천하의 중앙을 아노니 연나라의 북쪽과 월나라의 남쪽이 이것이다. 만물을 두루 사랑하라, 천지는 일체이다."

1 『석문』에 따르면 시㐌는 혜자惠子의 이름이다. 조초기에 따르면 방方은 술術이다. 『한서』漢書 「예문지」藝文志에 따르면 명가에 속한 『혜자』가 한 편이 있다.

2 천박䠂駮은 뒤섞여 바르지 못한 것이다.

3 왕숙민은 말하기를 "역물지의厤物之意는 사물의 의의를 두루 말한 것이다"라고 하였다.

4 조초기에 따르면 무외无外는 무한대이다.

5 조초기에 따르면 무내无內는 무한소이다.

6 조초기는 말하기를 "세 구절이 말한 것은 오늘날 기하학에서 말한 평면에 상당한다. 평면은 두께가 없으나 확대하면 천 리에 이를 수 있다"고 하였다.

7 이이는 말하기를 "땅을 하늘에 견주면 땅은 하늘보다 낮다. 만약 우주의 높이로 말할 것 같으면 하늘이나 땅이 모두 낮으니, 하늘과 땅이 모두 낮다면 산은 연못과 함께 평평하다"고 하였다.

8 조초기는 말하기를 "태양은 절대적으로 정중앙인 위치가 없다는 것을 뜻한다"고 하였다.

9 『순자』「수신」주에서 당나라 때 사람인 양량楊倞은 말하기를 "이른바 '대동이여소동이, 차지위소동이'大同而與小同異, 此之謂小同異는 천지 사이에 같이 있으므로 대동大同이며, 물物은 각기 종류가 같은 것이 있으므로 그것을 소동小同이라고 한다. 이것이 '대동'이 '소동'과 다른 것이다. 여기에서는 '동'과 '이'를 대략 들었으므로 이것을 일러 소동이小同異라고 한다. …… 만물은 모두 그것을 물物이라고 하므로 모두 같지 아니함이 없으니 이것이 만물이 모두 같다는 것이다. 만약 그것을 나눠서 구별한다면 사람에게는 귀·눈·코·입과 온갖 몸이 있으며, 초목은 가지와 잎과 꽃과 열매가 있으니 모두 다르지 않은 것이 없다. 이것이 물物이 모두 다르다는 것이다. 이는 같음과 다름을 일일이 들었으므로 이를 대동이大同異라고 한다"고 하였다.

10 조초기는 말하기를 "방향은 무한히 뻗어나갈 수 있는 것이므로 남방은 무궁하다고 말할 수 있다. 어떤 한 범위의 남방만을 가지고 말한다면 끝이 있는 것이므로 유궁有窮하다고 말할 수 있다"고 하였다.

11 오강吳康은 말하기를 "월나라에 갈 생각이 실제로 가는 것보다 앞설 수 있으므로 오늘 월나라에 갔지만 어제저녁에 왔다고 할 수 있다"고 하였다. 말하자면 생각이 먼저 어제저녁에 올 수 있다는 것이다.

12 조초기는 말하기를 "그 자체의 존재의 내면에서 말하면 연환連環은 나눌 수 없는 것이다. 그러나 고리와 고리의 사이라는 관계 면에서 말한다면 그것은 또한 나눌 수 있다. 『전국책』戰國策「제책」齊策은 기재하기를 "진시황이 일찍이 사신을 보내 군왕후君王后에게 옥으로 만든 연환을 선사하며 말하기를 '제나라에 지혜로운 이가 많으니 이 옥고리를 풀 수 있지 않겠습니까?'라고 하였다. 군왕후가 여러 신하들에게 보였으나 여러 신하들이 풀 줄을 몰랐다. 군왕후가 몽치를 잡아당겨 그것을 때려부수고 진나라 사신에게 사의를 표하면서 말하기를 '삼가 그것을 풀었습니다'라고 하였으니 참고할 만하다"고 하였다. 이 일은 기원전 264년경에 있었다. 군왕후는 제양왕齊襄王의 부인이다.

13 사마표는 말하기를 "하늘 아래는 일정한 방향이 없으므로 있는 곳이 바로 중앙이고, 순환하여 일정한 끝이 없으므로 있는 곳이 곧 시작이다"라고 하였다.

14 왕숙민은 말하기를 "「제물론」에서 '천지는 나와 함께 살고, 만물은 나와 하나이다'라고 하였다. …… 혜시의 이러한 설은 『장자』의 제물의 뜻에 부합한다"고 하였다.

6-2

惠施以此爲大, 觀於天下而曉辯者,[1] 天下之辯者相與樂之. 卵有毛,[2] 鷄三足,[3] 郢有天下,[4] 犬可以爲羊,[5] 馬有卵,[6] 丁子有尾,[7] 火不熱,[8] 山出口,[9] 輪不碾地,[10] 目不見,[11] 指不至, 至不絶,[12] 龜長於蛇,[13] 矩不方, 規不可以爲圓,[14] 鑿不圍枘,[15] 飛鳥之景未嘗動也,[16] 鏃矢之疾而有不行不止之時,[17] 狗非犬,[18] 黃馬驪牛三,[19] 白狗黑,[20] 孤駒未嘗有母,[21] 一尺之捶, 日取其半, 萬世不竭.[22] 辯者以此與惠施相應, 終身无窮.

혜시 이차로 위대하야 관어천하하야 이효변자어늘 천하지변자 상여락지하니라 란에 유모요 계에 삼족이오 영에 유천하요 견이 가이위양이요 마 유란이요 정자 유미요 화불열이요 산이 출구요 륜이 불년지요 목이 불견이요 지 부지나 지 부절이오 구 장어사요 구 불방이요 규 불가이위원이요 착이 불위예요 비조지영이 미상동야요 촉시지질이 이유불행부지지시하고 구 비견이요 황마려우 삼이요 백구 흑이요 고구 미상유모요 일척지추를 일취기반이면 만세불갈이라 하야 변자 이차로 여혜시로 상응하야 종신무궁하니라

574

혜시는 이러한 논리를 대단하다고 여겨 천하 사람들에게 과시하고 사람들에게 분명하게 알려주고 논변하거늘, 천하의 변자辯者들이 서로 그와 더불어 그러한 논변을 즐겼다. 새알 속에 새털이 있으며, 닭에 다리가 셋이고, 초나라의 도읍 영郢 땅에 천하가 있고, 개가 양이 될 수 있고, 말에 알이 있고, 개구리에 꼬리가 있고, 불은 뜨겁지 않고, 산에 입이 있고, 수레바퀴는 땅 위로 구르지 않고, 눈이 보는 것이 아니며, 손가락질하는 것은 이르지 않고, 개념과 사물이 완전히 맞아떨어지는 일은 끝이 없다. 거북은 뱀보다 길고, 곱자는 네모나지 않고 컴퍼스는 둥글 수 없고, 장붓구멍은 완전히 딱 맞게 장부를 끼우지 못하고, 나는 새의 움직임은 움직인 적이 없고, 빠른 화살이로되 가지도 않고 멈추지도 않는 때가 있고, 강아지는 개가 아니요, 노란 말과 검은 소는 셋이요, 흰 강아지는 검고, 외로운 강아지는 어디 가 있을 곳이 없고, 한 자짜리 지팡이를 날마다 그 절반을 취한다면 만세토록 다하지 않을 것이다. 변자들이 이로써 혜시와 서로 호응하여 종신토록 다함이 없었다.

1 전목에 따르면 육장경陸長庚은 말하기를 "관觀은 시示이다"라고 하였다.

2 조초기는 말하기를 "닭이 부화해서 나올 때 이미 털이 있다는 것에서 알 속에 털을 구성하는 요소가 있다는 것을 알 수 있다"고 하였다.

3 『공손룡자』公孫龍子「통변론」通變論에서 말하기를 "닭발이 하나이고, 발을 세어보면 둘이며, 둘에 하나를 보태면 셋이다"라고 하였다.

4 성현영은 말하기를 "영郢은 초나라의 수도인데 강릉江陵에서 북쪽으로 70리에 있다. 대저 물物이 있는 곳에는 모두 4방이 있으니 이 때문에 연나라의 북쪽과 월나라의 남쪽을 하늘의 중앙이라고 할 수 있으므로 초나라가 영이라는 곳에 도읍지를 두어 땅이 사방 천 리이거늘 어찌 이것이 곧 천하라고 한들 무슨 상관이 있겠는가?"라고 하였다.

5 조초기는 말하기를 "견犬이라는 말과 양羊이라는 말의 명칭은 사람이 그렇게 불렀기에 있게 된 것이고, 약속에 따라 사회에서 그렇게 불렀기에 생긴 것이니 상대적이라고 말할 수 있다. 만약 모든 이가 견을 양이라고 불렀다면 견도 양이 되었을 것이다"라고 하였다.

6 조초기는 말하기를 "말은 태胎로 낳았으나 태의 초기에는 알과 같다"고 하였다.

7 조초기는 말하기를 "정자丁子는 개구리이다. 초나라 사람들은 개구리를 정자라고 부른다. 개구리의 유충은 올챙이인데, 올챙이에는 꼬리가 있다"고 하였다.

8 왕선겸에 따르면 선영은 말하기를 "사람은 모두 화식火食동물이니 이는 불이 뜨겁지 않다는 것이다"라고 하였다.

9 사마표는 말하기를 "하나의 산에 대하여 소리쳐 부르면 온 산이 모두 응답하니 온 산의 소리가 귀에 들어와서 산의 형체가 소리와 함께 하나의 물건을 이루게 되니 이것이 산에 입이 있는 것과 같다"고 하였다. 조초기는 말하기를 "이는 산들 사이에서 울리는 메아리로서 말한 것이다"라고 하였다. 마서륜은 사마표 설에 근거하여 "출屮은 유有가 잘못된 것이다"라고 하였다.

10 조초기는 말하기를 "수레가 굴러갈 때 그 가운데 한 점만이 한 찰나에 지면과 접촉하므로 땅 위를 구르지 않는다고 말했다"고 하였다.

11 『묵자』「경설하」에서 말하기를 "지각작용은 눈으로써 보고 눈은 불로써 보지만, 불은 보지 못한다"고 하였다. 『공손룡자』「견백론」에서 말하기를 "또한 백白과 같으니 눈으로써, 그리고 불로써 본다. 그러나 불은 보지 못하니 그렇다면 불과 눈이 보지 못한다면 신神이 보게 될 것이다"라고 하였다. 조초기는 말하기를 "눈으로 물건을 보는 데 조건이 있으니, 어두운 밤에도 눈은 있으나 광선이 없으면 아무것도 볼 수 없다. 그러므로 눈이 보는 것이 아니다. 이로써 보면 사람이 눈으로 물건을 볼 때 빛도 있고 정신도 있어야 한다는 것을 말한다"고 하였다.

12 조초기는 말하기를 "『열자』列子「중니」仲尼에서는 공손룡을 인용하여 말하기를 '유지부지, 유물부진'有指不至, 有物不盡이라고 하였다. 지指는 『장자』「제물론」에서 '물物은 손가락질 되지 않는 것이 없으나 손가락질하는 것은 손가락이 아니다'의 첫 번째와 두 번째 '지'를

뜻하니 가르치는 바의 사물에 대한 개념이다. 개념은 사물과 완전히 서로 맞지 않으므로 부지不至라고 하였다. 완전히 서로 어울리게 하려면 끝이 없으니 이를 지부절至不絶이라고 한다. 객관 사물의 변화는 끝이 없기 때문이니 이것이 공손룡이 말한 물부진物不盡이다"라고 하였다.

13 사마표는 말하기를 "뱀의 형체는 비록 길지만 수명은 길지 않고, 거북의 형체는 비록 짧지만 수명은 매우 길다"고 하였다. 이는 길고 짧음이 보는 각도에 따라 달라진다는 것이다.

14 사마표는 말하기를 "구矩는 비록 네모난 것을 재기 위한 것이지만 네모나지 않은 것이고, 규規는 비록 둥근 것을 재기 위한 것이지만 둥글지 않으며, 견주어보건대 먹줄자는 곧은 것을 재기 위한 것이지만 곧지 않다"고 하였다. '구'는 곱자이고 '규'는 컴퍼스이다.

15 조초기는 말하기를 "장붓구멍은 장부를 끼우기 위한 것이지만 진실로 말하자면 장붓구멍은 장부와 여전히 틈새가 있으니, 완전히 바싹 달라붙게 에워쌀 수 없으므로 에워싸지 못한다"고 하였다.

16 조초기는 말하기를 "동動과 정靜은 두 사물로 상대해서 말한 것인데, 나는 새의 그림자는 그 밖의 사물에 대하여 말하자면 움직이고 있지만 나는 새에 대하여 말한다면 움직이지 않는다"고 하였다.

17 왕선겸은 말하기를 "화살이 가고 멈추는 것은 사람이 그렇게 하도록 한 것이다. 오로지 화살로서 말한다면 이는 가지도 않고 멈추지도 않는 때가 있다"고 하였다.

18 조초기는 말하기를 『이아』爾雅 「석축」釋畜에서는 강아지가 아직 긴 털이 나지 않은 것을 구狗라 했고, 학의행의소郝懿行義疏에서는 말하기를 "'구'와 '견'은 보통명사이지만, 만약 상대되는 말로 하자면 큰 것을 '견'이라 하고 작은 것을 '구'라고 한다. 큰 것과 작은 것은 같지 않으므로 '구'는 '견'이 아니다"라고 하였다.

19 사마표는 말하기를 "소와 말, 이 둘을 셋이라고 할 수 있다. 소라고 하고 말이라고 하고 소와 말이라고 하는 것은 형체 면에서 볼 때 셋이다. 노랗다고 하고 검다고 하고 노랗기도 하면서 검다고 하는 것은 색체 면에서 볼 때 셋이다. 노란 말이라고 하고 검은 소라고 하고 노란 말과 검은 소라고 한 것은 형체와 색채 면에서 셋이다"라고 하였다.

20 사마표는 말하기를 "개의 눈이 애꾸이면 그것을 애꾸눈이 개라고 하지만 개의 눈이 크다고 그것을 큰 개라고는 하지 않는다. 이것은 하나는 옳지만 하나는 그른 것이다. 그렇다면 흰 개가 눈이 검은 것도 검은 개라고 할 수 있다"고 하였다.

21 이이는 말하기를 "망아지가 태어날 때에는 어미가 있으니 외롭다고 말하면 어미가 없는 것이다. 외롭다는 칭위稱謂가 세워지면 어미라는 이름은 제거된다. 어미는 일찍이 망아지의 어미이므로 외로운 망아지는 일찍이 어미가 있은 적이 없다"고 하였다.

22 조초기는 말하기를 "추捶는 지팡이이다. 날마다 그 반쪽을 취하면 최후에도 여전히 반쪽이 남으므로 만세 이후에도 모두 다 취하지 못한다"고 하였다.

6-3

桓團公孫龍辯者之徒,[1] 飾人之心, 易人之意, 能勝人之口, 不能服人
之心, 辯者之囿也.[2] 惠施日以其知與人之辯,[3] 特與天下之辯者為怪,[4]
此其柢也.[5]

환단과 공손룡변자지도도 식인지심하며 역인지의하야 능승인지구요 불능복인지
심하니 변자지유야라 혜시 일이기지로 여인지변하야 특여천하지변자로 위괴하니
차기저야니라

[1] 성현영은 말하기를 "성이 환桓이고 이름이 단團이며, 성이 공손公孫이고 이름이 룡龍이니,
모두 조趙나라 사람이고 모두 변자辯者이다"라고 하였다.
[2] 왕숙민에 따르면 유囿는 폐蔽와 같다.
[3] 왕숙민은 말하기를 "지之는 위為와 같다. 여인지변與人之辯은 여인위변與人為辯이라고 말한
것과 같다"고 하였다.
[4] 성현영에 따르면 특特는 독獨이고 괴怪는 이異이다.
[5] 유월에 따르면 저柢는 략略과 같다.

578

환단恒團과 공손룡公孫龍 등 변자의 무리는 사람의 마음을 수식하고 사람의 뜻을 바꾸어 사람들의 입을 이길 수 있으나, 사람의 마음을 굴복시킬 수 없으니 변자의 한계이다. 혜시는 날마다 그의 지식을 가지고 사람들과 더불어 논변하여 홀로 천하의 변자들과 갖가지 기이한 논리를 만들었으니, 이것이 그의 대략이다.

6-4

然惠施之口談, 自以爲最賢, 曰天地其壯乎![1] 施存雄而无術.[2] 南方有倚人焉曰黃繚,[3] 問天地所以不墜不陷, 風雨雷霆之故. 惠施不辭而應, 不慮而對, 徧爲萬物說, 說而不休, 多而无已, 猶以爲寡, 益之以怪. 以反人爲實,[4] 而欲以勝人爲名, 是以與衆不適也. 弱於德, 强於物, 其塗隩矣.[5]

연이나 혜시지구담은 자이위최현이로라 하야 왈호되 천지기장호인저 하나니 시는 존웅이니 이무술하니라 남방에 유기인언하니 왈 황료라 문천지 소이불추불함과 풍우뢰정지고한대 혜시 불사이응하며 불려이대하야 편위만물설하야 설이불휴하며 다이무이호되 유이위과하야 익지이괴하야 이반인으로 위실코 이욕이승인으로 위명이라 시이로 여중으로 부적야하니 약어덕하고 강어물하니 기도 오의니라

[1] 왕숙민은 말하기를 "기其는 기丌라고 읽는다. …… 천지가 충분히 크지 않다는 것을 일컫는다"고 하였다.

[2] 왕숙민은 말하기를 "『이아석고』에서 재在는 존存이라고 하였고, 『설문』도 같다. 존웅存雄은 재웅在雄과 같다. …… 이는 혜시의 뜻이 웅변에 있지 도에 있지 않다는 것을 일컫는다"고 하였다.

[3] 이이는 말하기를 "황료黃繚는 현인이다"라고 하였다. 『석문』에 따르면 기인倚人을 기인畸人이라고 쓴 판본도 있다. 왕숙민은 말하기를 "'기인'은 세상에 맞지 않는 사람이다"라고 하였다.

[4] 성현영은 말하기를 "인정人情을 위반하는 것을 진실한 도라고 하였다"고 했다.

[5] 성현영은 말하기를 "안을 버리고 밖에 힘쓰니 꾸불꾸불한지라 대도가 아니다"라고 하였다. 왕숙민에 따르면 여혜경은 말하기를 "자기를 이기지 못하므로 덕에 약한 것이고, 남을 이기므로 물物에 강하다고 하였다. 그의 도가 꾸불꾸불하다는 것은 동서남북과 천지에 통하는 도도 아니고, 봄·여름·가을·겨울의 사계절에 관련된 도도 아니라는 것이다"라고 하였다. 왕숙민은 말하기를 "혜시의 학술은 아는 것을 과시하는 데 중점이 있고, 장자의 학술은 전덕全德에 중점이 있다"고 하였다.

그러나 혜시는 그의 구변이 스스로 가장 뛰어나다고 여겨 말하기를 "천지가 어찌 위대하리오!"라고 하니 혜시는 뜻이 웅변에 있지 도술에 있지 않다. 남방에 세상에 맞지 않는 사람이 있으니 황료_{黃繚}라고 하였다. 천지가 떨어지지 않고 꺼지지 않는 이유와 바람 불고 천둥 치는 까닭을 물으니 혜시가 사양하지 않고 응답하며, 별로 생각해보지도 않고 대꾸하며, 광범위하게 온갖 일에 대하여 대답하여 말하기를 그치지 않으며, 말이 많아도 멈출 줄 모르고서 오히려 많지 않다고 생각하여 기괴하고 허황된 것을 보태어 인지상정을 어기는 일을 진실하다고 여기고, 다른 사람들을 이기는 것으로써 명성을 떨쳤다. 이 때문에 많은 사람들과 맞지 않으니 그의 덕은 약하나 남에게는 강하니, 그 길이 꾸불꾸불한 것이다.

由天地之道觀惠施之能, 其猶一蚊一蝱之勞者也. 其於物也何庸![6]
夫充一尙可,[7] 曰愈貴道, 幾矣![8] 惠施不能以此自寧, 散於萬物而不
厭, 卒以善辯爲名. 惜乎! 惠施之才, 駘蕩而不得,[9] 逐萬物而不反,[10]
是窮響以聲, 形與影競走也. 悲夫!

유천지지도로 관혜시지능컨댄 기유일문일맹지로자야온 기어물야에 하용이리오
부충일인댄 상가어니와 왈유귀도면 기의어늘 혜시 불능이차로 자녕코 산어만물
하야 이불염하야 졸이선변으로 위명하니 석호라 혜시지재여 태탕이부득하며 축만
물이불반하니 시는 궁향호되 이성하며 형이 여영으로 경주야니 비부라

---

6 성현영에 따르면 용庸은 용用과 같다.
7 조초기에 따르면 충일充一은 한 학파의 학설을 충당하는 것이다.
8 조초기는 말하기를 "만약 그의 이론이 매우 귀중하다고 말한다면 도술은 거의 끝장나리라"
  고 하였다.
9 조초기에 따르면 태탕駘蕩은 방탕이고, 부득不得은 정도를 걷지 못한다는 것이다.
10 조초기에 따르면 불반不反은 뒤돌아볼 줄 모르는 것이다.

천지의 도로부터 혜시의 재능을 보건대 마치 모기 한 마리 등에 한 마리가 날면서 공연히 스스로 지치는 것과 같거늘 그가 천지간의 사물에 대하여 무슨 쓸모가 있으리오! 한 학파의 학설로 충당할 수 있거니와 그의 이론이 매우 귀하다고 말한다면 도술은 거의 끝장나리라! 혜시는 이로써 스스로 그의 마음을 편안하게 하지 못하고 만물에 분산시켜 만족하지 않고 마침내 논변을 잘한다는 것으로써 명성을 떨치니 애석하도다! 혜시의 재능이여! 방탕하여 정도를 걷지 못하며 만물을 좇아 근본으로 돌이키지 않으니, 이것은 메아리를 피하고자 소리를 진동시키고 그림자를 피하고자 질주하는 것과 같으니 슬프도다!

【대의】

이 장에서는 혜시惠施와 명가의 학설을 논하였다. 혜시는 박학다식하고 논변에 뛰어나 천하의 변사辯士들과 논변을 즐겼다는 것이다. 환단桓團과 공손룡公孫龍 등 변자는 사람의 마음을 수식해 사람의 뜻을 바꾸어 사람의 입을 이길 수 있으나 사람의 마음을 굴복시킬 수 없으니 이것이 변자의 한계라고 지적하였다.

혜시는 비록 기괴한 논변으로 인지상정을 어기고 다른 사람들을 이기는 것으로써 명성을 떨치며, 끝없이 물物을 뒤좇아가면서 돌이키지 못하니, '물'에는 강하나 덕德에는 약하다고 보았다. 그러므로 결국 그는 뜻이 웅변에 있지 도술에 있지 않다는 것이다.

조초기는 말하기를 "변론 중에 그들은 종종 형식논리에 부합한 추리판단의 방식을 채용하였다. 이들은 중국철학에서 여전히 웬만큼 가치가 있는 것이다"라고 하였다.

| 옮긴이의 말 |

이 세상에서 억만금의 금은보화를 가지고서도 살 수 없는 것이 있다면 그것은 아마 진실일 것이다. 나는 『장자』에 담긴 성인의 뜻을 밝히기 위하여 기존의 많은 연구 성과를 참고하였다. 되도록이면 번역자의 주관을 개입시키지 않고 객관적으로 그러한 진실을 전달하고자 애썼다. 미흡한 곳이 있다면 후학들이 고쳐주기 바란다.

그동안 연세대학교 대학원과 한국정신문화연구원, 한국정신치료학회 등지에서 강의한 내용을 정리하여 이 책을 쓰게 되었다. 교학상장敎學相長이라고 하여 강의하면서 배운 것도 적지 않다.

이 책을 내는 데 나는 무리를 했던 것 같다. 부끄러운 일이다. 본래 이 책의 2·3권은 2005년 6월 이전에 출간하겠다고 독자들과 약속하였다. 그러나 몸이 마음과 같이 따라주지 않았다. 2권까지 집필을 끝내고 3권째 접어들 무렵에 이른바 뇌경색으로 쓰러졌다. 불행히도 오른쪽이 마비되어 글씨를 쓸 수 없었다. 뿐만 아니라 퇴원 후 한 달 동안은 아무 일도 하지 말라는 의사의 당부도 있어서 끝내 독자들과의 약속을 지키지 못하였다. 아마 나는 교단을 떠나기 전에 밥값도 못했다는 말을 듣고 싶지 않았던 듯하다.

그동안 악필로 쓴 원고를 정리하고 의견을 개진하여 다듬어준 이권 박사의 노고에 이 자리를 빌려 감사의 마음을 전한다. 강호제현의 지도 편달을 바라며…….

2005년 6월 담녕서실에서

명산明山 이강수李康洙